Prüfungstraining für Bankkaufleute

Reihe herausgegeben von

Wolfgang Grundmann, Norderstedt, Deutschland

Wolfgang Grundmann · Corinna Heinrichs · Marion Leuenroth

Wirtschafts- und Sozial-kunde Teil 1

Programmierte Aufgaben mit Lösungen

12. Auflage

Wolfgang Grundmann
Norderstedt, Deutschland

Corinna Heinrichs
Norderstedt, Deutschland

Marion Leuenroth
Göttingen, Deutschland

ISSN 2627-8588   ISSN 2627-8596   (electronic)
Prüfungstraining für Bankkaufleute
ISBN 978-3-658-38086-1   ISBN 978-3-658-38087-8   (eBook)
https://doi.org/10.1007/978-3-658-38087-8

Die Deutsche Nationalbibliothek verzeichnet diese Publikation in der Deutschen Nationalbibliografie;
detaillierte bibliografische Daten sind im Internet über http://dnb.d-nb.de abrufbar.

Ursprünglich erschienen unter Grundmann, W. und Schüttel, K.: Wirtschaftsrecht, Arbeitsrecht, Sozialrecht.
© Springer Fachmedien Wiesbaden GmbH, ein Teil von Springer Nature 2000, 2003, 2006, 2014, 2017, 2017,
2019, 2019, 2020, 2021, 2022

Springer Gabler ist ein Imprint der eingetragenen Gesellschaft Springer Fachmedien Wiesbaden GmbH und ist
ein Teil von Springer Nature.
Die Anschrift der Gesellschaft ist: Abraham-Lincoln-Str. 46, 65189 Wiesbaden, Germany

Vorwort

Diese Aufgabensammlung zum Prüfungsfach Wirtschafts- und Sozialkunde wendet sich an Auszubildende und Berufsanfänger des Kredit- und Versicherungsgewerbes sowie Studenten mit Interesse an Fragestellungen und Problemlagen aus dem Wirtschafts-, Arbeits- und Sozialrecht.

Ihnen als Auszubildende bietet die Aufgabensammlung die Möglichkeit, das während Ihrer dualen Ausbildung angeeignete Wissen selbstständig anzuwenden. Darüber hinaus dient die Aufgabensammlung der systematischen Vorbereitung auf die Abschlussprüfung im Bank- und Versicherungsgewerbe im Prüfungsfach Wirtschafts- und Sozialkunde. Sie können Ihre allgemeinen Kenntnisse in diesem Fach überprüfen sowie Ihr erarbeitetes Wissen festigen und ergänzen.

Wesentliches Ziel dieser Aufgabensammlung ist es, Ihnen Kenntnisse der Wirtschafts- und Sozialkunde anhand von handlungsorientierten programmierten Aufgaben zu vermitteln und Sie beim Ausbau Ihrer Handlungs- und Entscheidungskompetenz im Wirtschafts-, Arbeits- und Sozialrecht zu unterstützen.

Damit können Sie sich systematisch auf die bundeseinheitliche Abschlussprüfung im Bank- und Versicherungsgewerbe für das Fach Wirtschafts- und Sozialkunde vorbereiten. Die vorliegenden programmierten Aufgaben sind genau auf die Anforderungen des Prüfungskatalogs Abschlussprüfung abgestimmt. Wenn Sie die vorliegenden Lerninhalte selbstständig erarbeiten, gehen Sie sicher und kompetent in die Abschlussprüfung.

Die Aufgabensammlung ist aufgrund der Vielzahl der Aufgaben und des umfangreichen Lösungsteils in zwei selbstständige Teile gegliedert:

- Wirtschafts- und Sozialkunde
  Teil 1: Programmierte Aufgaben
- Wirtschafts- und Sozialkunde
  Teil 2: Fälle und Aufgaben

Der vorliegende Teil 1 der Aufgabensammlung enthält über 400 programmierte Aufgaben zur Wirtschafts- und Sozialkunde mit Übersichten und ausführlichen Lösungshinweisen. Die Themen der Aufgabenstellungen wurden dem aktuellen Prüfungskatalog für die Abschlussprüfung im Fach Wirtschafts- und Sozialkunde entnommen. Die Aufgabenstellung der programmierten Aufgaben ist handlungs- und entscheidungsorientiert.

Die Lösungshinweise enthalten nachvollziehbare Rechenwege, aber auch kurze Erklärungen, Übersichten sowie wichtige Paragraphen aus dem Wirtschafts-, Arbeits- und Sozialrecht. Mit den ausführlichen Lösungshinweisen überprüfen Sie Ihr prüfungsrelevantes Fachwissen im Fach Wirtschafts- und Sozialkunde. Zudem wiederholen Sie mit der vorliegenden Aufgabensammlung schnell und systematisch den Lernstoff für wichtige Wirtschaftslehreklausuren oder die bundeseinheitliche Abschlussprüfung.

Die vorliegende Aufgabensammlung Teil 1 Programmierte Aufgaben ist in zwei Themengebiete gegliedert:

- Teil A: Ausbildungs- und Arbeitsvertrag, Kündigungsschutz, Jugendarbeitsschutz, Mutterschutz und Elterngeld, Arbeitsschutz und Arbeitssicherheit, Betriebliche Mitbestimmung, kollektives Arbeitsrecht, soziale Sicherung sowie Recht und Gerichtsbarkeit

- Teil B: Rechtliche Grundlagen, Unternehmensformen, Wirtschaftsordnungen, Wettbewerb, Marketing, Markt und Preis, Marktformen, Kosten, Steuern, Volkswirtschaftliche Gesamtrechnung, Konjunktur, Wachstum, Zahlungsbilanz sowie Geld- und Wirtschaftspolitik.

Sie können sich somit auch thematisch gezielt auf die nächste Abschlussprüfung im Fach Wirtschafts- und Sozialkunde vorbereiten.

In der 12. Auflage wurden die neuen rechtlichen Bestimmungen des Berufsbildungsgesetzes und der Ausbildungsverordnung berücksichtigt. Insbesondere wurden im Sozialkundeteil dieser Aufgabensammlung die Beitragssätze, die Beitragsbemessungsgrenzen sowie die Versicherungspflichtgrenze für 2022 aktualisiert und in die Aufgaben eingearbeitet. Die Aufgaben zum Ausbildungs- und Arbeitsvertrag sowie zu den AGB und den Fernabsatzverträgen wurden der aktuellen Rechtsprechung angepasst. Außerdem wurden die beiden neuen Kapitel Arbeitsschutz und Arbeitssicherheit sowie Ökologie und Umwelt im ersten Teil der Aufgabensammlung erweitert. Die Themen der beiden Aufgabenteile A und B sind bereits dem neuen Prüfungskatalog für die Bankausbildung angepasst. Aus Gründen einer übersichtlichen Satzdarstellung haben wir beim „Sicherheitsbeauftragten", „Datenschutzbeauftragten" etc. auf eine gendergemäße Schreibweise verzichtet. Der Info-Teil enthält neben den aktuellen Eurobeträgen 2022 auch Auszüge aus dem Berufsbildungsgesetz, der Ausbildungsverordnung, dem Betriebsverfassungsgesetz und dem Bürgerlichen Gesetzbuch.

Bitte nutzen Sie diese Aufgabensammlung, indem Sie zunächst Ihre Antwort zu den Fragestellungen und Problemlagen schriftlich fixieren und sie danach mit den Lösungsvorschlägen im Lösungsteil dieses Buch abgleichen.

In der Annahme, dass Sie über eine Gesetzessammlung wirtschafts- und arbeitsrechtlicher Vorschriften verfügen, wurde darauf verzichtet, in dieses Buch eine Gesetzessammlung aufzunehmen. Sollte dies nicht der Fall sein, so finden Sie eine ausführliche Gesetzessammlung im 2. Teil des Buches Wirtschafts- und Sozialkunde - Offene Aufgaben.

Anregungen für die Weiterentwicklung und Ergänzung dieser Aufgabensammlung nehmen wir, die wir selbst langjährig in der Unterrichtspraxis tätig sind, gerne entgegen.

Viel Erfolg bei der Prüfung und im Job wünschen Ihnen

Wolfgang Grundmann, Dr. Corinna Heinrichs und Marion Leuenroth
Hamburg und Göttingen, im August 2022

wolfgang@grundmann-norderstedt.de   corinna-hillebrand@web.de
Marion.leuenroth@posteo.de

Inhaltsverzeichnis

Abkürzungsverzeichnis

a. a. O.	am angegebenen Ort
AFG	Arbeitsförderungsgesetz
AG	Aktiengesellschaft
AktG	Aktiengesetz
ArbG	Arbeitsgericht
ArbGeb	Arbeitgeber
ArbGG	Arbeitsgerichtsgesetz
ArbSchG	Arbeitsschutzgesetz
ArbSichG	Arbeitssicherheitsgesetz
ArbZG	Arbeitszeitgesetz
Art.	Artikel
AVG	Angestelltenversicherungsgesetz
BAG	Bundesarbeitsgericht
BBiG	Berufsbildungsgesetz
Bd.	Band
BDA	Bundesvereinigung der Deutschen Arbeitgeberverbände
BeschFG	Beschäftigungsförderungsgesetz
BetrVG	Betriebsverfassungsgesetz
BGB	Bürgerliches Gesetzbuch
BildscharbV	Bildschirmarbeitsverordnung
BR	Betriebsrat
BT-Drucks.	Bundestags-Drucksache
BUrlG	Bundesurlaubsgesetz
BVV	Beamtenversicherungsverein des Deutschen Bank- und Bankiergewerbes
bzw.	beziehungsweise
DAG	Deutsche Angestellten-Gewerkschaft
DGB	Deutscher Gewerkschaftsbund
d. h.	das heißt
DIW	Deutsches Institut für Wirtschaftsforschung
EntgeltfortzahlungsG	Entgeltfortzahlungsgesetz
e. V.	eingetragener Verein
EStG	Einkommensteuergesetz
EZB	Europäische Zentralbank
FAZ	Frankfurter Allgemeine Zeitung
GG	Grundgesetz
GmbH	Gesellschaft mit beschränkter Haftung
GTV	Gehaltstarifvertrag
HBV	Gewerkschaft Handel, Banken und Versicherungen

HGB	Handelsgesetzbuch
HHA	Hamburger Hochbahn Aktiengesellschaft
HUK	Haftpflicht-, Unfall-, Krankenversicherung
i. d. R.	in der Regel
i. V. m.	in Verbindung mit
IHK	Industrie- und Handelskammer
JArbSchG	Jugendarbeitsschutzgesetz
IWD	Informations- und Wirtschaftsdienst
KG	Kommanditgesellschaft
KSchG	Kündigungsschutzgesetz
LAG	Landesarbeitsgericht
MitbestG	Mitbestimmungsgesetz
Montan-MitbestG	Montan-Mitbestimmungsgesetz
MTV	Manteltarifvertrag
MuSchG	Mutterschutzgesetz
NZB	Nationale Zentralbank
ÖTV	Gewerkschaft Öffentliche Dienste, Transport und Verkehr
NJW	Neue Juristische Wochenschrift
RVO	Reichsversicherungsordnung
Rz	Randziffer
SGB	Sozialgesetzbuch
SprAuG	Sprecherausschussgesetz
TVG	Tarifvertragsgesetz
u. a.	unter anderem
Ufita	Urheber-, Film- und Theaterrecht (Jahr und Seite)
usw.	und so weiter
VermBG	Vermögensbildungsgesetz
vgl.	vergleiche
VVaG	Versicherungsverein auf Gegenseitigkeit
WoPG	Wohnungsbau-Prämiengesetz
ZPO	Zivilprozessordnung

AUFGABEN

Aufgaben zum Arbeits- und Sozialrecht

I. Ausbildungsvertrag

Aufgabe I-1

Beim Ausfüllen des Berufsausbildungsvertrags sind der *Nordbank AG* zwei Fehler unterlaufen. Bei welchen der nachfolgenden Vorschriften des Berufsausbildungsvertrages widerspricht die Eintragung den Bestimmungen des Berufsbildungsgesetzes?

Auszug aus dem Berufsausbildungsvertrag

§ 1 Die Ausbildungszeit beträgt nach der Ausbildungsordnung 36 Monate. Die vorausgegangene Vorbildung Abitur wird mit sechs Monaten angerechnet, bzw. es wird eine entsprechende Verkürzung beantragt. Das Berufsausbildungsverhältnis beginnt am 01.08.2022 und endet am 31.01.2025.

§ 2 Die Probezeit beträgt vier Wochen.

§ 3 Die Ausbildung findet vorbehaltlich der Regelungen nach § 4 in Hamburg und den mit dem Betriebssitz für die Ausbildung üblicherweise zusammenhängenden Zweigstellen statt.

§ 4 Der Ausbildende zahlt dem Auszubildenden eine angemessene Vergütung. Diese beträgt zur Zeit monatlich brutto

EUR	976,00	1.238,00	1.238,00	
im	ersten	zweiten	dritten	Ausbildungsjahr.

§ 5 Die regelmäßige tägliche Ausbildungszeit beträgt 8 Stunden.

§ 6 Der Ausbildende gewährt dem Auszubildenden Urlaub nach den geltenden tariflichen Bestimmungen. Es besteht ein Urlaubsanspruch

Im Jahr	2022	2023	2024	2025
Arbeitstage	13	30	30	3

§ 7 Hinweis auf anzuwendende Tarifverträge und/oder Tarifvereinbarungen/sonstige Vereinbarungen: Tarifvertrag für das private Bankgewerbe

- **A** § 1
- **B** § 2
- **C** § 4
- **D** § 5
- **E** § 6

Aufgabe I-2

Der 21-jährige Florian Seebauer ist seit dem 1. August Auszubildender der *Nordbank AG.* Sein Ausbildungsverhältnis soll 2½ Jahre dauern. Herr Seebauer ist in der Filiale nicht sehr beliebt, weil er für viele typische, häufig anfallende Arbeitsvorgänge in der *Nordbank AG* kein Interesse zeigt und die ihm aufgetragenen Arbeiten oft lustlos ablehnt. Der stellvertretende Filialleiter ist über das Verhalten von Herrn Seebauer verärgert. Er erinnert ihn daran, dass er einen Ausbildungsvertrag unterschrieben habe, der u. a. auch Pflichten des Auszubildenden nach § 13 Berufsbildungsgesetz beinhaltet. Wozu ist Herr Seebauer daher verpflichtet?

© Springer Fachmedien Wiesbaden GmbH, ein Teil von Springer Nature 2022
W. Grundmann et al., *Wirtschafts- und Sozialkunde Teil 1*, Prüfungstraining für Bankkaufleute,
https://doi.org/10.1007/978-3-658-38087-8_1

A   Herr Seebauer ist verpflichtet, im Falle eines Personalengpasses auch ausbildungsfrem-
     de Tätigkeiten, wie z. B. Aushilfe in der Telefonvermittlung sowie Reinigungs- und Repa-
     raturarbeiten, auszuführen.

B   Herr Seebauer ist verpflichtet, die ihm im Rahmen seiner Berufsausbildung übertragenen
     Aufgaben sorgfältig auszuführen.

C   Herr Seebauer ist verpflichtet, an berufsbezogenen Seminaren außerhalb der Arbeitszei-
     ten teilzunehmen, sofern seine Leistungen dies erfordern.

D   Herr Seebauer ist verpflichtet, sich auf die Abschlussprüfung Teil 1 vorzubereiten und
     diese mit mindestens „ausreichend" zu bestehen.

E   Herr Seebauer ist verpflichtet, von ihm verursachte Schäden in der Filiale, z. B. einen von
     ihm durch falsche Bedienung des Kopierers entstandenen Schaden, zu ersetzen.

Aufgabe I-3

Bettina Förster (21 Jahre alt) ist Auszubildende bei der *Nordbank AG* im zweiten Ausbildungsjahr. Während ihrer Ausbildungszeit wird Frau Förster von der *Nordbank AG* an den langen
Donnerstagen von 7:30 Uhr bis 18:30 Uhr einschließlich einer einstündigen Pause ununter-
brochen beschäftigt. Welche Aussagen zur werktäglichen Arbeitszeit von Auszubildenden
über 18 Jahre im Kreditgewerbe treffen zu?

A   Bettina Förster darf werktäglich nicht länger als acht Stunden beschäftigt werden.

B   Bettina Förster darf als Auszubildende nur von 8:00 Uhr bis 20:00 Uhr beschäftigt werden.

C   Auszubildende dürfen nicht länger als viereinhalb Stunden hintereinander ohne Ruhepau-
     sen beschäftigt werden.

D   Kreditinstitute können Auszubildende über 18 Jahre, die in einem planmäßigen Blockun-
     terricht von mindestens 25 Stunden an mindestens fünf Tagen unterrichtet werden, nicht
     nachmittags in ihrem Ausbildungsbetrieb weiterbeschäftigen.

E   Frau Förster darf von der *Nordbank AG* an langen Donnerstagen zehn Stunden beschäf-
     tigt werden, wenn sie z. B. innerhalb von 24 Wochen im Durchschnitt werktäglich acht
     Stunden arbeitet.

Aufgabe I-4

Birte Segebad ist seit Februar Auszubildende der *Südbank AG* in München. Sie überlegt sich,
im August desselben Jahres ihren gesamten Jahresurlaub zu nehmen. Die *Südbank AG* gewährt ihren Mitarbeitern einen Jahresurlaub von 30 Arbeitstagen. Welche Aussagen treffen
zu?

A   Wenn nicht dringende betriebliche Belange entgegenstehen, kann Frau Segebad im Juli
     ihren gesamten Jahresurlaub von 30 Arbeitstagen in Anspruch nehmen.

B   Während des Jahresurlaubs kann Frau Segebad für 30 Tage als Messehostess arbeiten,
     um sich mit dem dazu verdienten Geld ihr erstes Auto zu finanzieren.

C   Frau Segebad hat Anspruch gegenüber der *Südbank* auf Überweisung des Urlaubsgeldes
     zum 1. Juli, um sich für den Urlaub entsprechende Kleidung zu kaufen.

D   Da Frau Segebad erst seit Februar Auszubildende bei der *Südbank AG* ist, steht ihr im
     August nicht der volle Jahresurlaub von 30 Arbeitstagen zu.

E Da Frau Segebad im gesamten August Berufsschulunterricht hat, ist eine Ablehnung des Urlaubsgesuchs zulässig.

F Bei der Ermittlung des Jahresurlaubs hat Frau Segebad die Samstage als Urlaubstage anzurechnen.

Aufgabe I-5

Welche Aussagen zum Berufsausbildungsverhältnis von Jessica Meissner (17-jährige Auszubildende der *Nordbank AG*) sind richtig?

A Während der Probezeit kann sowohl Frau Meissner als auch die *Nordbank* das Ausbildungsverhältnis ohne Angaben von Gründen fristlos kündigen.

B Die Dauer der Probezeit beträgt bei Ausbildungsverhältnissen im Kreditgewerbe mindestens vier Wochen.

C Das Berufsausbildungsverhältnis endet stets erst mit Ablauf der im Ausbildungsvertrag vorgesehenen Ausbildungszeit.

D Besteht Frau Meissner vor Ablauf der Ausbildungszeit die Abschlussprüfung, so endet das Berufsausbildungsverhältnis mit Bekanntgabe des Ergebnisses durch den Prüfungsausschuss.

E Wird Frau Meissner im Anschluss an das Berufsausbildungsverhältnis von der *Nordbank AG* beschäftigt, ohne dass hierüber ausdrücklich etwas vereinbart worden ist, so wird hierdurch ein auf ein Jahr befristetes Arbeitsverhältnis begründet.

F Das Berufsausbildungsverhältnis kann nach der Probezeit von Frau Meissner ohne Einhaltung einer Kündigungsfrist gekündigt werden, wenn sie sich für eine andere Berufstätigkeit ausbilden lassen will.

Aufgabe I-6

Der 17-jährige Timo Warnicke hat im August bei der *Nordbank AG* eine Berufsausbildung zum Bankkaufmann begonnen. Ordnen Sie die nachstehenden Aussagen den entsprechenden Rechtsvorschriften zu. Rechtsvorschriften:

1 Jugendarbeitsschutzgesetz

2 Berufsbildungsgesetz und Ausbildungsverordnung

3 Bundesurlaubsgesetz

4 Betriebsverfassungsgesetz

A Im Rahmen der Berufsausbildung zum Bankkaufmann/Bankkauffrau sind die Abschlussprüfung Teil 1 und die Abschlussprüfung Teil 2 Bestandteile der Abschlussprüfung.

B In Betrieben mit mindestens fünf Auszubildenden und Arbeitnehmern, die das 18. Lebensjahr noch nicht vollendet haben, sowie Auszubildenden, die das 25. Lebensjahr noch nicht vollendet haben, werden Jugend- und Auszubildendenvertretungen gewählt.

C Der Ausbildende hat dem Auszubildenden eine angemessene Vergütung zu gewähren. Sie beträgt 1.076,00 EUR im ersten, 1.138,00 EUR im zweiten und 1.338,00 EUR im dritten Ausbildungsjahr.

D Besteht Herr Warnicke die Abschlussprüfung nicht, so verlängert sich das Berufsausbildungsverhältnis auf sein Verlangen bis zur nächst möglichen Wiederholungsprüfung, höchstens um ein Jahr.

E Die *Nordbank AG* hat Herrn Warnicke an dem Arbeitstag, der der schriftlichen Abschlussprüfung unmittelbar vorangeht, freizustellen.

F Die *Nordbank AG* hat Herrn Warnicke bei Beendigung des Berufsausbildungsverhältnisses ein schriftliches Zeugnis über Art, Dauer und Ziel der Berufsausbildung sowie über die erworbenen beruflichen Fertigkeiten, Kenntnisse und Fähigkeiten auszustellen.

G Die *Nordbank AG* darf Herrn Warnicke vor einem vor 9.00 Uhr beginnenden Berufsschulunterricht nicht beschäftigen.

A	B	C	D	E	F	G

Aufgabe I-7

Die 21-jährige Kerstin Schubert hat vor kurzem ihre Ausbildung zur Bankkauffrau bei der *Nordbank AG* in Essen begonnen. Welche Aussagen zur Verordnung über die Berufsausbildung zum Bankkaufmann/zur Bankkauffrau treffen zu?

A Die *Nordbank* hat Frau Schubert für die Teilnahme am Berufsschulunterricht freizustellen.

B Zum Bestehen der Abschlussprüfung müssen im Gesamtergebnis und in drei der vier Prüfungsfächer mindestens ausreichende Prüfungsleistungen erbracht werden.

C Der Auszubildende hat ein Berichtsheft in Form eines Ausbildungsnachweises zu führen. Ihm ist Gelegenheit zu geben, das Berichtsheft während der Ausbildungszeit zu führen.

D Die *Nordbank* hat Frau Schubert nach Beendigung des Berufsausbildungsverhältnisses ein Zeugnis auszustellen.

E Die *Nordbank* hat Frau Schubert im Voraus feststehende Ruhepausen von angemessener Dauer zu gewähren.

F Um zur Abschlussprüfung zugelassen zu werden, ist das Bestehen der Zwischenprüfung mit mindestens der Note ausreichend erforderlich.

Aufgabe I-8

Der 16-jährige Ingo Hölscher hat am 01. August seine Ausbildung zum Bankkaufmann bei der *Nordbank AG* begonnen. Der Berufsschulunterricht findet an zwei Werktagen mit je sechs bzw. sieben Unterrichtsstunden von 45 Minuten in der Woche statt. Welche Aussagen über die Freistellung durch den Ausbildungsbetrieb an Berufsschultagen sind richtig?

A Nach dem Berufsschulunterricht ist Ingo Hölscher verpflichtet, an Ausbildungsmaßnahmen der *Nordbank AG* bis zu zwei Stunden täglich teilzunehmen.

B Hat Ingo Hölscher in einer Woche zwei Berufsschultage mit mehr als sechs Stunden täglich, so hat ihn die *Nordbank AG* an einem Berufsschultag freizustellen.

C Nach einem Berufsschultag mit vier Unterrichtsstunden kann Ingo Hölscher von der *Nordbank* nachmittags nicht weiterbeschäftigt werden.

D Die *Nordbank AG* hat Ingo Hölscher für die Teilnahme am Berufsschulunterricht freizustellen.

E An Berufsschultagen darf Ingo Hölscher von der *Nordbank AG* nachmittags nicht mehr weiterbeschäftigt werden.

F Vor einem vor 9 Uhr beginnenden Berufsschulunterricht kann Herr Hölscher von der *Nordbank AG* beschäftigt werden.

Aufgabe I-9

Die 20-jährige Julia Henkel absolviert seit einem Jahr ihre Ausbildung bei der *Nordbank AG* in Hamburg. Während ihres 3-wöchigen Erholungsurlaubs erkrankt Frau Henkel an einer fiebrigen Grippe. Welche Aussage nach dem Bundesurlaubsgesetz trifft zu?

A   Krankheitstage während des Erholungsurlaubs werden stets auf den Erholungsurlaub von Frau Henkel angerechnet.

B   Kann Frau Henkel ihre Arbeitsunfähigkeit infolge einer Krankheit während ihres Erholungsurlaubs ärztlich bescheinigen, werden die Tage ihrer Arbeitsunfähigkeit auf den Erholungsurlaub nicht angerechnet.

C   Kann Frau Henkel die Tage ihrer Arbeitsunfähigkeit ärztlich nachweisen, verlängert sich ihr Urlaub um die Krankheitstage.

D   Krankheitstage während des Urlaubs dürfen auf den Erholungsurlaub grundsätzlich nicht angerechnet werden.

E   Im Falle einer Krankheit während des Erholungsurlaubs kann Frau Henkel ihren Erholungsurlaub um die Krankheitstage verlängern, wenn sie die Personalabteilung der *Nordbank AG* von ihrer Krankheit telefonisch informiert hat.

Aufgabe I-10

Der Auszubildende Andreas Eckmann hat während der Berufsschulferien seinen vierwöchigen Erholungsurlaub genommen und wohnt mit seiner Freundin in einem Apartment in der Nähe von Marseille. Aufgrund eines unverschuldeten Autounfalls muss Herr Eckmann in ärztliche Behandlung, die voraussichtlich 14 Tage dauern wird. Er ist gesetzlich krankenversichert. Welche Vorschriften des Entgeltfortzahlungsgesetzes muss Herr Eckmann beachten, wenn er sich die Zeit der ärztlichen Behandlung von seinem Ausbildungsbetrieb nicht auf den Jahresurlaub anrechnen lassen will?

A   Herr Eckmann muss seinem Ausbildungsbetrieb unverzüglich nach Rückkehr aus dem Erholungsurlaub eine Arbeitsunfähigkeitsbescheinigung des behandelnden Arztes vorlegen.

B   Herr Eckmann muss seinem Ausbildungsbetrieb auf dem schnellsten Wege die Arbeitsunfähigkeit, deren voraussichtliche Dauer und seine Adresse am Urlaubsort mitteilen.

C   Herr Eckmann muss seinem Ausbildungsbetrieb von seinem Urlaubsort unverzüglich mitteilen, dass er in ärztlicher Behandlung ist, die etwa 14 Tage andauern wird.

D   Herr Eckmann muss seiner Krankenkasse unverzüglich seine Arbeitsunfähigkeit und deren voraussichtliche Dauer mitteilen.

E   Wenn Herr Eckmann seinem Ausbildungsbetrieb unverzüglich eine Krankmeldung zusendet, kann er seinen Erholungsurlaub in Frankreich um 14 Tage verlängern.

F   Da sich der Autounfall während des bezahlten Erholungsurlaubs ereignete, werden die durch ärztliches Zeugnis nachgewiesenen Tage der Arbeitsunfähigkeit auf den Jahresurlaub angerechnet.

Aufgabe I-11

Die Auszubildende Bettina Rasch hat ihre Ausbildung bei der *Nordbank AG* Flensburg am 01. August begonnen. Bereits nach vier Wochen ihrer Ausbildung ist sie zu der Überzeugung gelangt, dass sie mehr Eignung für einen naturwissenschaftlich-technischen Beruf besitzt. Außerdem hat sie von der ZVS in Dortmund die Mitteilung erhalten, dass sie zum Wintersemester ein Pharmaziestudium in Kiel aufnehmen kann. Welche Aussagen zu dem geplanten Ausbildungswechsel treffen zu?

A Frau Rasch kann das Pharmaziestudium nur aufnehmen, wenn die *Nordbank AG* einer beantragten Beendigung des Ausbildungsverhältnisses zustimmt.

B Eine vorzeitige Beendigung des Ausbildungsverhältnisses ist nur möglich, wenn Frau Rasch die bisher von der *Nordbank AG* gezahlte Ausbildungsvergütung zurückzahlt.

C Da Frau Rasch sich noch in der Probezeit befindet, ist eine Beendigung des Ausbildungs-verhältnisses ohne Angaben von Gründen möglich.

D Während der Probezeit kann Frau Rasch nur im Wege einer schriftlichen Kündigung unter Einhaltung einer Kündigungsfrist von vier Wochen und unter Angabe des Kündigungs-grundes das Ausbildungsverhältnis lösen.

E Während der Probezeit ist eine vorzeitige Auflösung des Ausbildungsverhältnisses nicht möglich.

F Während der Probezeit können sowohl Frau Rasch als auch die *Nordbank AG* das Ausbil-dungsverhältnis ohne Angabe von Gründen beenden.

Aufgabe I-12

Herr Philipp Rosenau hatte im August ein zweijähriges Ausbildungsverhältnis mit der *Nord-bank AG* abgeschlossen. Aufgrund einiger Unstimmigkeiten kündigte Herr Rosenau nach Ab-lauf der Probezeit das Ausbildungsverhältnis fristgerecht. An seinem letzten Ausbildungstag erhält Herr Rosenau von der *Nordbank AG* ein Ausbildungszeugnis. Im Zeugnis steht folgen-der Satz: „Herr Rosenau gehört der Gewerkschaft ver.di an und bestreikte unser Haus." Ist diese Formulierung in einem Zeugnis erlaubt?

A Zeugnisse müssen wahr und vollständig sein. Daher muss dieser Satz in ein Zeugnis auf-genommen werden.

B Ja, weil in einem qualifizierten Arbeitszeugnis Angaben über das Verhalten des Auszubil-denden aufgeführt sind.

C Diese Formulierung ist zu direkt. Negative Aussagen sollten geschickter formuliert werden.

D Die Wahrnehmung von Arbeitnehmerrechten darf in einem Arbeitszeugnis nicht das beruf-liche Fortkommen behindern.

E Aussagen über die Zugehörigkeit zu Gewerkschaften sind nicht zulässig.

F Diese Formulierung ist zulässig, wenn der Betriebsrat dem Inhalt des Zeugnisses zuge-stimmt hat.

Aufgabe I-13

Wegen eines Ausbildungsplatzwechsels möchte ein Auszubildender sein Ausbildungsverhält-nis nach der Probezeit fristgerecht lösen. Der Auszubildende reicht am 02. Mai seine Kündi-gung bei seinem Ausbildungsbetrieb ein. Wann endet sein Ausbildungsverhältnis fristgerecht?

Aufgabe I-14

Frau Berit Möller (19 Jahre alt) ist seit dem 1. August Auszubildende der *Nordbank AG* in Hamburg. Im Rahmen einer Veranstaltung der Jugend- und Auszubildendenvertretung der *Nordbank AG* möchte Frau Möller von Ihnen als Jugend- und Auszubildendenvertreter(in) Informationen über die Regelungen zum Erholungsurlaub von Auszubildenden haben. Welche Aussagen treffen vor dem Hintergrund der gesetzlichen Bestimmungen zu?

A Der gesetzliche Mindesturlaub nach dem Bundesurlaubsgesetz beträgt für die Auszubildende 24 Werktage.

B Der Erholungsurlaub für Frau Möller als Auszubildende ist im Jugendarbeitsschutzgesetz geregelt.

C Auszubildende haben nach dem Jugendarbeitsschutzgesetz einen jährlichen Urlaubsanspruch von mindestens 25 Werktagen.

D Der jährliche Erholungsurlaub von Auszubildenden im Kreditgewerbe richtet sich stets nach den Bestimmungen des zurzeit geltenden Manteltarifvertrags.

E Für Auszubildende des Kreditgewerbes gelten die Bestimmungen des Berufsbildungsgesetzes über den Erholungsurlaub.

F Der Erholungsurlaub soll Auszubildenden in der Zeit der Berufsschulferien gewährt werden.

Aufgabe I-15

Welche Aussage zur Kündigung von Berufsausbildungsverhältnissen (BAV) trifft nach dem Berufsbildungsgesetz zu?

A Nach Ablauf der Probezeit kann der Ausbildende das BAV aus wichtigem Grund fristlos, in anderen Fällen nur mit einer Kündigungsfrist von vier Wochen schriftlich kündigen.

B Während der Probezeit kann der Auszubildende das BAV jederzeit ohne Angabe von Gründen fristlos kündigen. Eine Formvorschrift für diese Kündigung besteht nicht.

C Nach Ablauf der Probezeit kann der Ausbildende das BAV nur aus wichtigem Grund kündigen.

D Kündigt der Auszubildende das BAV nach der Probezeit mit einer Kündigungsfrist von vier Wochen, muss er dem Ausbildenden auf jeden Fall den entstandenen Schaden ersetzen.

E Eine rechtswirksame Kündigung muss immer einen Kündigungsgrund enthalten.

Aufgabe I-16

Die Rechte der jugendlichen Arbeitnehmer ergeben sich u. a. aus dem Jugendarbeitsschutzgesetz. Welche der nachstehenden Rechtsvorschriften leitet sich aus diesem Gesetz her?

A Die regelmäßigen Wahlen der Jugend- und Auszubildendenvertretung finden alle zwei Jahre in der Zeit vom 1. Oktober bis 30. November statt.

B Der Erholungsurlaub wird für das laufende Kalenderjahr gewährt. Er beträgt unabhängig von individuellen Arbeitszeitschwankungen 30 Arbeitstage.

C Die Jugend- und Auszubildendenvertretung kann zu allen Betriebsratssitzungen einen Vertreter entsenden.

D   Der Urlaub soll den Berufsschülern in der Zeit der Berufsschulferien gegeben werden.

E   Die Arbeit ist durch im Voraus feststehende Ruhepausen von mindestens 30 Minuten bei einer Arbeitszeit von mehr als sechs bis zu neun Stunden insgesamt zu unterbrechen.

Situation zu den Aufgaben I-17 bis I-19

Janis Saffert (17 Jahre alt) ist Auszubildender der *Nordbank AG*.

Aufgabe I-17

Was ist gemäß den Vorschriften des Berufsbildungsgesetzes Teil des Berufsausbildungsvertrages von Herrn Saffert?

A   Der Rahmenlehrplan der Berufsschule

B   Der fachlich gegliederte Stoffplan der Berufsschule

C   Die Dauer der täglichen Ruhepausen im Ausbildungsbetrieb und in der Berufsschule

D   Der bundeseinheitliche Prüfungskatalog der Industrie- und Handelskammer

E   Der Ausbildungsplan des Ausbildungsinstituts

Aufgabe I-18

Herr Saffert muss Tätigkeiten verrichten, die seiner Meinung nach im betrieblichen Ausbildungsplan nicht vorgesehen sind. Er möchte sich genauer informieren, ob dies zulässig ist. Welche Stelle ist nach dem Berufsbildungsgesetz für diese Probleme zuständig?

A   Berufsschule

B   Industrie- und Handelskammer

C   Verwaltungsberufsgenossenschaft

D   Schulamt

E   Gewerbeaufsichtsbehörde

Aufgabe I-19

Wann endet nach den Bestimmungen des Berufsbildungsgesetzes das Berufsausbildungsverhältnis von Herrn Saffert? Im Ausbildungsvertrag von Herrn Saffert finden Sie folgende Hinweise: „Die Ausbildungszeit (§ 1) beträgt nach der Ausbildungsverordnung 36 Monate. Das Berufsausbildungsverhältnis beginnt am 1. August 2022 und endet am 31. Januar 2025."

A   Besteht Herr Saffert die Abschlussprüfung am 12. Januar 2025, so endet das Berufsausbildungsverhältnis mit Bestehen der Abschlussprüfung durch die Bekanntgabe des Prüfungsergebnisses an diesem Tag.

B   Besteht Herr Saffert die Abschlussprüfung nicht, so endet das Ausbildungsverhältnis automatisch nach Wiederholung der Prüfung.

C   Das Ausbildungsverhältnis von Herrn Saffert endet in jedem Fall am 31. Januar 2025.

D   Besteht Herr Saffert die Abschlussprüfung nicht, so endet das Ausbildungsverhältnis auf Antrag des Ausbildungsinstituts bei der Handelskammer.

E Besteht Herr Saffert die Abschlussprüfung am 12. Januar 2025, so endet das Ausbildungsverhältnis mit dem Zeitpunkt der Übernahme von Herrn Saffert in ein unbefristetes Arbeitsverhältnis bei der *Nordbank AG*.

Aufgabe I-20

Drei Wochen nach Ausbildungsbeginn bei der *Nordbank AG* ist sich der 19-jährige Harald Schneider sicher, dass die Ausbildung zum Bankkaufmann nicht das Richtige für ihn ist. Er möchte daher eine Ausbildung zum Krankenpfleger beginnen, ein Ausbildungsplatz in der *Paracelsus-Klinik* wurde ihm bereits mündlich zugesagt. Ist die *Nordbank AG* verpflichtet, das Ausbildungsverhältnis sofort zu beenden, wenn Harald Schneider schriftlich gekündigt hat?

A Ja, wenn er den neuen Berufsausbildungsvertrag unterschreiben vorzeigen kann.

B Nein, weil er sich an eine Kündigungsfrist von vier Wochen halten muss.

C Ja, wenn er den vereinbarten Schadensersatz entrichtet.

D Ja, weil er sich in der Probezeit befindet.

E Ja, wenn sein Anliegen als wichtiger Kündigungsgrund auch vom Betriebsrat anerkannt worden ist.

Aufgabe I-21

Die 16-jährige Tanja Wüstefeld hat im August eine Berufsausbildung zur Bankkauffrau bei der *Nordbank AG* begonnen. Sie möchte von Ihnen wissen, in welchen Rechtsvorschriften sie die entsprechenden Regelungen nachlesen kann.

Gesetze, die die Ausbildung betreffen

1 Bundesurlaubsgesetz
2 Betriebsverfassungsgesetz
3 Kündigungsschutzgesetz
4 keine Zuordnung
5 Berufsbildungsgesetz
6 Jugendarbeitsschutzgesetz
7 Tarifvertragsgesetz

Aussagen

A Wird Frau Wüstefeld infolge unverschuldeter Krankheit arbeitsunfähig, so hat sie Anspruch auf Entgeltfortzahlung durch die *Nordbank AG* für die Zeit ihrer Arbeitsunfähigkeit, längstens bis zur Dauer von sechs Wochen.

B An einem Berufsschultag mit mehr als fünf Unterrichtsstunden von mindestens je 45 Minuten darf die *Nordbank AG* Frau Wüstefeld einmal in der Woche nicht beschäftigen.

C Nach der Probezeit kann Frau Wüstefeld das Berufsausbildungsverhältnis nur schriftlich unter Angabe ihres Kündigungsgrundes mit einer Kündigungsfrist von vier Wochen kündigen, wenn sie sich für eine andere Berufstätigkeit ausbilden lassen will.

D Erkrankt Frau Wüstefeld während ihres Erholungsurlaubs, so werden die durch ärztliches Zeugnis nachgewiesenen Tage der Arbeitsunfähigkeit nicht auf den Jahresurlaub angerechnet.

E Da Frau Wüstefeld Auszubildende der *Nordbank AG* ist, kann sie Anfang Oktober an der Wahl der Jugend- und Auszubildendenvertretung aktiv teilnehmen.

A	B	C	D	E

Aufgabe I-22

Welches Gesetz regelt die Kündigung eines Ausbildungsverhältnisses während und nach der Probezeit?

A Regelung über die Kündigungsfristen im Bürgerlichen Gesetzbuch

B Regelungen über die Kündigungsfristen im Kündigungsschutzgesetz

C Regelungen über die Kündigungsfristen im Tarifvertrag für tarifgebundene Vertragspartner

D Regelungen über Kündigungsfristen im Berufsbildungsgesetz

E Regelungen zu den Rechten und Pflichten Jugendlicher nach dem Jugendarbeitsschutzgesetz

Aufgabe I-23

Die Auszubildende der *Nordbank AG* Britta Gusen geht auf Grund einer fiebrigen Erkältung eine Woche nicht in ihren Ausbildungsbetrieb. Wie verhält sich Frau Gusen nach dem Entgeltfortzahlungsgesetz richtig?

A Frau Gusen ist verpflichtet, ihrem Ausbildungsbetrieb unverzüglich den Grund ihres Fernbleibens telefonisch mitzuteilen. Eine ärztliche Bescheinigung ist dem Ausbildungsbetrieb am letzten Tag ihrer Arbeitsunfähigkeit vorzulegen.

B Frau Gusen muss sich von ihrem Hausarzt den Grund ihres Fernbleibens zumindest telefonisch bestätigen lassen und das Attest ihrem Ausbildungsbetrieb nach Gesundung übergeben.

C Frau Gusen muss den Grund ihres Fernbleibens ihrer Krankenversicherung und ihrem Ausbildungsbetrieb schriftlich mitteilen.

D Frau Gusen ist verpflichtet, der *Nordbank AG* ihre Arbeitsunfähigkeit und deren voraussichtliche Dauer unverzüglich mitzuteilen. Außerdem muss sie in diesem Fall eine ärztliche Bescheinigung über ihre Arbeitsunfähigkeit und deren voraussichtliche Dauer spätestens am vierten Arbeitstag nach Beginn der Arbeitsunfähigkeit vorlegen.

E Wenn die *Nordbank AG* die Vorlage der ärztlichen Arbeitsunfähigkeitsbescheinigung bereits am ersten Arbeitstag der Arbeitsunfähigkeit verlangt, muss Frau Gusen die Bescheinigung wunschgemäß rechtzeitig vorlegen.

F Es reicht aus, wenn Frau Gusen bei Wiederaufnahme der Ausbildung dem Ausbildungsbetrieb eine Arbeitsunfähigkeitsbescheinigung vorlegt.

Aufgabe I-24

Frau Katja Schuster ist Auszubildende der *Nordbank AG*. Wann kann ihr Ausbildungsverhältnis enden?

A Während der Probezeit kann nur Frau Schuster unter Einhaltung einer zweiwöchigen Kündigungsfrist das Ausbildungsverhältnis beenden.

B Nach Ablauf der Probezeit kann das Ausbildungsverhältnis von Frau Schuster nur durch ihren Ausbildungsbetrieb beendet werden.

C Das Ausbildungsverhältnis von Frau Schuster endet mit Bekanntgabe des Bestehens der Abschlussprüfung durch den Prüfungsausschuss.

D Das Ausbildungsverhältnis von Frau Schuster endet mit dem Ablauf der Ausbildungszeit, auch wenn Frau Schuster die Abschlussprüfung zur Bankkauffrau vor dem Ende ihrer Ausbildungszeit bestanden hat.

E Besteht Frau Schuster ihre Abschlussprüfung zur Bankkauffrau nicht, so verlängert sich ihr Ausbildungsverhältnis auf ihr Verlangen um höchstens ein Jahr.

F Das Ausbildungsverhältnis von Frau Schuster kann jederzeit ohne Angabe von Gründen von beiden Parteien beendet werden.

Situation zu den Aufgaben I-25 und I-26

Die Realschülerin Melanie Wagner schloss am 28. Januar 2022 einen Berufsausbildungsvertrag mit der *Nordbank AG* ab, eine Probezeit von vier Monaten wurde vereinbart. Der Ausbildungsbeginn wurde für den 01. Februar 2022 vereinbart.

Aufgabe I-25

Ermitteln Sie den Tag, mit dessen Ablauf die Probezeit von Melanie Wagner bei der *Nordbank AG* endet. Tragen Sie das Datum dieses Tages (TT.MM.JJJJ) ein.

Aufgabe I-26

Melanie Wagner interessiert sich bereits jetzt für die Weiterbeschäftigung nach der bestandenen Abschlussprüfung. Prüfen Sie die Gesetzeslage anhand der folgenden Aussagen. Welche Aussage ist richtig?

A Besteht Melanie Wagner die Abschlussprüfung vorzeitig, so muss die *Nordbank AG* sie bis zum 31.Mai 2024 weiterbeschäftigen.

B Bei Nichtübernahme in ein Arbeitsverhältnis muss eine Kündigungsfrist von vier Wochen eingehalten werden.

C Eine Vereinbarung über eine Weiterbeschäftigung nach Beendigung der Berufsausbildung hätte bereits im Berufsausbildungsvertrag festgehalten werden müssen.

D Arbeitet Melanie Wagner nach Beendigung der Ausbildung mit Duldung der *Nordbank AG* weiter, wird ein Arbeitsverhältnis auf unbestimmte Zeit begründet.

E Melanie Wagner müsste nach Beendigung der Berufsausbildung für ein Jahr befristet als Servicekraft übernommen werden, wenn sie Mitglied der Jugend- und Auszubildendenvertretung gewesen wäre.

Aufgabe I-27

Der Urlaubsanspruch von jugendlichen Auszubildenden bzw. Arbeitnehmern, Auszubildenden sowie Arbeitnehmern ist in unterschiedlichen Gesetzen geregelt. Ordnen Sie den nachstehenden Personen die entsprechenden Gesetze zu, in denen die jeweiligen personenbezogenen Urlaubsansprüche geregelt sind.

Personen

A Jugendliche Auszubildende

B Jugendliche Arbeitnehmer

C Auszubildende über 18 Jahre

D Arbeitnehmer über 18 Jahre

Gesetze

1 Bürgerliches Gesetzbuch

2 Handelsgesetzbuch

3 Jugendarbeitsschutzgesetz

4 Bundesurlaubsgesetz

5 Berufsbildungsgesetz

6 Tarifvertragsgesetz

A	B	C	D

Aufgabe I-28

Bettina Stadler (16 Jahre alt) hat mit ihren Eltern Jana und Herbert Stadler besprochen, dass sie Bankkauffrau werden möchte. Sie hat sich bei der *Hansebank AG* erfolgreich um einen Ausbildungsplatz beworben. Beginn der zweieinhalbjährigen Berufsausbildung ist der 01.02. Bettina Stadler hat ein schriftliches Ausbildungsplatzangebot von der *Hansebank AG* erhalten. Wie kommt der Berufsausbildungsvertrag rechtswirksam zustande?

A Unterschrift von Bettina Stadler und Unterschrift eines zeichnungsberechtigten Mitarbeiters der *Hansebank AG*

B Die Unterschrift eines zeichnungsberechtigten Mitarbeiters der *Hansebank AG* sowie die Unterschrift von Bettina Stadler und die Unterschrift der gesetzlichen Vertreter

C Die Unterschrift von Bettina Stadler, die Unterschrift eines Elternteils, z. B. von Herbert Stadler, und die Unterschrift eines zeichnungsberechtigten Mitarbeiters der *Hansebank AG*

D Unterschrift der Eltern und die Unterschrift eines zeichnungsberechtigten Mitarbeiters der *Hansebank AG*

E Hat die *Hansebank AG* Bettina Stadler telefonisch ein Ausbildungsangebot unterbreitet, reichen allein die Unterschriften von Jana und Herbert Stadler zum Zustandekommen des Ausbildungsvertrages aus.

Aufgabe I-29

Stellen Sie für die aufgeführten Textauszüge fest, aus welcher der folgenden Rechtsgrundlage sie entnommen sind.

Rechtsgrundlagen

1 Jugendarbeitsschutzgesetz

2 Berufsbildungsgesetz

3 Betriebsverfassungsgesetz

4 Kündigungsschutzgesetz

Textauszüge

A Jugendliche dürfen nicht mehr als acht Stunden täglich und nicht mehr als 40 Stunden wöchentlich beschäftigt werden.

B Die zuständige Stelle hat auf Antrag die Ausbildungszeit zu kürzen, wenn zu erwarten ist, dass der Auszubildende das Ausbildungsziel in der gekürzten Zeit erreicht.

C In Betrieben mit in der Regel mindestens fünf ständigen wahlberechtigten Arbeitnehmern, von denen drei wählbar sind, werden Betriebsräte gewählt.

D Das Berufsausbildungsverhältnis beginnt mit der Probezeit. Sie muss mindestens einen Monat und darf höchstens vier Monate betragen.

E Jugendliche dürfen nur in der Zeit von 6 bis 20 Uhr beschäftigt werden.

F Sozial ungerechtfertigt ist die Kündigung, wenn sie nicht durch Gründe, die in der Person oder in dem Verhalten des Arbeitnehmers liegen, oder durch dringende betriebliche Erfordernisse, die eine Weiterbeschäftigung des Arbeitnehmers in diesem Betrieb entgegenstehen, bedingt ist.

A	B	C	D	E	F

Aufgabe I-30

Das Jugendarbeitsschutzgesetz (JArbSchG) gilt für die Beschäftigung von Jugendlichen. Welche der folgenden Tatbestände sind in diesem Gesetz geregelt?

A Bei mehr als fünf beschäftigten Personen, die das 18. Lebensjahr noch nicht vollendet haben, ist eine Jugend- und Auszubildendenvertretung zu wählen.

B Jugendliche im Sinne dieses Gesetzes sind alle Personen, die das 7. Lebensjahr vollendet haben, aber noch nicht 18 Jahre alt sind.

C Der Arbeitgeber hat den Jugendlichen an dem Arbeitstag, der der schriftlichen Abschlussprüfung unmittelbar vorangeht, freizustellen.

D Jugendliche dürfen nicht mehr als acht Stunden täglich und nicht mehr als 40 Stunden wöchentlich beschäftigt werden.

E Die Ruhepausen müssen bei einer Arbeitszeit von mehr als sechs Stunden mindestens 30 Minuten betragen.

F Das JArbSchG gilt für Personen, die sich in der Berufsausbildung befinden, sofern sie das 25. Lebensjahr noch nicht vollendet haben.

Aufgabe I-31

Florian Görtz (21 Jahre alt) ist Auszubildender der *Nordbank AG* im zweiten Ausbildungsjahr. Er interessiert sich für die Bedeutung der Abschlussprüfung Teil 1 und Teil 2 und bittet seinen Ausbilder um eine Information über die Bedeutung der Abschlussprüfung Teil 1. Welche Angabe trifft in diesem Zusammenhang zu?

A Wenn auf Grund des Ergebnisses der Abschlussprüfung Teil 1 ein Erreichen des Ausbildungszieles nicht zu erwarten ist, kann die Handelskammer eine Verlängerung der Ausbildungszeit verlangen.

B Zur Ermittlung des Ergebnisses der Abschlussprüfung ist zuerst die Abschlussprüfung Teil 1 durchzuführen. Sie soll in der Mitte des zweiten Ausbildungsjahres stattfinden. Nur wer an der Abschlussprüfung Teil 1 teilgenommen hat, kann zur Abschlussprüfung Teil 2 und dem abschließenden Kundengespräch zugelassen werden.

C Wenn Herr Görtz eine Verkürzung der Ausbildungszeit beantragt, so muss er auch die Abschlussprüfung Teil 1 entsprechend früher ablegen.

D Die Abschlussprüfung Teil 1 und Teil 2 müssen spätestens zwei Jahre nach Ausbildungsbeginn abgelegt werden, andernfalls verlängert sich die Ausbildungszeit um den diese Frist übersteigenden Zeitraum.

E Die Handelskammer prüft anhand des Ergebnisses der Abschlussprüfung Teil 1, ob Herr Görtz zur Abschlussprüfung Teil 2 und dem abschließenden Kundengespräch zugelassen werden kann.

Situation zu den Aufgaben I-32 und I-33

Claudia Tempelmann (23 Jahre alt) ist Auszubildende der *Nordbank AG* im 3. Ausbildungsjahr. Frau Tempelmann hat vorschriftsmäßig rechtzeitig gemeldet, dass sie ein Kind erwartet. Voraussichtlicher Entbindungstermin ist der 15. Juni 2022.

Aufgabe I-32

Ermitteln Sie den Beginn und das Ende der Mutterschutzfrist für Frau Tempelmann. Tragen Sie das jeweilige Datum (TT.MM.JJJJ) ein.

Beginn der Mutterschutzfrist

Ende der Mutterschutzfrist

Aufgabe I-33

Für den 10. Mai 2022 wurde sie zum schriftlichen Teil der Abschlussprüfung Teil 2 gemeldet. Stellen Sie fest, welche Regelung den gesetzlichen Bestimmungen entspricht! Nutzen Sie für Ihre Antwort die unten aufgeführten Gesetzestextauszüge!

A Frau Tempelmann muss die Prüfung um ein halbes Jahr verschieben, da sie nach den gesetzlichen Vorschriften zu dem genannten Zeitpunkt nicht beschäftigt werden darf.

B Frau Tempelmann darf zwar acht Wochen vor der Entbindung auf keinen Fall mehr beschäftigt werden, die Prüfung kann sie jedoch ablegen.

C Frau Tempelmann darf sechs Wochen vor der Entbindung nicht mehr beschäftigt werden. Daher kann sie auch nicht an der Prüfung teilnehmen.

D Für Frau Tempelmann gilt ein Beschäftigungsverbot von sechs Wochen vor und acht Wochen nach der Entbindung. Die Prüfung darf sie jedoch ablegen.

E Es gilt ein Beschäftigungsverbot von sechs Wochen vor und acht Wochen nach der Entbindung. Auf ihren ausdrücklichen Wunsch darf Frau Tempelmann vor der Entbindung weiter beschäftigt werden. Nur wenn sie dies tut, darf sie die schriftliche Prüfung ablegen.

Auszug aus dem Mutterschutzgesetz

§ 3 (Beschäftigungsverbote für werdende Mütter)

(1) …

(2) Werdende Mütter dürfen in den letzten sechs Wochen vor der Entbindung nicht beschäftigt werden, es sei denn, dass sie sich zur Arbeitsleistung ausdrücklich bereit erklären; die Erklärung kann jederzeit widerrufen werden.

§ 6 (Beschäftigungsverbote nach der Entbindung)

(1) Mütter dürfen bis zum Ablauf von acht Wochen … nach der Entbindung nicht beschäftigt werden. …

Auszug aus dem BBiG

§ 39 (Zulassung zur Abschlussprüfung)

(1) Zur Abschlussprüfung ist zugelassen,

    1. wer die Ausbildungszeit zurückgelegt hat …,

(2) Über die Zulassung zur Abschlussprüfung entscheidet die zuständige Stelle. Hält sie die Zulassungsvoraussetzung für nicht gegeben, so entscheidet der Prüfungsausschuss. Auszubildenden, die Elternzeit in Anspruch genommen haben, darf hieraus kein Nachteil erwachsen, sofern die übrigen Voraussetzungen gemäß Abs. 1 … erfüllt sind.

Aufgabe I-34

Fred Burmeister (22 Jahre alt) ist Auszubildender der *Nordbank AG* im zweiten Ausbildungsjahr. Er hat bereits mehrfach gegen die Bestimmungen des Bundesdatenschutz-Grundverordnung verstoßen und ist mit Kundendaten fahrlässig umgegangen. Aus diesem Grund hat er auch schon zwei Abmahnungen von der Personalabteilung erhalten. Am 5. September erfährt sein Ausbildungsleiter von einem erneuten Verstoß gegen das Bundesdatenschutzgesetz. Daraufhin kündigt er Herrn Burmeister am 6. September schriftlich. Vorher hatte der Ausbildungsleiter telefonisch ein Betriebsratsmitglied, mit dem er befreundet ist, von der Kündigung unterrichtet. Stellen Sie fest, warum die Kündigung nicht rechtswirksam ist! Nutzen Sie für Ihre Antwort die unten aufgeführten Gesetzestextauszüge!

A   Die Kündigung hätte bereits mit der zweiten Abmahnung ausgesprochen werden müssen.

B   Das Betriebsratsmitglied hätte schriftlich unterrichtet werden müssen.

C   Die Jugendvertretung der *Nordbank AG* hätte informiert werden müssen.

D   Einem Auszubildenden kann nur bei Vorliegen eines wichtigen Grundes gekündigt werden. Dies trifft hier nicht zu.

E   Der gesamte Betriebsrat hätte von der Kündigung unterrichtet werden müssen.

Auszug aus dem Betriebsverfassungsgesetz

§ 102 (Mitbestimmung bei Kündigungen)

(1) Der Betriebsrat ist vor jeder Kündigung zu hören. Der Arbeitgeber hat ihm die Gründe für die Kündigung mitzuteilen. Eine ohne Anhörung des Betriebsrats ausgesprochene Kündigung ist unwirksam.

(2) Hat der Betriebsrat gegen eine ordentliche Kündigung Bedenken, so hat er diese unter Angabe der Gründe dem Arbeitgeber spätestens innerhalb einer Woche schriftlich mitzu-

teilen. Äußert er sich innerhalb dieser Frist nicht, gilt seine Zustimmung zur Kündigung als erteilt. Hat der Betriebsrat gegen eine außerordentliche Kündigung Bedenken, so hat er diese unter Angabe der Gründe dem Arbeitgeber unverzüglich, spätestens jedoch innerhalb von drei Tagen, schriftlich mitzuteilen. ...

Aufgabe I-35

Frau Bettina Finke (17 Jahre alt) hat gerade ihre Ausbildung zur Bankkauffrau bei der *Nordbank AG* in Pinneberg begonnen. Ihre Eltern als gesetzliche Vertreter hatten dem Ausbildungsvertrag mit der *Nordbank AG* zugestimmt. Sie befindet sich noch in der Probezeit. Frau Finke möchte ihre vermögenswirksamen Leistungen in einen Bausparvertrag anlegen. Welche der folgenden Aussagen hierzu ist zutreffend?

Zur Anlage der vermögenswirksamen Leistungen ...

A   ist eine Zustimmung durch die Eltern von Frau Finke notwendig, da für Bausparverträge im Gegensatz zu Wertpapiersparverträgen diese Zustimmung vorliegen muss.

B   ist eine Zustimmung durch die Eltern von Frau Finke nicht notwendig, da sie für alle Rechtshandlungen im Zusammenhang mit der Ausbildung voll geschäftsfähig ist. Außerdem bringt ihr der Bausparvertrag nur Vorteile.

C   ist eine vorherige Zustimmung der gesetzlichen Vertreter zwingend vorgeschrieben, da Frau Finke zu regelmäßigen Sparleistungen verpflichtet wird.

D   ist eine vorherige Einwilligung oder eine nachträgliche Genehmigung der gesetzlichen Vertreter innerhalb von 14 Tagen nach Vertragsabschluss notwendig.

E   reicht die schriftliche Zustimmung von Frau Finke aus, wenn sie die vertraglichen Leistungen mit Mitteln bewirkt, die ihr zur freien Verfügung stehen.

Aufgabe I-36

Nils Reimers, 17 Jahre alt, ist Auszubildender im 1. Ausbildungsjahr. Für den 12. Oktober (Freitag) ist von 19.00 Uhr bis 22.00 Uhr in der Filiale eine Kundenveranstaltung zum Thema „Betriebliche Altersvorsorge" geplant. Der Filialleiter bittet Herrn Reimers, organisatorisch unterstützend tätig zu sein; hierfür bietet er ihm Freizeitausgleich an. Darf Herr Reimers nach den Bestimmungen des JArSchG (§ 14 Nachtruhe) daran teilnehmen?

A   Nein, Herr Reimers darf nicht teilnehmen, weil er nur von 06.00 bis 20.00 Uhr beschäftigt werden darf.

B   Nein, Herr Reimers benötigt im 1. Ausbildungsjahr noch keine Kenntnisse im Bereich der Altersvorsorge, die Aufsichtsbehörde wird daher keine Ausnahmegenehmigung erteilen.

C   Ja, Herr Reimers darf teilnehmen, da in diesem Fall die Arbeitszeiten für besondere Ausnahmefälle angewandt werden (06.00 bis 22.00 Uhr).

D   Ja, Herr Reimers darf teilnehmen, da die erforderliche Freizeitgewährung von 14 Stunden auf Grund des nachfolgenden Wochenendes gegeben ist.

E   Ja, Herr Reimers darf teilnehmen, wenn der Betriebsrat und die gesetzlichen Vertreter zustimmen.

Aufgabe I-37

Birgit Brommund (22 Jahre alt) ist seit dem 01.02.2022 Auszubildende bei der *Nordbank AG*. In der letzten Zeit haben sich ihre schulischen und praktischen Leistungen stark verschlechtert. Bei einem Gespräch zwischen der Ausbildungsleitung und Frau Brommund werden eine eventuelle Beendigung oder alternativ eine Verlängerung des Ausbildungsverhältnisses angedacht. Welche der nachstehenden Aussagen ist in diesem Zusammenhang zutreffend?

A   Die *Nordbank AG* hat die Möglichkeit, das Ausbildungsverhältnis mit einer vierwöchigen Frist zu kündigen.

B   Aufgrund der schlechten Leistungen der Auszubildenden ist eine fristlose Kündigung durch die *Nordbank AG* ohne weiteres möglich. Allerdings müssen ihre gesetzlichen Vertreter von der Kündigung informiert werden.

C   Frau Brommund hat aufgrund der nicht von ihr zu vertretenden schlechten Leistungen einen Anspruch auf Verlängerung des Ausbildungsverhältnisses um ein halbes Jahr.

D   Das Ausbildungsverhältnis kann beendigt werden, sofern die *Nordbank AG* sich mit Frau Brommund hierüber einigt.

E   Da die Probezeit bereits beendet ist, muss zunächst das Ergebnis der Abschlussprüfung Teil 1 abgewartet werden, ehe die Entscheidung über eine Verlängerung der Ausbildungszeit getroffen werden kann.

Aufgabe I-38

Nach Abschluss der Ausbildung zum Bankkaufmann bei der *Nordbank AG* tritt der 21-jährige Tom Gerhardt am 01.08.2022 eine Stelle beim Bankhaus *Lampe* in Hamburg an. Aufgrund von Umstrukturierungsmaßnahmen soll das Arbeitsverhältnis bereits zum 31.12.2022 wieder aufgelöst werden. Herr Gerhardt ist darüber sehr enttäuscht und fragt beim Betriebsrat seines Arbeitgebers nach, ob er sich auf die Regelungen des Kündigungsschutzgesetzes (KSchG) berufen kann. Welche der nachstehenden Auskünfte ist in diesem Zusammenhang zutreffend?

A   Herr Gerhardt kann sich evtl. auf das Kündigungsschutzgesetz berufen. Sein Fall ist jedoch noch genauer zu prüfen.

B   Herr Gerhardt kann sich auf das Kündigungsschutzgesetz berufen, da er eine abgeschlossene Berufsausbildung vorzuweisen hat.

C   Herr Gerhardt kann sich auf das Kündigungsschutzgesetz berufen, da die Kündigung nicht in seiner Person oder in einem Fehlverhalten seinerseits begründet ist.

D   Herr Gerhardt kann sich nicht auf das Kündigungsschutzgesetz berufen, da dieses Gesetz aufgrund anderweitiger tariflicher Vereinbarungen im Bankgewerbe nicht gilt.

E   Herr Gerhardt kann sich nicht auf das Kündigungsschutzgesetz berufen, da er noch nicht lange genug im Hause des Bankhauses *Lampe* beschäftigt ist.

Aufgabe I-39

Anna Schlegel ist Auszubildende der *Nordbank AG*. Sie hat zum Wintertermin 2021/2022 ihre Prüfung zur Bankkauffrau mit der Gesamtnote „gut" abgelegt. Bereits am 17. Dezember 2021 erhielt sie die Zusage der *Nordbank AG*, dass sie im Falle des Bestehens der Abschlussprüfung einen unbefristeten Arbeitsvertrag als Mitarbeiterin im Servicebereich der Zweigstelle Osterstraße erhalten werde. Frau Schlegel legte ihre Abschlussprüfung Teil 2 einschließlich dem schriftlichen Prüfungsteil zur Wirtschafts- und Sozialkunde am 26. November 2021 ab, das Kundengespräch (die mündliche Prüfung) fand am 14. Januar 2022 vor dem Prüfungsausschuss der Handelskammer statt. Das Prüfungsergebnis wurde ihr am 18.01.2022 schriftlich mitgeteilt. Die Ausbildungszeit laut Ausbildungsvertrag war auf den Zeitraum 1. Februar 2019 bis 31. Januar 2022 festgelegt.

Ermitteln Sie das Datum, zu dem die Ausbildung von Frau Schlegel endet.

		.			.				

Aufgabe I-40

Torsten Grüning ist seit dem 01.08.2022 Auszubildender der *Nordbank AG*. Sein Geburtsdatum ist der 03.01.2005.

a) Nennen Sie das Datum (TT.MM.JJJJ), an dem Torsten Grüning rechtsfähig wurde.

		.			.				

b) Nennen Sie das Datum (TT.MM.JJJJ), an dem Torsten Grüning geschäftsfähig wird.

		.			.				

Aufgabe I-41

Sie sind im Bereich der Personalentwicklung der *Nordbank AG* beschäftigt. Zu Ihren Aufgaben gehört es, täglich Sachverhalte auf ihre Rechtsgrundlagen hin zu überprüfen. Welche der folgenden Rechtsgrundlagen sind den entsprechenden Sachverhalten zuzuordnen?

Rechtsgrundlagen

1   Gehaltstarifvertrag für das Bankgewerbe
2   Manteltarifvertrag für das private Bankgewerbe
3   Berufsbildungsgesetz
4   Betriebsverfassungsgesetz
5   Betriebsvereinbarung

Sachverhalte

A   Der 18-jährige Jürgen Schultz erfragt die Höhe der Ausbildungsvergütung im Bankgewerbe.
B   Die *Nordbank AG* stellt gemeinsam mit dem Auszubildenden Sebastian Müller einen Antrag auf Verkürzung der Ausbildungszeit.
C   Die 20-jährige Susanne Höffner soll nach Beendigung ihrer Ausbildung als Angestellte in die Auslandsabteilung übernommen werden. Es ist noch die Einstufung zur Entlohnung zu klären.
D   Die Servicekraft Birgit Schuster möchte sich über den Inhalt ihrer Personalakte informieren.
E   Die neue Auszubildende Petra Seifert erkundigt sich, ob sie ihren täglichen Arbeitsbeginn variabel gestalten kann.

A	B	C	D	E

Aufgabe I-42

Die Rechte der jugendlichen Arbeitnehmer ergeben sich u. a. aus dem Jugendarbeitsschutz-gesetz (JArbSchG). Welche der nachstehenden Rechtsvorschriften ist richtig?

A   Jugendliche dürfen nur in der Zeit von 6 bis 22 Uhr beschäftigt werden.

B   In von einem Vorgesetzten genehmigten Ausnahmefall dürfen Jugendliche auch an einem Samstag beschäftigt werden.

C   Der Arbeitgeber hat allen Jugendlichen in seinem Betrieb 30 Werktage bezahlten Erho-lungsurlaub zu gewähren.

D   Nach Beendigung der täglichen Arbeitszeit dürfen Jugendliche nicht vor Ablauf einer unun-terbrochenen Freizeit von zwölf Stunden beschäftigt werden.

E   Der Arbeitgeber hat den Jugendlichen an dem Arbeitstag, der der schriftlichen Abschluss-prüfung Teil 1 unmittelbar vorangeht, freizustellen.

Aufgabe I-43

Sophie Schneider, 17 Jahre alt, ist Auszubildende der *Nordbank AG*. Aufgrund einer Werbe-kampagne soll Frau Schneider in der kommenden Woche ausnahmsweise zu den nachfol-genden Zeiten beschäftigt werden: Am Montag, Dienstag, Mittwoch und Freitag von 8:30 bis 17:30 Uhr und am Donnerstag von 10:00 bis 20:00 Uhr. Frau Schneider soll in dieser Kam-pagnenwoche täglich jeweils nach vier Stunden Beschäftigungszeit eine Pause von 60 Minu-ten haben. Ist diese Arbeitszeitregelung nach dem Jugendarbeitsschutzgesetz zulässig?

A   Nein, die Regelung ist nicht zulässig, da die *Nordbank AG* Frau Schneider als jugendliche Auszubildende nach 18:00 Uhr grundsätzlich nicht mehr beschäftigen darf.

B   Ja, die Regelung ist zulässig, sofern der gesetzliche Vertreter von Frau Schneider der Arbeitszeitregelung zustimmt.

C   Ja, die Regelung ist zulässig, wenn die Arbeitsstunden, die nach 18:00 Uhr von Frau Schneider geleistet werden, als Überstunden vergütet werden.

D   Nein, die Regelung ist nicht zulässig, weil das Jugendarbeitsschutzgesetz für Frau Schneider noch gilt.

E   Ja, die Regelung ist zulässig, weil dadurch die tägliche Arbeitszeit von acht Stunden und die wöchentliche Arbeitszeit von 40 Stunden von Frau Schneider nicht überschritten wer-den.

Aufgabe I-44

Frau Sabine Leuschner, geboren am 04.03.2006, begann am 01.08.2022 eine Ausbildung zur Bankkauffrau bei der *Unionbank AG*. Ermitteln Sie anhand des nachfolgenden Auszugs aus dem Jugendarbeitsschutzgesetz, wie viele Werktage Erholungsurlaub Sabine Leuschner für das Jahr 2022 mindestens zustehen!

Auszug aus dem Jugendarbeitsschutzgesetz

§ 19 Urlaub
(1) Der Arbeitgeber hat Jugendlichen für jedes Kalenderjahr einen bezahlten Erzholungsurlaub zu gewähren.

(2) Der Urlaub beträgt jährlich
  1. mindestens 30 Werktage, wenn der Jugendliche zu Beginn des Kalenderjahres noch nicht 16 Jahre alt ist,
  2. mindestens 27 Werktage, wenn der Jugendliche zu Beginn des Kalenderjahres noch nicht 17 Jahre alt ist,
  3. mindestens 25 Werktage, wenn der Jugendliche zu Beginn des Kalenderjahres noch nicht 18 Jahre alt ist.
  Der Urlaub soll Berufsschülern in der Zeit der Berufsschulferien gegeben werden.

Aufgabe I-45

Welche Regelung ist kein Bestandteil des Ausbildungsvertrags?

A Urlaubsanspruch

B Dauer der regelmäßigen täglichen Ausbildungszeit

C Dauer der Probezeit

D Kündigungsmöglichkeiten des Ausbildungsvertrags

E Höhe der monatlichen Netto-Vergütung

II. Arbeitsvertrag

Aufgabe II-1

Der 31-jährige Kundenberater Lutz Lindner ist seit acht Jahren bei der *Nordbank AG* in Pinneberg beschäftigt. Aus beruflichen Gründen möchte Herr Lindner sein Arbeitsverhältnis bei der *Nordbank* zum nächstmöglichen Termin kündigen. Welche der folgenden Aussagen treffen zu?

A Herr Lindner muss eine dreimonatige Kündigungsfrist zum Ende eines Kalendermonats beachten.

B Herr Lindner muss eine zweimonatige Kündigungsfrist einhalten, da bei der Berechnung der Beschäftigungsdauer Zeiten, die vor der Vollendung des 25. Lebensjahres von Herrn Lindner liegen, nicht berücksichtigt werden.

C Herr Lindner kann mit einer Frist von vier Wochen zum 15. oder zum Ende eines Kalendermonats kündigen, wenn in seinem Arbeitsvertrag bezüglich einer Kündigung auf die Bestimmungen im BGB verwiesen wurde.

D Die Kündigung des Arbeitsverhältnisses ist erst wirksam, wenn die *Nordbank AG* der Kündigung von Herrn Lindner zustimmt.

E Herr Lindner muss vor der Kündigung des Arbeitsverhältnisses mit der *Nordbank AG* den Betriebsrat informieren.

F Wenn im Arbeitsvertrag zwischen Herrn Lindner und der *Nordbank AG* bezüglich der Kündigung des Arbeitsverhältnisses auf tarifliche Bestimmungen verwiesen wurde, muss sich Herr Lindner an die im Tarifvertrag für das Bankgewerbe vorgesehenen Kündigungsfristen halten.

Aufgabe II-2

Der 37-jährige Torsten Cabus ist seit zehn Jahren bei der *Nordbank AG* als Anlageberater beschäftigt. Im Februar diesen Jahres hatte Herr Cabus bereits seinen gesamten Jahresurlaub beansprucht. Das Urlaubsentgelt wurde ihm vor dem Urlaubsantritt ausgezahlt. Am 11. Mai (Freitag, Eingang des Kündigungsschreibens bei der *Nordbank AG*) kündigt Herr Cabus sein Arbeitsverhältnis fristgerecht zum 30. Juni. Welche Aussagen sind richtig?

A Da Herr Cabus bereits seinen gesamten Jahresurlaub in Anspruch genommen hat, kann er erst zum Jahresende sein Arbeitsverhältnis kündigen.

B Die *Nordbank AG* ist verpflichtet, Herrn Cabus nach Ablauf des Beschäftigungsverhältnisses eine Bescheinigung über den gewährten Urlaub im laufenden Kalenderjahr auszuhändigen.

C Die *Nordbank AG* kann das an Herrn Cabus gezahlte Urlaubsentgelt nicht zurückfordern.

D Da Herr Cabus bereits Urlaub über den ihm zustehenden Umfang hinaus erhalten hat, muss er das dafür gezahlte Urlaubsentgelt zurückzahlen.

E Da Herr Cabus bereits Urlaub über den ihm zustehenden Umfang hinaus erhalten hat, kann das Arbeitsverhältnis erst zum 15. Juli beendet werden.

© Springer Fachmedien Wiesbaden GmbH, ein Teil von Springer Nature 2022
W. Grundmann et al., *Wirtschafts- und Sozialkunde Teil 1*, Prüfungstraining für Bankkaufleute,
https://doi.org/10.1007/978-3-658-38087-8_2

Aufgabe II-3

Sven Greiner ist seit einem Monat Kundenberater bei der *Travebank AG* in Bad Oldesloe. Wann kann dieses Arbeitsverhältnis während der Probezeit enden?

A Durch einen Aufhebungsvertrag, wenn sich die *Travebank AG* und Herr Greiner über die Beendigung des Arbeitsverhältnisses einig sind.

B Sofort von beiden Vertragspartnern bei Einhaltung einer zweiwöchigen Kündigungsfrist

C Mit der Schließung der Zweigstelle der *Travebank AG*, in der Herr Greiner als Kundenberater beschäftigt ist.

D Wenn die *Travebank AG* beim zuständigen Amtsgericht das Insolvenzverfahren beantragt hat.

E Mit dem Tod eines Vorstandsmitglieds der *Travebank AG*

F Mit der Kündigung der *Travebank AG* oder von Herrn Greiner und dem Ablauf einer vierwöchigen Kündigungsfrist zum Monatsende

Aufgabe II-4

Ordnen Sie die nachstehenden Pflichten den entsprechenden Vertragsverhältnissen zu.
Vertragsverhältnisse

1 Nur Arbeitsvertrag

2 Nur Ausbildungsvertrag

3 Betrifft beide Vertragsverhältnisse

Pflichten

A Arbeitspflicht

B Freistellung für Berufsschule

C Lohnzahlungspflicht

D Zahlung einer Ausbildungsvergütung

E Qualifizierungspflicht

F Erwerb von beruflichen Kenntnissen

G Führung eines Berichtsheftes

H Kostenlose Bereitstellung von Ausbildungsmitteln

I Verschwiegenheitpflicht

A	B	C	D	E	F	G	H	I

Aufgabe II-5

Welche der Aussagen treffen vor dem Hintergrund der gesetzlichen Bestimmungen

1 nur auf das Arbeitsverhältnis

2 nur auf das Berufsausbildungsverhältnis

3 sowohl auf das Arbeits- als auch auf das Berufsausbildungsverhältnis
zu?

Aussagen

A Aus einem wichtigen Grund kann jederzeit ohne Einhaltung einer Kündigungsfrist gekündigt werden.

B Für den Arbeitnehmer/Auszubildenden gilt nach der Probezeit eine Kündigungsfrist von vier Wochen.

C Der Arbeitgeber/Ausbildende hat ggf. auch verlängerte Kündigungsfristen zu beachten.

D Die Kündigung muss schriftlich erfolgen.

E Bei Kündigung aus wichtigem Grund ist der Kündigungsgrund anzugeben.

F Während der Probezeit kann der Vertrag von beiden Seiten jederzeit ohne Einhaltung einer Kündigungsfrist beendet werden.

A	B	C	D	E	F

Aufgabe II-6

Der bei der *Nordbank AG* angestellte Peter Seipel, 25 Jahre alt, möchte zum 01. September 2022 als Kundenberater bei der *Bauspar AG* eine neue Arbeitsstelle antreten. Ermitteln Sie das Datum, bis zu dem er unter Beachtung der gesetzlichen Kündigungsfrist bei der *Nordbank AG* spätestens kündigen muss.

Aufgabe II-7

Welche der nachfolgenden Beschreibungen bezieht sich auf einen Arbeitsvertrag?

A Der Rechtsanwalt Grundmer schreibt anlässlich einer Änderung des Körperschaftsteuergesetzes ein Gutachten für die *Nordbank AG*.

B Ausführung von Diensten gegen Entgelt auf der Grundlage eines Dauerschuldverhältnisses

C Unbefristete Überlassung einer Wohnung zum Gebrauch gegen Entgelt

D Ausführung eines Überweisungsauftrags auf der Grundlage eines Geschäftsbesorgungsvertrages

E Übertragung des Eigentums an einem Pkw auf der Grundlage eines Rechtsgeschäfts

Aufgabe II-8

In welchen der nachfolgenden Fälle ist eine ordentliche Kündigung

1 personenbedingt?

2 verhaltensbedingt?

3 betriebsbedingt?

Gekündigt werden soll ...

A der Mitarbeiterin Caroline Hutfils wegen wiederholter Unpünktlichkeit.

B dem Kassierer Frank Auffermann, da die Geldauszahlung in den Zweigstellen der *Nordbank AG* zukünftig direkt durch die Kundenberater erfolgen soll.

C der Mitarbeiterin in der Kundeninformation Iris Erbes wegen wiederholter Unfreundlichkeit gegenüber Kunden.

D dem Anlageberater Jens Paul, der sich weigert, an beruflichen Fortbildungsseminaren der *Nordbank AG* teilzunehmen.

E dem Kundenberater Benjamin Koch, weil er im vergangenen Jahr an 173 Tagen arbeitsunfähig war und berufsunfähig wurde.

A	B	C	D	E

Aufgabe II-9

Hans-Jörg Klemm (21 Jahre alt) arbeitet seit dem Abschluss seiner Ausbildung zum Bankkaufmann vor ca. vier Monaten bei der *Finanz-GmbH*. Herr Klemm hat einen unbefristeten Arbeitsvertrag. Da die Abteilung, in der er beschäftigt ist, aufgelöst wird, erhält er am 14. September 20.. (Freitag) die ordentliche Kündigung seines Arbeitgebers.

a) Ermitteln Sie das Datum, zu dem das Arbeitsverhältnis des Herrn Klemm gemäß den Bestimmungen des BGB enden würde.

		.			.				

b) Welche der folgenden Aussagen zur sog. „sozial ungerechtfertigten Kündigung" (§ 1 Kündigungsschutzgesetz) trifft auf den geschilderten Fall zu?

Herr Klemm kann sich

A auf § 1 Kündigungsschutzgesetz berufen, da die Kündigung nicht in seinem Verhalten oder in seiner Person begründet ist.

B nicht auf § 1 Kündigungsschutzgesetz berufen, da seine Betriebszugehörigkeit unter der dort geforderten Mindestdauer von sechs Monaten liegt.

C auf § 1 Kündigungsschutzgesetz nicht berufen; da er noch keine 25 Jahre alt ist.

D auf § 1 Kündigungsschutzgesetz berufen, da er eine abgeschlossene Berufsausbildung vorweisen kann und noch keine 25 Jahre alt ist.

E auf § 1 Kündigungsschutzgesetz berufen, da er als Berufsanfänger einen besonderen Kündigungsschutz genießt.

Aufgabe II-10

Die Immobilienabteilung der *Nordbank AG* wird aus wirtschaftlichen Gründen aufgelöst. Der Mitarbeiterin Antje Hansen wurde deshalb aus zwingenden betrieblichen Gründen gekündigt. Die sozial gerechtfertigte Kündigung erfolgte nach ordnungsgemäßer Anhörung des Betriebsrats und ging ihr am 22. Juli 2022 (Freitag) zu. Folgende Daten sind bekannt:

Name	Antje Hansen
Geburtsdatum	16.02.1975
Eintritt in den Betrieb	01.07.2011

Ermitteln Sie für Frau Hansen mit Hilfe des Auszugs aus dem Manteltarifvertrag für das private Bankgewerbe das Ende ihres Arbeitsverhältnisses.

Auszug aus dem Manteltarifvertrag für das private Bankgewerbe

§ 17 (Kündigung und Entlassung)

1. Die Arbeitsverhältnisse der Angestellten und gewerblichen Arbeitnehmer, mit Ausnahme der zur Aushilfe oder auf Probe angestellten, können beiderseits unter Einhaltung einer Kündigungsfrist von sechs Wochen zum Schluss eines Kalendervierteljahres gekündigt werden. Längere Kündigungsfristen können beiderseits einzelvertraglich vereinbart werden. Eine kürzere Kündigungsfrist kann für sie einzelvertraglich nur vereinbart werden, wenn sie einen Monat nicht unterschreitet und die Kündigung nur für den Schluss eines Kalendermonats zugelassen wird. Für die Probe- und Aushilfsarbeitsverhältnisse gelten die gesetzlichen Bestimmungen. Der Arbeitgeber darf einem Arbeitnehmer, den er oder im Falle einer Rechtsnachfolge er und sein Rechtsnachfolger mindestens fünf Jahre beschäftigt haben, nur mit einer dreimonatigen Frist für den Schluss eines Kalendervierteljahres kündigen. Die Kündigungsfrist erhöht sich nach einer Beschäftigungsdauer von 8 Jahren auf 4 Monate, nach einer Beschäftigungsdauer von 10 Jahren auf 5 Monate und nach einer Beschäftigungsdauer von 12 Jahren auf 6 Monate. Bei der Berechnung der Beschäftigungsdauer werden Dienstjahre, die vor Vollendung des 25. Lebensjahres liegen, nicht berücksichtigt.

		.			.				

Aufgabe II-11

Frau Ute Schmitt ist Kundenberaterin der *Nordbank AG.* und im 5. Monat schwanger. Welche Auswirkungen hat die Schwangerschaft auf das bestehende unbefristete Arbeitsverhältnis?

A   Zunächst haben gesetzliche Vorschriften keinen Einfluss auf die tägliche Arbeit, da die Bestimmungen des Mutterschutzgesetzes erst nach der Entbindung angewendet werden.

B   Frau Schmitt darf nicht mehr im laufenden Kundenkontakt eingesetzt werden, da dort die Ansteckungsgefahr mit Infektionskrankheiten zu groß ist.

C   Frau Schmitt darf als werdende Mutter nach dem Mutterschutzgesetz zwischen 22:00 Uhr und 06:00 Uhr nicht beschäftigt werden und kann somit bei einer Kundenveranstaltung nach 22:00 Uhr keine Betreuungstätigkeiten übernehmen.

D   Frau Schmitt genießt als werdende Mutter einen verlängerten Kündigungsschutz, die bestehende Kündigungsfrist verlängert sich dabei um vier Monate.

E   Frau Schmitt kann während der gesetzlichen Schutzfristen sechs Wochen vor und acht Wochen nach der Geburt auf eigenen Wunsch weiter beschäftigt werden.

Aufgabe II-12

Der bei der *Nordbank AG* seit zehn Jahren beschäftigte Rainer Wörlen, 35 Jahre alt, möchte zum 1. Oktober 2022 bei der *Vermögensberatung AG* eine Arbeitsstelle antreten. Ermitteln Sie das Datum, bis zu dem unter Beachtung der tarifvertraglichen Kündigungsfrist dem Arbeitgeber spätestens die Kündigung zugegangen sein muss. Das neue Arbeitsangebot erhielt Herr Wörlen am 15. Juli 2022.

		.			.				

Aufgabe II-13

Wann endet ein befristetes Arbeitsverhältnis?

A Durch einen Aufhebungsvertrag, wenn sich Arbeitgeber und Arbeitnehmer über die Beendigung des Arbeitsverhältnisses einig sind.

B Während der Probezeit sofort ohne Einhaltung einer Kündigungsfrist und Angabe eines Kündigungsgrundes von beiden Vertragspartnern

C Zum Zeitpunkt der Auflösung einer Zweigstelle der *Nordbank AG*, in der der Mitarbeiter beschäftigt war.

D Zu einem im Arbeitsvertrag von vornherein festgelegten Zeitpunkt

E Mit dem Tod des Arbeitgebers

F Mit der Kündigung des Arbeitgebers oder des Arbeitnehmers und dem Ablauf der Kündigungsfrist

Situation zu den Aufgaben II-14 und II-15

Birte Genersch, 31 Jahre, verheiratet, ein Kind, ist seit zwei Jahren bei der *Nordbank AG* mit monatlich 25 Stunden in einer Filiale als Servicekraft beschäftigt. Aufgrund ihrer wiederholten Unpünktlichkeit und Unfreundlichkeit zu Privatkunden wurden mit ihr bereits zwei Mitarbeitergespräche geführt, in denen man ihr u. a. einen späteren Beginn ihrer täglichen Arbeitszeit anbot. Dieses Angebot lehnte sie mit Verweis auf ihre pflegebedürftige Mutter ab. Nach zwei erfolglosen Abmahnungen kündigt ihr die *Nordbank AG* fristgerecht.

Aufgabe II-14

Frau Genersch vermutet, dass diese Kündigung sozial ungerechtfertigt ist. Welche der folgenden Aussagen sind gemäß Kündigungsschutzgesetz zutreffend?

A Die Kündigung ist sozial ungerechtfertigt, da Frau Genersch auf Grund ihrer pflegebedürftigen Mutter erweiterten Kündigungsschutz hat.

B Die Kündigung erfolgte aus dringenden betrieblichen Erfordernissen und ist somit sozial gerechtfertigt.

C Da es sich um eine Kündigung aus wichtigem Grund handelt, ist es nicht von Bedeutung, ob die Kündigung sozial gerechtfertigt ist oder nicht.

D Die Kündigung ist sozial gerechtfertigt, da sie im Verhalten von Frau Genersch begründet ist.

E Aufgrund des Teilzeitvertrags von Frau Genersch ist die Kündigung sozial gerechtfertigt, da das Kündigungsschutzgesetz nur für Vollzeitbeschäftigte gilt.

F Die *Nordbank AG* hatte im Vorfeld ausreichende Schritte unternommen, die bevorstehende Kündigung abzuwenden. Daher ist die Kündigung sozial gerechtfertigt.

Aufgabe II-15

Frau Genersch hat sich einen Termin beim Betriebsrat geben lassen, um sich über die Rechtmäßigkeit der Kündigung zu informieren. Welche der folgenden Aussagen zur Beteiligung des Betriebsrats bei Kündigungen durch den Arbeitgeber ist nach dem Betriebsverfassungsgesetz zutreffend?

A   Der Betriebsrat hat nur ein Anhörungsrecht, d. h., er muss nach jeder Kündigung angehört werden.

B   Da der Betriebsrat ein Mitbestimmungsrecht bei sozialen Angelegenheiten hat, ist die Kündigung ohne seine Zustimmung unwirksam.

C   Äußert der Betriebsrat gegen diese Kündigung Bedenken, so hat er diese unter Angabe von Gründen dem Arbeitgeber spätestens innerhalb einer Woche mitzuteilen.

D   Im Falle eines erfolgreichen Widerspruchs durch den Betriebsrat müsste die *Nordbank AG* die Kündigung wieder rückgängig machen.

E   Bei Kündigungen durch den Arbeitgeber hat der Betriebsrat nur ein Informationsrecht.

Aufgabe II-16

Anja Schulz war von 2010 bis zum 31.03.2022 bei der *Isarbank AG* beschäftigt. Seit dem 01.04.2022 ist sie Angestellte der *Nordbank AG* (Probezeit sechs Monate). Im Januar 2022 hatte Frau Schulz 20 Tage Urlaub für eine USA-Reise in Anspruch genommen. Welchen Urlaubsanspruch hat Frau Schulz gegenüber der *Nordbank AG* für 2022? Es gilt der Manteltarifvertrag (MTV) für das private Bankgewerbe, der untenstehend auszugsweise abgedruckt ist.

Auszug aus dem MTV für das private Bankgewerbe

V. Urlaub

§ 15 Erholungsurlaub

(1)   Der Erholungsurlaub wird für das laufende Kalenderjahr gewährt. Er beträgt – unabhängig von individuellen Arbeitszeitschwankungen – 30 Arbeitstage. Als Arbeitstage gelten alle Werktage mit Ausnahme der Sonnabende.

(2)   …

(3)   Im Verlauf des Kalenderjahres eintretende oder ausscheidende Arbeitnehmer erhalten für jeden Beschäftigungsmonat, in dem sie mindestens 15 Kalendertage dem Betrieb angehört haben, ein Zwölftel des vollen Jahresurlaubs, aufgerundet auf volle Arbeitstage.

Auszug aus dem Bundesurlaubsgesetz

§ 5 (Teilurlaub)

(1)   Anspruch auf ein Zwölftel des Jahresurlaubs für jeden vollen Monat des Bestehens des Arbeitsverhältnisses hat der Arbeitnehmer

a)   für Zeiten eines Kalenderjahres, für die er wegen Nichterfüllung der Wartezeit in diesem Kalenderjahr keinen vollen Urlaubsanspruch erwirbt;

b)   wenn er vor erfüllter Wartezeit aus dem Arbeitsverhältnis ausscheidet;

c)   wenn er nach erfüllter Wartezeit in der ersten Hälfte eines Kalenderjahres aus dem Arbeitsverhältnis ausscheidet.

(2) Bruchteile von Urlaubstagen, die mindestens einen halben Tag ergeben, sind auf volle Urlaubstage aufzurunden.

(3) Hat der Arbeitnehmer im Falle des Absatzes 1 Buchstabe c bereits Urlaub über den ihm zustehenden Umfang hinaus erhalten, so kann das dafür gezahlte Urlaubsentgelt nicht zurückgefordert werden.

§ 6 (Ausschluss von Doppelansprüchen)

(1) Der Anspruch auf Urlaub besteht nicht, soweit dem Arbeitnehmer für das laufende Kalenderjahr bereits von einem früheren Arbeitgeber Urlaub gewährt worden ist.

(2) Der Arbeitgeber ist verpflichtet, bei Beendigung des Arbeitsverhältnisses dem Arbeitnehmer eine Bescheinigung über den im laufenden Kalenderjahr gewährten oder abgegoltenen Urlaub auszuhändigen.

A   Da sie bereits 20 Urlaubstage in Anspruch genommen hat, stehen ihr noch zehn Urlaubstage für das Jahr 2022 zu.

B   Da es sich um einen neuen Arbeitgeber handelt, stehen ihr volle 30 Urlaubstage für das Jahr 2022 zu.

C   Sie hat einen Urlaubsanspruch von 22 Urlaubstagen.

D   Sie hat einen Urlaubsanspruch von 23 Urlaubstagen.

E   Da in der Probezeit kein Urlaubsanspruch entsteht, beträgt ihr Urlaubsanspruch für 2022 nur sieben Urlaubstage.

Aufgabe II-17

Die *Nordbank AG* kündigt den nachstehenden Personen. Welche Person kann sich auf die Rechte nach dem Kündigungsschutzgesetz berufen? Die *Nordbank AG* beschäftigt zurzeit 350 Mitarbeiter – ohne leitende Angestellte.

A   Der Auszubildende Dennis Grothe wird nach dem Bestehen der Abschlussprüfung nicht als Angestellter übernommen.

B   Dem Kundenberater Frank Behrend wird nach einer viermonatigen Beschäftigungsdauer wegen mangelnder Teamfähigkeit gekündigt.

C   Der Servicekraft Diana Lim wird der auf 18 Monate befristete Arbeitsvertrag nicht verlängert.

D   Der Kassiererin Susann Jäger wird der befristete Arbeitsvertrag über zwölf Monate nicht verlängert, obwohl sie im sechsten Monat schwanger ist.

E   Der Kundenberater Sebastian Schreiber hat einen unbefristeten Arbeitsvertrag. Ihm wird nach einer neunmonatigen Beschäftigungsdauer wegen längerer Krankheit gekündigt.

Aufgabe II-18

Aufgrund einer Kündigungsschutzklage wurde die *Nordbank AG* vom Arbeitsgericht im ersten Rechtszug verurteilt, die Kündigung des Kundenberaters Thomas Main zurückzunehmen, da sie nicht sozial gerechtfertigt gewesen sei. Wer trägt die Kosten des Verfahrens vor dem Arbeitsgericht?

Auszug aus dem Arbeitsgerichtsgesetz

§ 12 a (Kostentragungspflicht)

(1) Im Urteilsverfahren des ersten Rechtszugs besteht kein Anspruch der obsiegenden Partei auf Entschädigung wegen Zeitversäumnis und auf Erstattung der Kosten für die Zuziehung eines Prozessbevollmächtigten oder Beistandes. ...

A Die obsiegende Partei, Herr Thomas Main

B Die unterlegene Partei, die *Nordbank AG*

C Beide Parteien je zur Hälfte

D Jede Partei trägt die eigenen Rechtsanwaltskosten.

E   Die Verfahren vor dem Arbeitsgericht sind gebührenfrei.

Situation zu den Aufgaben II-19 bis II-21

Die *Nordbank AG* sendet ihrem Angestellten Klaus Bergmann das nachstehende Schreiben.

> Sehr geehrter Herr Bergmann,
>
> Sie sind in den letzten zwei Wochen zwei Mal zu spät zur Arbeit in unserer Filiale Osterstraße erschienen, und zwar am 19.09.20.. und am 04.10.20...
>
> Sie werden aufgefordert, in Zukunft Ihren arbeitsvertraglichen Pflichten nachzukommen. Für den Fall der Zuwiderhandlung werden wir hiermit arbeitsrechtliche Schritte gegen Sie einleiten.
>
> Wir bitten Sie, Ihre Kenntnisnahme von diesem Schreiben auf der beiliegenden Kopie zu bestätigen.

Aufgabe II-19

Wie wird dieses Schreiben im Arbeitsrecht bezeichnet?

Es handelt sich um eine ...

A Kündigung.

B Vertragsauflösung.

C Anfechtung.

D Abmahnung.

E Widerspruch.

Aufgabe II-20

Wie nennt man die dem obigen Schreiben zugrunde liegende Willenserklärung?

A Es liegt eine einseitige, empfangsbedürftige Willenserklärung vor.

B Es liegt eine einseitige, nicht empfangsbedürftige Willenserklärung vor.

C Es handelt sich um eine einseitige, unverbindliche Willenserklärung.

D Es liegt ein einseitig verpflichtender Vertrag vor.

E Es liegt ein zweiseitig verpflichtender Vertrag vor.

Aufgabe II-21

Welche der nachfolgenden Reaktionen von Herrn Bergmann auf das obige Schreiben ist zulässig?

A   Herr Bergmann kann die Bestätigung des Schreibens verweigern. Es wird dadurch gegenstandslos.

B   Herr Bergmann kann die *Nordbank AG* zwingen, die in ihrem Schreiben aufgestellten Behauptungen zurückzunehmen.

C   Herr Bergmann kann ohne weitere Prüfung des Sachverhalts von der *Nordbank* Schadensersatz verlangen.

D   Herr Bergmann hat das Recht, von der *Nordbank AG* zu verlangen, eine Gegendarstellung zum Sachverhalt im bankinternen Intranet zu veröffentlichen.

E   Herr Bergmann kann seiner Personalakte eine Gegendarstellung zum Sachverhalt beilegen lassen.

Aufgabe II-22

Monika Sasse ist Mitarbeiterin in der Kreditabteilung der *Nordbank AG*. Sie erwartet im Februar dieses Jahres ihr erstes Kind. Sie teilte der *Nordbank AG* die Schwangerschaft und den voraussichtlichen Tag der Entbindung bereits mit. Welche Vorschriften nach dem Mutterschutzgesetz gelten für Frau Sasse?

A   Bis zum Eintritt in die Mutterschutzfrist hat Frau Sasse einen Anspruch auf zusätzlich 30 Minuten Pause pro Arbeitstag.

B   Die *Nordbank AG* ist berechtigt, den Urlaubsanspruch während der Schutzfrist mit dem Jahresurlaub zu verrechnen.

C   Während der Schutzfrist von sechs Wochen vor der Entbindung darf Frau Sasse nur mit ihrer ausdrücklichen Zustimmung beschäftigt werden.

D   Während der Schutzfrist vor und nach der Entbindung hat Frau Sasse Anspruch auf Krankengeld von der gesetzlichen Krankenkasse.

E   Innerhalb von acht Wochen nach der Entbindung darf Frau Sasse nicht beschäftigt werden, auch wenn sie einer Beschäftigung während dieser Zeit ausdrücklich zustimmt.

F   Während der Schutzfrist dürfen weder die *Nordbank AG* noch Frau Sasse das Arbeitsverhältnis kündigen.

Aufgabe II-23

Welche Person genießt einen besonderen Kündigungsschutz?

A   Ute Vierhaus, 41 Jahre alt, Leiterin der Innenrevision

B   Britta Pausen, 28 Jahre alt, seit sieben Jahren beschäftigt, im sechsten Monat schwanger

C   Carsten Stockmeier, 43 Jahre alt, vor 24 Monaten aus dem Betriebsrat ausgeschieden

D   Veronika Schreier, 48 Jahre alt, seit acht Jahren Prokuristin

E   Sebastian Zabel, 23 Jahre alt, seit sechs Wochen Umschüler und Praktikant

Aufgabe II-24

Klaus Nellen kündigt sein Arbeitsverhältnis bei der *Supermarkt AG*. Herr Nellen bittet um ein qualifiziertes Zeugnis. Welche Information zum qualifizierten Zeugnis entspricht den gesetzlichen Vorschriften?

A Die *Supermarkt AG* hat Herrn Nellen ohne Aufforderung ein qualifiziertes Zeugnis auszustellen.

B Herr Nellen hat keinen Anspruch auf ein qualifiziertes Zeugnis, da er selbst gekündigt hat.

C Ein qualifiziertes Zeugnis enthält nur Angaben über Art, Dauer und Ziele der Tätigkeit sowie über die erworbenen Kenntnisse und Fertigkeiten von Herrn Nellen.

D Ein qualifiziertes Zeugnis für Herrn Nellen darf nur in Absprache mit dem Betriebsrat erstellt werden.

E Die *Supermarkt AG* muss Herrn Nellen auf Verlangen ein qualifiziertes Zeugnis ausstellen.

Aufgabe II-25

Herr Nellen möchte am 1. September eine neue Stelle bei der *Speditions-AG* antreten. Der Arbeitsvertrag wurde ihm von der *Speditions-AG* rechtzeitig vor Beginn des Arbeitsverhältnisses zugeschickt. Der Arbeitsvertrag enthält verschiedene Angaben zum Arbeitsverhältnis. Welche Angabe im Arbeitsvertrag entspricht nicht den gesetzlichen Vorschriften.

A Herr Nellen erhält für seine Tätigkeit ein Gehalt von monatlich 4.900,00 EUR brutto, zahlbar am 28. des laufenden Monats.

B Der vorliegende Arbeitsvertrag unterliegt den für die *Speditions-AG* geltenden Tarifverträgen und den Betriebsvereinbarungen in der jeweils gültigen Fassung.

C Herr Nellen wird bezahlter Erholungsurlaub gewährt. Derzeit beträgt der Urlaubsanspruch bei dem Unternehmen 20 Werktage im vollen Kalenderjahr.

D Herr Nellen muss eine Arbeitsunfähigkeit wegen Krankheit dem Arbeitgeber mitteilen

E Herr Nellen verpflichtet sich, über betriebliche Vorgänge Stillschweigen zu wahren.

Aufgabe II-26

In dem Arbeitsvertrag von Herrn Nellen ist eine Probezeit vorgesehen. Worin unterscheiden sich die Regelungen zur Probezeit zum Arbeitsvertrag von den Regelungen zur Probezeit eines Berufsausbildungsvertrages!

A Bei Beendigung eines Arbeitsverhältnisses kann während der Probezeit die Angabe eines Kündigungsgrundes entfallen. Bei der Beendigung eines Berufsausbildungsverhältnisses während der Probezeit ist der Kündigungsgrund anzugeben.

B Während der Probezeit eines Berufsausbildungsverhältnisses kann von beiden Vertragspartnern mit einer Frist von einer Woche gekündigt werden. Während der Probezeit des Arbeitsverhältnisses ist vom Arbeitgeber und vom Arbeitnehmer eine Kündigungsfrist von sechs Wochen zum Monatsende einzuhalten.

C Die Probezeit während der Berufsausbildung darf höchstens vier Monate betragen. Für ein Arbeitsverhältnis gilt eine Maximaldauer der Probezeit von zwölf Monaten.

D Während beim Berufsausbildungsverhältnis eine Probezeit von mindestens einem Monat vorgeschrieben ist, kann ein Arbeitsverhältnis auch ohne Probezeit vereinbart werden.

E Die arbeitsrechtlichen Regelungen zur Probezeit sind bei einem Berufsausbildungsverhältnis und einem Arbeitsverhältnis genau gleich.

Aufgabe II-27

Wegen der Besteuerung seines Einkommens Informiert sich Herr Nellen beim Finanzamt über seine Einordnung in eine Steuerklasse.

Wonach richtet sich die Steuerklasse von Herrn Nellen?

A Die Steuerklasse richtet sich nach dem Bruttoeinkommen von Herrn Nellen. Je höher das Einkommen, desto höher die Steuerklasse.

B Die Steuerklasse richtet sich unter anderem nach dem Familienstand.

C Die Steuerklasse richtet sich nach der jeweiligen Beschäftigungsdauer von Herrn Nellen.

D Die Steuerklasse wird von der Gemeinde oder Stadt festgelegt, in der Herr Nellen wohnt.

E Die Steuerklasse ist unabhängig von der Anzahl der Kinder.

Aufgabe II-28

Die *Speditions-AG* in Hamburg sucht extern eine kompetente Mitarbeiterin mit guten Speditions- und Logistikkenntnissen. Bringen Sie die folgenden Schritte eines Bewerbungsablaufs in die richtige Reihenfolge!

A Die *Speditions-AG* entscheidet sich nach dem Bewerbungsgespräch für Frau Merhing.

B Frau Mehring bewirbt sich bei der *Speditions-AG* im Online-Bewerbungsportal.

C Frau Mehring unterschreibt den Arbeitsvertrag und beginnt zum nächstmöglichen Termin ihre Tätigkeit bei der *Speditions-AG*.

D Frau Mehrings Bewerbung kommt in die engere Auswahl.

E Es wird ein Bewerbungsgesprächstermin vereinbart.

F Der Personalreferent erstellt den Arbeitsvertrag für Frau Mehring und sendet diesen Frau Mehring zu.

A	B	C	D	E	F

Aufgabe II-29

Die *Nordbank AG* möchte ihrem Gärtner Lukas Schramm kündigen, da er an verschiedenen Tagen mehrfach nicht zu erreichen war, obwohl er Dienst hatte. Bringen Sie die folgenden arbeitsrechtlichen Schritte in die richtige Reihenfolge.

A Aufsetzung des Kündigungsschreibens durch die *Nordbank AG*

B Einreichung der Kündigungsschutzklage durch Herrn Schramm

C Anhörung des Betriebsrats durch die *Nordbank AG* vor der Kündigung

D Zusendung des Kündigungsschreibens an Herrn Schramm

E Vergleich beim Arbeitsgericht mit Vertragsauflösung gegen Abfindung

1	2	3	4	5

III. Arbeitsschutz und Arbeitssicherheit

Aufgabe III-1

Sie werden beauftragt, in der *Nordbank AG* die abgebildeten Sicherheitszeichen anzubringen. Ordnen Sie zu.

Bedeutungen

1 Notruftelefon

2 Sanitätsraum

3 Fluchtweg

4 Erste Hilfe

5 Krankentrage

6 Sammelstelle

7 Feuermelder

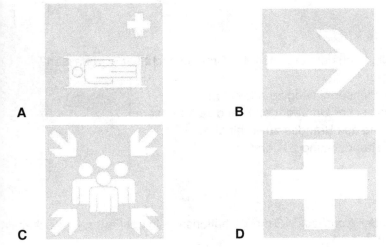

A	B	C	D

Situation zu den Aufgaben III-2 und III-3

Marion Benda ist 23 Jahre alt und Auszubildende der *Nordbank AG*.

Aufgabe III-2

Frau Benda fährt mit ihrem Pkw von ihrer Wohnung direkt zur *Nordbank AG*. Auf regennasser Straße verursacht Frau Benda einen Unfall und zieht sich eine Gehirnerschütterung zu. Frau Benda war ordnungsgemäß angegurtet. Wer trägt letztlich die anfallenden Kosten der Krankenhausbehandlung?

© Springer Fachmedien Wiesbaden GmbH, ein Teil von Springer Nature 2022
W. Grundmann et al., *Wirtschafts- und Sozialkunde Teil 1*, Prüfungstraining für Bankkaufleute,
https://doi.org/10.1007/978-3-658-38087-8_3

A Die Krankenversicherung von Frau Benda
B Die private Haftpflichtversicherung von Frau Benda
C Die Verwaltungs-Berufsgenossenschaft
D Die Haftpflichtversicherung der *Nordbank AG*
E Die private Unfallversicherung von Frau Benda

Aufgabe III-3

Welche Leistung zählt zu den freiwilligen finanziellen Leistungen, die die *Nordbank AG* für ihre Mitarbeiterin Frau Benda zahlt, die gesetzlich nicht geregelt ist?
A Fortzahlung der Ausbildungsvergütung im Krankheitsfall
B Urlaubsgeld
C vermögenswirksame Leistungen
D Beiträge zur betrieblichen Altersversorgung
E Weiterzahlung der Beträge auf ihren Riestervertrag

Aufgabe III-4

Warum sollten Sie eine Brandstelle nach dem Löschen des Brandes nicht sofort verlassen?
A Um die Brandstelle abzusperren
B Um der Versicherung die Schadensermittlung zu erleichtern
C Um die Feuerwehr und die Polizei vor Ort über den Brand zu informieren
D Um eine abermalige Entzündung des Brandes zu verhindern
E Um nicht in den Verdacht der Brandstiftung zu geraten

Aufgabe III-5

Sie lesen im Ausbildungszentrum der *Nordbank AG* die Verhaltensregeln bei Feuer. In welcher Anweisung befindet sich ein Fehler?
A Alarmieren Sie sofort die nächste Gruppe!
B Bringen Sie Verletzte oder rauchvergiftete Personen in Sicherheit!
C Öffnen Sie bei einem Feuer mit starker Rauchentwicklung sofort die Fenster im Seminarraum, damit Frischluft zugeführt werden kann!
D Setzen Sie ggf. die Aufzüge im Ausbildungszentrum durch den Notschalter fest, damit diese nicht benutzt werden können!
E Holen Sie den Handfeuerlöscher und setzen Sie diesen ein!

Aufgabe III-6

Für Sicherheit und Gesundheit am Arbeitsplatz sind verschiedene Ansprechpartner mit unterschiedlichen Aufgaben zuständig. Ordnen Sie zu!

Sicherheitsorgane

A Betriebsarzt

B Verwaltungsberufsgenossenschaft

Aufgaben

1 Die Krankmeldungen der Arbeitnehmer überprüfen.
2 Den technischen Aufsichtsbeamten der Berufsgenossenschaft beraten.
3 Entschädigungsansprüche bei Arbeitsunfällen überprüfen und bewilligen.
4 Den Arbeitgeber in Fragen der Arbeitsplatzgestaltung sowie der Eingliederung von Behinderten in den Arbeitsprozess beraten.
5 Den Sicherheitsbeauftragten bestellen.
6 Innerhalb des Arbeitsbereiches Gefahren beseitigen.

A	B

Aufgabe III-7

Sie sollen kontrollieren, ob in der Zentrale der *Nordbank AG* die Sicherheitsvorschrift über Notausgänge eingehalten wird. Bei der Kontrolle der Zentrale der *Nordbank AG* stellen Sie folgende Tatbestände fest:

Erdgeschoss: Die Notausgänge sind von innen mit einer Klinke leicht zu öffnen. Von außen sind sie jedoch nicht zu öffnen.

1. Stock: Die zu den Notausgängen führenden Rettungswege werden aus Raumnot für ein bis zwei Tage als Abstellfläche genutzt.

2. Stock: Da die Mitarbeiter entsprechend informiert worden sind, wurde darauf verzichtet, die Notausgänge als solche zu kennzeichnen.

Wurden die erforderlichen Sicherheitsvorschriften in den drei Stockwerken eingehalten?

A Ja, sie wurden in allen drei Stockwerken eingehalten.
B Nein, die Notausgänge im Erdgeschoss und im 1. Stock sind zu beanstanden.
C Nein, die Notausgänge im Erdgeschoss und im 2. Stock sind zu beanstanden.
D Nein, die Notausgänge im 1. und 2. Stock sind zu beanstanden.
E Nein, sämtliche Notausgänge sind zu beanstanden.

Aufgabe III-8

In welchem Fall handelt es sich um eine Maßnahme, die vorrangig der Sicherheit der Beschäftigten der *Nordbank AG* dient?

A   Die Beschäftigten nehmen an einer Info-Veranstaltung zum Verhalten bei Banküberfällen teil.

B   PC-Monitore werden gegen strahlungsarme Monitore ausgetauscht.

C   Es werden kostenlose Kurse „Rückengymnastik und -muskulaturtraining" angeboten.

D   Trockenkopierer, Laserdrucker und Fax-Geräte werden mit Ozonfiltern nachgerüstet.

E   Klebstoffe auf Wasserbasis werden statt schnelltrocknender Kleber verwendet.

F   Es werden nur Nadeldrucker verwendet, die einen Schalldruck unter 55 Dezibel erzeugen.

Aufgabe III-9

Eine Mitarbeiterin der *Nordbank AG* ist bewusstlos geworden, atmet aber selbständig. Welche lebensrettende Sofortmaßnahme müssen Sie ergreifen?

A   Sie bringen sie in Rückenlage, ihren Kopf leicht erhöht.

B   Sie bringen sie in die Bauchlage.

C   Sie legen ihr kalte Kompressen auf die Stirn.

D   Sie bringen sie in halbsitzende Position.

E   Sie bringen sie in die stabile Seitenlage.

Aufgabe III-10

Sabine Klose ist Mitarbeiterin der *Nordbank AG* in Pinneberg. Sie stellt als Sicherheitsbeauftragte bei einer Betriebsbegehung fest, dass die Notausgangstür einer Zweigstelle abgeschlossen ist. Ist dies in Ordnung?

A   Es darf sein, denn die Geschäftsleitung der Bank darf diese Maßnahme in eigener Verantwortung beschließen.

B   Es darf nicht sein, denn gemäß Arbeitssicherheitsgesetz müssen Notausgänge am Ende des Fluchtweges in jedem Fall geöffnet bleiben.

C   Es darf sein, denn das Schutzinteresse der Bank bei Gefahr von Banküberfällen geht vor dem Sicherheitsinteresse von Kunden und Mitarbeitern in Notfällen.

D   Es darf nicht sein, denn die Richtlinien und Sicherheitsregeln der Feuerwehr sehen zwingend vor, dass Notausgangstüren nicht abgeschlossen sein dürfen.

E   Es darf sein, wenn ein Panikverschluss vorhanden ist, durch den im Gefahrfall auch die abgeschlossene Tür entriegelt werden kann.

Aufgabe III-11

In der *Nordbank AG* werden verschiedene Vorsorgemaßnahmen getroffen, um auf das Verhalten der Mitarbeiter und Kunden im Falle eines Brandes Einfluss zu nehmen. Welche Maßnahme verfolgt ein anderes Ziel?

A   Überprüfung der Feuerschutztüren

B   Kennzeichnung von Fluchtwegen durch gut sichtbare Hinweisschilder

C   Schulung des Verhaltens der Mitarbeiter im Brandfall

D   Durchführung von Feuer-Alarm-Übungen, bei denen eine Gebäuderäumung erfolgt

E   Anbringen von Gefahr-Hinweisschildern an und in Fahrstühlen

Aufgabe III-12

Die Sicherheitsfachkraft der *Nordbank AG*, Ralf Burger, bespricht mit den Mitarbeitern des EDV-Rechenzentrums das Verhalten bei Stromunfällen. Wichtig bei der Hilfestellung für den Verunglückten ist die richtige Einhaltung der Reihenfolge der einzelnen Maßnahmen. Bringen Sie die folgenden Unfallmaßnahmen in die richtige Reihenfolge.

A   Rettungsdienst benachrichtigen

B   Brennende Kleider löschen

C   Erste Hilfe leisten (z. B. Atemspende, stabile Seitenlage bei Bewusstlosen)

D   Unfallmeldung an die zuständige Berufsgenossenschaft

E   Stromkreis unterbrechen

1	2	3	4	5

Aufgabe III-13

In der *Nordbank AG* werden Vorkehrungen getroffen, damit sich Mitarbeiter und Kunden im Brandfall richtig verhalten können. Welche der nachstehenden Maßnahmen verfolgt dieses Ziel?

A   Es werden die Fluchtwege durch gut sichtbare Hinweisschilder gekennzeichnet.

B   Es werden die Feuerschutztüren auf Sicherheitsmängel überprüft.

C   Es werden die Feuerlöscher in der Filiale im halbjährlichen Rhythmus gewartet.

D   Es wird ein gut sichtbarer Erste-Hilfe-Kasten im kundennahen Bereich angebracht.

E   Es werden Schulungen von Erste-Hilfe-Maßnahmen durchgeführt.

Aufgabe III-14

Welche Institution ist für die Erstellung und Kontrolle von Vorschriften für den Bereich Sicherheit und Gesundheitsschutz in Banken verantwortlich?

A   Der zuständige Betriebsarzt

B   Der Betriebsrat

C   Die zuständige Berufsgenossenschaft

D   Die zuständige Gewerkschaft

E   Der Sicherheitsbeauftragte der Bank

Aufgabe III-15

Die *Nordbank AG* muss im Rahmen der Unfallverhütungsvorschrift „Erste Hilfe" verschiedene Vorkehrungen für die Erste Hilfe bei Unfällen oder akuten Gesundheitsstörungen in der Bank treffen. Welche Einrichtung muss die *Nordbank AG* nicht zur Verfügung stellen?

A   Die *Nordbank AG* muss Erste-Hilfe-Material leicht zugänglich und in ausreichender Menge zur Verfügung stellen.

B   Wenn in der Zentralverwaltung der *Nordbank AG* mehr als 250 Mitarbeiter beschäftigt sind, muss die *Nordbank AG* einen Betriebsarzt anstellen, der während der Geschäftszeiten anwesend ist.

C   Die *Nordbank AG* muss dafür sorgen, dass über jede Erste-Hilfe-Leistung Aufzeichnungen geführt werden; diese sind fünf Jahre lang aufzubewahren.

D   Die *Nordbank AG* muss Aufbewahrungsorte von Erste-Hilfe-Materialien durch die jeweiligen Rettungszeichen kennzeichnen.

E   Die *Nordbank AG* muss für die Erste-Hilfe-Leistung je nach Betriebsgröße eine vorgeschriebene Anzahl an Ersthelfern zur Verfügung stellen.

Aufgabe III-16

Wie muss ein Bürostuhl eingestellt werden, dass der Nutzer eine möglichst gesunde Sitzhaltung erreicht? Welche Maßnahme trifft zu?

A   Die Sitzfläche sollte so eingestellt sein, dass die Füße flach auf dem Boden stehen können.

B   Die Rückenlehne sollte stets so hoch eingestellt sein, dass der Nutzer auch seinen Kopf in gerader Position anlehnen kann. Eine Nacken- oder Kopfstütze ist überflüssig.

C   Die Sitzhöhe sollte so hoch eingestellt sein, dass die Oberschenkel auf der Sitzfläche aufliegen lediglich die Fußspitzen den Boden berühren und die Unterschenkel möglichst locker hängen.

D   Die Rückenlehne sollte möglichst gerade sein und keine Wölbungen aufweisen, um eine möglichst gestreckte Sitzposition zu erreichen.

E   Die Armlehnen müssen abgebaut sein, damit sie nicht bei der Arbeit am Schreibtisch behindern.

Aufgabe III-17

Die Nordbank AG ergreift im Rahmen des Arbeitsschutzes verschiedene Maßnahmen zur Vermeidung von Arbeitsunfällen.

Bei welchem Sachverhalt verstößt die Nordbank AG gegen Vorschriften des Arbeitsschutzes?

A Die Nordbank AG erfasst Unfälle, durch die Beschäftigte mehr als drei Tage ganz oder teilweise arbeitsunfähig wurden.

B Die Nordbank AG untersagt ihren Beschäftigten die Ausführung bestimmter Arbeiten, wenn sie erkennbar nicht in der Lage sind, diese ohne Gefahr für sich oder für andere auszuführen.

C Die Nordbank AG dokumentiert die Umgestaltung bereits vorhandener Arbeitsplätze und ermittelt durch eine Beurteilung die mit der Arbeit verbundene Gefährdung für die Beschäftigten.

D Die Nordbank AG verzichtet bei Beschäftigten des Kreditbereichs auf die regelmäßige Unterweisung über Maßnahmen zur Verhütung von Arbeitsunfällen, da in diesem Bereich bisher keine Gefährdungen vorliegen.

E Die Nordbank AG bestellt Sicherheitsbeauftragte und Ersthelfer in der vorgegebenen Anzahl und bildet diese auf eigene Kosten aus.

IV. Kollektives Arbeitsrecht

Aufgabe IV-1

Welche der nachstehenden Vertragsinhalte sind im Lohn- und Gehaltstarifvertrag bzw. im Manteltarifvertrag geregelt? Ordnen Sie zu.

Vertragsarten

1 Manteltarifvertrag

2 Lohn- und Gehaltstarifvertrag

Vertragsinhalte

A Höhe der Ausbildungsvergütung

B Mehrarbeit

C Definition der einzelnen Tarifgruppen

D Einstufung in die Berufsjahre

E Vermögenswirksame Leistungen

F Tariflicher Urlaubsanspruch

G Wöchentliche Arbeitszeit

H Tarifliche Mindestgehälter

A	B	C	D	E	F	G	H

Aufgabe IV-2

Welche Vertragspartner können Tarifabschlüsse im Kreditgewerbe vereinbaren?

A Die Betriebsräte der tarifgebundenen Kreditinstitute und die Gewerkschaft ver.di

B Bundesverband der Volksbanken und Raiffeisenbanken e.V. und die Gewerkschaft ver.di

C Die Gewerkschaft ver.di und der Bundeswirtschaftsminister

D Die *Nordbank AG* und die Gewerkschaft ver.di

E Der Betriebsrat und der Vorstand der *Nordbank AG*

F Die Gewerkschaft ver.di und die Jugend- und Auszubildendenvertretung der *Nordbank AG* für die Ausbildungsvergütung

Aufgabe IV-3

Welches Gericht ist für Streitigkeiten in Tarifvertragsangelegenheiten in erster Instanz sachlich zuständig?

A Amtsgericht für Handelssachen

B Sozialgericht

C Bundesgerichtshof

D Arbeitsgericht

E Amtsgericht für Zivilsachen

© Springer Fachmedien Wiesbaden GmbH, ein Teil von Springer Nature 2022
W. Grundmann et al., *Wirtschafts- und Sozialkunde Teil 1*, Prüfungstraining für Bankkaufleute,
https://doi.org/10.1007/978-3-658-38087-8_4

Aufgabe IV-4

Klaus Lemke (21 Jahre alt) ist Auszubildender der *Nordbank AG*. Herr Lemke ist im zweiten Ausbildungsjahr. Als er sich einmal wegen einer ungerechtfertigten Belehrung des Filialleiters geärgert hatte, tritt er der Gewerkschaft ver.di bei, von der er sich Unterstützung in kritischen beruflichen Situationen verspricht. Als er kurze Zeit später in der Tageszeitung liest, dass die Tarifverhandlungen zwischen der Gewerkschaft und dem Arbeitgeberverband für das Bankgewerbe ins Stocken geraten sind und einige Gewerkschaftsmitglieder Streik fordern, geht Herr Lemke aus Solidarität am nächsten Tag nicht in seinen Ausbildungsbetrieb. Ist sein Verhalten richtig?

A   Nein, denn unter einem Streik versteht man die gemeinsame Arbeitsniederlegung der Auszubildenden und Arbeitnehmer. Herr Lemke müsste also alle seine Mitauszubildenden veranlassen, am nächsten Tag ebenfalls zu Hause zu bleiben.

B   Nein, denn ein Streik ist nur zulässig, wenn er von der Gewerkschaft offiziell ausgerufen und der Bundesagentur für Arbeit in Nürnberg mitgeteilt wurde.

C   Nein, denn eine Gewerkschaft kann einen Streik nur ausrufen, wenn die Friedenspflicht abgelaufen ist und in der Regel eine Urabstimmung stattgefunden hat.

D   Ja, denn wenn Herr Lemke am nächsten Arbeitstag zu Hause bleibt, spricht man von einem Warnstreik. Warnstreiks sind jederzeit erlaubt, solange sie von kurzfristiger Natur sind.

E   Ja, denn als Gewerkschaftsmitglied ist Herr Lemke zum Streik verpflichtet.

F   Nein, denn Herr Lemke kann als Auszubildender nur an einem gewerkschaftlich organisierten Streik teilnehmen, wenn der Streik die Erhöhung der Ausbildungsvergütung zum Ziel hat.

Aufgabe IV-5

Welche Aussage kennzeichnet den Sachverhalt der Tarifautonomie zutreffend?
Unter der Tarifautonomie versteht man, ...

A   dass alle arbeits- und sozialrechtlichen Fragen mit Tarifverträgen geregelt werden.

B   dass es zwangsläufig zum Arbeitskampf zwischen den Tarifvertragsparteien kommt, wenn sich Arbeitgeber und Gewerkschaften nicht auf einen neuen Tarifvertrag einigen können.

C   dass es zu einem Tarifvertrag für alle Arbeitgeber und Arbeitnehmer einer Branche kommt, auch wenn sie keinem Arbeitgeberverband bzw. keiner Gewerkschaft angehören.

D   dass die Tarifvertragsparteien ohne staatlichen Einfluss Tarifverträge abschließen können.

E   dass zur Beilegung von Streitigkeiten zwischen Arbeitgebern und Gewerkschaften stets ein unparteiischer Schlichter vermittelt.

Aufgabe IV-6

Der Tarifvertrag für das private Bankgewerbe wurde fristgemäß gekündigt. Die folgenden Tarifverhandlungen führten zu keinem Ergebnis. Die Gewerkschaften wollen jetzt zum Streik aufrufen. Bringen Sie die nachstehenden Vorgänge in die richtige Reihenfolge.

A   Die Arbeitnehmer werden zum Streik aufgerufen.

B   Eine Urabstimmung wird – falls in der Satzung vorgesehen – durchgeführt, das Verhandlungsergebnis wird angenommen.

C Durch die parallel verlaufenden Tarifverhandlungen legen die Arbeitgeber ein neues Tarif-angebot vor.

D Ein neuer Tarifvertrag wird abgeschlossen.

E Die Tarifverhandlungen werden für gescheitert erklärt.

F Eine Urabstimmung wird durchgeführt, 75 % der Wahlberechtigten – je nach Branche – stimmen für den Streik.

1	2	3	4	5	6

Aufgabe IV-7

Auch in der *Nordbank AG*, die dem Tarifvertrag des privaten Bankgewerbes angeschlossen ist, soll eine Urabstimmung durchgeführt werden. Welche Arbeitnehmer der *Nordbank AG* werden zur Urabstimmung aufgerufen?

A Alle Mitarbeiter der *Nordbank AG*

B Alle volljährigen Mitarbeiter der *Nordbank AG*

C Alle volljährigen Mitarbeiter der *Nordbank AG*, jedoch keine Auszubildenden

D Alle Mitarbeiter der *Nordbank AG*, jedoch ohne leitende Angestellte

E Alle gewerkschaftlich organisierten Mitarbeiter der *Nordbank AG*

Aufgabe IV-8

Für die *Nordbank AG*, die Mitglied im Bankenverband e. V. ist, gilt der Tarifvertrag für das private Bankgewerbe. Der Vorstand plant nun die Gründung einer Direktbank, die nicht Mit-glied im Bankenverband sein soll. Ein Teil der Mitarbeiter der bisherigen Zahlungsverkehrsab-teilung soll von der Direktbank übernommen werden, zusätzlich sollen noch weitere Mitarbei-ter/innen eingestellt werden. Welche Auswirkungen ergeben sich für die tarifrechtlichen Bedin-gungen in der Direktbank?

A Da ein Tarifvertrag immer Mindestnormen regelt, darf auch die Direktbank hiervon nicht abweichen.

B Die Direktbank kann nun mit einer im Betrieb vertretenen Gewerkschaft einen Haustarif-vertrag abschließen.

C Wenn die Tarifparteien den Tarifvertrag für allgemeinverbindlich erklärt haben, gilt er auch für die Direktbank.

D Die Direktbank muss bis zum frühestmöglichen Kündigungszeitpunkt den bisher laufenden Tarifvertrag anwenden.

E Da die *Nordbank AG* als Muttergesellschaft im Bankenverband ist, gilt der Tarifvertrag auch automatisch für die Direktbank als Tochtergesellschaft.

F Die arbeitsvertraglichen Inhalte können mit neu eingestellten Mitarbeiter/innen frei ausge-handelt werden.

Aufgabe IV-9

Die Gewerkschaft ver.di hat den Gehaltstarifvertrag für das Bankgewerbe form- und fristge-recht gekündigt. Bringen Sie die Aussagen zu einer Tarifauseinandersetzung in die richtige Reihenfolge. Schritte einer Tarifauseinandersetzung

A   Ver.di führt eine Urabstimmung zum Streik durch.

B   Die Arbeitgeber gehen auf die Forderungen der Gewerkschaft ver.di ein.

C   Die Tarifverhandlungen verlaufen ergebnislos, da die Arbeitgeber kein Angebot unterbrei-ten.

D   Die Beschäftigten beginnen zu streiken, nachdem die Gewerkschaft ver.di dazu aufgefor-dert hat.

E   Die Gewerkschaft ver.di führt eine Urabstimmung zur Beendigung des Streiks durch.

F   Ver.di erklärt das Scheitern der Verhandlungen.

1	2	3	4	5	6

Aufgabe IV-10

Welche Aussage beschreibt die Aussperrung richtig? Unter Aussperrung versteht man ...

A   die Betriebsschließung durch streikende organisierte und nicht organisierte Arbeitnehmer, um der Betriebsleitung den Zutritt zu den Produktionsstätten zu verwehren.

B   die planmäßige Nichtzulassung von Arbeitnehmern zur Arbeit unter Verweigerung der Lohnzahlung in den betroffenen Betrieben.

C   die gemeinsame und gewerkschaftlich organisierte Arbeitsniederlegung aller organisierten und nicht organisierten Arbeitnehmer.

D   die ordentliche Kündigung von Arbeitnehmern durch die Arbeitgeberverbände für den Zeit-raum des Arbeitskampfes.

E   eine außerordentliche Kündigung der gewerkschaftlich organisierten Arbeitnehmer durch den betroffenen Arbeitgeberverband.

Aufgabe IV-11

Welche der untenstehenden Sachverhalte sind

1   im Manteltarifvertrag

2   im Lohn- und Gehaltstarifvertrag

3   weder im Mantel- noch im Lohn- und Gehaltstarifvertrag

    des privaten Bankgewerbes geregelt?

Sachverhalte

A   Kündigungsfristen von Angestellten und gewerblichen Arbeitnehmern im Bankgewerbe durch den Arbeitgeber

B   Anlagemöglichkeiten der vermögenswirksamen Leistungen

C   Gesetzlicher Mindestlohn

D Gesetzlicher Mindesturlaub

E Höhe der monatlichen Vergütungen in den einzelnen Tarifgruppen

A	B	C	D	E

Aufgabe IV-12

Welche Leistung, die die *Nordbank AG* für ihre Mitarbeiter zahlt, zählt zu den freiwilligen Sozialleistungen?

A Lohnfortzahlung im Krankheitsfall

B Zahlung von Mehrarbeitszuschlägen

C Beiträge zur gesetzlichen Unfallversicherung

D Zuschüsse für die Betriebssportgemeinschaft

E Monatliche Einzahlungen in einen Riester-Vertrag

Aufgabe IV-13

Die *Nordbank AG* ist tarifgebunden. Welche der nachfolgenden Vereinbarungen bzw. Maßnahmen …

1 können nur in einem Tarifvertrag geregelt werden?

2 können auch in einer Betriebsvereinbarung geregelt werden?

3 können auch in einem Arbeitsvertrag geregelt werden?

4 werden in keinem der o.a. Verträge geregelt?

A Die Geschäftszeiten für den Kundenverkehr sollen täglich um eine Stunde verkürzt werden.

B Die Anzahl der Urlaubstage soll in Zukunft von 30 Tagen auf 29 Tage jährlich reduziert werden.

C Zwischen Weihnachten und Neujahr soll für die *Nordbank AG* eine generelle Urlaubssperre verhängt werden.

D Der Geldtransport soll in Zukunft von einer Fremdfirma durchgeführt werden.

E Das Urlaubsgeld soll aus Gründen der Kostenersparnis ab 2023 als Sonderzahlung wegfallen.

F Der in der *Nordbank AG* zum Ausgleich der verschiedenen Urlaubsansprüche der Mitarbeiter eingerichtete zusätzliche Urlaubstag, den Mitarbeiter der *Nordbank AG* erhalten, wenn sie ihren Jahresurlaub in die Herbst- oder Wintermonate legen, soll aus Kostengründen gestrichen werden. Deshalb müssen neue Urlaubsgrundsätze erstellt werden.

G Aufgrund hervorragender Leistungen soll einem Mitarbeiter ein übertarifliches Gehalt angeboten werden.

H Der Lohnzahlungstag soll vom 23. eines jeden Monats auf den 13. eines jeden Monats vorgezogen werden.

I Die wöchentliche Arbeitszeit soll von 39 Stunden auf 40 Stunden erhöht werden.

A	B	C	D	E	F	G	H	I

Aufgabe IV-14

Tarifabschlüsse in der Metall- und Elektroindustrie hatten in der Vergangenheit häufig Auswirkungen auf die Abschlüsse in den anderen Branchen. Welche der folgenden Aussagen zur untenstehenden Tabelle sind richtig?

Wunsch und Wirklichkeit							
A= Forderungen der Gewerkschaft ver.di							
B= Tarifabschlüsse für das private Bankgewerbe ohne Einmalzahlungen							
2013 Laufzeit: 2 Jahre	2014	2015 Laufzeit: länger als 1 Jahr	2016 Laufzeit: 2 Jahre	2017	2018 Laufzeit: bis Ende 2019	Ende 2020
A: 5 %		A: 6,5 %	A: 5,5 %		A: 6,5 %	A: 4 %
B:1,5 % + 2,5 %		B: 3,2 %	B: 3,0 % + 2,1 %		B: 4,0 % + 3,1 %	

A   Die Tarifabschlüsse lagen immer über 20 % der ursprünglichen Forderung von ver.di.

B   In der Tabelle wurden Einmalzahlungen nicht berücksichtigt, da sie sich prozentual bei niedrigen Gehältern höher auswirken als bei höheren Gehältern.

C   Die Tarifverträge hatten immer eine Laufzeit von mehr als zwölf Monaten.

D   Seit 2013 wurden ausschließlich Stufentarifverträge abgeschlossen.

E   Im dargestellten Zeitraum von 2013 bis 2019 sind die Löhne um insgesamt 19,4 % gestiegen.

F   Mitte 2017 wurden die Gehälter um 0,9 % gekürzt.

Aufgabe IV-15

Seit einigen Jahren steigt die Zahl der Arbeitskonflikte in Deutschland tendenziell an. Welche der untenstehenden Aussagen ist nicht richtig?

Durch Streiks und Aussperrungen verlorene Arbeitstage in 1.000 in Deutschland			
Jahr	insgesamt	Produzierendes Gewerbe	Dienstleistungsgewerbe
2009	16,1	10,3	5,8
2010	78,8	63,3	15,5
2011	10,8	5,1	5,7
2012	26,9	21,1	5,8
2013	310,1	294,8	15,3
2014	163,3	159,3	4,0
2015	50,7	48,5	2,2
2016	18,6	13,3	5,3
2017	428,7	77,0	351,7
2018	286,4	44,2	242,2

Aussagen:

A   Die Arbeitnehmer im Dienstleistungsgewerbe haben in den Jahren 2017 und 2018 häufiger gestreikt als in den Jahren zuvor.

B   2018 gingen im Dienstleistungsgewerbe 242.200 Arbeitstage durch Ausstände verloren.

C   In 2018 fielen mehr als 286.000 Arbeitstage durch Streik und Aussperrungen aus.

D   Zwischen 2009 und 2017 fielen durchschnittlich rund 123.000 Arbeitstage pro Jahr durch Streik und Aussperrung aus.

E   Die Streiktage im Dienstleistungsgewerbe sind von 2017 auf 2018 um 68,87 % gesunken.

V. Betriebliche Mitbestimmung

Nutzen Sie bei der Bearbeitung der Aufgaben dieses Kapitels auch den Auszug aus dem Betriebsverfassungsgesetz (BetrVG) im Info-Teil dieses Buches.

Aufgabe V-1

In Kürze finden in der *Nordbank AG* wieder Wahlen zur Jugendausbildungsvertretung statt. Die 22-jährige Silke Brandt ist seit einem Jahr Kundenberaterin bei der *Nordbank AG*. Sie möchte sich zur Jugendvertreterin wählen lassen. Welche Aussage trifft zu?

A Da Frau Brandt bereits über 18 Jahre alt ist, kann sie sich nicht mehr als Jugendvertreterin zur Wahl stellen.

B Nur Auszubildende sind für die Jugendvertretung wählbar.

C Nur Auszubildende, die das 18. Lebensjahr noch nicht vollendet haben, sind als Jugend- vertreter wählbar.

D Da Frau Brandt noch keine 25 Jahre alt ist, kann sie sich für die Jugendvertretung zur Wahl stellen.

E Für die Jugendvertretung sind nur Auszubildende wählbar, die das 25. Lebensjahr noch nicht vollendet haben.

F Alle Arbeitnehmer der *Nordbank AG* sind für die Jugendvertretung wählbar.

Aufgabe V-2

Sie sind gewähltes Mitglied der Jugend- und Auszubildendenvertretung der *Nordbank AG* in Hamburg. Welche Interessen im Sinne des Betriebsverfassungsgesetzes sollen Sie vertreten?

A Die Interessen aller Beschäftigten der *Nordbank AG*

B Die Interessen aller minderjährigen Auszubildenden der *Nordbank AG*

C Die Interessen aller Arbeitnehmer, die das 25. Lebensjahr noch nicht vollendet haben

D Nur die Interessen aller Auszubildenden der *Nordbank AG*

E Die Interessen der jugendlichen Arbeitnehmer und der Auszubildenden der *Nordbank AG*, die das 25. Lebensjahr noch nicht vollendet haben

Aufgabe V-3

Am 15. Oktober ist die Wahl für die Jugend- und Auszubildendenvertretung in der *Nordbank AG* angesetzt worden. Welche Arbeitnehmer im Sinne des Betriebsverfassungsgesetzes sind für die Wahl der Jugend- und Auszubildendenvertretung wahlberechtigt?

A Alle Auszubildenden der *Nordbank AG*

B Alle Arbeitnehmer der *Nordbank AG* bis zur Vollendung des 25. Lebensjahres

C Alle minderjährigen Arbeitnehmer der *Nordbank AG* und ihre Auszubildenden

D Alle minderjährigen Arbeitnehmer und alle Auszubildenden der *Nordbank AG* bis zur Voll- endung des 25. Lebensjahres

E Alle minderjährigen Arbeitnehmer der *Nordbank AG*

© Springer Fachmedien Wiesbaden GmbH, ein Teil von Springer Nature 2022
W. Grundmann et al., *Wirtschafts- und Sozialkunde Teil 1*, Prüfungstraining für Bankkaufleute,
https://doi.org/10.1007/978-3-658-38087-8_5

Aufgabe V-4

Am 15. November soll die Jugend- und Auszubildendenvertretung für die *Fördebank AG* in Flensburg gewählt werden. Welche der nachstehenden Arbeitnehmer und Auszubildenden der *Fördebank AG* sind wählbar?

A   Kundenberaterin Bettina Lutz, 24 Jahre alt, Betriebsratsmitglied

B   Kassierer Sven Gareis, 28 Jahre alt

C   Auszubildender Timo Scholle, 17 Jahre alt

D   Kreditsachbearbeiterin Petra Riebesehl, 23 Jahre alt

E   Auszubildende Jessika Meissner, 26 Jahre alt

F   Bernd Harms, 24 Jahre alt, Leiharbeitnehmer, seit einem Monat in der *Fördebank AG* beschäftigt

Aufgabe V-5

In der *Westbank AG* wird am 28. Oktober eine neue Jugend- und Auszubildendenvertretung gewählt. Wann könnte in diesem Fall die Amtszeit der neuen Jugend- und Auszubildendenvertretung beginnen?

A   Mit Bekanntgabe des Wahlergebnisses

B   Am 02. Januar des darauffolgenden Jahres

C   Spätestens am 01. Dezember, nach Ablauf der Amtszeit der alten Jugend- und Auszubildendenvertretung

D   Mit Wahl des neuen Betriebsrats am 01. März des darauffolgenden Jahres

E   Mit Rücktritt der alten Jugend- und Auszubildendenvertretung

F   Mit dem Tag, an dem die nächste Betriebsversammlung stattfindet

Aufgabe V-6

Durch welches Organ werden die Interessen der Jugendlichen und Auszubildenden der *Nordbank AG* nach dem Betriebsverfassungsgesetz gegenüber dem Arbeitgeber vertreten?

A   Durch die Jugend- und Auszubildendenvertretung

B   Durch den Vorsitzenden der Jugend- und Auszubildendenvertretung

C   Durch die Betriebsversammlung

D   Gegenüber dem Arbeitgeber ist allein der Betriebsrat die Interessenvertretung für die gesamte Belegschaft einschließlich der jugendlichen Arbeitnehmer und der Auszubildenden.

E   Durch die Jugend- und Auszubildendenvertretung durch Beschluss der Jugend- und Auszubildendenversammlung

Aufgabe V-7

Welche Aussagen über Betriebsvereinbarungen treffen zu?

A Betriebsvereinbarungen können mit einer Frist von drei Monaten gekündigt werden.

B Betriebsvereinbarungen sind auch als mündliche Vereinbarung zwischen Betriebsrat und Arbeitgeber rechtsverbindlich.

C Betriebsvereinbarungen ersetzen grundsätzlich tarifvertragliche Regelungen.

D Betriebsvereinbarungen bedürfen der Zustimmung der Tarifvertragsparteien.

E Betriebsvereinbarungen sind von Betriebsrat und Arbeitgeber gemeinsam zu beschließen und schriftlich niederzulegen.

F Betriebsvereinbarungen gelten für alle Kreditinstitute des privaten Bankgewerbes.

Aufgabe V-8

In der *Westbank AG* soll in Kürze ein neuer Betriebsrat gewählt werden. Ordnen Sie den nachstehenden Aussagen aus dem Betriebsverfassungsgesetz die entsprechenden Organe zu!

Organe

1 Betriebsrat

2 Jugend- und Auszubildendenvertretung

3 Betriebsversammlung

4 Wirtschaftsausschuss

A Dieses Organ soll einmal im Monat in der *Westbank AG* zusammentreten. Der Vorstand der *Westbank AG* oder sein Vertreter hat an den Sitzungen dieses Organs teilzunehmen.

B Die regelmäßige Amtszeit dieses Organs beträgt zwei Jahre.

C Die *Westbank AG* muss dieses Organ vor der Kündigung eines Arbeitnehmers unterrichten und die Gründe der Kündigung diesem Organ mitteilen.

D Dieses Organ besteht aus den Arbeitnehmern der *Westbank AG* und tagt einmal in jedem Kalendervierteljahr.

E Bei der Schließung von Zweigstellen der *Westbank AG* kann dieses Organ zusammen mit der *Westbank AG* einen Sozialplan aufstellen.

A	B	C	D	E

Aufgabe V-9

In der *Nordbank AG* wurde vor kurzem ein Betriebsrat gewählt, der sich nach dem Betriebsverfassungsgesetz in verschiedenen Bereichen am Entscheidungsprozess beteiligen kann. Ordnen Sie die nachstehenden Beteiligungsrechte den entsprechenden betrieblichen Angelegenheiten zu!

Beteiligungsrechte: Der Betriebsrat hat in diesen Angelegenheiten ein

1 erzwingbares Mitbestimmungsrecht

2 Zustimmungsverweigerungsrecht

3 Unterrichtungs- und Anhörungsrecht

4 kein Beteiligungsrecht

Betriebliche Angelegenheiten

A Die *Nordbank AG* kündigt einem Mitarbeiter fristgerecht.

B Die *Nordbank AG* möchte in der Zentrale die Kernarbeitszeiten neu festlegen.

C Die *Nordbank AG* möchte Zweigstellen zusammenlegen.

D Der Vorstand der *Nordbank AG* schlägt eine Dividendenausschüttung in diesem Jahr in Höhe von 0,96 EUR je Aktie vor.

E Die Personalabteilung möchte einen Urlaubsplan für das kommende Jahr erstellen.

F Der *Nordbank AG* liegen zwei Angebote von Software-Betriebssystemen vor, über deren Kauf entschieden werden muss.

G Die Mitarbeiter der *Nordbank AG* wünschen, dass neue Getränkeautomaten in der Kantine aufgestellt werden sollen.

H Die *Nordbank AG* möchte für das Rechenzentrum einen EDV-Experten einstellen. Der Betriebsrat ist gegen diese Entscheidung.

A	B	C	D	E	F	G	H

Aufgabe V-10

Welche Organe bzw. welche Einrichtungen der *Nordbank AG* gehören zu der betrieblichen Mitbestimmung nach dem Betriebsverfassungsgesetz?

A Tarifkommission

B Aufsichtsrat

C Betriebsversammlung

D Betriebsrat

E Hauptversammlung

F Vorstand

Aufgabe V-11

Neben den gesetzlichen Grundlagen gibt es im Arbeitsrecht auch verschiedene vertragliche Regelungen, z. B. Tarifverträge, Betriebsvereinbarungen und Arbeitsverträge. Wodurch sind Betriebsvereinbarungen gekennzeichnet?

A Betriebsvereinbarungen werden auf einer Betriebsversammlung geschlossen. Sie regeln die Arbeitsverhältnisse zwischen einzelnen Arbeitnehmern und dem Betriebsrat.

B Sie gelten für alle Betriebe einer Branche und werden durch den Beschluss der Betriebsräte wirksam.

C Es sind Absprachen zwischen verschiedenen Betrieben und ihren Betriebsräten über die Regelung der Arbeitsverhältnisse.

D Es sind Verträge zwischen Arbeitgebern und Betriebsräten.

E Sie werden zwischen Gewerkschaften und Arbeitgebern geschlossen.

Aufgabe V-12

Neben den durch Gesetz und den Manteltarifvertrag festgelegten Entgelten zahlt die *Nordbank AG* an ihre Angestellten noch weitere freiwillige Leistungen. Welche Zahlungen zählen zu den freiwilligen Leistungen?

A   Krankengeld im Krankheitsfall

B   Kindergeld

C   Beitrag zur Unfallversicherung

D   Zahlungen für den Betriebskindergarten

E   Arbeitgeberbeiträge zur Sozialversicherung

F   Zuschüsse zu den Fahrtkosten der Arbeitnehmer

Aufgabe V-13

Die Beteiligungsrechte des Betriebsrates unterteilen sich in erzwingbare Mitbestimmungsrechte, Zustimmungsverweigerungsrechte und Unterrichtungs- und Anhörungsrechte. Bei welchem Fall hat der Betriebsrat das Recht, einer Entscheidung des Arbeitgebers zu widersprechen?

A   Die Urlaubsgrundsätze sollen geändert werden.

B   Es soll eine Betriebsordnung erlassen werden.

C   Die Geldversorgung soll von einer Fremdfirma übernommen werden.

D   Die Beurteilungsgrundsätze für Arbeitnehmer und Auszubildende sollen verändert werden.

E   Dem Anlageberater Felix Groth soll ordentlich gekündigt werden.

Aufgabe V-14

Das Betriebsverfassungsgesetz sieht vor, in jedem Kalenderquartal eine Betriebsversammlung einzuberufen. Der Termin und die Tagesordnung für die nächste Betriebsversammlung sind am „Schwarzen Brett" und im Intranet veröffentlicht worden. Können Sie als Auszubildende/r an der Betriebsversammlung teilnehmen?

A   Ja, denn neben der Geschäftsführung sind alle Arbeitnehmer, also auch die Auszubildenden, des Betriebs teilnahmeberechtigt.

B   Ja, denn neben der Geschäftsführung, den Gesellschaftern und dem Betriebsrat sind auch die Jugend- und Auszubildendenvertretungen teilnahmeberechtigt.

C   Ja, denn neben dem Betriebsrat sind die Jugendvertretung und die Auszubildendenvertretung teilnahmeberechtigt.

D   Nein, denn erst mit dem Bestehen der Abschlussprüfung vor der zuständigen Kammer wird ein Auszubildender zum Arbeitnehmer und ist damit teilnahmeberechtigt.

E   Nein, denn daran nehmen nur die Betriebsräte der einzelnen Filialen teil.

Aufgabe V-15

Stellen Sie fest, wozu die Jugend- und Auszubildendenvertretung nach dem Betriebsverfassungsgesetz berechtigt ist.

A Sie darf geschlossen an allen Betriebsratssitzungen teilnehmen und abstimmen.

B Sie darf über Schulungsmaßnahmen für die Auszubildenden mit der Personalleitung verhandeln.

C Sie darf beim Betriebsrat beantragen, dass über Maßnahmen, die den jugendlichen Arbeitnehmern und Auszubildenden dienen, beraten wird.

D Sie darf die jugendlichen Arbeitnehmer und Auszubildenden gegenüber der Geschäftsleitung vertreten.

E Sie darf Maßnahmen zum Schutz jugendlicher Arbeitnehmer und Auszubildender in der Betriebsversammlung beantragen.

Aufgabe V-16

In welchem Beispiel ist die Mitbestimmung des Betriebsrats zutreffend beschrieben?

A Die Position des Geschäftsführers bei der *Finanzberatungsgesellschaft Klinger mbH* soll neu besetzt werden. Die Neubesetzung kann nur mit Zustimmung des Betriebsrats erfolgen.

B Bei der Festlegung der Pausenzeiten für die Mitarbeiter im Betrieb hat der Betriebsrat nur ein Informationsrecht.

C Über die Inhalte des Arbeits- und Ausbildungsvertrages kann der Betriebsrat mitbestimmen.

D Die Geschäftsleitung der *Nordbank AG* vereinbart mit dem Betriebsrat, dass die Überweisungen der Gehälter der Mitarbeiter in Zukunft vom 15. eines jeden Monats auf den 16. eines jeden Monats verschoben werden sollen.

E Der Betriebsrat kann in bestimmten sozialen Angelegenheiten, z. B. bei der betrieblichen Regelung der Urlaubsplanung der Mitarbeiter, gegenüber dem Arbeitgeber Anträge stellen.

F In personellen Angelegenheiten, z. B. bei Einstellungen bzw. Kündigungen von Mitarbeitern, hat der Betriebsrat kein Mitsprache- aber ein Informationsrecht.

Situation zu den Aufgaben V-17 bis V-19

In der *Bauspar AG*, die seit 1990 besteht, wird die Jugend- und Auszubildendenvertretung (JAV) am 3. November 2022 neu gewählt. Die *Bauspar AG* beschäftigt:

Angestellte		Auszubildende
21	Unter 18 Jahren	8
314	Unter 25 Jahren, aber über 18 Jahre	83
574	Über 25 Jahre	3

Unter anderem wollen sich Simone Esch (17 Jahre alt, seit 1. August 2022 Bankauszubildende), Werner Schulze (24 Jahre alt, seit dem 1. Januar 2022 Angestellter) und Michael Kubera (27 Jahre alt, seit 1. August 2022 Auszubildender) als Kandidaten aufstellen lassen.

Aufgabe V-17

a) Wie viele Personen der *Bauspar AG* sind wahlberechtigt?

b) Wie viele Personen der *Bauspar AG* sind wählbar?

c) Ermitteln Sie, aus wie vielen Mitgliedern die JAV der *Bauspar AG* laut Betriebsverfassungsgesetz maximal besteht.

Aufgabe V-18

In welcher Zeile sind die Personen dem aktiven und passiven Wahlrecht zur JAV richtig zugeordnet?

	Aktives Wahlrecht	Passives Wahlrecht
A	Nur Simone Esch	Simone Esch, Werner Schulze
B	Simone Esch, Michael Kubera	Simone Esch, Michael Kubera
C	Simone Esch, Werner Schulze, Michael Kubera	Simone Esch, Werner Schulze, Michael Kubera
D	Simone Esch, Werner Schulze	Simone Esch, Werner Schulze
E	Simone Esch, Werner Schulze, Michael Kubera	Simone Esch, Michael Kubera

Aufgabe V-19

Welche Rechte bzw. Pflichten ergeben sich für die gewählte JAV?

A   Die JAV verhandelt selbstständig mit der Geschäftsleitung der *Bauspar AG*.

B   Für die jüngeren Mitarbeiter der *Bauspar AG* gibt es durch die JAV Ansprechpartner in ihrem Alter, die ihre Anliegen über den Betriebsrat bei der Geschäftsleitung vortragen können und durchzusetzen versuchen.

C   Mitglieder der JAV müssen an allen Sitzungen des Betriebsrates teilnehmen und aktuelle Informationen an die jungen Mitarbeiter in der *Bauspar AG* weitergeben.

D   Ein Betriebsratsmitglied kann sich gleichzeitig für die JAV wählen lassen.

E   Die Auszubildenden können beispielsweise die Ablösung eines unbeliebten Ausbilders über den Betriebsrat erzwingen.

Aufgabe V-20

Sie haben sich nach Ablauf Ihrer Ausbildung auf eine innerbetriebliche Stellenausschreibung als Kundenberater(in) in der *Nordbank AG* beworben. Sie verlangen in diesem Zusammenhang vom Personalsachbearbeiter der *Nordbank AG* Einsicht in Ihre Personalakte. Wie ist die Rechtslage?

A   Der Personalsachbearbeiter muss Ihnen Einsicht in Ihre Personalakte gewähren, da jeder Arbeitnehmer dieses Recht hat.

B Der Personalsachbearbeiter darf Ihnen die Einsichtnahme verweigern, weil Sie nur in Anwesenheit des Betriebsrates Einsicht in Ihre Personalakte nehmen dürfen.

C Arbeitnehmer haben generell kein Recht, Einsicht in ihre Personalakte zu nehmen.

D Der Personalsachbearbeiter muss lediglich dem Betriebsrat den Inhalt der Personalakte mitteilen, den dieser wiederum an Sie weitergeben kann.

E Nur der Betriebsrat hat das Recht, Einsicht in die Personalakte der Mitarbeiter zu nehmen. Er darf an Sie keine Informationen weitergeben.

Aufgabe V-21

Yvonne Schneider ist Auszubildende der *Nordbank AG*. Frau Schneider ist 17 Jahre alt. Sie wurde in die Jugend- und Auszubildendenvertretung (JAV) der *Nordbank AG* gewählt. Vor der ersten Teilnahme an einer gemeinsamen Besprechung mit dem Betriebsrat informiert sich Frau Schneider über ihre neue Aufgabe. Welche Handlungsmöglichkeit hat die JAV nach dem Betriebsverfassungsgesetz?

A Sie hat bei der Einstellung von Auszubildenden und jugendlichen Arbeitnehmern ein unmittelbares Mitspracherecht.

B Sie kann Anträge in Ausbildungsangelegenheiten an die *Nordbank AG* nur über den Betriebsrat stellen.

C Sie kann, mit Rücksprache beim Betriebsrat, über Themen der Berufsausbildung und der Ausbildungsvergütung mit dem Vorstand direkt verhandeln.

D Sie hat ein Anhörungsrecht bei der Leistungsbeurteilung der Auszubildenden durch *Nordbank AG* und kann die Übernahme von Auszubildenden in ein Arbeitsverhältnis vorschlagen.

E Sie kann in die Personalakten der Auszubildenden Einsicht nehmen.

Situation zu den Aufgaben V-22 bis V-24

Sie werden in der *Fördebank AG* in Flensburg von einem Mitglied des Betriebsrats angesprochen, ob Sie mit Ihren Mitauszubildenden eine Jugend- und Auszubildendenvertretung (JAV) wählen möchten. Bislang hat in der *Fördebank AG* noch keine JAV bestanden.

In der *Fördebank AG* in Flensburg sind folgende Personen beschäftigt:

Anzahl	Art der Beschäftigung	Alter
2	Auszubildende	unter 18 Jahre
4	Auszubildende	zwischen 18 und 24 Jahre
2	Praktikanten	über 25 Jahre
5	Angestellte	unter 25 Jahre
35	Angestellte	über 25 Jahre

Die Vorschriften zur Wahl einer JAV finden Sie auf Seite 352.

Aufgabe V-22

Die Auszubildenden der *Fördebank AG*, Sabine Schröder (20 Jahre alt) und Frank Schuster (21 Jahre alt) wollen jetzt eine Jugendvertreterwahl in der *Fördebank AG* organisieren. Beide Auszubildenden prüfen zunächst, ob die rechtlichen Voraussetzungen für die Bildung einer JAV gegeben sind. Zu welchem Ergebnis müssen sie kommen?

A Die Bildung einer JAV ist derzeit nicht möglich, da nur zwei Wahlberechtigte (Minderjährige) in der *Fördebank AG* angestellt sind.

B Die JAV wird aus drei Mitgliedern bestehen, da in der *Fördebank AG* über 20 Arbeitnehmer beschäftigt sind.

C Zwei Umschüler, die bei der *Fördebank AG* beschäftigt sind, werden wie Auszubildende behandelt und sind daher unabhängig von ihrem Alter voll wahlberechtigt.

D Insgesamt können sich elf Betriebsangehörige der *Fördebank AG* für die JAV-Wahlen als Kandidaten aufstellen lassen, sofern sie nicht bereits Mitglied im Betriebsrat sind.

E Die beiden minderjährigen Auszubildenden haben nur das aktive, nicht jedoch das passive Wahlrecht.

Aufgabe V-23

Bringen Sie die folgenden notwendigen Schritte für eine Jugendvertreterwahl in die richtige Reihenfolge.

A Auszählung der abgegebenen Stimmen

B Die Wahlvorschläge werden entgegengenommen und geprüft.

C Die Wahlvorschläge werden veröffentlicht.

D Der Wahlvorstand wird durch den Betriebsrat bestellt.

E Geheime, unmittelbare und gemeinsame Wahl

1	2	3	4	5

Aufgabe V-24

Frau Schuster erfährt, dass einer von den vier Auszubildenden zwischen 18 und 24 Jahren bereits in einem anderen Unternehmen die Ausbildung zum Speditionskaufmann abgeschlossen hat und nun in der *Fördebank AG* eine zweite Ausbildung zum Bankkaufmann absolviert. Welche Auswirkung hat dies auf sein aktives und passives Wahlrecht bei der JAV-Wahl?

A Er hat dadurch weder ein aktives noch ein passives Wahlrecht.

B Er hat nur das aktive Wahlrecht.

C Er hat das passive Wahlrecht, wenn er während der zweijährigen Amtszeit der JAV das 25. Lebensjahr nicht vollendet.

D Er hat nur das Recht, mit der Gruppe der Umschüler eine eigene Interessenvertretung zu bilden.

E An seinem aktiven und passiven Wahlrecht ändert sich durch die Zweitausbildung nichts.

Aufgabe V-25

Die Geschäftsführung der *Nordbank AG* informiert den Betriebsrat über die nachstehenden Anweisungen. Prüfen Sie, inwieweit diese Maßnahmen der Zustimmung des Betriebsrats bedürfen bzw. die Geschäftsführung auch ohne Zustimmung des Betriebsrates gemäß dem Auszug aus dem Betriebsverfassungsgesetz anweisen kann? Ordnen Sie zu.

1 Die Maßnahmen bedürfen der Zustimmung des Betriebsrats

2 Die Geschäftsführung kann auch ohne Zustimmung des Betriebsrats anweisen.

Anweisungen

A Die Mitarbeiter der Geschäftsstellen sollen eine handschriftliche Liste sämtlicher getätigten Geschäfte führen und diese wöchentlich dem Zweigstellenleiter zur Kontrolle vorlegen.

B Zukünftig sollen nur noch zwei Urlaubsblöcke mit je drei zusammenhängenden Urlaubswochen zulässig sein, damit die Urlaubsplanung einfacher wird.

C Die bisherige feste Arbeitszeit soll in eine variable Arbeitszeit umgewandelt werden, um den Arbeitsanfall besser steuern zu können.

D Alle Kundenberater müssen nur noch dunkelblaue Anzüge mit gelber Krawatte und weißem Hemd tragen, um ein einheitliches Erscheinungsbild für die Kunden deutlich zu machen.

E Der Gehaltszahlungstermin soll von der Monatsmitte auf das Monatsende gelegt werden.

F Drei kleinere Geschäftsstellen, die bisher durchgehend geöffnet hatten, sollen zukünftig zwischen 13:00 Uhr und 14:30 Uhr geschlossen werden. Das Ende der täglichen Arbeitszeit für die Angestellten soll sich entsprechend verändern.

G In einer anderen Zweigstelle sollen die Geschäftszeiten für den Publikumsverkehr geändert werden. Bisher war die Zweigstelle durchgehend von 10:00 Uhr bis 16:00 Uhr für den Publikumsverkehr geöffnet. In Zukunft soll die Geschäftsstelle nur noch von 10:00 Uhr bis 12:00 Uhr und von 15:00 Uhr bis 16:00 Uhr für den Publikumsverkehr geöffnet sein.

A	B	C	D	E	F	G

Auszug aus dem Betriebsverfassungsgesetz

4. Abschnitt. Soziale Angelegenheiten

§ 87 Mitbestimmungsrechte

(1) Der Betriebsrat hat, soweit eine gesetzliche oder tarifliche Regelung nicht besteht, in folgenden Angelegenheiten mitzubestimmen:

1. Fragen der Ordnung des Betriebs und des Verhaltens der Arbeitnehmer im Betrieb;
2. Beginn und Ende der täglichen Arbeitszeit einschließlich der Pausen sowie Verteilung der Arbeitszeit auf die einzelnen Wochentage;
3. Vorübergehende Verkürzung oder Verlängerung der betriebsüblichen Arbeitszeit;
4. Zeit, Ort und Art der Auszahlung der Arbeitsentgelte;
5. Aufstellung allgemeiner Urlaubsgrundsätze und des Urlaubsplans sowie die Festsetzung der zeitlichen Lage des Urlaubs für einzelne Arbeitnehmer, wenn zwischen dem Arbeitgeber und den beteiligten Arbeitnehmern kein Einverständnis erzielt wird;
6. Einführung und Anwendung von technischen Einrichtungen, die dazu bestimmt sind, das Verhalten oder die Leistung der Arbeitnehmer zu überwachen;

7. Regelungen über die Verhütung von Arbeitsunfällen und Berufskrankheiten sowie über den Gesundheitsschutz im Rahmen der gesetzlichen Vorschriften oder der Unfallverhütungsvorschriften;

8. Form, Ausgestaltung und Verwaltung von Sozialeinrichtungen, deren Wirkungsbereich auf den Betrieb, das Unternehmen oder den Konzern beschränkt ist;

9. Zuweisung und Kündigung von Wohnräumen, die den Arbeitnehmern mit Rücksicht auf das Bestehen eines Arbeitsverhältnisses vermietet werden, sowie die allgemeine Festlegung der Nutzungsbedingungen;

10. Fragen der betrieblichen Lohngestaltung, insbesondere die Aufstellung von Entlohnungsgrundsätzen und die Einführung und Anwendung von neuen Entlohnungsmethoden sowie deren Änderung;

11. Festsetzung der Akkord- und Prämiensätze und vergleichbarer leistungsbezogener Entgelte, einschließlich der Geldfaktoren;

12. Grundsätze über das betriebliche Vorschlagswesen;

13. Grundsätze über die Durchführung von Gruppenarbeit; Gruppenarbeit im Sinne dieser Vorschrift liegt vor, wenn im Rahmen des betrieblichen Arbeitsablaufs eine Gruppe von Arbeitnehmern eine ihr …

Aufgabe V-26

In der *Nordbank AG* wird im November 2021 bei den Mitarbeitern der Wunsch geäußert, in der *Nordbank AG* einen Betriebsrat zu institutionalisieren. Die *Nordbank AG* beschäftigt keine Leiharbeitnehmer. In der *Nordbank AG* sind folgende Arbeitnehmer im Sinne des Betriebsverfassungsgesetzes beschäftigt:

Anzahl	Art der Beschäftigung	Alter
4	Auszubildende	unter 18 Jahren. Alle jugendlichen Auszubildenden haben ihre Ausbildung am 01.08.2021 begonnen.
16	Auszubildende	zwischen 18 und 24 Jahren. 1 Auszubildender ist im 4. Monat seiner Ausbildung, die anderen sind bereits im letzten Ausbildungsabschnitt.
135	Angestellte	über 18 Jahren. Darunter 4 Angestellte, die sich noch in der Probezeit (sechs Monate) befinden.

a) Stellen Sie fest, wie viele Arbeitnehmer in der *Nordbank AG* wahlberechtigt sind.

b) Wie viele Personen können sich in der *Nordbank AG* zur Wahl stellen?

c) Wie viele Betriebsratsmitglieder können in der ersten Betriebsratswahl der *Nordbank AG* gewählt werden?

Aufgabe V-27

In der *Nordbank AG* soll im März 20.. ein neuer Betriebsrat gewählt werden. Anhand einer Liste aus der Personalabteilung soll nun vom Wahlausschuss geprüft werden, welche Mitarbeiter bzw. Mitarbeiterinnen den Betriebsrat wählen bzw. sich als Kandidaten bzw. Kandidatinnen für den Betriebsrat aufstellen lassen können.

Mitarbeiter

A   Georg Hinze, 48 Jahre alt, Hausmeister, beschäftigt seit fünf Jahren, unbefristetes Arbeitsverhältnis

B   Leo Steppen, Auszubildender im 1. Ausbildungsjahr, 17 Jahre alt

C   Sybille Kron, Filialdirektorin mit Prokura, 34 Jahre alt, beschäftigt seit sechs Jahren in der *Nordbank AG*

D   Ellen Lenk, Auszubildende, 21 Jahre alt, 3. Ausbildungsjahr

E   Ute Jakob, 27 Jahre alt, Kundenberaterin, beschäftigt seit fünf Jahren

F   Christiane Peemüller, 22 Jahre alt, Kassiererin, seit vier Wochen als Leiharbeitnehmerin bei der *Nordbank AG* beschäftigt

G   Arno Schäfer, 38 Jahre alt, Cheffahrer, seit fünf Monaten als Leiharbeitnehmer bei der *Nordbank AG* beschäftigt

H   Eliane Maschke, 23 Jahre alt, seit sechs Wochen in der *Nordbank AG* beschäftigt, unbefristetes Arbeitsverhältnis

Welche der o. a. Mitarbeiter hat

1   nur das aktive Wahlrecht zur Wahl des Betriebsrates?

2   sowohl das aktive als auch das passive Wahlrecht zur Wahl des Betriebsrats?

3   weder das aktive noch das passive Wahlrecht?

A	B	C	D	E	F	G	H

Aufgabe V-28

Die *Nordbank AG* beabsichtigt, im Rechenzentrum sog. Multimoment-Filmkameras einzusetzen. Diese Kameras liefern alle fünf Sekunden ein Bild. Auf Anfrage des Betriebsrats erklärt die Geschäftsleitung der *Nordbank AG*, dass die Kameras nicht dazu bestimmt seien, Verhalten oder Leistungen der Mitarbeiter der Bank zu überwachen. Die Kameras dienten vielmehr allein dem Zweck, Arbeitsablaufstudien und Untersuchungen über die Arbeitsplatzgestaltung durchzuführen. Folgerungen über das Verhalten und die Leistungen der Mitarbeiter würden aus den Aufnahmen keinesfalls gezogen.

Kann der Betriebsrat die Aufstellung der Kameras verhindern?

A   Der Betriebsrat hat bezüglich der Aufstellung von Kameras nur ein Informationsrecht gegenüber der Geschäftsleitung.

B   Multimoment-Kameras sind objektiv zur Überwachung der Arbeitnehmer bestimmt. Der Betriebsrat hat bezüglich der Aufstellung der Kameras ein volles Mitbestimmungsrecht.

C   Die Aufstellung von Kameras in Kreditinstituten ist in der jeweiligen Betriebsordnung geregelt.

D   Die Aufstellung von Kameras in Betrieben ist verfassungsrechtlich nicht zulässig, da der Betrieb von Kameras im Unternehmen die freie Entfaltung der Mitarbeiter hemmt.

E Die Zulässigkeit der Aufstellung von Kameras zu betrieblichen Zwecken wird nach dem Betriebsverfassungsgesetz von einem Arbeitsrichter entschieden.

Aufgabe V-29

Der Betriebsrat hat Beteiligungsrechte in sozialen, personellen und wirtschaftlichen Fragen. Zu den Beteiligungsrechten gehören:

1 Informationsrechte
2 Mitspracherechte (Beteiligungsrechte)
3 Mitwirkungsrechte (Zustimmungs- und Widerspruchsrechte)
4 Mitbestimmungsrechte

Sachverhalte

A Die *Nordbank AG* beschließt, ihre zentrale Buchhaltung in Hamburg zu schließen und die Aufgaben an ein Tochterunternehmen in Singapur zu übertragen.

B Die *Nordbank AG* kündigt ihrem Mitarbeiter Udo Lange, weil dieser ständig gegen seine Arbeitspflichten verstößt und deshalb bereits abgemahnt wurde.

C Die *Nordbank AG* will neue Entlohnungsgrundsätze einführen.

D Die *Nordbank AG* will die Auswahlrichtlinien für Neueinstellungen überarbeiten.

E Die *Nordbank AG* will in ihrer Filiale Norderstedt drei neue leitende Angestellte einstellen.

F Der seit zehn Jahren beschäftigte Mitarbeiter Felix Klinke wurde aus krankheitsbedingten Gründen gekündigt. Der Mitarbeiter war in der Vergangenheit mehrfach arbeitsunfähig. Herr Klinke ist übergewichtig und ist wegen dieses Zustandes nicht mehr voll einsatzfähig.

A	B	C	D	E	F

Aufgabe V-30

Der Betriebsrat hat nach dem Betriebsverfassungsrecht Beteiligungsrechte in sozialen, personellen und wirtschaftlichen Fragen. Entscheiden Sie für die folgenden Fälle, ob dem Betriebsrat ein

1 Mitbestimmungsrecht,
2 Beratungsrecht oder
3 Informationsrecht zusteht.

A Die *Nordbank AG* will den Bankkaufmann Frank Laaser als Leiter der Hauptabteilung „Financial Services" einstellen.

B Die *Nordbank AG* plant, ihre Zweigstelle Osterstraße zu schließen.

C Die *Nordbank AG* will in allen Hamburger Filialen die täglichen Arbeitszeiten für die Angestellten neu regeln.

D Die *Nordbank AG* will einen neuen Personalplan für die nächsten zwei Jahre aufstellen.

E Die *Nordbank AG* plant, betriebliche Bildungsmaßnahmen teilweise am Sonnabend durchzuführen.

A	B	C	D	E

Aufgabe V-31

In der *Nordbank AG* stehen Betriebsratswahlen und Wahlen zur Jugend- und Auszubildendenvertretung (JAV) an. Bei der *Nordbank AG* arbeiten zurzeit 18 Auszubildende, deren Altersstruktur der folgenden Tabelle entnommen werden kann:

Altersstruktur der Auszubildenden	
Alter	Anzahl
unter 18 Jahre	6
18 bis unter 25 Jahre	15
ab 25 Jahre	1

Die Altersstruktur der Angestellten in der *Nordbank AG* stellt sich wie folgt dar:

Altersstruktur der Angestellten	
Alter	Anzahl
18 bis unter 25 Jahre	65
ab 25 Jahre	420

Alle aufgeführten Arbeitnehmer und Auszubildenden gehören der *Nordbank AG* seit sechs
Monaten an. Verwenden Sie bei den nachfolgenden Fragen den Auszug aus dem Betriebsverfassungsgesetz hinter der Aufgabe V-32.

a)   Ermitteln Sie die Anzahl der Personen, die bei den JAV-Wahlen wahlberechtigt sind.

b)   Ermitteln Sie die Anzahl der Personen, die bei den Betriebsratswahlen wahlberechtigt
     sind.

c)   Ermitteln Sie die Anzahl der Personen, die sich als Kandidaten für die JAV-Wahlen auf-
     stellen lassen können.

d)   Ermitteln Sie die Anzahl der Personen, die sich als Kandidaten für die Betriebsratswahlen
     aufstellen lassen können.

e)   Wie viele JAV-Mitglieder können gewählt werden?

f)   Wie viele Betriebsratsmitglieder können gewählt werden?

g)   Wie viele gewählte Betriebsratsmitglieder werden in diesem Fall für die Betriebsratsarbeit
     freigestellt?

Aufgabe V-32

Der Betriebsrat hat in den Betrieben allgemeine, wirtschaftliche, personellen und soziale Aufgaben zu erfüllen. Ordnen Sie die nachfolgenden Angelegenheiten die entsprechenden Aufgaben zu!

Angelegenheiten:

1   Einem Auszubildenden soll nach der Probezeit aus einem wichtigen Grund gekündigt werden.

2   Der Betriebsrat soll die Wahl einer Jugend- und Auszubildendenvertretung vorbereiten und durchführen.

3   Der Betriebsrat setzt sich für den Einbau eines Fahrstuhls in der Hauptfiliale der *Nordbank AG* ein, um behinderten Mitarbeitern einen barrierefreien Zutritt zu allen Räumen in dieser Filiale zu ermöglichen.

4   Der Betriebsrat setzt sich für eine Fortbildungsmaßnahme für Mitarbeiter in der *Nordbank AG* zur Verhütung von Arbeitsunfällen und Betriebskrankheiten sowie über den Gesundheitsschutz im Rahmen der gesetzlichen Vorschriften ein.

5   In der *Nordbank AG* sollen von 28 Filialen fünf Filialen, die kaum frequentiert werden, geschlossen werden.

6   In der Börsenabteilung der *Nordbank AG* soll ein neuer Mitarbeiter eingestellt werden.

Aufgaben des Betriebsrates

A   Allgemeine Angelegenheiten

B   Soziale Angelegenheiten

C   Personelle Angelegenheiten (Einstellungen)

D   Personelle Angelegenheiten (Kündigungen)

E   Wirtschaftliche Angelegenheiten

1	2	3	4	5	6

Aufgabe V-33

Was müssen die Jugend- und Auszubildendenvertreter unternehmen, wenn sie Maßnahmen durchsetzen möchten, die die Jugendlichen und Auszubildenden besonders betreffen?

A   Sie müssen über die Maßnahme abstimmen. Ist die Mehrheit für die Maßnahme, muss der Betriebsrat informiert werden, damit dieser die Maßnahme mit der Geschäftsleitung bespricht und dann umsetzt.

B   Sie müssen sich sofort mit dieser Angelegenheit an den Betriebsrat wenden.

C   Sie müssen einen Termin mit der Geschäftsleitung vereinbaren, damit sie dort zunächst ihr Anliegen vorbringen.

D   Sie müssen über die Maßnahme abstimmen. Ist die Mehrheit für die Maßnahme, muss die Geschäftsleitung informiert werden, damit diese die Maßnahme umsetzen lässt.

E   Sie müssen eine außerordentliche Sitzung der Jugend- und Auszubildendenvertretung einberufen.

VI. Soziale Sicherung

Übersicht über die gesetzliche Sozialversicherung im Jahr 2022

Sozialversicherungen Aspekte	Gesetzliche Krankenversicherung (GKV)	Pflegeversicherung (PV)	Rentenversicherung (RV)	Arbeitslosenversicherung (AV)	Gesetzliche Unfallversicherung (GUV)
Abzusicherndes Lebensrisiko	Krankheit	Pflegebedürftigkeit	Altersarmut; Erwerbsminderungsrisiko	Arbeitslosigkeit	Arbeits- und Arbeitswegunfall; Berufskrankheit
Träger	Gesetzliche Krankenkassen	Pflegekassen	Deutsche Rentenversicherung Bund	Bundesagentur für Arbeit; Arbeitsagenturen	Berufsgenossenschaften
Beitragssatz	14,6 % + Zuschlag je nach Krankenkasse	3,05 %	18,6 %	2,4 %	Promillesatz von der Lohnsumme
Tragung der Beiträge	AN + AG je zur Hälfte	AN + AG je zur Hälfte, 0,35 % AN alleine, wenn 23 Jahre und kinderlos 1,525; 1,875	AN + AG je zur Hälfte	AN + AG je zur Hälfte	AG alleine
Zahlung (Überweisung) der Beiträge	AG überweist die gesamten Sozialversicherungsbeiträge der AN an die jeweiligen im Betrieb vertretenen gesetzlichen Krankenkassen. Diese leiten die Beträge an den Gesundheitsfonds weiter. Der Gesundheitsfonds leitet die Sozialbeiträge an die anderen Träger weiter.				AG überweist Beitrag an die jeweilige Berufsgenossenschaft.
Beitragsbemessungsgrenze pro Monat/Jahr für West- und Ostländer	4.837,50 EUR/ 58.050,00 EUR	4.837,50 EUR/ 58.050,00 EUR	West: 7.050,00 EUR/ 84.600,00 EUR Ost: 6.750,00 EUR/ 81.000,00 EUR	West: 7.050,00 EUR/ 84.600,00 EUR Ost: 6.750,00 EUR/ 81.000,00 EUR	
Versicherungspflichtgrenze/ Arbeitsentgeltgrenze	5.362,50 EUR/ 64.350,00 EUR pro Monat/Jahr	5.362,50 EUR/ 64.350,00 EUR pro Monat/Jahr			
Leistungen (Beispiele)	Krankengeld; Mutterschaftsgeld; Medikamente; Arztleistungen; Reha-Maßnahmen	Geldleistungen; Sachleistungen je nach Pflegestufe	Altersruhegeld; Witwen- und Waisenrenten; Erwerbsminderungsrente; Reha-Maßnahmen	Arbeitsvermittlung; Berufsberatung; Arbeitslosengeld; Kurzarbeitergeld; Umschulung; Weiterbildung	Verletztengeld; Unfallrenten; Umschulungen; Arbeitsschutzmaßnahmen

© Springer Fachmedien Wiesbaden GmbH, ein Teil von Springer Nature 2022
W. Grundmann et al., *Wirtschafts- und Sozialkunde Teil 1*, Prüfungstraining für Bankkaufleute,
https://doi.org/10.1007/978-3-658-38087-8_6

Sozial-versicherungen Aspekte	Gesetzliche Kranken-versicherung (GKV)*	Pflegeversiche-rung (PV)	Rentenversiche-rung (RV)	Arbeitslosen-versicherung (AV)	Gesetzliche Unfallversiche-rung (GUV)
Kündigungs-möglichkeiten	Feste Mitglied-schaft für min-destens 18 Monate, da-nach Kündi-gungsmöglich-keit mit einer Kündigungsfrist von zwei Mona-ten zum Mo-natsende; Außerordentli-ches Kündi-gungsrecht bei Beitrags-erhöhungen mit einer Kündi-gungsfrist von zwei Monaten zum Monatsen-de		Kündigungs-recht im Falle der Selbststän-digkeit		
Versicherter Personenkreis	Pflichtversiche-rung für Arbeit-nehmer und Auszubildende. Bei dauerhaf-tem Überschrei-ten der Versi-cherungs-pflichtgrenze (1 Jahr) oder wenn das Ein-kommen von vornherein dauerhaft über der Versiche-rungspflicht-grenze liegt, ist eine freiwillige Mitgliedschaft möglich. Familienange-hörige sind über den Ar-beitnehmer beitragsfrei mitversichert.	Arbeitnehmer; Auszubildende; Selbstständige; Angehörige	Arbeitnehmer und Auszubil-dende; freiwilli-ge Mitglied-schaft möglich, z. B. für Selbst-ständige	Arbeitnehmer und Auszubil-dende	

Aufgabe VI-1

In der Gehaltsabrechnung finden Sie den Hinweis, dass Ihr Arbeitgeber eine monatliche vermögenswirksame Leistung in Höhe von 40,00 EUR zahlt. Welche Aussage trifft zu?

Die vermögenswirksamen Leistungen des Arbeitgebers sind

A   nicht sozialversicherungspflichtig, da es sich hierbei um eine soziale Leistung des Arbeitgebers handelt.

B   nicht sozialversicherungspflichtig, da die vermögenswirksamen Leistungen z. B. langfristig auf einem Bausparvertrag angelegt werden müssen.

C   nur steuerpflichtig, da die vermögenswirksamen Leistungen tarifvertraglich vereinbart sind.

D   sozialversicherungspflichtig, weil die vermögenswirksamen Leistungen Bestandteil des Bruttoeinkommens sind.

E   nicht sozialversicherungspflichtig, weil die vermögenswirksamen Leistungen zu den Sozialleistungen des Bundes gehören.

Aufgabe VI-2

Aufgrund einer Einkommenserhöhung steigt das jährliche Bruttoeinkommen eines Mitarbeiters der *Nordbank AG* dauerhaft über die Versicherungspflichtgrenze in der gesetzlichen Krankenversicherung. Wie wirkt sich dieser Sachverhalt auf den versicherten Arbeitnehmer aus?

A   In diesem Fall steigt auch der Beitrag für die gesetzliche Kranken- und Pflegeversicherung.

B   In diesem Fall erhöht sich auch der Beitrag der jeweiligen Krankenkasse, da für das Bruttoarbeitsentgelt die Beitragsbemessungsgrenze für die Krankenversicherung entfällt.

C   In diesem Fall kann der versicherte Arbeitnehmer zu einer privaten Krankenversicherung wechseln.

D   In diesem Fall erlischt automatisch die Mitgliedschaft des Arbeitnehmers in einer gesetzlichen Krankenkasse.

E   Diese Veränderung des Bruttoeinkommens hat keine Auswirkung auf die Beitragshöhe.

F   In diesem Fall entfällt der Arbeitgeberanteil zur gesetzlichen Krankenversicherung.

Aufgabe VI-3

Ordnen Sie die nachstehenden Sachverhalte den folgenden Zweigen der Sozialversicherung zu.

Sozialversicherungsträger

1   Arbeitslosenversicherung

2   Krankenversicherung

3   Pflegeversicherung

4   Rentenversicherung

5   Unfallversicherung

Aussagen

A Versicherte haben jedes zweite Jahr nach Vollendung des 35. Lebensjahres Anspruch auf eine ärztliche Gesundheitsuntersuchung zur Früherkennung von Herz-, Kreislauf- und Nierenerkrankungen.

B Bei Urlaub oder sonstiger Verhinderung einer Pflegeperson besteht Anspruch auf eine Pflegevertretung bis zu vier Wochen im Jahr.

C Witwen, die nicht wieder geheiratet haben, haben nach dem Tod des versicherten Ehemanns Anspruch auf kleine Witwenrente, wenn der Versicherte Ehegatte die allgemeine Wartezeit erfüllt hat.

D Arbeitnehmer haben Anspruch auf Kurzarbeitergeld, wenn ein erheblicher Arbeitsausfall mit Entgeltausfall vorliegt.

E Versicherte haben Anspruch auf Übernahme der Arztkosten, die durch einen Verkehrsunfall auf dem Weg zur Arbeit bedingt sind.

F Sofern ein Arbeitnehmer mit seinem Bruttogehalt die jeweils geltende Versicherungspflichtgrenze dauerhaft überschreitet, ist er nicht mehr pflichtversichert.

A	B	C	D	E	F

Aufgabe VI-4

Gehen Sie von folgenden Gesamtbeitragssätzen und Beitragsbemessungsgrenzen in der gesetzlichen Renten- und Krankenversicherung aus:

Versicherungsart	Beitragssatz	Beitragsbemessungsgrenze
Rentenversicherung	18,6 %	West: 7.050,00 EUR Ost: 6.750,00 EUR
Krankenversicherung	14,6 %	4.837,50 EUR

Bei der *Sparda-Bank* Hamburg eG werden die Beiträge für den Arbeitgeberanteil zur Sozialversicherung im Monat November 2022 ermittelt. Hierbei sind u. a. 13 Angestellte zu berücksichtigen, deren monatliches Bruttogehalt über der Beitragsbemessungsgrenze liegt.

a) Ermitteln Sie für diese 13 Angestellten die Gesamtsumme des Arbeitgeberbeitrags zur Rentenversicherung im Monat November.

b) Einer dieser Angestellten ist in einer Ersatzkasse krankenversichert. Wie hoch ist der von diesem Angestellten monatlich zu tragende Arbeitnehmerbeitrag zur Krankenversicherung? Die Ersatzkasse erhebt zurzeit einen Zusatzbeitrag von 0,5 %.

Aufgabe VI-5

Welche der folgenden Aussagen zur Versicherungspflicht in der Pflegeversicherung trifft für Arbeitnehmer zu, deren Arbeitslohn die Versicherungspflichtgrenze in der gesetzlichen Krankenversicherung dauerhaft übersteigt? Für diese Arbeitnehmer besteht ...

A keine Versicherungspflicht in einer Pflegeversicherung, sofern die Krankenversicherung einen entsprechenden Kapitalstock aufweist.

B nur eine Versicherungspflicht in der sozialen Pflegeversicherung.

C nur eine Versicherungspflicht in der privaten Pflegeversicherung.

D ein Wahlrecht zwischen privater und sozialer Pflegeversicherung.

E ein Recht auf Mitgliedschaft in einer privaten Pflegeversicherung, allerdings nur unter der Voraussetzung, dass ein Anspruch auf Kostenerstattung für allgemeine Krankenhausleistungen besteht.

Aufgabe VI-6

Ordnen Sie drei der insgesamt sechs Leistungen der gesetzlichen Sozialversicherung den Versicherungsträgern zu!

1 Altersruhegeld

2 Kostenübernahme für eine Heilbehandlung aufgrund einer Berufskrankheit

3 Leistungen zur Früherkennung von Krankheiten

4 Versorgung mit Arznei-, Heil- und Hilfsmitteln

5 Zuschüsse zum Umbau von Wohnungen aufgrund einer Pflegebedürftigkeit

6 Zahlung von Insolvenzgeld bei Zahlungsunfähigkeit des Arbeitgebers

Versicherungsträger

A Bundesagentur für Arbeit

B Berufsgenossenschaft

C Deutsche Rentenversicherung Bund

A	B	C

Aufgabe VI-7

Entscheiden Sie, ob sich die nachstehenden Aussagen auf die gesetzliche

1 Krankenversicherung   **4** Unfallversicherung

2 Rentenversicherung   **5** Pflegeversicherung

3 Arbeitslosenversicherung

beziehen. Tragen Sie eine 6 ein, wenn eine Zuordnung nicht möglich ist.

Aussagen

A Der Träger dieser Versicherung ist die Deutsche Rentenversicherung Bund.

B Den Beitrag zu dieser Versicherung hat der Arbeitgeber allein aufzubringen.

C Der Gesamtbeitragssatz zu dieser Versicherung beträgt zurzeit 2,4 % des Bruttoarbeitsentgelts.

D Auch bei dieser Versicherung wird wie bei der gesetzlichen Rentenversicherung für die Errechnung des Höchstbeitrags die Beitragsbemessungsgrenze für die Rentenversicherung zugrunde gelegt.

E Die Höhe des Beitrags zu dieser Versicherung richtet sich u. a. nach dem Alter der versicherten Personen.

F Der Beitragssatz für diese Versicherung beträgt einheitlich 14,6 % von der Bemessungsgrundlage. Die einzelne gesetzliche Krankenkasse kann zusätzlich zum Beitrag einen Zusatzbeitrag erheben.

A	B	C	D	E	F

Aufgabe VI-8

Bettina Lutz ist seit drei Jahren in einer Betriebskrankenkasse krankenversichert. Frau Lutz überlegt sich, die Krankenversicherung zu wechseln, um Mitglied in einer Krankenkasse mit besonders attraktiven Zusatzleistungen zu werden. Wie kann Frau Lutz ihre Krankenkasse wechseln?

A Frau Lutz kann die Krankenversicherung nur wechseln, wenn sie ihr Arbeitsverhältnis kündigt und einen neuen Arbeitsvertrag mit einem anderen Arbeitgeber abschließt.

B Frau Lutz kann jederzeit ohne Einhaltung einer Kündigungsfrist ihre Krankenversicherung wechseln.

C Frau Lutz kann ihre Krankenkasse wechseln, wenn sie ihre alte Krankenkasse kündigt und eine zweimonatige Kündigungsfrist zum Ablauf eines Kalendermonats einhält.

D Frau Lutz kann ihre alte Krankenkasse jederzeit unter Einhaltung einer dreimonatigen Kündigungsfrist kündigen.

E Frau Lutz kann eine Mitgliedschaft in einer gesetzlichen Krankenkasse nur kündigen, wenn sie mit ihrem Bruttoeinkommen dauerhaft über der Versicherungspflichtgrenze liegt.

Aufgabe VI-9

Auf dem direkten Weg zu seiner Arbeitsstelle kam der 54-jährige Mitarbeiter der *Nordbank AG* Frank Heesch mit seinem Pkw auf regennasser Fahrbahn ins Schleudern und prallte gegen eine Mauer. Ein Fremdverschulden lag nicht vor. Er verunglückte so schwer, dass er keiner Erwerbstätigkeit mehr nachgehen kann. Wer übernimmt die Rentenzahlung an Herrn Heesch bis zum Erreichen der beruflichen Altersrente?

A Die *Nordbank AG* als Arbeitgeber von Herrn Heesch

B Die Krankenversicherung des Herrn Heesch

C Die gesetzliche Pflegeversicherung von Herrn Heesch

D Die Deutsche Rentenversicherung Bund

E Die Verwaltungsberufsgenossenschaft

Aufgabe VI-10

Ordnen Sie die jeweiligen Sozialversicherungen den nachstehenden Aussagen zu den Beitragssätzen bzw. zur Beitragsbemessungsgrundlage der jeweiligen Sozialversicherung zu!

1 Pflegeversicherung

2 Gesetzliche Unfallversicherung

3 Gesetzliche Krankenversicherung

4 Rentenversicherung

5 Arbeitslosenversicherung

Aussagen

A Die Beiträge werden nach Ablauf des Kalenderjahres im Wege der Umlage festgesetzt.

B Die Bundesregierung setzt mit Zustimmung des Bundesrates den Beitragssatz für diese Sozialversicherung und deren Beitragsbemessungsgrenze fest. Die Beitragsbemessungsgrenze ändert sich zum 1. Januar eines jeden Jahres in dem Verhältnis, in dem die Bruttolohn- und -gehaltssumme je durchschnittlich beschäftigten Arbeitnehmer im vergangenen zur entsprechenden Bruttolohn- und -gehaltssumme im vorvergangenen Kalenderjahr steht. Der Beitragssatz und die Beitragsbemessungsgrenze beträgt für die alten Bundesländer für das Jahr 2022 18,6 % bzw. 84.600,00 EUR.

C Die Mitglieder dieser Sozialversicherung zahlen einen gesetzlich festgelegten Beitragssatz in Höhe von 14,6 % des Bruttoeinkommens, höchstens jedoch von der entsprechenden Beitragsbemessungsgrenze zuzüglich eines evtl. von der Krankenkasse erhobenen Zusatzbeitrags.

D Berechnungsgrundlagen für die Beiträge dieser Sozialversicherung sind der Finanzbedarf, die Arbeitsentgelte der Versicherten und die Gefahrklassen.

E Der Beitragssatz beträgt zurzeit bundeseinheitlich 3,05 vom Hundert der beitragspflichtigen Einnahmen der Mitglieder und wird durch Gesetz festgesetzt. Zusätzlich zum Beitragssatz zahlen Arbeitnehmer einen Zuschlag von 0,35 %, wenn sie kinderlos und über 23 Jahre alt sind.

F Die Beiträge werden nach einem Prozentsatz von der Beitragsbemessungsgrundlage erhoben und betragen zurzeit 2,4 %.

A	B	C	D	E	F

Aufgabe VI-11

Ordnen Sie den Sozialversicherungen die jeweiligen Träger zu! Träger:

1 Ersatzkassen

2 Pflegekassen

3 Deutsche Rentenversicherung Bund

4 Bundesagentur für Arbeit

5 Verwaltungsberufsgenossenschaften

Sozialversicherung

A Gesetzliche Rentenversicherung
B Gesetzliche Pflegeversicherung
C Gesetzliche Unfallversicherung
D Gesetzliche Krankenversicherung
E Arbeitslosenversicherung

A	B	C	D	E

Aufgabe VI-12

Michael Stegemann ist Anlageberater der *Norderstedter Bank eG*. Sein monatliches Bruttoeinkommen beträgt 2.331,49 EUR. Herr Stegemann ist 26 Jahre alt und kinderlos. Herr Stegemann ist bei der Barmer Ersatzkasse krankenversichert.

Sozialversicherung	Beitragssatz
Pflegeversicherung	3,05 % zuzüglich 0,35 % für Kinderlose ab 23 Jahre
Barmer Ersatzkasse	14,6 %
Rentenversicherung	18,6 %
Arbeitslosenversicherung	2,4 %

a) Wie hoch ist sein monatlicher Arbeitnehmeranteil zur Sozialversicherung?

b) Die *Norderstedter Bank eG* ist verpflichtet, den Gesamtsozialversicherungsbeitrag an die zuständige Einzugsstelle zu zahlen. Welche Aussage trifft für diesen Sachverhalt zu?

  A Die *Norderstedter Bank eG* hat die Sozialversicherungsbeiträge von Herrn Stegemann an die jeweiligen Träger der Sozialversicherung zu überweisen.

  B Die *Norderstedter Bank eG* hat den Gesamtsozialversicherungsbeitrag von Herrn Stegemann an die Barmer Ersatzkasse zu zahlen.

  C Die Sozialversicherungsbeiträge werden einmal jährlich von der *Norderstedter Bank eG* an die jeweiligen Träger der Sozialversicherung abgeführt.

  D Herr Stegemann ist verpflic

htet,
  seinen Arbeitnehmeranteil zur Sozialversicherung an die jeweiligen Träger der Sozialversicherung monatlich zu überweisen.

  E Die *Norderstedter Bank eG* ist verpflichtet, den Gesamtsozialversicherungsbeitrag gemeinsam mit der Lohnsteuer an das Finanzamt abzuführen.

Aufgabe VI-13

Der Mitarbeiter Uwe Paulsen des Bankhauses *Noris KG*, wohnhaft in Rostock, hat ein sozial-versicherungspflichtiges Entgelt von 4.937,67 EUR. Herr Paulsen ist Mitglied der DAK, die einen Beitragssatz von 14,6 % und einen Zuschlag von 0,9 % erhebt.

Beitragsbemessungs-grenzen per Monat	Renten-versicherung	Pflege-versicherung	Kranken-versicherung	Arbeitslosen-versicherung
Alte Bundesländer	7.050,00 EUR	4.837,50 EUR	4.837,50 EUR	7.050,00 EUR
Neue Bundesländer	6.750,00 EUR	4.837,50 EUR	4.837,50 EUR	6.750,00 EUR
Beitragssatz	18,6 %	3,05 % + 0,35 %	14,6 % + ggf. Zuschlag	2,4 %

Berechnen Sie gemäß Tabelle die von ihm zu tragenden Beiträge zur
a) Rentenversicherung.

b) Krankenversicherung.

Aufgabe VI-14

Ordnen Sie die Aussagen zur Aufbringung der Mittel für die einzelnen Sozialversicherungs-zweige den entsprechenden Sozialversicherungsträgern zu. Sozialversicherungsträger

1 Gesetzliche Krankenversicherung   4 Gesetzliche Unfallversicherung

2 Soziale Pflegeversicherung   5 Arbeitslosenversicherung

3 Gesetzliche Rentenversicherung

Aussagen

A Die Mittel dieses Sozialversicherungszweiges werden durch Beiträge der Versicherten Beschäftigten, der Arbeitgeber, durch staatliche Zuschüsse und durch sonstige Einnahmen aufgebracht.

B Die Finanzierung dieser Sozialversicherung wird durch Umlagen der Arbeitgeber allein aufgebracht und nach den Arbeitsentgelten der Versicherten und den Gefahrklassen sowie dem jährlichen Finanzbedarf berechnet.

C Die Leistungen dieser Sozialversicherung werden durch einen gesetzlich festgesetzten Beitrag in Höhe von 14,6 % vom jeweiligen Bruttoeinkommen des Versicherten, höchstens bis zur Beitragsbemessungsgrenze aufgebracht. Ein Zuschlag durch den Sozialversiche-rungsträger ist möglich.

D Der Beitragssatz beträgt zurzeit 3,05 % bzw. 3,40 % der beitragspflichtigen Einnahmen und wird gesetzlich festgelegt.

E Das Aufkommen dieser Sozialversicherung wird durch gemeinsame Beiträge von Arbeit-gebern und Arbeitnehmern bis zur Höhe der Beitragsbemessungsgrenze der Renten- und Arbeitslosenversicherung der Arbeiter und Angestellten aufgebracht. Der Beitragssatz be-trägt zurzeit 2,4 % der beitragspflichtigen Einnahmen.

A	B	C	D	E

Aufgabe VI-15

Welche Einnahmen der Kassiererin Petra Moriz sind krankenversicherungspflichtig? Petra Moriz ist bei der *Nordbank AG* beschäftigt.

A   Krankengeld infolge einer Arbeitsunfähigkeit

B   Bruttoarbeitsentgelt bis zu der Beitragsbemessungsgrenze der Krankenversicherung

C   Tarifvertraglich vereinbarte vermögenswirksame Leistungen des Kreditinstituts

D   Gezahltes Mutterschaftsgeld vor der Entbindung

E   Gezahltes Elterngeld während der beanspruchten Elternzeit

F   Zinserträge aufgrund eines Sparvertrages mit einem Kreditinstitut

G   Gezahltes Kindergeld

Aufgabe VI-16

Die Leistungen der nachstehenden Sozialversicherungen werden in der Regel durch

1   Beiträge der versicherungspflichtigen Arbeitnehmer allein

2   Beiträge der Arbeitgeber allein

3   Beiträge der Arbeitgeber, der versicherungspflichtigen Arbeitnehmer sowie staatliche Zuschüsse

4   Beiträge der Arbeitgeber sowie der versicherungspflichtigen Arbeitnehmer finanziert.

Ordnen Sie zu!

A   Gesetzliche Krankenversicherung

B   Soziale Pflegeversicherung

C   Arbeitslosenversicherung

D   Gesetzliche Unfallversicherung

E   Gesetzliche Rentenversicherung

A	B	C	D	E

Aufgabe VI-17

Frau Susanne Stockbauer ist Kundenberaterin der *Nordbank AG*. Frau Stockbauer ist 21 Jahre, kinderlos und hat seit Januar 2022 ein monatliches Bruttoeinkommen von 2.235,00 EUR. Die *Nordbank AG* zahlt im Dezember 2022 ein 13. Monatsgehalt als Weihnachtsgeld. Die *Nordbank AG* zahlt an ihre Mitarbeiter vermögenswirksame Leistungen von jährlich 420,00 EUR, die monatlich gezahlt werden. Frau Stockbauer ist in der DAK Hamburg pflichtversichert. Der Beitragssatz in der DAK Hamburg beträgt zurzeit 14,6 % zuzüglich eines Zuschlags von 0,9 %.

a)   Ermitteln Sie die gesamten Sozialversicherungsbeiträge, die die *Nordbank AG* im Oktober 2022 für diese Mitarbeiterin an die DAK Hamburg abführen muss.

b)   Im Dezember 2022 erhält Frau Stockbauer zusätzlich zu ihrem monatlichen Bruttoein-
     kommen das Weihnachtsgeld und die vermögenswirksamen Leistungen von der *Nord-
     bank AG* überwiesen. Welchen Beitragsanteil zur gesetzlichen Krankenversicherung
     muss Frau Stockbauer im Dezember 2022 tragen?

Aufgabe VI-18

Susanne Meyer (17 Jahre alt) ist Auszubildende der *Nordbank AG* und plant, sich mit Zustimmung ihrer Eltern in einer Ersatzkasse krankenversichern zu lassen. Kann ihrem Wunsch ent-
sprochen werden?

A   Nein, denn sie ist noch nicht volljährig.

B   Ja, weil sie in der Wahl der Krankenkasse frei ist.

C   Nein, denn ihre Ausbildungsvergütung liegt deutlich unter der Beitragsbemessungsgrenze
       der Krankenversicherung.

D   Ja, wenn die Beiträge nicht höher als die der gesetzlichen Krankenversicherung sind.

E   Nein, denn das Wahlrecht kann erst mit Beginn eines Arbeitsverhältnisses ausgeübt wer-
       den.

Aufgabe VI-19

Bei der *Nordbank AG* sind u. a. folgende Mitarbeiter beschäftigt:

- Frauke Exner, Kreditsachbearbeiterin, 43 Jahre, ledig, Bruttogehalt 3.200,00 EUR

- Klaus Wiesner, Abteilungsleiter, 36 Jahre, verheiratet, ein Kind, Bruttogehalt 4.900,00 EUR

Wichtige Grundlagen für die Berechnung der Sozialversicherungsbeiträge der Mitarbeiter sind
die Werte der folgenden Tabelle.

Sozialversicherung	Beitragsbemessungsgrenze	Beitragssätze
	(EUR/Monat)	in %
Rentenversicherung	7.050,00	18,6
Arbeitslosenversicherung	7.050,00	2,4
Krankenversicherung	4.837,50	14,6
Pflegeversicherung	4.837,50	3,05 + 0,35

Versicherungspflichtgrenze in der Kranken- und Pflegeversicherung: 5.362,50 EUR

a)   Ermitteln Sie den Beitrag zur Krankenversicherung, den Frau Exner zu tragen hat (Zu-
     schlagssatz 0,6 %).

b)   Ermitteln Sie die monatliche prozentuale Belastung, die Herr Wiesner als freiwillig Versi-
     cherter in der gesetzlichen Krankenversicherung (Zuschlagssatz 0,6 %) zu tragen hat
     (nach der 1. Stelle nach dem Komma runden!).

Aufgabe VI-20

Frau Schön, 38 Jahre alt, verheiratet, hat ihren 69-jährigen Vater bei sich aufgenommen, der seit einem halben Jahr im Rollstuhl sitzt. Sie hat ihre Halbtagsstelle aufgegeben, um sich um den Vater zu kümmern. Von welcher Versicherung erhält sie eine Entschädigung für die zu leistende Betreuung?

A   Von der gesetzlichen Unfallversicherung

B   Von der gesetzlichen Pflegeversicherung

C   Von der gesetzlichen Rentenversicherung

D   Von der gesetzlichen Krankenversicherung

E   Von der gesetzlichen Arbeitslosenversicherung

Aufgabe VI-21

Herr Jürgen Kuhn ist Mitarbeiter der *Nordbank AG* mit einem Jahresbruttoverdienst von 27.000,00 EUR. Im Schema seiner letzten Gehaltsabrechnung findet Herr Kuhn eine Unstimmigkeit. In welcher Zeile ist ein Fehler enthalten?

      Bruttogehalt

A   ./. Lohnsteuer

B   ./. Solidaritätszuschlag

C   ./. Gesetzliche Rentenversicherung

D   ./. Gesetzliche Unfallversicherung

E   ./. Gesetzliche Krankenversicherung

F   ./. Gesetzliche Pflegeversicherung

G   ./. Gesetzliche Arbeitslosenversicherung

      = Nettogehalt

Aufgabe VI-22

Jens Peters ist Kundenberater bei der *Nordbank AG* und bezieht ein regelmäßiges monatliches Bruttoarbeitsentgelt von 3.450,00 EUR. Im Vergleich zu 2021 sind die Beitragssätze zur Sozialversicherung im Jahr 2022 in zwei Sozialversicherungszweigen gestiegen. Außerdem wurden die Beitragsbemessungsgrenzen im Jahr 2022 erhöht. Das Bruttoarbeitsentgelt von Herrn Peters liegt weiterhin unter den Beitragsbemessungsgrenzen. Wie wirken sich diese Veränderungen auf das Nettogehalt von Herrn Peters in 2022 aus?

A   Herr Peters erhält auf Grund der gestiegenen Beitragssätze ein niedrigeres Nettogehalt, da die Beitragssätze 2022 in zwei Sozialversicherungszweigen gestiegen sind und sein Bruttogehalt sowohl 2021 als auch 2022 unter den Beitragsbemessungsgrenzen liegt.

B   Herr Peters erhält nur dann ein niedrigeres Nettogehalt, wenn sein Bruttogehalt über den neuen Beitragsbemessungsgrenzen liegen würde.

C   Herr Peters erhält ein höheres Nettogehalt, wenn mit dem Bruttogehalt auch die neuen Beitragsbemessungsgrenzen unterschritten werden.

D   Herr Peters erhält nur dann ein höheres Nettogehalt, wenn sein Bruttogehalt um den Anteil ansteigt, um den die Beitragsbemessungsgrenzen erhöht wurden.

E Herr Peters erhält ein niedrigeres Nettogehalt, wenn die gestiegenen Beitragsbemessungsgrenzen den gestiegenen Beitragssätzen in zwei Sozialversicherungszweigen überkompensieren.

Aufgabe VI-23

In welcher Zeile sind Träger und Leistung dem Sozialversicherungszweig richtig zugeordnet?

	Sozialversicherungszweig	Träger	Leistung
A	Rentenversicherung	Deutsche Rentenversicherung Bund	Betriebliche Altersvorsorge
B	Arbeitslosenversicherung	Bundesagentur für Arbeit	Insolvenzgeld
C	Krankenversicherung	Kassenärztliche Vereinigung	Mutterschaftsgeld
D	Pflegeversicherung	Sozialkasse	Hilfsmittel für Pflege
E	Unfallversicherung	Berufsgenossenschaft	Erwerbsminderungsrente

Situation zu den Aufgaben VI-24 und VI-25

Ihnen liegt die nachfolgende September-Gehaltsabrechnung der Prokuristin Frau Sophie Schneider vor:

Brutto-/Netto-Abrechnung für Monat September 2022 vom 07.09.2022

Pers.-Nr.	Name				Firma	
1127	Sophie Schneider				*Nordbank AG*	

Steuerklasse	Kinder	Konfession	Eingruppierung	Abteilung	Kostenstelle
III	0,0	1	05 C 09	41	44100

Lohnart	EUR-Betrag
Grundvergütung	3.131,16
Ortszuschlag	917,43
Tarifzulage	171,42
VL-Arbeitgeber	40,00
Summe der Bruttobeträge	**4.260,01**
Gesetzliche Abzüge	
Lohnsteuer – Arbeitnehmer	687,83
Kirchensteuer	55,03
Krankenversicherung – Arbeitnehmer	310,98
Pflegeversicherung – Arbeitnehmer	79,88
Rentenversicherung – Arbeitnehmer	396,18
Arbeitslosenversicherung – Arbeitnehmer	51,12
VL-Überweisung 1	40,00
Vorschuss-Verrechnung-Überweisung 2	400,00
EUR-Endbetrag	....

Aufgabe VI-24

Ermitteln Sie den Gutschriftsbetrag für Frau Schneider!

Aufgabe VI-25

Wieso wird in der Gehaltsabrechnung auf die Position „gesetzliche Unfallversicherung – Arbeitnehmer" verzichtet?

A Alle Arbeitnehmer-Beiträge werden nur zusammengefasst – einmal im Quartal – einbehalten.

B Hier liegt eindeutig ein Fehler im Abrechnungsschema vor: Die Aufnahme dieser Position wurde vergessen.

C Der Arbeitgeber trägt die Beiträge zur gesetzlichen Unfallversicherung alleine.

D Die Position bleibt bis zur eindeutigen gesetzlichen Klärung der Handhabung unberücksichtigt.

E Die Höhe der Beiträge zur Unfallversicherung wird erst am Ende des Jahres ermittelt und im Lohnsteuerjahresausgleich berücksichtigt.

Aufgabe VI-26

In welchen der unten stehenden Fälle ist

1 der Rentenversicherungsträger

2 der Krankenversicherungsträger

3 keiner der genannten Sozialversicherungsträger

zur Leistung verpflichtet?

A Herr Lange wird durch eine Krankheit zwei Wochen arbeitsunfähig.

B Frau Rupnik erleidet am Arbeitsplatz einen Herzinfarkt und muss im Krankenhaus behandelt werden.

C Joachim Schubert kommt auf dem Weg zur Arbeitsstelle mit seinem Pkw von der Straße ab. Er wird nicht verletzt, sein Auto hat jedoch einen Totalschaden.

D Frau Heßler geht in den tarifvertraglich geregelten Vorruhestand.

E Frau Bischoff, die sich seit einem Jahr für fast jeden Montag krank meldet, wurde gekündigt. Sie war nachweislich nicht arbeitsunfähig.

A	B	C	D	E

Aufgabe VI-27

In der *Nordbank AG* Hamburg werden 30 Mitarbeiter beschäftigt, deren Bruttoeinkommen über der Beitragsbemessungsgrenze in der Rentenversicherung liegt. Ermitteln Sie den monatlichen Beitrag für die Rentenversicherung und die Arbeitslosenversicherung für diese Mitarbeiter, die die *Nordbank AG* an die gesetzlichen Krankenkassen abführen muss.

Aktuelle Beitragssätze und Beitragsbemessungsgrenzen sowie Versicherungspflichtgrenze

Sozialversicherung	Krankenversicherung	Pflegeversicherung	Rentenversicherung	Arbeitslosenversicherung
Beitragssatz	14,6 %, Zuschlag 0,3 %	3,05 % zuzüglich 0,35 % für Arbeitnehmer ab 23 Jahre und kinderlos	18,6 %	2,4 %
Beitragsbemessungsgrenze monatlich/jährlich Westdeutschland	4.837,50 EUR/ 58.050,00 EUR	4.837,50 EUR/ 58.050,00 EUR	7.050,00 EUR/ 84.600,00 EUR	7.050,00 EUR/ 84.600,00 EUR
Beitragsbemessungsgrenze monatlich/jährlich Ostdeutschland	4.837,50 EUR/ 58.050,00 EUR	4.837,50 EUR/ 58.050,00 EUR	6.750,00 EUR/ 81.000,00 EUR	6.750,00 EUR/ 81.000,00 EUR
Versicherungspflichtgrenze monatlich/jährlich	5.362,50 EUR/ 64.350,00 EUR	-	-	-

a)   Beitrag für die Rentenversicherung

b)   Beitrag für die Arbeitslosenversicherung

Aufgabe VI-28

Einer dieser o. a. Mitarbeiter, Herr Kevin Dressler, ist 35 Jahre und noch kinderlos. Herr Dressler ist in der AOK Hamburg krankenversichert. Die AOK Hamburg erhebt zurzeit einen Zusatzbeitrag von 0,3 %.

a)   Ermitteln Sie seine monatlichen Beiträge für die AOK und die Pflegeversicherung.

b)   Ermitteln Sie den monatlichen Beitragsanteil für die Kranken-, Pflege-, Renten- und Arbeitslosenversicherung, den die *Nordbank AG* für diesen Mitarbeiter übernehmen muss.

Aufgabe VI-29

Herr Dressler möchte in Zukunft in der *Nordbank AG* einen Teilzeitarbeitsplatz übernehmen. Statt wie bisher 38,75 Stunden möchte Herr Dressler in Zukunft nur noch 23,25 Stunden wöchentlich arbeiten. Sein derzeitiges Bruttoeinkommen beträgt 7.300,00 EUR.

a)   Ermitteln Sie das neue monatliche Bruttoeinkommen für Herrn Dressler.

b)   Berechnen Sie die Sozialversicherungsbeiträge, die Herr Dressler in Zukunft aufgrund seines neuen Bruttoeinkommens monatlich tragen muss.

c)   Um wie viel Prozent hat sich der Krankenversicherungsbeitrag von Herrn Dressler im Vergleich zum alten Bruttoeinkommen verändert (auf zwei Stellen nach dem Komma runden!)?

Aufgabe VI-30

Hans-Georg Pauly (27 Jahre alt) ist Substitut bei einem Hamburger Supermarkt. Sein sozialversicherungspflichtiges Bruttoeinkommen des letzten Jahres beträgt 31.000 EUR. Herr Pauly ist verheiratet und möchte von Ihnen als Kundenberater(in) wissen, ob seine nicht berufstätige Frau Anspruch auf staatliche Zulage hat, wenn sie einen eigenen Altersvorsorgevertrag abschließt. Welche Aussage trifft zu?

A   Nein, da nur Erwerbstätige Anspruch auf eine staatliche Zulage haben.

B   Nein, da nur einer der Ehepartner Anspruch auf staatliche Zulagen hat.

C   Ja, wenn Herr Pauly einen Altersvorsorgevertrag abgeschlossen hat.

D   Ja, aber nur wenn Frau Pauly den jährlichen Mindesteigenbeitrag von 2.100 EUR leistet.

E   Ja, wenn Frau Pauly Kindererziehungszeiten nachweisen kann, die von der Deutschen Rentenversicherung Bund anerkannt werden.

Aufgabe VI-31

Susanne Kleeberg (25 Jahre alt, ledig, kinderlos) hatte im vergangenen Jahr ein sozialversicherungspflichtiges Jahresbruttoeinkommen von 22.500 EUR. Sie hatte im Januar diesen Jahres einen fondsgebundenen Altersvorsorgevertrag mit Ihrem Ausbildungsbetrieb abgeschlossen. Sie möchte von Ihnen wissen, welche staatliche Zulage sie in diesem Jahr im Zusammenhang mit ihrem Altersvorsorgevertrag maximal erhalten wird, wenn sie den vorgesehenen Mindesteigenbeitrag in diesem Jahr einzahlt.

A   Nur 175 EUR Grundzulage

B   175 EUR Grundzulage zuzüglich 185 EUR Kinderzulage

C   175 EUR Grundzulage zuzüglich 2.100 EUR Sonderausgabenabzug

D   20 % Arbeitnehmer-Sparzulage auf den Mindesteigenbeitrag in diesem Jahr

E   175 EUR Grundzulage zuzüglich einer evtl. Steuerersparnis, die sich im Rahmen einer Günstigerprüfung durch das Finanzamt ergeben kann.

Aufgabe VI-32

Bevor der Privatkunde Jens Knabe (27 Jahre alt) einen privaten Altersvorsorgevertrag abschließt, bittet er um Auskunft über die Folgen einer vorzeitigen Auflösung des Vertrags während der Ansparphase. Welche Aussage trifft zu?

A Während der Ansparphase kann ein staatlich geförderter Altersvorsorgevertrag nicht aufgelöst werden.

B Eine vorzeitige Auflösung eines Altersvorsorgevertrags während der Ansparphase ist nur in geregelten Ausnahmefällen möglich, z. B. wenn der Begünstigte völlig erwerbsunfähig werden sollte.

C Eine vorzeitige Auflösung des Altersvorsorgevertrags ist nur unter Einhaltung einer vorher vereinbarten Kündigungsfrist möglich.

D Eine vorzeitige Kündigung des Altersvorsorgevertrags ist nur unter Verlust bereits gewährter Zulagen und Steuerersparnisse möglich.

E Eine vorzeitige Verfügung über einen Altersvorsorgevertrag ist zwar nicht möglich, es können aber jederzeit im Falle von finanziellen Engpässen bis zu 10.000 EUR dem Vertrag entnommen werden, die bis zum Renteneintrittsalter aber wieder eingezahlt werden müssen.

Aufgabe VI-33

Die Auszubildende Jessica Nottebaum (19 Jahre alt, ledig) hatte im letzten Jahr eine Ausbildungsvergütung in Höhe von 5.000 EUR erhalten. Welchen Eigenbeitrag muss sie leisten, um die staatliche Zulage von 175 EUR für 2022 zu erhalten?

A 60 EUR

B 16,67 EUR

C 175 EUR

D Frau Nottebaum braucht keinen Eigenbeitrag zu leisten.

E Auszubildende gehören nicht zum geförderten Personenkreis für die staatliche Zulage.

Aufgabe VI-34

Simone Winter, 35 Jahre alt, verletzte sich während der Arbeit und war infolge des Unfalls vier Wochen arbeitsunfähig. Die zuständige gesetzliche Unfallversicherung lehnt die Anerkennung als Arbeitsunfall ab. Frau Winter klagt auf Aufhebung des Bescheids der Unfallversicherte und Anerkennung als Arbeitsunfall. Welches Gericht ist zuständig?

A Amts- bzw. Landgericht

B Arbeitsgericht

C Finanzgericht

D Sozialgericht

E Verwaltungsgericht

Aufgabe VI-35

Andreas Heuer hat bei der *Nordbank AG* seine zweijährige Ausbildung erfolgreich abgeschlossen. Da er nach seiner Ausbildung nicht weiterbeschäftigt wird, informiert er sich über das Arbeitslosengeld I. Prüfen Sie, welche Aussage zum Arbeitslosengeld I zutreffend ist!

A Zur Sicherung seines Anspruchs auf Arbeitslosengeld I muss sich Herr Heuer spätestens am ersten Tag nach Abschluss seiner Ausbildung persönlich bei der für ihn zuständigen Arbeitsagentur arbeitslos melden.

B Das Arbeitslosengeld I wird automatisch auch dann ausgezahlt, wenn Herr Heuer sich nicht persönlich bei der Arbeitsagentur meldet.

C Herr Heuer hat keinen Anspruch auf Arbeitslosengeld I, da er bisher nur in einem Ausbildungsverhältnis und nicht in einem Arbeitsverhältnis stand.

D Herr Heuer hat keinen Anspruch auf Arbeitslosengeld I, da Ausbildungsverträge nur befristet abgeschlossen werden.

E Das Arbeitslosengeld I wird Herrn Heuer nicht ausgezahlt, da er durch seine zweijährige Ausbildungszeit die Mindestbeitragsdauer von 36 Monaten noch nicht erreicht hat.

Aufgabe VI-36

Die Auszubildende Vanessa Schimmel erlitt an ihrem Ausbildungsplatz in der *Nordbank AG* einen Arbeitsunfall. Welcher Institution muss die *Nordbank AG* den Arbeitsunfall melden?

A der zuständigen Berufsgenossenschaft

B der Gewerkschaft

C der Industrie- und Handelskammer

D der Bundesagentur für Arbeit

E dem Betriebsarzt, der den Arbeitsunfall bearbeitet und an das Gewerbeaufsichtsamt meldet.

VII. Ökologie und Umwelt

Aufgabe VII-1

Sie sollen ökologisch sinnvolle Vorschläge unterbreiten, deren Ausgaben sich für Ihr Kreditinstitut kurzfristig amortisieren. Welche Maßnahme schlagen Sie vor?

A Die Verwendung von Solarzellen als Energielieferant für die Heizung

B Das Anbringen von Wärmedämmplatten an dem Geschäftsgebäude

C Den Einsatz umweltfreundlicher Reinigungsmittel, da dadurch die Abwasserbelastung sinkt.

D Den Einsatz von Energiesparlampen im Schalterbereich

E Die Anschaffung neuer Pkw für den Außendienst, da diese weniger Benzin benötigen.

Aufgabe VII-2

Die *Nordbank AG* will im Interesse des Umweltschutzes den Energie- und Materialverbrauch senken. Die Vorschläge sollen folgende Voraussetzungen erfüllen:

- Senkung des Energie- und/oder Materialverbrauchs,
- der technische Standard soll bestehen bleiben,
- keine Verlagerung des Verbrauchs.

Welcher Vorschlag erfüllt alle Voraussetzungen?

A Wechsel zu einem günstigeren Stromanbieter

B Druck der Rundschreiben in einer Druckerei

C Einbau von Klimageräten in allen Abteilungen und Zweigstellen, die bisher keine Klimaanlage haben.

D Reduzierung der Anzahl der PCs um 10 %

E Einbau von Dämmerungs- und Zeitschaltern bei der Schaufensterwerbung

Aufgabe VII-3

Das Umweltmanagement der *Nordbank AG* hat beschlossen, bei der Neuanschaffung von Büromaschinen verstärkt auf die Umweltverträglichkeit der Geräte zu achten. Welches wettbewerbsrechtlich geschützte und vom Bundesumweltministerium zugelassene Zeichen erfüllt das geforderte Kriterium der Umweltverträglichkeit?

A „Umweltfreundlich"

B „Blauer Engel"

C „Öko"

D „Bio"

E „Gerätesicherheit gemäß DIN VDE 0805"

© Springer Fachmedien Wiesbaden GmbH, ein Teil von Springer Nature 2022
W. Grundmann et al., *Wirtschafts- und Sozialkunde Teil 1*, Prüfungstraining für Bankkaufleute,
https://doi.org/10.1007/978-3-658-38087-8_7

Aufgabe VII-4

Sie haben festgestellt, dass der Papierverbrauch in Ihrem Ausbildungsbetrieb in den letzten Jahren erheblich gestiegen ist. Schlagen Sie drei geeignete Maßnahmen vor, mit denen in Ihrem Ausbildungsbetrieb der Papierverbrauch verringert werden kann!

A   Papierabfälle im Büro getrennt sammeln, Verunreinigungen vermeiden.

B   Mehr Informationen über Aushänge und Umläufe als über Kopien pro Mitarbeiter veröffentlichen.

C   Wenn Kopien erforderlich sind, doppelseitige Kopien anfertigen.

D   Recyclingpapier auch für externen Schriftverkehr verwenden.

E   Recyclingpapier nach DIN 827 (Blauer Engel) verwenden.

F   Einsatz eines EDV-Kommunikationssystems (z. B. Outlook) als Ersatz für Rundschreiben.

Aufgabe VII-5

In Ihrem Ausbildungsbetrieb soll Umweltschutz künftig groß geschrieben werden. Schlagen Sie drei geeignete Maßnahmen vor, mit denen Sie den Energie- und/oder Rohstoffverbrauch verringern können.

A   Drucker anschaffen, bei denen die Hersteller die Verwendung von Recyclingpapier gewährleisten.

B   Spiegelnde Bildschirme durch Umstellen der Geräte verhindern.

C   Neue Hardware nur bei Herstellern kaufen, die eine Rücknahme- und Recyclinggarantie geben.

D   Ergonomisch gestaltete und rutschfeste Tastaturen verwenden.

E   Nachfüllbare Druckerkartuschen verwenden.

F   Hochwertige, strahlungsarme, flimmerfreie und verstellbare große Bildschirme verwenden.

Aufgabe VII-6

Die Stadt Norderstedt hat sich zu einer Reduzierung ihres Emissionsausstoßes an Treibhausgasen verpflichtet. Welche Maßnahme der Stadt Norderstedt führt zu diesem Ziel.

A   Die Stadt Norderstedt erstellt jährlich eine Öko-Energiebilanz, deren Grundlage die Erfassung der klimarelevanten Gase in allen organisatorischen Einheiten ist.

B   Die Stadt Norderstedt kauft in Höhe ihres jährlichen Kohlendioxidausstoßes im grenzüberschreitenden EU-Emissionshandel an der Börse Emissionszertifikate, um so ihre Energiebilanz auszugleichen.

C   Die Stadt Norderstedt führt ein neues Scoringsystem ein, wonach eine neutrale Energiebilanz bei der Auftragsvergabe an Unternehmen positiv berücksichtigt wird.

D   Die Stadt Norderstedt verwendet künftig nur noch Strom und Wärme, die sie durch die Verbrennung von nicht vermeidbarem Müll in einer eigenen umweltfreundlichen Müllverbrennungsanlage rückgewinnt.

E   Die Stadt Norderstedt erlässt eine Anweisung, nach der ihre Beschäftigten bei Dienstreisen das preisgünstigste Verkehrsmittel nutzen müssen.

Aufgabe VII-7

In der Berufsschule sollen in Zukunft Abfälle getrennt nach Papier, Glas, Wertstoffe (Grüner Punkt) und Restmüll in unterschiedlichen Behältern entsorgt werden. Nach drei Monaten prüfen Sie, wie die Auszubildenden die getrennte Abfallentsorgung in der Berufsschule umsetzen. Bei Sichtung der Wertstoffbehälter wurden folgende Abfälle registriert. Welche beiden Abfälle gehören nicht in den Wertstoffbehälter?

A   Gebrauchte Plastiktüten

B   Eine verschlossene Flasche Apfelsaft mit abgelaufenem Verfallsdatum

C   Mehrschichtverpackungen für Getränke (z. B. Tetrapak)

D   Entleerte Plastik-Joghurtbecher

E   Entleerte Batterien aus Taschenrechnern

F   Entleerte Spülmittelflasche

Aufgabe VII-8

Das Recycling von Abfällen soll in der Toys Spielzeuge AG gefördert werden. Welche Handlung ist dem Recycling zuzuordnen!

A   Die Toys Spielzeuge AG richtet eine neue Produktlinie aus umweltfreundlichen Materialien für Kinderspielzeuge ein.

B   Die Toys Spielzeuge AG gibt ab sofort keine Plastiktragetaschen mehr an ihre Kunden aus.

C   Die Toys Spielzeuge AG reduziert durch den Einbau von Energiesparlampen in allen Filialmärkten den Energieverbrauch.

D   Die Toys Spielzeuge AG trennt die von ihren Kunden zurückgelassenen Plastik-, Pappe- und Papiermaterialien in unterschiedliche Behälter und lässt es für die Produktion neuer Plastik- und Papierprodukte aufbereiten.

E   Die Toys Spielzeuge AG wechselt zu einem Stromanbieter, der in eigenen Anlagen Strom aus erneuerbaren Energien erzeugt.

Aufgabe VII-9

Die Krones Getränkeautomaten AG kann aufgrund von Rationalisierungsmaßnahmen die Produktionskosten von Getränkeautomaten je Stück senken. Prüfen Sie, in welchem Fall bei der geplanten Rationalisierungsmaßnahme der Krones AG ein Zielkonflikt zwischen wirtschaftlichen und ökologischen Zielen vorliegt!

A   Die Kostensenkung wird durch den Austausch von energieintensiven und veralteten Getränkeautomaten durch energiesparende Automaten erreicht.

B   Die Kostensenkung basiert darauf, dass in der Produktgestaltung durch ein neues Design ausschließlich nachhaltige Materialien verwendet werden.

C   Die Kostensenkung basiert hauptsächlich darauf, dass künftig recycelbare Bauteile verwendet werden.

D   Die Kostensenkung basiert auf dem Kauf von preisgünstigen Bauteilen bei ausländischen Herstellern. Dafür werden auch längere Transportwege, die mit Diesel betriebenen Lkw zurückgelegt werden, in Kauf genommen.

E Die Kostensenkung basiert auf einer Neugestaltung und Vereinfachung der Verpackung beim Verkauf der Getränkeautomaten.

Aufgabe VII-10

Die Krones Getränkeautomaten AG stellt fest, dass ihre Firmenkunden, insbesondere Kantinen, Imbisse und Schnellrestaurants, zunehmend kritischer auf umweltschädigendes Verhalten von Produzenten reagieren. Aus diesem Grund soll durch geeignete Maßnahmen ein umweltfreundliches Image erreicht werden. Bei welcher Maßnahme entsteht ein Zielkonflikt zwischen wirtschaftlichen und ökologischen Interessen!

A Die Krones AG nimmt solarbetriebene und damit energiesparende Getränkeautomaten mit einer hohen Gewinnspanne in ihr Produktsortiment auf, da die Nachfrage der Firmenkunden nach diesen Getränkeautomaten gerade für Kantinen und Schnellrestaurants stark zunimmt.

B Die Krones AG arbeitet nur mit umweltzertifizierten Herstellern zusammen, deren Herstellungsprozesse nachweisbar nachhaltig sind. Die etwas höheren Stückkosten im Einkauf können durch eine gute Imagewirkung vollständig an die Firmenkunden weitergegeben werden.

C Da der Trend zu energiesparenden Getränkeautomaten geht, räumt die Krones AG ihre Lager mit energieintensiven Getränkeautomaten und verschrottet nicht verkaufte Getränkeautomaten der alten Bauart als Sondermüll. Die Vernichtung dieses Lagerbestandes wird als Verlust steuermindernd geltend gemacht.

D Die Krones AG stellt ihren gesamten Schriftverkehr auf Recyclingpapier um. Die Kosteneinsparung beträgt je 1000 Blatt Recyclingpapier 1,23 EUR.

E Die Krones AG optimiert für zum Verkauf stehende Getränkeautomaten die transportgerechte Verpackung. Sie verzichtet künftig auf Verpackungen mit hohem Anteil nicht wiederverwertbarer Materialien. Durch die geringere Menge Verpackungsmüll sollen pro Jahr ca. 50.000,00 EUR bei der Krones AG eingespart werden.

Aufgabe VII-11

Bei welchem der nachstehenden Maßnahmen handelt es sich um einen ökologisch sinnvollen Vorschlag, der sich kurzfristig für die *Nordbank AG* amortisiert?

A Eine Investition in Solarzellen als Energielieferant für die Heizungsanlage

B Die Montage von Wärmedämmplatten an dem Geschäftsgebäude

C Die Anschaffung neuer benzinsparender Pkw für den Außendienst

D Das Umstellen auf umweltfreundliche Reinigungsmittel, da dadurch die Abwasserbelastung sinkt.

E Der Austausch der alten Leuchtmittel durch Energiesparlampen im Schalterbereich

Aufgabe VII-12

In der *Nordbank AG* soll der Umweltschutz künftig gefördert werden. Mit welchen der nachstehenden Maßnahmen kann in der *Nordbank AG* der Energie- und/oder Rohstoffverbrauch verringert werden?

A   In der *Nordbank AG* sollen Drucker angeschafft werden, bei denen die Hersteller die Verwendung von Recyclingpapier gewährleisten.

B   In der *Nordbank AG* sollen spiegelnde Bildschirme durch örtliches Umstellen der Geräte verhindert werden.

C   Die *Nordbank AG* soll neue Hardware nur bei Herstellern kaufen, die eine Rücknahme- und Recyclinggarantie geben.

D   Die *Nordbank AG* soll ergonomisch gestaltete und rutschfeste Tastaturen verwenden.

E   Die *Nordbank AG* soll nachfüllbare Druckerkartuschen verwenden.

F   Die *Nordbank AG* soll hochwertige, strahlungsarme, flimmerfreie und verstellbare große Bildschirme verwenden.

Aufgabe VII-13

Ihnen liegt die Auswertung einer Befragung zum Umweltbewusstsein der Deutschen vor:

Von je 100 Befragten
- vermeiden 51 umweltschädliche Produkte.
- verzichten 54 auf aufwändig verpackte Produkte.
- wählen 74 Mehrweg- statt Einwegflaschen.
- achten 43 auf Umweltzeichen.
- bevorzugen 30 umweltfreundliche Produkte, obwohl teurer.
- spenden 13 Geld an Umweltorganisationen.

Welche richtige Folgerung können Sie daraus ableiten?

A   Im Rahmen des dualen Systems geben 54 % der Verbraucher aufwändige Verpackungen an den Handel zurück.

B   Die Mehrheit der Verbraucher bevorzugt umweltfreundliche Produkte, obwohl diese teurer sein können.

C   Die Bedeutung der Umweltzeichen (z. B. Blauer Engel) kennen 43 % der Verbraucher.

D   87 % der Verbraucher spenden nicht an Umweltorganisationen.

E   Von 100 Verbrauchern verwenden 26 Verbraucher Mehrwegflaschen.

Aufgabe VII-14

Die *Nordbank AG* will den Stromverbrauch, der durch die PCs an den einzelnen Arbeitsplätzen verursacht wird, reduzieren. Welche Maßnahme ist dazu geeignet und betrieblich sinnvoll?

A   Die einzelnen PCs werden auf eine niedrigere Taktfrequenz eingestellt.

B   Die PCs sind nach erledigter Arbeit sofort abzustellen.

C   Die Systemsteuerung des PCs wird so eingestellt, dass sich der Bildschirmschoner bei einer Arbeitspause von länger als 10 Minuten aktiviert.

D Die Systemsteuerung des PCs wird so eingestellt, dass sich der Standby-Betrieb des Bildschirms bei einer Arbeitspause von länger als 30 Minuten aktiviert.

E Die Systemsteuerung des PCs wird so eingestellt, dass der Kühlventilator nur während der Arbeitsphasen in Betrieb ist.

Aufgabe VII-15

Welcher Abfall gehört nicht in die Wertstoffbehälter?

A Leere Cola-Dosen

B Apfelsinenschalen

C Einkaufs-Plastiktüten

D Mehrschichtverpackungen für Getränke, z. B. Tetrapack

E Leere Plastik-Joghurtbecher

Aufgabe VII-16

Welches Symbol steht für ein Produkt, das umweltfreundlich hergestellt wird?

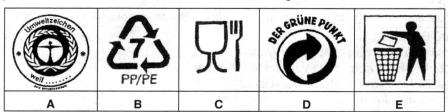

Aufgabe VII-17

Die Jugend- und Auszubildendenvertretung der *Nordbank AG* wurde beauftragt, geeignete Umweltmaßnahmen für die *Nordbank AG* zu entwickeln. Stellen Sie fest, welcher Vorschlag für den Umweltschutz keinen unmittelbaren Nutzen bringt.

A Nutzung des Dualen Systems bei der Müllsortierung

B Umstellung auf Energiesparlampen im gesamten Zweigstellennetz der *Nordbank AG*

C Austausch herkömmlicher Batterien gegen wiederaufladbare Akkus

D Einbau einer modernen computergesteuerten Heizungsanlage

E Beauftragung eines Kurierdienstes, um die Zweigstellen der *Nordbank* mit bankinterner Post zu versorgen.

Aufgabe VII-18

Die *Nordbank AG* will ihren Energieverbrauch verringern, um ihre Nachhaltigkeitsbilanz zu verbessern. Welche der folgenden Maßnahmen hat keinen positiven Einfluss auf den Energieverbrauch!

A Die Systemsteuerung wird so eingestellt, dass der Stand-by-Betrieb des Bildschirms früher als bisher aktiviert wird.

B Die *Nordbank AG* wechselt zu einem Energieanbieter von Ökostrom.

C In Räumen mit bisheriger Dauerbeleuchtung werden Bewegungsmelder eingebaut.

D Die Raumtemperatur wird abends ab 20:00 Uhr bis morgens um 06:00 Uhr um 3 Grad Celsius mehr als bisher in allen Räumen gesenkt

E Es werden Eco-Drucker gekauft, welche im Vergleich zu den alten Druckern einen deutlich verringerten Stromverbrauch aufweisen.

Aufgabe VII-19

In der Tageszeitung wurde heute die abgebildete Auswertung einer Befragung zum Umweltbewusstsein in der Bundesrepublik Deutschland veröffentlicht:

Von je 100 Befragten
• vermeiden 51 umweltschädliche Produkte.
• verzichten 54 auf aufwändig verpackte Produkte.
• wählen 74 Mehrweg- statt Einwegflaschen.
• achten 43 auf Umweltzeichen.
• bevorzugen 30 umweltfreundliche Produkte, obwohl diese teurer sind.
• spenden 13 Geld an Umweltorganisationen.

Welche Aussage zu dieser Befragung trifft zu?

A Von 100 Verbrauchern verwenden 26 Verbraucher Mehrwegflaschen.

B Im Rahmen des dualen Systems geben 54 % der Verbraucher aufwändige Verpackungen an den Handel zurück.

C Die Bedeutung der Umweltzeichen (z. B. Blauer Engel) kennen 57 % der Verbraucher.

D 87 % der Verbraucher spenden an Umweltorganisationen.

Aufgabe VII-20

Bei den PC-Arbeitsplätzen in der *Nordbank AG* soll der Energieverbrauch reduziert werden. Welche Aussage trifft zu?

A Die Systemsteuerung der PC wird so eingestellt, dass der Kühlventilator dauerhaft in Betrieb ist.

B Die PC sind abzustellen, wenn eine Arbeitsunterbrechung länger als fünf Minuten dauert.

C Die voll ausgelasteten PC werden auf eine niedrigere Taktfrequenz eingestellt.

D Die Systemsteuerung der PC wird so eingestellt, dass sich der Stand-by-Betrieb des Bildschirms bei einer längeren Arbeitspause aktiviert.

E Die Systemsteuerung der PCs wird so eingestellt, dass sich der Bildschirmschoner bei einer Arbeitspause von länger als zehn Sekunden aktiviert.

Aufgabe VII-21

Welche der folgenden Maßnahmen fällt in den Bereich des Recyclings?

A Beim Kauf neuer Firmenfahrzeuge soll auf ein geringeres Gewicht und somit geringeren Verbrauch geachtet werden.

B Bei der Auswahl der Lieferanten soll darauf geachtet werden, dass diese umweltfreundliche Produktionsmittel verwenden

C Um Umweltbelastungen durch Transport zu reduzieren, sollen vorwiegend ortsansässige Lieferanten genutzt werden.

D Im Unternehmen benötigtes Brauchwasser soll aus Abwasser gewonnen werden.

E Die Heizungsanlage soll jetzt auf Solarenergie umgestellt werden.

Aufgabe VII-22

Durch welche Vorgehensweise kann Abfall in der *Nordbank AG* vermieden werden!

A Sie entsorgen den Müll getrennt nach Bio, Altpapier, Glas und Plastik.

B Sie bringen leere Batterien zum Sondermüllcontainer.

C Die *Nordbank AG* bietet ihren Mitarbeitern an, die Getränke in der Kantine aus einem Glas anstatt aus einem Pappbecher zu trinken.

D Die *Nordbank AG* kauft Eco-Drucker, die im Vergleich zu den alten Druckern einen deutlich verringerten Stromverbrauch aufweisen.

E Die *Nordbank AG* senkt zentral in allen Räumen die Raumtemperatur um 0,5 Grad Celsius.

Aufgabe VII-23

Die im letzten Vierteljahr angefallenen defekten Leuchtstoffröhren sollen umweltgerecht entsorgt werden. Wie werden diese Leuchtstoffröhren umweltgerecht entsorgt?

A Die alten Leuchtstoffröhren werden im Glascontainer entsorgt.

B Die alten Leuchtstoffröhren werden in einem bruchsicheren Gefäß mit einem Hammer zerschlagen.

C Die alten Leuchtstoffröhren werden an eine Sammelstelle zur sachgerechten Entsorgung gegeben.

D Die alten Leuchtstoffröhren werden über den Sperrmüll entsorgt.

E Die alten Leuchtstoffröhren werden zerschlagen und sortiert und die Einzelteile anschließend getrennt verwertet.

VIII. Recht und Gerichtsbarkeit

Aufgabe VIII-1

Juristische Personen entstehen durch die Eintragung in ein öffentliches Register. Überprüfen Sie, welche Bezeichnung sich auf eine des privaten Rechts bezieht!

A Kreis- und Stadtsparkasse Erding-Dorfen

B Wohnungsgesellschaft Schaum mbH, Hamburg

C Rechtsanwaltskanzlei Brinkmann & Partner GbR

D Amtsgericht Norderstedt

E Handelskammer Hamburg

Aufgabe VIII-2

Entscheiden Sie, welche Situation dem öffentlichen Recht zuzuordnen ist!

A Die Stadt Norderstedt verklagt die Bauunternehmung Semmelhaack & Co. KG wegen akuter Baumängel an dem neuen Stadtmuseum.

B Im Rahmen einer Tarifauseinandersetzung mit der Vereinigten Dienstleistungsgewerkschaft ver.di reicht die Bundesvereinigung der Deutschen Arbeitgeber Klage ein.

C Die Auszubildende Britta Spitzfuß kauft bei der Heymann-Buchhandlung für den Berufsschulunterricht ein Lehrbuch.

D Aufgrund der Klage der Verbraucherzentrale wegen eines Gewährleistungsanspruchs wird der Online-Anbieter Videomarkt zu Schadenersatz verurteilt.

E Der Alleinerbe Hubertus Schrader legt gegen den Erbschaftsteuerbescheid Einspruch ein.

Aufgabe VIII-3

Die Rechtsgebiete in Deutschland werden in öffentliches Recht und privates Recht (Zivilrecht) eingeteilt. Welche der folgenden Sachverhalte sind dem öffentlichen Recht zuzuordnen?

A Die *Internet AG* erhebt Einspruch gegen den Gewerbesteuerbescheid der Stadt Norderstedt.

B Sebastian Fiebig setzt seine Ehefrau Jette Fiebig als Alleinerbin ein.

C Die *Nordbank AG* führt für die Stadt Norderstedt ein Kontokorrentkonto.

D Aufgrund gestiegener Pflegeversicherungsbeiträge entstehen bei der *Nordbank AG* höhere Zahlungen für die Sozialversicherung.

E Die Stadt Pinneberg verkauft der *Nordbank AG* ein Grundstück zum Bau einer neuen Hauptverwaltung.

F Aufgrund eines neu abgeschlossenen Tarifvertrags mit der Gewerkschaft ver.di erhöht die *Nordbank AG* ab dem nächsten Monat die Gehälter für ihre Beschäftigten um 3%.

© Springer Fachmedien Wiesbaden GmbH, ein Teil von Springer Nature 2022
W. Grundmann et al., *Wirtschafts- und Sozialkunde Teil 1*, Prüfungstraining für Bankkaufleute,
https://doi.org/10.1007/978-3-658-38087-8_8

Aufgabe VIII-4

Welches Rechtsmittel kann der Schuldner gegen einen Vollstreckungsbescheid einlegen?

A Gegen einen Vollstreckungsbescheid kann der Schuldner keinen Einspruch mehr einlegen.

B Gegen einen Vollstreckungsbescheid ist ein Widerspruch des Schuldners innerhalb von einem Monat nach Zustellung zulässig.

C Gegen einen Vollstreckungsbescheid kann innerhalb von 14 Tagen nach Zustellung ein Einspruch eingelegt werden.

D Gegen einen Vollstreckungsbescheid kann der Schuldner eine sofortige Beschwerde einlegen.

E Gegen einen Vollstreckungsbescheid kann der Schuldner beim zuständigen Landgericht Berufung einlegen.

Aufgabe VIII-5

Welche Gerichte sind in den folgenden Situationen zuständig? Ordnen Sie zu!

Situationen

A Der Arbeitgeberverband Nordmetall ist der Auffassung, dass ein von der IG Metall ausgerufener Warnstreik unrechtmäßig ist.

B Hauseigentümer Ulrich Pedak hat seinem Mieter Kronberg ein Mieterhöhungsschreiben zugesandt. Herr Kronberg akzeptiert die Mieterhöhung um 10 % (100 EUR) nicht und verweigert die Zahlung der erhöhten Miete. Herr Pedak will nun die Mieterhöhung einklagen.

C Herr Robert Kampel ist vor kurzem pensioniert worden. Mit dem Rentenbescheid, den er von der Deutsche Rentenversicherung Bund erhalten hat, ist er nicht einverstanden. Er ist der Meinung, dass er eine höhere Rente bekommen müsse.

D Frau Veronika Jakob hat vom zuständigen Finanzamt einen Steuerbescheid erhalten, gegen den sie Widerspruch eingelegt hat. Der Widerspruch wurde vom Finanzamt mit entsprechender Begründung abgelehnt. Frau Jakob möchte nun gerichtlich gegen den erhaltenen Steuerbescheid vorgehen.

E Die *Nordbank AG* hat dem Mitarbeiter Klaus Erbis aus betriebsbedingten Gründen gekündigt. Der Betriebsrat wurde rechtzeitig von der Kündigung informiert. Der Betriebsrat widerspricht der Kündigung fristgerecht mit der Begründung, dass die Kündigung sozial nicht gerechtfertigt sei. Herr Erbis möchte nun gegen seinen Arbeitgeber eine Kündigungsschutzklage einreichen.

F Familie Mertens besitzt ein unbebautes Grundstück. Das Grundstück soll nun mit einem Einfamilienhaus bebaut werden. Das zuständige Bauamt hat die Baugenehmigung nicht erteilt. Familie Mertens will sich nun gegen die Ablehnung des Bauantrags zur Wehr setzen.

Gerichte

1 Amtsgericht
2 Arbeitsgericht
3 Finanzgericht
4 Sozialgericht
5 Verwaltungsgericht

A	B	C	D	E	F

Aufgabe VIII-6

Welche Möglichkeiten hat die *Nordbank AG*, der ein vollstreckbarer Titel vorliegt, sofortige Befriedigung für ihren gekündigten Kredit zu erlangen?

A Die *Nordbank AG* kann einen Zwangsvollstreckungsauftrag an den zuständigen Gerichtsvollzieher erteilen.

B Die *Nordbank AG* kann beim Gerichtsvollzieher einen richterlichen Pfändungs- und Überweisungsbeschluss erwirken.

C Die *Nordbank AG* kann mit Hilfe des vollstreckbaren Titels einen Pfändungs- und Überweisungsbeschluss auch in der Berufungsinstanz erstreiten.

D Die *Nordbank AG* kann beim zuständigen Amtsgericht ein vorläufiges Zahlungsverbot beantragen.

E Der vollstreckbare Titel berechtigt die *Nordbank AG* nicht, eine sofortige Zwangsvollstreckung zur Befriedigung ihrer Kreditforderung zu erwirken.

Aufgabe VIII-7

Ordnen Sie den möglichen Beendigungen eines Zivilprozesses die entsprechenden Erklärungen zu!

Mögliche Beendigungen eines Zivilprozesses

A Streitiges Urteil

B Versäumnisurteil

C Verzichtsurteil

D Prozessvergleich

E Klagerücknahme

Erklärungen

1 Der Kläger nimmt seine Klage zurück und verzichtet auf seinen Anspruch. Der Beklagte stimmt unter der Voraussetzung zu, dass der Richter dies in einem Urteil festschreibt.

2 Der Beklagte hat die Klageabweisung beantragt. Dem festgesetzten Termin ist der Kläger unentschuldigt ferngeblieben.

3 Die Parteien einigen sich auf die Hälfte der Klageforderungen. Der Beklagte verpflichtet sich, an den Kläger den hälftigen Betrag zuzüglich 9 % p. a. Zinsen hieraus seit … zu bezahlen.

4 Der Kläger nimmt die Klage vor Beginn der mündlichen Verhandlung zurück.

5 Das Gericht verkündet das Urteil an einem speziellen Verkündungstermin, spätestens 3 Wochen nach der letzten Verhandlung.

A	B	C	D	E

Aufgabe VIII-8

Welche Folgen hat ein fristgerechter Widerspruch des Schuldners Jürgen Bauer gegen einen Mahnbescheid?

A Gegen einen Mahnbescheid kann Herr Bauer keinen Widerspruch einlegen.

B In diesem Fall kann kein Vollstreckungsbescheid mehr ergehen. Der Gläubiger muss einen Antrag auf Durchführung eines streitigen Verfahrens vor dem zuständigen Gericht stellen.

C Es ergeht in diesem Fall ein Vergleichsurteil.

D Der Gläubiger muss in diesem Fall beim zuständigen Amtsgericht einen Vollstreckungsbescheid beantragen.

E Die Kosten des gesamten Gerichtsverfahrens erhöhen sich.

Aufgabe VIII-9

Die Rechtsgebiete in Deutschland werden in öffentliches Recht und privates Recht (Zivilrecht) eingeteilt. Ordnen Sie die folgenden Sachverhalte dem öffentlichen bzw. dem privaten Recht zu.

Rechtsgebiete

1 Öffentliches Recht

2 Privates Recht

Sachverhalte

A Ingrid Raabe setzt in ihrem Testament ihre Freundin Jutta Vierhaus als Testamentsvollstreckerin ein.

B Der Kreis Segeberg beantragt bei der *Nordbank AG* ein Kontokorrentkonto.

C Aufgrund gestiegener Pflegeversicherungsbeiträge entstehen bei der *Supermarkt AG* höhere Zahlungen für die Sozialversicherung.

D Der Landkreis Appen verkauft der *Energie AG* ein Grundstück zum Bau einer neuen Hauptverwaltung.

E Die *Touristik AG* erhebt Einspruch gegen den Umsatzsteuerbescheid des Finanzamtes in Kiel.

F Aufgrund eines neu abgeschlossenen Branchentarifvertrags erhöht die *Nordbank AG* ab dem nächsten Monat die Gehälter für ihre Beschäftigten um stufenweise 2,3 % und 1,4 %.

A	B	C	D	E	F

Aufgabe VIII-10

Die Gerichtsbarkeit in Deutschland gliedert sich in verschiedene Zweige, wobei sich die einzelnen Gerichte auf bestimmte Felder spezialisiert haben. Ordnen Sie den Gerichten die entsprechenden Situationen zu?

Gerichte

1 Arbeitsgericht

2 Finanzgericht

3 Sozialgericht

4 Amtsgericht

Situationen

A Sabine Schäfer, 32 Jahre, Mitarbeiterin der *Nordbank AG*, ist der Auffassung, dass ihr Gehalt geringer ist, als das ihres gleichaltrigen Kollegen Torben Endrich, der bei gleicher Qualifikation die gleiche Arbeit leistet, aber einen höheren Lohn erhält. Da die *Nordbank AG* das Gehalt nicht anpassen will, entscheidet sich Frau Möller zu einer Klage.

B Juliane Winkelmann, Mitarbeiterin der *Nordbank AG*, zog sich bei der Hausarbeit eine schwere Verletzung zu. Da ihre Krankenkasse nicht alle Arztkosten übernimmt, will Frau Weirich gegen die Krankenkasse Klage erheben.

C Die *Nordbank AG* will gegen ihren Kunden Sebastian Werner Klage erheben, da er seine Kontoüberziehung von 2.500,00 EUR trotz mehrfacher Mahnung nicht ausgleicht.

D Die *Nordbank AG* will nach erfolglosem Einspruch gegen den letzten Umsatzsteuerbescheid Klage erheben.

1	2	3	4

Aufgaben aus der Wirtschaftslehre

I. Rechtliche Grundlagen

Aufgabe I-1

Die 17-jährige Auszubildende der *Isar Bank-AG* Kathrin Gersthuber hat eine monatliche Ausbildungsvergütung von 925,00 EUR. Sie wünscht sich schon seit langem ein Mofa. Bei einem Händler schließt sie einen Kaufvertrag über eine Kaufsumme von 1.012,00 EUR. Die Summe soll in 24 Monatsraten zu 51,06 EUR erbracht werden. Welche Aussagen zu diesem Kauf treffen zu?

A Der Kaufvertrag ist rechtswirksam, da Frau Gersthuber über ihre Ausbildungsvergütung allein verfügen kann.

B Der Kaufvertrag ist schwebend unwirksam, weil ihre Eltern dem Kauf noch nicht zugestimmt haben.

C Der Kreditvertrag mit dem Händler ist erst dann rechtswirksam, wenn die Eltern und das Familiengericht zugestimmt haben.

D Da Frau Gersthuber beschränkt geschäftsfähig ist, kann sie stets Kaufverträge in dieser Höhe abschließen.

E Der Kaufvertrag ist nichtig, weil Frau Gersthuber beschränkt geschäftsfähig ist und der Kaufpreis völlig überteuert ist.

F Der Kaufvertrag ist in jedem Fall gültig, weil die Ausbildungsvergütung als mit Mitteln bewirkt gilt, die Frau Gersthuber zur freien Verfügung überlassen wurden.

Aufgabe I-2

Frau Julia Kröninger (Vorstandssekretärin bei der *Isar Bank-AG*) kauft am 22. Februar bei der *CompuTech GmbH* einen PC im Wert von 1.219,00 EUR. Der PC wird am 05. März desselben Jahres geliefert und im Arbeitszimmer von den Mitarbeitern der *CompuTech GmbH* aufgestellt und installiert. Beim Staubwischen stellt sie am 27. März fest, dass das Gehäuse des Monitors einen kleinen Sprung aufweist, der erst jetzt für sie deutlich sichtbar wurde. Ganz offensichtlich wurde dieser Sprung durch das unvorsichtige Aufstellen des Monitors hervorgerufen. Am 31. August desselben Jahres bemerkte Frau Kröninger, dass der Monitor einen Fehler (starkes Flimmern) aufweist. Daraufhin prüft sie die Rechnung der Firma *CompuTech GmbH*. Auf der Rückseite der Rechnung sieht sie die Allgemeinen Geschäftsbedingungen der *CompuTech GmbH* aufgedruckt. Diese Allgemeinen Geschäftsbedingungen wurden auch in den Geschäftsräumen des Unternehmens ausgehängt. Darin liest sie unter dem Punkt „Gewährleistung" Folgendes:

Auszug aus den AGB der *CompuTech GmbH*
Der Käufer kann als Gewährleistung grundsätzlich zunächst nur Nacherfüllung verlangen. Der Verkäufer kann statt nachzubessern eine Ersatzsache liefern. Der Käufer kann Rücktritt vom Kaufvertrag oder Herabsetzung des Preises (Minderung) verlangen, wenn die Nachbesserung fehlschlägt. Die Gewährleistung erstreckt sich nicht auf solche Schäden, die beim Käufer durch die natürliche Abnutzung, Feuchtigkeit, starke Erwärmung der Räume, sonstige Tempe-

© Springer Fachmedien Wiesbaden GmbH, ein Teil von Springer Nature 2022
W. Grundmann et al., *Wirtschafts- und Sozialkunde Teil 1*, Prüfungstraining für Bankkaufleute,
https://doi.org/10.1007/978-3-658-38087-8_9

ratur- oder Witterungseinflüsse oder unsachgemäße Behandlung entstehen. Gewährleistungsansprüche verjähren nach zwei Jahren ab Übergabe. Gewährleistungsansprüche wegen offensichtlicher Mängel erlöschen, wenn sie der Käufer nicht binnen zwei Wochen seit der Übergabe schriftlich rügt.

Welche der folgenden Aussagen trifft zu? Frau Kröninger…

A …kann die Beseitigung des Fehlers an der Außenseite des Monitors verlangen, da es sich um einen arglistig verschwiegenen Fehler handelt.

B … hätte den Sprung am Monitor innerhalb von vier Wochen nach Übergabe der Ware rügen müssen, damit sie ihre Gewährleistungsansprüche behält.

C … hat am 31. August keine Gewährleistungsansprüche mehr gegenüber der *CompuTech GmbH*, da die Gewährleistungsfrist bereits abgelaufen ist.

D … muss sich mit der Nacherfüllung zufrieden geben.

E … kann, da die AGB nicht wirksam in den Kaufvertrag einbezogen wurden, unmittelbar vom Kaufvertrag zurücktreten, wenn die Nacherfüllung beim Monitor nicht möglich ist.

Aufgabe I-3

Franziska Hofer kaufte am 05. August im Einrichtungsstudio *Modernes Wohnen* eine Einbauküche im Wert von 11.657,45 EUR. Der Verkäufer verlangte von Frau Hofer eine Anzahlung in Höhe von 3.500,00 EUR, die Lieferung erfolgte am 27. August. Am 28. August erhielt Frau Hofer die Rechnung über den vollen Rechnungsbetrag, den sie am 10. September auf das Konto der Firma *Modernes Wohnen* überwies. Die Gutschrift auf dem Konto des Unternehmens erfolgte am 12. September. Ein Eigentumsvorbehalt wurde nicht vereinbart. Wann ging das Eigentum an der Einbauküche auf Frau Hofer über?

A Frau Hofer wurde mit dem Leisten der Anzahlung in Höhe von 3.500,00 EUR Eigentümerin der Einbauküche.

B Frau Hofer wurde Eigentümerin der Einbauküche nach Eingang der Gutschrift auf dem Konto des Unternehmens *Modernes Wohnen* am 12. September.

C Frau Hofer wurde Eigentümerin der Einbauküche mit dem Tag des Vertragsabschlusses, also dem 05. August.

D Frau Hofer erlangte Eigentum an der Einbauküche am 27. August, da an diesem Tag die Lieferung der Ware an sie erfolgte.

E Frau Hofer wurde Eigentümerin der Einbauküche an dem Tag der Überweisung des Kaufpreises, also am 10. September.

Aufgabe I-4

Die 17-jährige Sophie Schäfer möchte eine Berufsausbildung zur Bankkauffrau bei der *Südbank AG* in München beginnen. Die Ausbildungsvergütung soll 1.025,00 EUR betragen. Welche Aussage zur Rechtswirksamkeit dieses Vertrages trifft zu?

A Das Rechtsgeschäft ist gültig, weil Sophie Schäfer durch diesen Vertrag einen erheblichen wirtschaftlichen Vorteil erlangt.

B Da Sophie Schäfer bereits beschränkt geschäftsfähig ist, genügt ihre Unterschrift unter den Ausbildungsvertrag.

C Zur Rechtswirksamkeit des Ausbildungsvertrages bei beschränkt Geschäftsfähigen bedarf es der Genehmigung des Familiengerichts.

D Der Berufsausbildungsvertrag ist schwebend unwirksam, weil dieses Rechtsgeschäft einen rechtlichen Nachteil mit sich bringt und die Zustimmung des gesetzlichen Vertreters fehlt.

E Das Rechtsgeschäft ist unwirksam, weil Berufsausbildungsverhältnisse nur von voll Geschäftsfähigen eingegangen werden können.

Aufgabe I-5

Für welches Rechtsgeschäft sieht der Gesetzgeber neben der Schriftform auch die notarielle Beurkundung vor?

A Kauf eines Lastkraftwagens für ein Unternehmen

B Antrag auf Eintragung eines Sportvereins im Vereinsregister

C Bürgschaftserklärung der Ehefrau für ihren Ehemann

D Vertrag über ein Dauerarbeitsverhältnis

E Vertrag über die verzinsliche Überlassung eines Geldbetrages zur späteren Rückzahlung

F Vertrag über den Erwerb eines Firmengrundstücks

Aufgabe I-6

Welches der nachstehenden Rechte ist ein dingliches Recht?

A Recht zur Nutzung einer Eigentumswohnung gegen Entgelt

B Anspruch auf Rückzahlung eines verzinslichen Anschaffungsdarlehens

C Eigentum an einem bebauten Grundstück

D Anspruch auf Zahlung eines von der Deutschen Bundesbank bestätigten Bundesbankschecks über 50.000,00 EUR

E Recht auf Inanspruchnahme des Bürgen im Falle der Zahlungsunfähigkeit des Hauptschuldners

Aufgabe I-7

Welche der folgenden Rechte sind dinglich gesichert?

A Recht auf Gebrauchsüberlassung an einem Pkw aufgrund eines Mietvertrages

B Anspruch auf Übereignung und Übergabe eines PC aufgrund eines Kaufvertrags

C Sicherung eines Anspruchs auf Rückzahlung eines Darlehens durch ein Pfandrecht an einem Wertpapierdepot

D Auszahlung eines Darlehens gegen Bestellung einer Grundschuld

E Anspruch des Kunden gegen ein Taxiunternehmen auf Beförderung

F Anspruch auf Nutzungsüberlassung eines Gabelstaplers aufgrund eines Leasingvertrages

Aufgabe I-8

Welche Aussage über „Besitz"' bzw. „Eigentum" ist richtig?

A   Bei der Eigentumsübertragung an Grundstücken sind in der Regel keine Formvorschriften zu beachten.

B   Eigentum ist die tatsächliche Herrschaft über eine Sache, Besitz die rechtliche Herrschaft über die Sache.

C   Der gutgläubige Käufer erwirbt das Eigentum an gestohlenen Gegenständen.

D   Mit der Einräumung des Besitzkonstituts erhält der Sicherungsnehmer zunächst nur die tatsächliche Herrschaft über eine Sache.

E   Die Eigentumsübertragung an beweglichen Sachen erfolgt in der Regel durch Einigung und Übergabe der Sache.

Aufgabe I-9

Es gibt gegenseitige und einseitig verpflichtende Verträge. Welche der folgenden Rechtsgeschäfte sind einseitig verpflichtende Verträge?

A   Kündigung

B   Bürgschaft

C   Leihe

D   Schenkung

E   Darlehen

F   Vollmacht

Aufgabe I-10

In welchen der nachfolgenden Fälle ist das Rechtsgeschäft

1   uneingeschränkt wirksam?

2   nichtig?

3   wirksam, aber anfechtbar?

4   schwebend unwirksam?

Fälle

A   Ein 16-jähriger Auszubildender möchte sein Girokonto bei der *Nordbank AG*, ohne seine Eltern zu informieren, um 120,00 EUR überziehen.

B   Der Kassierer der *Nordbank AG* verkauft einem Kunden versehentlich eine Silbergedenkmünze zum Preis von 24,90 EUR statt 124,90 EUR.

C   Eine unter Betreuung stehende Rentnerin erteilt der *Nordbank AG* den Auftrag, 10.000,00 EUR in BMW-Aktien anzulegen. Ein Einwilligungsvorbehalt besteht nicht.

D   Ein 17-jähriger Auszubildender kauft im Auftrag seines Ausbildungsbetriebes ein CD-Telefonbuch für Deutschland zum Preis von 30,00 EUR.

E   Der Angestellte Christoph Plate erklärt der *Nordbank AG* gegenüber in einem persönlichen Gespräch, für die Darlehensverbindlichkeiten seines Arbeitskollegen Burkard Blirke in Höhe von 20.000,00 EUR mit seinem Vermögen einzustehen.

F Ein Autohändler kauft auf einem Gebrauchtwagenmarkt einen Pkw vom Eigentümer per Handschlag.

G Die *Nordbank AG* hat einen Kundenberater eingestellt, bei dem sich im Nachhinein herausstellt, dass die Gesamtnote in seinem Zeugnis zum Sparkassenfachwirt gefälscht ist.

A	B	C	D	E	F	G

Aufgabe I-11

In welchem Fall ist ein Vertrag anfechtbar?

A Wenn der Vertrag gegen ein Gesetz verstößt.

B Wenn der Vertrag nicht die vom Gesetz vorgeschriebene Form hat.

C Wenn der Vertrag gegen die guten Sitten verstößt (Wucher).

D Wenn der Vertrag durch Ausübung von Druck und Vorgabe von unangenehmen Konsequenzen erzwungen wurde.

E Wenn der Vertrag ein Scherzgeschäft ist.

Aufgabe I-12

Sie sind volljährig und nehmen mehrere Rechtsgeschäfte vor. In welchen zwei Fällen handelt es sich dabei um zweiseitige Rechtsgeschäfte?

A Sie kündigen den Mietvertrag Ihrer Wohnung. Der Empfang wird vom Vermieter schriftlich bestätigt.

B Sie treten innerhalb der Widerspruchsfrist von zwei Wochen vom Abonnement einer Fachzeitschrift zurück.

C Sie erstellen ein privatrechtliches Testament und setzen Ihre Eltern als Erben ein.

D Sie kündigen Ihren Ausbildungsvertrag fristgerecht beim ausbildenden Betrieb.

E Sie unterschreiben einen Darlehensvertrag bei der *Nordbank AG*.

F Sie kaufen einen Fahrschein an einem Fahrkartenautomaten.

Aufgabe I-13

Frau Adina Wiese, 68 Jahre alt, verheiratet mit Peter Wiese, will ein Testament errichten und ihre Nichte Susanne Klein als alleinige Erbin einsetzen. Wessen Willenserklärung ist für die rechtswirksame Erstellung des Testaments erforderlich?

A Nur die Willenserklärung von Frau Adina Wiese

B Nur die Willenserklärungen von Frau Adina Wiese und Herrn Peter Wiese

C Die Willenserklärungen von Frau Adina Wiese, Herrn Peter Wiese und Frau Susanne Klein

D Nur die Willenserklärungen von Frau Adina Wiese und eines Notars

E Die Willenserklärungen von Frau Adina Wiese, Herrn Peter Wiese und eines Notars

F Die Willenserklärungen von Frau Adina Wiese, Frau Susanne Klein und eines Notars

Aufgabe I-14

Welche der nachfolgenden Aussagen beziehen sich auf Willenserklärungen voll geschäftsfähiger Personen?

A Sie sind nur rechtswirksam, wenn für die Erfüllung Mittel verwendet werden, die der Person zu diesem Zweck oder zur freien Verfügung gestellt wurden.

B Sie sind nur rechtswirksam, wenn sie durch die gesetzlichen Vertreter abgegeben werden.

C Sie sind rechtswirksam, auch wenn für die willenserklärende Person ein Betreuer bestellt ist, ein Einwilligungsvorbehalt besteht nicht.

D Sie bedürfen grundsätzlich der Zustimmung der gesetzlichen Vertreter.

E Sie sind ohne Einschränkungen rechtswirksam.

F Sie sind rechtswirksam, soweit sie lediglich einen rechtlichen Vorteil bringen.

Aufgabe I-15

Tobias Wolf bestellte am Sonntag, 22.05.2022, im Internet bei der Uhren-Junge GmbH eine neue Armbanduhr. Die Armbanduhr wurde am 24.05.2022 versandt und am 26.05.2022 an Herrn Wolf geliefert. Der Lieferung war die Rechnung mit dem Hinweis „Die Zahlung ist bis spätestens 14.06.2022 fällig" beigefügt. Herr Wolf vergaß bis heute, 22.061.2022, die Rechnung zu begleichen.

Wie ist die Rechtslage in diesem Zusammenhang!

A Aufgrund der fehlenden Zahlung ist zwischen Herrn Wolf und der Uhren-Junge GmbH kein Kaufvertrag zustande gekommen. Die Uhren- Hiebler GmbH hat als Verkäufer nur das Recht, von Herrn Melber die Rückgabe der Uhr zu verlangen.

B Da die gesetzliche Zahlungsfrist verstrichen ist, muss Herr Wolf nur dann Zahlung leisten, wenn ihm die Uhren-Junge GmbH eine angemessene Nachfrist setzt.

C Herr Wolf kam mit Ablauf des 14.06.2022 auch ohne zusätzliche Zahlungsaufforderung der Uhren-Junge GmbH in Verzug, da das Datum der Zahlung eindeutig bestimmt ist.

D Herr Wolf kommt erst 30 Tage nach Fälligkeit und Zugang der Rechnung in Zahlungsverzug, sofern vor Ende dieser Frist eine Mahnung der Uhren-Junge GmbH unterbleibt.

E Wenn im Kaufvertrag keine Vereinbarung über Verzugszinsen getroffen wurde, kann die Uhren-JungeHiebler GmbH Verzugszinsen bis maximal 15 % vom Rechnungsbetrag verlangen.

Aufgabe I-16

Das Möbelhaus *Junges Wohnen GmbH* beabsichtigt, ab Januar des kommenden Jahres neue Allgemeine Geschäftsbedingungen (AGB) einzuführen. Welche der folgenden Aussagen zu den Allgemeinen Geschäftsbedingungen sind zutreffend?

A Die inhaltliche Ausgestaltung der Allgemeinen Geschäftsbedingungen ist in den Vorschriften des Bürgerlichen Gesetzbuches (BGB) geregelt.

B Vertraglich vereinbarte Regelungen werden unwirksam, wenn einzelne Bestimmungen in den Allgemeinen Geschäftsbedingungen der GmbH unwirksam werden sollten,

C Regelungen in den Allgemeinen Geschäftsbedingungen sind auch dann unwirksam, wenn sie die Kunden der GmbH nur unwesentlich benachteiligen.

D Die Einführung von neuen Geschäftsbedingungen bedarf nicht der Zustimmung der örtlichen Industrie- und Handelskammer.

E Die Kunden der GmbH müssen vor dem Wirksamwerden der AGB auf die Existenz neuer Allgemeinen Geschäftsbedingungen hingewiesen werden.

F Die Möbelunternehmung *Junges Wohnen GmbH* ist aus Gleichbehandlungsgründen verpflichtet, Verträge mit ihren Kunden nur auf der Grundlage Allgemeiner Geschäftsbedingungen abzuschließen.

Aufgabe I-17

Welche Aussage zum Zustandekommen eines Kaufvertrages über einen Fernseher trifft zu?

A Bereits eine Postwurfsendung stellt einen Antrag auf den Abschluss eines Kaufvertrages dar.

B Der Fernseher in der Schaufensterauslage stellt einen Antrag auf Abschluss des Kaufvertrages dar.

C Der Kunde stellt den Fernseher vor der Kassiererin auf das Förderband. Diese tippt den Betrag von 179 EUR ein, womit der Kaufvertrag geschlossen ist.

D Der Kaufvertrag kommt zustande, wenn er zum Beispiel der Kassiererin die Geldscheine übergeben hat.

E Der Kaufvertrag kommt zustande, wenn der Kunde sich in seiner Wohnung überzeugt hat, dass das Gerät funktioniert.

Aufgabe I-18

In welchem der folgenden Fälle ist bereits zum dargestellten Zeitpunkt ein Kaufvertrag zustande gekommen?

A Die Firma Software *GmbH* bestellt bei der Büroausstattung *Luetjohann KG* 50 Schreibtische. Die *Luetjohann KG* liefert die bestellten Schreibtische ohne vorherige Auftragsbestätigung aus.

B Die *UKA Küchenmöbel KG* erhält ein Angebot über Kühlschränke zum Preis von 450,00 EUR je Stück bei einer Mindestabnahmemenge von 50 Stück. Es werden 25 Stück zum Angebotspreis von 450,00 EUR bestellt.

C Das Fischgeschäft *Seezunge* bestellt aufgrund einer Hauswurfsendung zehn Musik-CDs als Weihnachtsgeschenke für die Mitarbeiter.

D Das Steuerberatungsbüro Hansen bestellt aufgrund einer Zeitungsannonce in einer Fachzeitschrift 50 Aktenordner zum Angebotspreis von 2,68 EUR je Stück.

E Die Frank *Audiodata GmbH* erhält ein Angebot über Papierhandtücher. Das Angebot ist bis zum 03. Februar gültig. Am 04. Februar werden zwei Kartons Papierhandtücher zum Angebotspreis bestellt.

Aufgabe I-19

Tobias Heuer wurde am 20. März 2002 geboren. Geben Sie jeweils das Datum an, ab dem Tobias rechtsfähig wurde und ab dem er beschränkt geschäftsfähig wurde!

☐☐ . ☐☐ . ☐☐☐☐   ☐☐ . ☐☐ . ☐☐☐☐

Aufgabe I-20

Die *Nordbank AG* bestellt aufgrund eines schriftlichen Angebots ein Beleglesegerät für 45.900,00 EUR. Im Angebot wurde dieses Gerät zu 49.500,00 EUR angeboten. Welche rechtliche Wirkung ergibt sich daraus?

A Die Bestellung ist schwebend unwirksam.

B Ein rechtsgültiger Kaufvertrag ist zustande gekommen.

C Der Lieferer liefert das Gerät aus, und die *Nordbank AG* ist verpflichtet, 49.500,00 EUR zu zahlen.

D Die Bestellung ist ein neuer Antrag zum Abschluss eines Kaufvertrages.

E Der Lieferer ist verpflichtet, das Gerät zum Preis von 45.900,00 EUR zu liefern, da die *Nordbank AG* entsprechend des Angebotes des Lieferers bestellt.

☐

Aufgabe I-21

Welches Rechtsgeschäft ist ein zweiseitiger Handelskauf?

A Der Privatmann Kunze verkauft ein Grundstück an Privatmann Risse.

B Der Textilgroßhändler Kruse kauft Stoffballen von der Textilfabrik *UKA GmbH*.

C Der Lebensmittelhändler Nörmann verkauft Lebensmittel an den Privatmann Herrn Lohmann.

D Der Lebensmittelhändler Himmel kauft im Fotofachgeschäft eine digitale Kamera für seine Urlaubsreise.

E Der Apotheker Saß kauft ein neues Auto für die private Nutzung.

☐

Aufgabe I-22

Ein Privatkunde hat einen neuen Pkw zum Preis von 23.000 EUR gekauft und fährt damit nach Hause. Dabei stellt er fest, dass der Zigarettenanzünder nicht funktioniert. Welche der folgenden Aussagen zu den Gewährleistungsansprüchen trifft zu?

A Der Kunde hat wegen des Mangels nur einen Anspruch auf einen Preisnachlass.

B Der Kunde hat wegen dieses Mangels einen Anspruch auf die Lieferung eines neuen mangelfreien Fahrzeugs.

C Die Gewährleistungsansprüche des Kunden nach den Vorschriften des Verbrauchsgüterkaufs sind hier nicht anzuwenden.

D Der Kunde kann seine Gewährleistungsansprüche nur innerhalb von sechs Monaten nach Übergabe des Fahrzeuges geltend machen.

E Der Kunde kann in diesem Fall vom Verkäufer nur die Beseitigung des Mangels verlangen.

☐

Aufgabe I-23

Die 20-jährige Angestellte Veronika Bartels kauft in einem Kaufhaus einen Hosenanzug für 498,00 EUR. Allgemeine Geschäftsbedingungen werden nicht vereinbart. Zu Hause stellt sie fest, dass mehrere Nähte nicht sachgemäß verarbeitet sind. Da Frau Bartels am nächsten Tag für vier Wochen verreist, reklamiert sie die schlechte Verarbeitung erst nach ihrer Rückkehr. Welche der folgenden Aussagen zu diesem Sachverhalt sind richtig?

A   Die Gewährleistungsfrist bei mangelhafter Warenlieferung beträgt gemäß BGB zwei Jahre.

B   Frau Bartels kann lediglich das Recht auf Wandlung und auf Nachbesserung machen.

C   Sollte das Bekleidungshaus keinen gleichartigen Hosenanzug mehr vorrätig haben, hat Frau Bartels einen Schadensersatzanspruch.

D   Eine mangelhafte Ware, die zu einer Gewährleistung nach BGB führen kann, liegt bereits vor, wenn sich am Hosenanzug ein unerheblicher Fehler befindet.

E   Der Verkäufer kann verlangen, dass Frau Bartels den Anzug zur Nachbesserung dem Bekleidungshaus zur Verfügung stellt.

F   Frau Bartels kann das Recht auf Ersatzlieferung geltend machen.

Aufgabe I-24

Die Nordwind *GmbH* hatte am 3. März einen Fotokopierer von der Firma *Xerox GmbH* für 1.500,00 EUR gekauft und am selben Tag an die Spedition zur Auslieferung weitergeleitet. Die Lieferung erfolgte durch die Firma Hermes am 6. März, bezahlt wurde an diesem Tag mittels Scheck. Bestandteil des Kaufvertrags waren die Allgemeinen Geschäftsbedingungen, in denen ein Eigentumsvorbehalt enthalten war. Welche der Aussagen zum Eigentumsvorbehalt sind richtig?

A   Der Eigentumsvorbehalt liegt im Interesse der Firma *Xerox GmbH*, weil die Ware per Scheck bezahlt wird.

B   Der Eigentumsvorbehalt ist im gegenseitigen Interesse, denn er schützt Käufer und Verkäufer gleichermaßen.

C   Der Eigentumsvorbehalt sichert die Ansprüche der *Xerox GmbH* auf Herausgabe der Ware, wenn die Ware nicht vollständig bezahlt wird.

D   Ein Eigentumsvorbehalt lässt sich grundsätzlich nicht durch Allgemeine Geschäftsbedingungen vereinbaren.

E   Der unter Eigentumsvorbehalt gekaufte Fotokopierer kann bis zur endgültigen Bezahlung nicht von der Nordwind *GmbH* bilanziert werden.

F   Ohne Vereinbarung des Eigentumsvorbehalts wäre das Eigentum am 06. März auf die Nordwind GmbH übergegangen.

Aufgabe I-25

Die *Nordbank AG* ändert zum 01.03.2022 Teile ihrer Allgemeinen Geschäftsbedingungen (AGB).

Prüfen Sie, welcher Sachverhalt bei Einführung der neuen AGB zutreffend ist!

A   Erkennt ein Kunde die neuen AGB an, werden ab dem 01.03.2022 alle früheren individuellen Abreden rechtlich unwirksam, auch wenn sie die neuen AGB nicht betreffen.

B Selbst wenn nur einzelne Bestimmungen der neuen AGB den Kunden unwesentlich benachteiligen würden, sind die AGB der *Nordbank AG* in ihrem gesamten Umfang unwirksam.

C Die geänderten AGB der *Nordbank AG* werden wirksam, wenn die *Nordbank AG* ihre Kunden auf die Änderungen hinweist und diese den Änderungen innerhalb einer vorgegebenen Frist nicht widersprechen.

D Die *Nordbank AG* muss ihre Kunden über die geänderten AGB schriftlich mit einem Vorlauf von mindestens 4 Wochen informieren.

E Erkennt ein langjähriger Kunde der *Nordbank AG* die neuen AGB an, gelten diese nur für Verträge, die nach dem 01.03.2022 abgeschlossen werden.

Aufgabe I-26

Ordnen Sie die jeweiligen Formen der Eigentumsübertragungen den Fällen zu!

Formen der Eigentumsübertragung

1 Einigung und Übergabe

2 Bloße Einigung

3 Einigung und Vereinbarung eines konkreten Besitzkonstituts

4 Einigung und Abtretung des Herausgabeanspruchs

Fälle

A Verkauf von Waren, die bei einem Lagerhalter eingelagert sind.

B Verkauf von Waren, die der Verkäufer dem Käufer zur Ansicht überlassen hatte.

C Verkauf einer Goldmünze am Bankschalter.

D Verkauf eines Fahrrads, das der Käufer schon vorher in Besitz genommen hatte.

A	B	C	D

Situation für die Aufgaben I-27 bis I-29

In der *Norddeutschen Zeitung* vom 06. Mai wird folgende Anzeige der *Atelco GmbH* veröffentlicht:

Diese Woche im Angebot:
MP3-Player D 221 der Marke Sanyo
zum sagenhaften Preis von 98,00 EUR

Herr Sebastian Blum (23 Jahre alt) geht am gleichen Tag zur *Atelco GmbH*. Er nimmt einen MP3-Player D 221 aus dem Regal und geht damit zur Kasse. Die Kassiererin nimmt den MP3-Player, scannt ihn in das EDV-System ein und gibt ihn Herrn Blum zurück. Herr Blum zahlt den geforderten Kaufpreis per Bankkarte im SEPA Lastschriftverfahren (S). Er nimmt das Gerät direkt mit nach Hause. Allgemeine Geschäftsbedingungen sind nicht vereinbart.

Aufgabe I-27

Welche der folgenden Aussagen über das Zustandekommen des Kaufvertrags sind richtig?

A Die Zeitungsanzeige stellt einen Antrag auf Abschluss eines Kaufvertrages dar.

B Der Kaufvertrag kommt zustande, wenn Herr Blum den MP3-Player aus dem Regal nimmt.

C Der Antrag auf Abschluss eines Kaufvertrages wird in diesem Fall von Herrn Blum gestellt.

D Die Auslage des MP3-Players im Regal stellt einen Antrag auf Abschluss eines Kaufvertrages Die Auslage des MP3-Players im Regal stellt einen Antrag auf Abschluss eines Kaufvertrages dar.

E Der Abschluss des Kaufvertrags kommt durch konkludentes Handeln an der Kasse auch ohne ausdrückliche Erklärung der Kassiererin zustande.

F Der Kaufvertrag kommt zustande, wenn Herr Blum nach dem Bezahlen mit dem MP3-Player die Räumlichkeiten der Firma *Atelco GmbH* verlässt.

Aufgabe I-28

Welche der folgenden Aussagen zur Eigentumsübertragung in diesem Fall ist richtig?

Die Eigentumsübertragung erfolgt, …

A indem Herr Blum den MP3-Player aus dem Selbstbedienungsregal nimmt.

B indem die Kassiererin den MP3-Player nach dem Einscannen an Herrn Blum zurückgibt.

C wenn Herr Blum zu Hause feststellt, dass der MP3-Player einwandfrei funktioniert.

D wenn der Kaufpreis vom Konto von Herrn Blum abgebucht wird.

E wenn Herr Blum der Kontobelastung nicht widersprochen hat.

Aufgabe I-29

Als Herr Blum zu Hause das Gerät anschließt, funktioniert es zunächst einwandfrei, nach drei Wochen nur noch mangelhaft. Er reklamiert daraufhin umgehend bei der *Atelco GmbH*. Welche der folgenden Aussagen zu Gewährleistungsansprüchen von Herrn Blum sind in diesem Fall richtig?

A Das Recht auf Beseitigung des Mangels hätte Herr Blum nur, wenn dies ausdrücklich vereinbart worden wäre.

B Die besonderen Gewährleistungsansprüche des Verbrauchsgüterkaufs greifen bei Elektrogeräten nicht.

C Wenn Herr Blum Gewährleistungsansprüche geltend machen will, muss er beweisen, dass er nicht den Mangel verursacht hat.

D Auch wenn der Mangel erst nach 18 Monaten aufgetreten wäre, hätte Herr Blum dennoch einen Gewährleistungsanspruch.

E Herr Blum kann von der *Atelco GmbH* vorrangig die Beseitigung des Mangels und nach fehlgeschlagener Mangelbeseitigung die Lieferung einer mangelfreien Sache verlangen.

F Herr Blum kann gleichrangig mit der Beseitigung des Mangels auch Minderung verlangen.

Aufgabe I-30

Der 16-jährige Schüler Arno Müller, der noch zu Hause bei seinen Eltern wohnt, hat am 24. Januar ohne Zustimmung seiner Eltern (gesetzliche Vertreter) eine Lederjacke bei *M & H* für 370,00 EUR gekauft. Seine Eltern waren zu dem Zeitpunkt im Skiurlaub im Zillertal. Der Verkäufer macht sich in der Hektik einer Räumungsaktion keine Gedanken um das Alter von Arno Müller, nimmt das Geld entgegen und gibt ihm die Lederjacke mit. Am 15. Februar kommen die Eltern aus dem Skiurlaub zurück, sind entsetzt über den Kauf der Lederjacke und verlangen von *M & H* die Rückabwicklung des Vertrages. Welche der folgenden Aussagen sind im Zusammenhang mit diesem Kaufvertrag richtig?

A Der Kaufvertrag ist rechtmäßig zustande gekommen, da es heute üblich ist, wenn sich Minderjährige selbstständig Kleidung kaufen.

B Die Eltern von Arno Müller hätten innerhalb von 14 Tagen den Kauf genehmigen müssen, damit der Kaufvertrag rechtswirksam geworden wäre.

C Der Kaufvertrag ist rechtswirksam zustande gekommen, da die Eltern nicht innerhalb von 14 Tagen bei *M & H* den Vertrag widerrufen haben.

D *M & H* hätte den Eltern von Arno Müller eine Frist setzen können, in der sie dem Vertragsabschluss hätten zustimmen können.

E Da die Lederjacke schon gewisse Gebrauchsspuren aufweist, ist die Rückabwicklung des Vertrages leider nicht mehr möglich.

F Die Eltern können die Lederjacke zurückbringen und von *M & H* den Kaufpreis zurückverlangen.

Aufgabe I-31

Ordnen Sie den nachstehenden Rechtsgeschäften die jeweils gesetzlich mindestens vorgeschriebene Form zu.

1 formfrei

2 Schriftform

3 öffentliche Beglaubigung

4 notarielle Beurkundung

5 Textform, z. B. per E-Mail

Rechtsgeschäfte

A Frau Freese kauft ihren neuen Geschirrspüler auf Raten.

B Herr Jürgen Grau zahlt sein neues Motorrad in bar.

C Der Landwirt Rainer Messner verkauft einen Acker an seinen Nachbarn per Handschlag.

D Martin Grube (19 Jahre alt) schließt mit der *Nordbank AG* einen Ausbildungsvertrag ab.

E Herr Georg Saxinger möchte ein öffentliches Testament aufsetzen.

F Frau Sybille Rose verspricht, dass sie ihrem Neffen zu seinem 18. Geburtstag 10.000,00 EUR schenken wird.

G Herr Sebastian Braun macht von seinem Widerrufsrecht Gebrauch und widerruft fristgerecht das mit der *Nordbank AG* vereinbarte Verbraucherdarlehen.

A	B	C	D	E	F	G

Aufgabe I-32

Welche der folgenden Aussagen zu den Vorschriften der Allgemeinen Geschäftsbedingungen (AGB) des Bürgerlichen Gesetzbuches (BGB) sind richtig?

A AGB werden nur dann Vertragsbestandteil, wenn der Vertragspartner in schriftlicher Form die AGB anerkennt.

B Werden AGB Vertragsbestandteil, so ist es dennoch möglich, individuelle Vereinbarungen zu treffen, die dann Vorrang vor den vereinbarten AGB haben.

C AGB werden nur dann Vertragsbestandteil, wenn der Verwender bei Vertragsabschluss der anderen Vertragspartei die Möglichkeit verschafft, in zumutbarer Weise von ihrem Inhalt Kenntnis zu nehmen, z. B. in Textform und der Kunde die AGB ausdrücklich akzeptiert.

D Sollte sich herausstellen, dass eine verwendete AGB-Klausel nichtig ist, so führt das regelmäßig dazu, dass auch die anderen AGB-Regelungen nicht mehr angewendet werden dürfen.

E Zweifel bei der Auslegung der AGB gehen nicht zu Lasten des Verwenders.

F AGB werden nur dann Vertragsbestandteil, wenn der Verwender dem Vertragspartner eine Ausfertigung der AGB aushändigt.

Aufgabe I-33

Die Fernabsatzverträge sind in § 312 BGB geregelt (siehe auch § 312 BGB im Infoteil). Auf welche der nachstehenden Fernabsatzverträge findet das Widerrufsrecht nach § 312 g BGB Anwendung?

A Über das Internet bestellt Jens Paulsen bei einem Versandhaus einen Wohnzimmerschrank. Er erhält eine schriftliche Auftragsbestätigung, der die Zahlungs- und Lieferbedingungen beigefügt sind.

B Volker Heinsohn beauftragt telefonisch die *RWE Energiedienstleistungs GmbH* über deren Call-Center, zukünftig die jährliche Wartung seiner Heizungsanlage zu übernehmen. Der Wartungsvertrag wird Herrn Heinsohn per Fax zugestellt.

C Manfred Heilmann ersteigert als Bieter im Rahmen einer öffentlichen Versteigerung ein E-Bike. Herr Heilmann hatte für das E-Bike 1.200,00 EUR geboten und den Zuschlag bekommen.

D Herr Fincke erteilt der *Nordbank AG* den telefonischen Auftrag, für ihn 50 *SAP*-Aktien zu erwerben. Der Auftrag wird brieflich bestätigt.

E Kevin Karger bestellt telefonisch bei der Print GmbH die aktuelle Ausgabe der Zeitschrift „Finanztreff", die er am 7. Juni per Post erhält.

F Daniela Zander bestellt ihre Lebensmittel regelmäßig per Fax bei einem Dienstleister, der einen Einkaufsservice anbietet. Die Waren werden von ihr abends mittels Chipkarte an einem Warenautomaten entnommen.

Info

312 g Widerrufsrecht

(1) Dem Verbraucher steht bei außerhalb von Geschäftsräumen geschlossenen Verträgen und bei Fernabsatzverträgen ein Widerrufsrecht gemäß § 355 zu.

(2)   Das Widerrufsrecht besteht, soweit die Parteien nichts anderes vereinbart haben, nicht bei folgenden Verträgen:

1. Verträge zur Lieferung von Waren, die nicht vorgefertigt sind und für deren Herstellung eine individuelle Auswahl oder Bestimmung durch den Verbraucher maßgeblich ist oder die eindeutig auf die persönlichen Bedürfnisse des Verbrauchers zugeschnitten sind,
2. Verträge zur Lieferung von Waren, die schnell verderben können oder deren Verfallsdatum schnell überschritten würde,
3. Verträge zur Lieferung versiegelter Waren, die aus Gründen des Gesundheitsschutzes oder der Hygiene nicht zur Rückgabe geeignet sind, wenn ihre Versiegelung nach der Lieferung entfernt wurde,
4. Verträge zur Lieferung von Waren, wenn diese nach der Lieferung auf Grund ihrer Beschaffenheit untrennbar mit anderen Gütern vermischt wurden,
5. Verträge zur Lieferung alkoholischer Getränke, deren Preis bei Vertragsschluss vereinbart wurde, die aber frühestens 30 Tage nach Vertragsschluss geliefert werden können und deren aktueller Wert von Schwankungen auf dem Markt abhängt, auf die der Unternehmer keinen Einfluss hat,
6. Verträge zur Lieferung von Ton- oder Videoaufnahmen oder Computersoftware in einer versiegelten Packung, wenn die Versiegelung nach der Lieferung entfernt wurde,
7. Verträge zur Lieferung von Zeitungen, Zeitschriften oder Illustrierten mit Ausnahme von Abonnement-Verträgen,
8. Verträge zur Lieferung von Waren oder zur Erbringung von Dienstleistungen, einschließlich Finanzdienstleistungen, deren Preis von Schwankungen auf dem Finanzmarkt abhängt, auf die der Unternehmer keinen Einfluss hat und die innerhalb der Widerrufsfrist auftreten können, insbesondere Dienstleistungen im Zusammenhang mit Aktien, mit Anteilen an offenen Investmentvermögen im Sinne von § 1 Absatz 4 des Kapitalanlagegesetzbuchs und mit anderen handelbaren Wertpapieren, Devisen, Derivaten oder Geldmarktinstrumenten,
9. Verträge zur Erbringung von Dienstleistungen in den Bereichen Beherbergung zu anderen Zwecken als zu Wohnzwecken, Beförderung von Waren, Kraftfahrzeugvermietung, Lieferung von Speisen und Getränken sowie zur Erbringung weiterer Dienstleistungen im Zusammenhang mit Freizeitbetätigungen, wenn der Vertrag für die Erbringung einen spezifischen Termin oder Zeitraum vorsieht,
10. Verträge, die im Rahmen einer Vermarktungsform geschlossen werden, bei der der Unternehmer Verbrauchern, die persönlich anwesend sind oder denen diese Möglichkeit gewährt wird, Waren oder Dienstleistungen anbietet, und zwar in einem vom Versteigerer durchgeführten, auf konkurrierenden Geboten basierenden transparenten Verfahren, bei dem der Bieter, der den Zuschlag erhalten hat, zum Erwerb der Waren oder Dienstleistungen verpflichtet ist (öffentlich zugängliche Versteigerung),
11. Verträge, bei denen der Verbraucher den Unternehmer ausdrücklich aufgefordert hat, ihn aufzusuchen, um dringende Reparatur- oder Instandhaltungsarbeiten vorzunehmen; dies gilt nicht hinsichtlich weiterer bei dem Besuch erbrachter Dienstleistungen, die der Verbraucher nicht ausdrücklich verlangt hat, oder hinsichtlich solcher bei dem Besuch gelieferter Waren, die bei der Instandhaltung oder Reparatur nicht unbedingt als Ersatzteile benötigt werden,
12. Verträge zur Erbringung von Wett- und Lotteriedienstleistungen, es sei denn, dass der Verbraucher seine Vertragserklärung telefonisch abgegeben hat oder der Vertrag außerhalb von Geschäftsräumen geschlossen wurde, und

13. notariell beurkundete Verträge; dies gilt für Fernabsatzverträge über Finanzdienstleistungen nur, wenn der Notar bestätigt, dass die Rechte des Verbrauchers aus § 312d Absatz 2 gewahrt sind.

(3) Das Widerrufsrecht besteht ferner nicht bei Verträgen, bei denen dem Verbraucher bereits auf Grund der §§ 495, 506 bis 513 ein Widerrufsrecht nach § 355 zusteht, und nicht bei außerhalb von Geschäftsräumen geschlossenen Verträgen, bei denen dem Verbraucher bereits nach § 305 Absatz 1 bis 6 des Kapitalanlagegesetzbuchs ein Widerrufsrecht zusteht.

Situation für die Aufgaben I-34 und I-35

Am 16.01.dieses Jahres bestellt Herr Friedhelm Runge bei der Firma *Atelco GmbH* einen neuen 19-Zoll-Flachbildschirm. Der Bildschirm wird am 02.02.dieses Jahres vom Verkäufer geliefert. Beim Auspacken der Ware am gleichen Tag stellt Herr Runge fest, dass die Oberfläche des Bildschirms zerkratzt ist.

Aufgabe I-34

Innerhalb welcher Frist muss Herr Runge gemäß den gesetzlichen Vorschriften diesen Mangel der *Atelco GmbH* anzeigen?

A   Unverzüglich nach Entdeckung des Mangels

B   Unverzüglich nach Entdeckung des Mangels, jedoch innerhalb von zwei Wochen nach Anlieferung

C   Unverzüglich nach Entdeckung des Mangels, jedoch innerhalb von sechs Monaten nach Übergabe

D   Unverzüglich nach Entdeckung des Mangels, jedoch innerhalb von zwei Jahren nach Übergabe

E   Unverzüglich nach Entdeckung des Mangels, jedoch innerhalb von zwei Jahren nach Anlieferung, wobei die Frist zum 01.01.des darauffolgenden Jahres beginnt

Aufgabe I-35

In welcher der folgenden Aussagen sind die Gewährleistungsansprüche von Herrn Runge gegenüber der *Atelco GmbH* gemäß den gesetzlichen Regelungen richtig dargestellt?

Herr Runge …

A   kann ohne besondere Fristsetzung vom Kaufvertrag zurücktreten, wenn die *Atelco GmbH* die Nacherfüllung verweigert.

B   kann ohne Fristsetzung eine Minderung des Kaufpreises verlangen.

C   kann ohne Fristsetzung Schadensersatz verlangen.

D   hat nur dann einen Anspruch auf Nacherfüllung, wenn die *Atelco GmbH* ihre Garantieansprüche gegenüber dem Hersteller geltend machen kann.

E   kann nur dann vom Kaufvertrag zurücktreten, wenn drei Nachbesserungsversuche der *Atelco GmbH* fehlgeschlagen sind.

Aufgabe I-36

Die Auszubildende Veronika Eichmeier bestellt aus einem Verlagsprospekt, der ihr mit einer Bestellkarte vom Verlag zugeschickt wurde, das Fachbuch „Optionen und Futures" mit der Bestellnummer 8345. Versehentlich bestellt sie beim Verlag das Buch mit der Bestellnummer 8354 und erhält vom Verlag das Fachbuch „Ökonomie und Ökologie". Ihren Irrtum bemerkt Frau Eichmeier erst, als sie das Postpaket öffnet. Welche der folgenden Aussagen zu diesem Sachverhalt ist zutreffend?

A Mit der Zusendung des Verlagsprospekts hat der Verlag Frau Eichmeier ein verbindliches Angebot unterbreitet.

B Frau Eichmeier muss den Kaufpreis zahlen, da sie das Paket geöffnet hat und damit das Angebot angenommen hat.

C Bei diesem Sachverhalt handelt es sich um einen Motivirrtum. Frau Eichmeier kann das Buch zurückschicken und damit das Zustandekommen des Vertrags anfechten.

D Frau Eichmeier kann durch Rücksendung des Buches den Vertrag aufgrund ihres Erklärungsirrtums anfechten.

E Da es sich bei der Paketsendung um eine Falschlieferung handelt, ist der Vertrag zwischen Frau Eichmeier und dem Verlag von vornherein nichtig.

Aufgabe I-37

Nach den gesetzlichen Regelungen gelten verschiedene Formvorschriften für Rechtsgeschäfte. Stellen Sie fest, welche dieser Formvorschriften in den folgenden Situationen jeweils mindestens erforderlich ist.

1 Textform: Die Erklärung muss in einer Urkunde oder auf andere zur dauerhaften Wiedergabe in Schriftzeichen geeigneten Weise abgegeben werden. Die Person des Erklärenden muss genannt und der Abschluss der Erklärung muss durch Abbildung der Namensunterschrift oder anders erkennbar gemacht werden (vgl. § 126 b BGB).

2 Schriftform: Die Urkunde muss von dem Aussteller eigenhändig durch Namensunterschrift oder mittels notariell beglaubigten Handzeichens unterzeichnet werden (§ 126 BGB).

3 Öffentliche Beglaubigung: Die Erklärung muss schriftlich abgefasst und die Unterschrift des Erklärenden muss von einem Notar beglaubigt werden (§ 239 BGB).

4 Notarielle Beurkundung: Der Antrag und die Annahme des Antrags müssen von einem Notar beurkundet werden (§ 128 BGB).

5 Nach den gesetzlichen Regelungen ist keine Formvorschrift vorgesehen.

Situationen

A Zur Besicherung eines Bauspardarlehens schließt die *Nordbank AG* mit ihrem Kunden Dieter John einen Vertrag zur Bestellung einer Grundschuld mit Zwangsvollstreckungsklausel zu Lasten des Grundstücks von Herrn John.

B Die *Nordbank AG* beantragt beim zuständigen Amtsgericht die Grundbucheintragung der zu Lasten des Grundstücks von Herrn John bestellten Grundschuld.

C Herr John bewilligt die Grundbucheintragung zu Gunsten der *Nordbank AG*.

D Der Privatkunde Ferdinand Jäger (38 Jahre alt) widerruft fristgerecht seine Willenserklärung, die er im Zusammenhang mit der Annahme eines Verbraucherdarlehens gegenüber der *Nordbank AG* abgegeben hat.

E Herr Sebastian Krug übernimmt zur Besicherung eines Kredits an seine volljährige Tochter Gudrun Winkelmann eine Bürgschaft zugunsten der *Nordbank AG*.

A	B	C	D	E

Aufgabe I-38

Welche der nachstehenden Rechtsgeschäfte

1 können angefochten werden?
2 sind schwebend unwirksam?
3 sind nichtig?
4 können nicht zugeordnet werden?

Rechtsgeschäfte

A Der sechsjährige Lukas holt im Auftrag seines Vaters die Tageszeitung an einem nahe gelegenen Kiosk ab. Lukas Vater hat ihm das passende Geld mitgegeben.

B Der 15-jähriger Florian Biermann kauft von seinem Taschengeld für eine Party einen Kasten Bier und 20 Flaschen Alcopops.

C Die 25-jährige Birgit Buschmann kauft von einem Autohändler einen gebrauchten Golf. Der Verkäufer versichert ihr, dass der Wagen „unfallfrei" ist, obwohl der Golf in der firmeneigenen Werkstatt zuvor wegen eines Unfallschadens am Fahrgestell geschweißt worden war.

D Der Bankkunde Klaus Renne hatte zum Kurs von 120 EUR 100 Aktien der *Linde AG* erworben. Er hatte einen Aktienkurs von 135 EUR nach 2 Monaten erwartet. Jetzt steht der Kurs der Linde-Aktie bei 96 EUR.

E Die Auszubildende Veronika Eichmeier hatte auf der Bestellkarte eines Verlages versehentlich eine falsche Bestellnummer angegeben. Statt wie vorgesehen das Buch „Optionen und Futures" mit der Bestellnummer 8345 erhält Frau Eichmeier das Fachbuch „Ökonomie und Ökologie" mit der Bestellnummer 8354.

F Die 17-jährige Auszubildende Vanessa Jansen bucht im Reisebüro *Alltours* ohne Einwilligung ihrer Eltern eine zweiwöchige Urlaubsreise nach Zypern.

A	B	C	D	E	F

Situation zu den Aufgaben I-39 bis I-41

Die *Nordbank AG* hat mit der *Bechtle AG* einen Kaufvertrag über 30 Flachbildschirme abgeschlossen. Die Lieferung der Flachbildschirme erfolgte termingerecht und die Flachbildschirme funktionieren einwandfrei.

Aufgabe I-39

Prüfen Sie, welche Art von Rechtsgeschäft abgeschlossen wurde.

A Ein zweiseitiges Rechtsgeschäft und gleichzeitig ein zweiseitiger Handelskauf

B Ein einseitiges empfangsbedürftiges Rechtsgeschäft

C Ein einseitiges nicht empfangsbedürftiges Rechtsgeschäft

D Ein Vertrag, der einseitig verpflichtend ist

E Ein zweiseitiges Rechtsgeschäft und gleichzeitig ein einseitiger Handelskauf

Aufgabe I-40

Zwei Wochen nach der Lieferung der Flachbildschirme bekommt die *Nordbank AG* vom Hersteller der Flachbildschirme, der *Audio AG*, mit der keine Geschäftsbeziehung besteht, unaufgefordert eine CD-ROM mit einer Spezialsoftware für die Flachbildschirme zugeschickt. Im Anschreiben heißt es: „Vier Wochen zur Ansicht, danach ist der Kaufpreis von 65,50 EUR sofort zahlbar." Welche Verpflichtung ergibt sich aus dieser Lieferung für die *Nordbank AG*?

A Sie muss die CD-ROM unverzüglich zurückschicken, wenn sie diese nicht nutzen möchte.

B Sie muss nichts unternehmen.

C Sie kann die Lieferung prüfen, muss sie aber innerhalb der angegebenen Frist zurücksenden.

D Sie muss ihre Absicht, das Vertragsangebot anzunehmen oder abzulehnen, in jedem Fall schriftlich erklären.

E Es wurde im Anschreiben ein Zahlungsziel von vier Wochen vereinbart, danach muss die Kaufpreiszahlung umgehend erfolgen.

Aufgabe I-41

Nach 30 Monaten stellt die *Nordbank AG* fest, dass bei drei der 30 Bildschirme die Bildqualität so stark nachgelassen hat, dass sie nicht mehr einsatzfähig sind. Welche Erfolg versprechende Möglichkeit hat die *Nordbank AG* gegenüber der *Bechtle AG*?

A Die *Nordbank AG* kann den Kaufvertrag rückgängig machen.

B Die *Nordbank AG* kann eine Herabsetzung des Kaufpreises verlangen.

C Die *Nordbank AG* kann Ersatz fordern.

D Die *Nordbank AG* kann Schadensersatz geltend machen.

E Die *Nordbank AG* kann einen kostenlosen Umtausch auf dem Kulanzwege von der *Bechtle AG* erbitten.

Aufgabe I-42

Herr Randolf Schmidt ist in einer finanziellen Notlage. Der Kreditvermittler, die *Inkassobank GmbH*, schließt mit Herrn Schmidt unter Ausnutzung seiner Notsituation einen Kreditvertrag zu 36 % Zinsen p. a. ab. Wie beurteilen Sie die Rechtslage?

A Das Rechtsgeschäft ist nichtig, da es gegen die guten Sitten verstößt.

B Das Rechtsgeschäft ist nichtig, da es gegen das gesetzliche Verbot der Ausbeutung verstößt.

C Das Rechtsgeschäft ist anfechtbar, da es widerrechtlich zustande gekommen ist.

D Das Rechtsgeschäft ist gültig, da Kreditvermittler ihre Zinssätze frei vereinbaren können.

E Das Rechtsgeschäft ist zunächst schwebend unwirksam, bis geprüft worden ist, ob dieser Zinssatz zulässig ist.

Aufgabe I-43

Prüfen Sie, bei welchem Vorgang es sich um ein zweiseitiges Rechtsgeschäft handelt.
A   Die Kundin Doris Schult kündigt ihr Girokonto.
B   Das Autohaus *Schnelle GmbH* eröffnet ein neues Girokonto.
C   Hans Sommer schreibt sein Testament, in dem er seine Nichte Vanessa Sommer als Alleinerbin einsetzt.
D   Herr Binding druckt sich seinen Kontoauszug am Kontoauszugsdrucker aus.
E   Die *Nordbank AG* mahnen bei der *Lumoprint GmbH* die ausstehende Lieferung von 5000 Briefumschlägen an.

Aufgabe I-44

Die *Nordbank AG* in Hamburg macht ihrem Kunden Sebastian Bechthold folgendes schriftliches Angebot:
2,75 % p. a. Zinsen für zwei Jahre fest, Mindestanlage 10.000 EUR
Der Brief wird am 15. Januar zur Post gegeben. Wie lange ist die *Nordbank AG* an dieses Angebot gebunden?
A   Das Angebot wird mit der Abgabe wirksam und bindet die *Nordbank AG* so lange, bis Herr Bechthold reagiert, längstens zwei Wochen.
B   Das Angebot ist hier als Werbung zu sehen und hat daher keine verpflichtende Bindungswirkung für die *Nordbank AG*.
C   Das Angebot muss von Herrn Bechthold innerhalb der gesetzlichen Frist angenommen werden. Diese beträgt laut AGB einen Monat. Anderenfalls verfällt die Bindungspflicht.
D   Das Angebot beinhaltet eine Mindestanlagesumme. Solche Klauseln machen das Angebot für die *Nordbank AG* unverbindlich.
E   Das Angebot ist so lange bindend, bis Herr Bechthold unter normalen Umständen reagieren kann. In diesem Fall ist dies ca. eine Woche.

Aufgabe I-45

Herr Franz Laake (38 Jahre alt) bestellt per Telefon am 05. Dezember bei der Firma *Lebkuchen-Schmidt* in Nürnberg das Festtagspaket, Preis 41,90 EUR. Das Paket soll portofrei an seinen Enkel Florian (8 Jahre alt) in München per Postpaket zugesandt werden. Welche Aussage zu diesem Fernabsatzvertrag ist richtig (siehe auch § 312 BGB Infoteil)?
A   Herr Laake hat nach den §§ 312 b und 355 BGB ein zweiwöchiges Widerrufsrecht und kann innerhalb dieser Frist von seinem telefonisch abgeschlossenen Vertrag zurücktreten.
B   Da der Empfänger des Pakets nicht Vertragspartei dieses Geschäfts ist, können nur die Eltern von Florian innerhalb der zweiwöchigen Frist von dem gesetzlichen Widerrufsrecht nach § 355 BGB Gebrauch machen.
C   Ein Widerrufsrecht ist bei diesem Fernabsatzvertrag nach § 312 BGB ausgeschlossen.
D   Nur mittels E-Mail und per Fax erteilte Kaufaufträge zählen zu den gesetzlich geschützten Fernabsatzverträgen.
E   Fernabsatzverträge beziehen sich nur auf Verträge, die von natürlichen Personen abgeschlossen werden.

Aufgabe I-46

Die Auszubildende Cindy May hat sich für 800 EUR ein Tourenrad gekauft. Als sie abends heimfahren will, stellt sie fest, dass die Lampe nicht funktioniert. Welche Aussage zu dem Gewährleistungsrecht trifft zu?

A   Sie hat einen Anspruch auf Rückgabe des Tourenrades und Rückübereignung der 800 EUR.

B   Sie hat in diesem Fall keine Gewährleistungsansprüche, da sie den geringen Fehler selbst beheben kann.

C   Frau May kann wählen, ob sie vom Vertrag zurücktritt oder die Beseitigung des Mangels verlangt.

D   Der Händler kann statt der von Frau May geforderten Nachbesserung Preisnachlass gewähren.

E   Die Auszubildende kann vom Kaufvertrag zurücktreten, wenn sie dem Händler das Rad zwei Mal erfolglos zur Reparatur gebracht hat.

Aufgabe I-47

Welche der folgenden Rechtsgeschäfte zählen zu den einseitig verpflichtenden Verträgen?

A   Durch den Kaufvertrag wird der Verkäufer einer Sache verpflichtet, dem Käufer die Sache zu übergeben und das Eigentum an der Sache zu verschaffen. Der Verkäufer hat dem Käufer die Sache frei von Sach- und Rechtsmängeln zu verschaffen. Der Käufer ist verpflichtet, dem Verkäufer den vereinbarten Kaufpreis zu zahlen und die gekaufte Sache abzunehmen.

B   Durch den Bürgschaftsvertrag verpflichtet sich der Bürge gegenüber dem Gläubiger eines Dritten, für die Erfüllung der Verbindlichkeit des Dritten einzustehen.

C   Wer durch öffentliche Bekanntmachung eine Belohnung für die Vornahme einer Handlung, insbesondere für die Herbeiführung eines Erfolges aussetzt, ist verpflichtet, die Belohnung demjenigen zu entrichten, welcher die Handlung vorgenommen hat, auch wenn dieser nicht mit Rücksicht auf die Auslobung gehandelt hat.

D   Durch den Leihvertrag wird der Verleiher einer Sache verpflichtet, dem Entleiher den Gebrauch der Sache unentgeltlich zu gestatten. Der Entleiher ist verpflichtet, die geliehene Sache nach dem Ablaufe der für die Leihe bestimmten Zeit zurückzugeben.

E   Durch den Sachdarlehensvertrag wird der Darlehensgeber verpflichtet, dem Darlehensnehmer eine vereinbarte vertretbare Sache zu überlassen. Der Darlehensnehmer ist zur Zahlung eines Darlehensentgelts und bei Fälligkeit zur Rückerstattung von Sachen gleicher Art, Güte und Menge verpflichtet.

F   Eine Zuwendung, durch die jemand aus seinem Vermögen einen anderen bereichert, ist Schenkung, wenn beide Teile darüber einig sind, dass die Zuwendung unentgeltlich erfolgt.

Aufgabe I-48

Bei welchen der nachfolgenden Rechtsgeschäfte handelt es sich um

1   ein einseitig empfangsbedürftiges Rechtsgeschäft?
2   ein einseitiges nicht empfangsbedürftiges Rechtsgeschäft?
3   ein mehrseitiges verpflichtendes Rechtsgeschäft?

Ordnen Sie zu!
A   Verbraucherdarlehen
B   Mietverhältnis
C   Errichtung eines Testaments
D   Kündigung eines Arbeitsverhältnisses
E   Widerruf eines Konsumentenkredits

A	B	C	D	E

Aufgabe I-49

Herr Benedikt Burgas (35 Jahre alt) hat mit der *Nordimmobilien AG* einen Kaufvertrag über den Erwerb einer Eigentumswohnung abgeschlossen. Der Verkauf wird vereinbarungsgemäß abgewickelt:

Abwicklung des Verkaufs

05. Februar	Abschluss eines Vorvertrags mit der Absichtserklärung beider Vertragspartner zur Veräußerung bzw. Kaufs der Eigentumswohnung
09. Februar 10:00 Uhr	Notarieller Abschluss des Kaufvertrages
09. Februar 10:30 Uhr	Auflassung
11. Februar	Eintragung einer Auflassungsvormerkung zu Gunsten von Herrn Burgas und erste Teilzahlung des Kaufpreises
16. Februar	Übergabe der Schlüssel an Herrn Burgas und Einzug der Familie Wirth in die neue Eigentumswohnung
13. März	Eintragung der Eigentumsübertragung im Grundbuch und zweite Teilzahlung des Kaufpreises
27. März	Eintragungsbestätigung des Notars und Aushändigung des neuesten Grundbuchauszuges
01. April	Restzahlung des Kaufpreises

a)   An welchem Tag hat Herr Burgas einen schuldrechtlichen Anspruch erworben (Uhrzeit angeben)?

☐☐ . ☐☐ . Datum

☐☐ : ☐☐ Uhrzeit

b)   An welchem Tag hat Herr Burgas das Eigentum an der Wohnung erworben?

☐☐ . ☐☐ .

c)   An welchem Tag geht die Haftung am Grundeigentum auf Herrn Burgas über?

☐☐ . ☐☐ .

Aufgabe I-50

Der 16-jährige Helge Schmidt hat sich von seinem Taschengeld, das er regelmäßig von seinen Eltern monatlich erhält, 250,00 EUR zusammengespart. An seinem 17. Geburtstag geht Helge Schmidt zum Fahrradhändler Hertel und kauft sich dort ein Fahrrad seiner Wahl zum Preis von 250,00 EUR. Welche Aussage zu dem Kaufvertrag trifft zu?

A   Der Vertrag ist nichtig, da Helge Schmidt mit diesem Vertrag einen rechtlichen Nachteil hat; Helge Schmidt muss nach § 433 BGB als Käufer dem Verkäufer das Fahrrad abnehmen und bezahlen.

B   Der Vertrag ist rechtswirksam, da Helge Schmidt das Fahrrad mit seinem Taschengeld bezahlt hat, das er von seinen Eltern erhalten hat.

C   Der Vertrag ist nichtig, da die Eltern von Helge Schmidt dem Vertrag seit Abschluss nicht innerhalb von 14 Tagen ausdrücklich zugestimmt haben.

D   Der Kaufvertrag ist schwebend unwirksam bis zur nachträglichen Genehmigung der gesetzlichen Vertreter.

E   Der Vertrag ist rechtswirksam, solange die Eltern als gesetzliche Vertreter die Zustimmung zum Vertrag nicht verweigern.

Aufgabe I-51

Die *Nordbank AG* erhält am 05.10.20.. die Lieferung der bestellten Drehstühle. Der Lieferung liegt eine Rechnung über 17.589,34 EUR bei mit der Zahlungsbedingung: „3 % Skonto auf den Warenwert innerhalb von sieben Tagen nach Rechnungseingang, sonst 30 Tage netto."
An welchem Tag (TT.MM.JJJJ) muss die *Nordbank AG* den Rechnungsbetrag spätestens begleichen, um nicht in Zahlungsverzug zu geraten?

Auszug aus dem BGB § 286, Verzug des Schuldners
(1) Leistet der Schuldner auf eine Mahnung des Gläubigers nicht, die nach dem Eintritt der Fälligkeit erfolgt, so kommt er durch die Mahnung in Verzug. Der Mahnung stehen die Erhebung der Klage auf die Leistung sowie die Zustellung eines Mahnbescheids im Mahnverfahren gleich.
(3) Der Schuldner einer Entgeltforderung kommt spätestens in Verzug, wenn er nicht innerhalb von 30 Tagen nach Fälligkeit und Zugang einer Rechnung oder gleichwertigen Zahlungsaufstellung leistet; dies gilt gegenüber einem Schuldner, der Verbraucher ist, nur, wenn auf diese Folgen in der Rechnung oder Zahlungsaufstellung besonders hingewiesen worden ist. Wenn der Zeitpunkt des Zugangs der Rechnung oder Zahlungsaufstellung unsicher ist, kommt der Schuldner, der nicht Verbraucher ist, spätestens 30 Tage nach Fälligkeit und Empfang der Gegenleistung in Verzug.

Aufgabe I-52

Der 16-jährige Serkan Subin hat von seinen Großeltern 200,00 EUR zum Geburtstag zur freien Verfügung geschenkt bekommen. Serkan kauft sich von diesem Geld alleine für 198,00 EUR ein Smartphone. Welche Aussage zur Wirksamkeit dieses Kaufvertrags trifft zu?
Der Kaufvertrag ist...

A   nichtig aufgrund der fehlenden Genehmigung des gesetzlichen Vertreters.

B   schwebend unwirksam bis zur nachträglichen Genehmigung des gesetzlichen Vertreters.

C   gültig gemäß „Taschengeldparagraf" § 110 des BGB.

D gültig, da ihm das Geld von seinen Großeltern zur freien Verfügung überlassen wurde.

E nach Ablauf von zwei Wochen ab Kaufvertragsabschluss gültig, sofern der gesetzliche Vertreter während dieser Zeit nicht seine Verweigerung erklärt hat.

Aufgabe I-53

Sebastian Kapellmann kauft bei einem Onlinehändler ein Fachbuch. Nach Lieferung des Buches möchte Herr Kapellmann seine Willenserklärung zum Abschluss des Kaufvertrags widerrufen.

In welchem Fall kann Herr Kapellmann nach den gesetzlichen Bestimmungen des BGB den Vertrag erfolgreich widerrufen!

A Herr Kapellmann muss sich über die Widerrufsbestimmungen des Onlinehändlers informieren und diesem das Buch spätestens 3 Wochen nach Erhalt mit der Post zurücksenden.

B Herr Kapellmann erklärt innerhalb der gesetzlichen Widerrufsfrist nach Erhalt des Buches mittels E-Mail seinen Widerruf und sendet anschließend das Buch per Post an den Onlinehändler zurück.

C Herr Kapellmann widerspricht telefonisch dem Kauf. Er sendet das Buch mit dem Vermerk „Gebühr zahlt Empfänger" am 14. Tag nach dem telefonischen Widerruf an den Onlinehändler zurück.

D Herr Kapellmann sendet innerhalb von 14 Tagen das Buch ohne ausdrückliche Erklärung des Widerrufs an den Onlinehändler zurück.

E Herr Kapellmann muss das vom Onlinehändler bereit gestellte Widerrufsformular ausfüllen und dieses mit dem Buch spätestens 10 Tage nach Erhalt an den Onlinehändler zurücksenden.

II. Unternehmensformen

Aufgabe II-1

Welche Organisation zählt zu den juristischen Personen des privaten Rechts?

A Aktiengesellschaft

B Handelskammer der Freien und Hansestadt Hamburg

C Bundesagentur für Arbeit

D Deutsche Rentenversicherung Bund

E Vereinigte Dienstleistungsgewerkschaft (ver.di)

F Offene Handelsgesellschaft

Aufgabe II-2

Welche der nachstehenden Aussagen trifft nur für die GmbH zu?

A Beschlüsse über die Änderung der Satzung bedürfen der Mehrheit von 75 % des an der Beschlussfassung anwesenden Grundkapitals.

B Ein ausscheidender Gesellschafter haftet noch fünf Jahre für die bei seinem Ausscheiden bestehenden Verbindlichkeiten der Gesellschaft.

C Sofern ein Gesellschafter seiner Verpflichtung zur Leistung der Einlage nicht nachkommt, kann der Geschäftsanteil dieses Gesellschafters nach Androhung verkauft werden.

D Zur Führung der Geschäfte der Gesellschaft sind alle Gesellschafter berechtigt und verpflichtet, sofern nicht im Gesellschaftsvertrag die Geschäftsführung auf einen oder mehrere Gesellschafter übertragen worden ist.

E Die Gesellschafter haften für die Verbindlichkeiten der Gesellschaft den Gläubigern als Gesamtschuldner persönlich.

Aufgabe II-3

Die *Nordbank AG* in Hamburg gewährt der *Lange & Söhne OHG* einen Kontokorrentkredit über 350.000,00 EUR. Welche Regelung über die Haftung der Gesellschafter für Verbindlichkeiten der OHG gegenüber Dritten trifft zu?

A Scheidet ein Gesellschafter aus der *Lange OHG* aus, so erlischt seine Haftung mit dem Zeitpunkt der Eintragung des Ausscheidens in das zuständige Handelsregister.

B Die Gesellschafter haften für Verbindlichkeiten der Gesellschaft persönlich und solidarisch, wenn sie im Namen der Gesellschaft vor der Eintragung der Gesellschaft in das Handelsregister Verbindlichkeiten eingegangen sind.

C Die Geschäftsführung haftet für die Verbindlichkeiten der Gesellschaft gesamtschuldnerisch.

D Für die Verbindlichkeiten der Gesellschaft haftet den Gläubigern nur das Gesellschaftsvermögen.

E Die Gesellschafter haften als Gesamtschuldner persönlich für die Verbindlichkeiten der Gesellschaft.

© Springer Fachmedien Wiesbaden GmbH, ein Teil von Springer Nature 2022
W. Grundmann et al., *Wirtschafts- und Sozialkunde Teil 1*, Prüfungstraining für Bankkaufleute,
https://doi.org/10.1007/978-3-658-38087-8_10

Aufgabe II-4

Ab welchem Zeitpunkt ist die *Trachtendiele GmbH* rechtsfähig?

A Mit Aufnahme der Geschäfte durch den alleinigen Geschäftsführer der *Trachtendiele GmbH*

B Mit Einzahlung der Stammeinlage von 25.000,00 EUR

C Mit notarieller Beurkundung des Gesellschaftsvertrages

D Mit Eintragung der *Trachtendiele GmbH* in das zuständige Handelsregister in Abteilung B

E Mit Veröffentlichung des ersten Jahresabschlusses der *Trachtendiele GmbH*

Aufgabe II-5

Gemäß Handelsregistereintragung hat die *Nordleasing GmbH* Herrn Dr. Gusen die Einzelprokura erteilt. Welche der nachstehenden Rechtshandlungen bzw. Geschäfte, die Herr Dr. Gusen für die *Nordleasing GmbH* vornimmt, sind Dritten gegenüber unwirksam?

A Akzeptieren eines Bankwechsels

B Aufnahme eines neuen Gesellschafters

C Belastung eines unbebauten Grundstücks mit einer Grundschuld

D Erteilung einer Handlungsvollmacht

E Kündigung eines Mitarbeiters

F Erteilung eines Überweisungsauftrags, durch den die *Nordleasing GmbH* den ihr eingeräumten Kontokorrentkredit um 10.000,00 EUR überzieht (geduldete Überziehung)

G Erwerb eines neuen Firmengrundstücks

Aufgabe II-6

In bestimmten Fällen empfiehlt sich die Umwandlung einer Einzelunternehmung in eine Offene Handelsgesellschaft (OHG). Welche Gründe können für eine solche Umwandlung vorliegen?

A Die Geschäftsleitung kann arbeitsteilig organisiert werden.

B Der frühere Einzelunternehmer hat als OHG-Gesellschafter steuerliche Vorteile.

C Die Eigenkapitalbasis wird verbreitert.

D Wird der bisherige Alleininhaber einer der OHG-Gesellschafter, so vermindert sich somit seine Haftung.

E Die Gesellschafter einer OHG haben Anspruch auf ein festes Gehalt.

F Im Unterschied zur Einzelunternehmung wird eine OHG in das zuständige Handelsregister eingetragen.

Aufgabe II-7

Welche Aussage über die Haftungsverhältnisse bei einer OHG trifft nicht zu?

A Ein Gläubiger darf einen beliebigen Gesellschafter der OHG belangen, ohne zunächst die OHG in Anspruch nehmen zu müssen.

B Jeder Gesellschafter der OHG haftet für die gesamten Verbindlichkeiten der OHG mit seinem Kapitalanteil und seinem gesamten Privatvermögen.

C Für die Lieferverbindlichkeiten haftet das gesamte Vermögen der OHG.

D Ein vor drei Jahren ausgeschiedener Gesellschafter haftet noch für die vor seinem Austritt entstandenen Schulden der OHG.

E Ein Gesellschafter kann seine persönliche Haftung für bestimmte Verbindlichkeiten der OHG ausschließen.

Aufgabe II-8

Ordnen Sie den nachfolgenden Sachverhalten die entsprechenden Register zu.

1 Vereinsregister
2 Handelsregister
3 Grundbuch
4 Aktienregister
5 Genossenschaftsregister
6 Kein Register

Sachverhalte

A Der Depotkunde Klaus Harke erwirbt vinkulierte Namensaktien der *Nordleben AG*.

B Der Komplementär der *Bitfactory OHG* Hermann Krause erteilt der Mitarbeiterin Britta Heldmann Handlungsvollmacht.

C Die *KTG Agrar SE* meldet Insolvenz an.

D Die *Bauspar AG* erteilt gegenüber dem Grundbuchamt eine Löschungsbewilligung.

E Der *SC Norderstedt e. V.* hat auf seiner Mitgliederversammlung einen neuen Vorstand gewählt.

F Die *Hamburger Bank eG* erteilt ihrer Mitarbeiterin Bettina Janders Prokura.

G Der eingetragene Verein *Donum Vitae* erhält vom Finanzamt für Körperschaftsteuer eine Mitteilung, dass er auf Grund seiner Gemeinnützigkeit keine Steuern zu zahlen braucht.

A	B	C	D	E	F	G

Aufgabe II-9

Die *Nordbank AG* in Hamburg führt das Firmenkonto Nr. 879437, Kontoinhaber ist die Pfeifen Tesch *KG*. Gemäß den Kontounterlagen können folgende Personen über das Konto verfügen:
- Komplementär Harald Brill
- Einzelprokurist Michael Schneider
- Einzelvertretungsbevollmächtigter Jürgen Fiebig

Die Befugnis der genannten Personen besteht laut Kontounterlagen im normalen nicht erweiterten gesetzlichen Umfang.

Ordnen Sie die zeichnungsberechtigten Personen den Bankgeschäften zu.

1 Nur Harald Brill ist zeichnungsberechtigt.
2 Harald Brill und Michael Schneider sind jeweils einzeln zeichnungsberechtigt.
3 Alle drei genannten Personen sind jeweils einzeln zeichnungsberechtigt.
4 Keine der genannten Personen ist zeichnungsberechtigt.

Bankgeschäfte

A Bezahlung einer Warenrechnung in Höhe von 20.000,00 EUR. Der Stand des Firmenkontos beläuft sich auf 13.000,00 EUR Haben. Es besteht eine Überziehungslinie von 10.000,00 EUR.

B Zur Finanzierung einer neuen Lagerhalle soll ein Investitionskredit über 80.000,00 EUR aufgenommen werden.

C Der in B) genannte Kredit soll durch eine erstrangige Grundschuld auf das Firmengelände gesichert werden.

D Zur Besicherung eines Betriebsmittelkredits über 50.000,00 EUR soll ein Globalzessionsvertrag abgeschlossen werden.

E Die Pfeifen Tesch *KG* hat einen Scheck über 15.000,00 EUR zur Gutschrift E. v. eingereicht, der bei der *Unionbank AG* zahlbar ist. Mangels Kontodeckung des Ausstellers ist der Nicht-Bezahlt-Vermerk anzubringen.

A	B	C	D	E

Aufgabe II-10

Herr Friedhelm Overbeck hat allgemeine Handlungsvollmacht nach § 54 Abs. 1 HGB bei der *Bitfactory GmbH* in Norderstedt. Welche der nachstehenden Rechtshandlungen kann Herr Overbeck rechtswirksam nicht vornehmen?

A Antrag auf Eintragung einer Änderung des Geschäftszwecks der *Bitfactory GmbH* in das Handelsregister

B Abschluss eines Arbeitsvertrages mit Frau Birte von der Heide im Anschluss an das Ausbildungsverhältnis

C Bestellung von Software und Hardware im Werte von 2 Millionen EUR

D Akzeptierung eines Handelswechsels über 500.000 EUR mit einer Laufzeit von drei Monaten

E Abschluss eines Importvertrages über die Lieferung von Hard- und Software mit der Firma *Kilung Ltd.* aus Taiwan über 3 Millionen Taiwan-Dollar

F Erteilung eines Überweisungsauftrages zugunsten der *Olaf Maier OHG* zur Begleichung einer Rechnung über 500,00 EUR. Es wurde für die Finanzabteilung Büromaterial in dieser Höhe angeschafft.

Aufgabe II-11

Welche der nachfolgenden Aussagen treffen auf die Gesellschaft bürgerlichen Rechts (GbR) zu?

A Es handelt sich um eine Gesellschaft von mindestens sieben Mitgliedern, die nicht persönlich für die Verbindlichkeiten der Gesellschaft haften.

B Die Gesellschaft hat keine Firma und wird nicht ins Handelsregister eingetragen. Das Gesellschaftsverhältnis endet, wenn der beabsichtigte Zweck erreicht ist.

C Nach dem Gesetz steht die Geschäftsführung allen Gesellschaftern zu. Sie kann satzungsmäßig auf einen oder wenige Geschäftsführer beschränkt werden.

D In Gesellschaften mit mehr als 500 Arbeitnehmern ist ein Drittel der Aufsichtsratsmitglieder von den Arbeitnehmern zu stellen.

E Die Gesellschafter haften als Gesamtschuldner.

F In der Versammlung der Gesellschafter hat jeder Gesellschafter unabhängig von seiner Kapitalbeteiligung eine Stimme.

Aufgabe II-12

Ordnen Sie die Rechtsformen den Beispielen zu.

1 Schützenverein Hattenhofen e.V.

2 Allgemeine Ortskrankenkasse

3 Technische Universität München

4 Hartmann Finanzberatungsgesellschaft mbH

5 Rechtsanwaltskanzlei Helmut Schmidt & Partner

6 Sparda-Bank Hamburg eG

7 Tabak Haack OHG

8 Fernheizwerke Neukölln AG

Rechtsformen

A Juristische Person des öffentlichen Rechts

B Juristische Person des privaten Rechts

C Personengesellschaft

D Quasi-juristische Person

1	2	3	4	5	6	7	8

Aufgabe II-13

Im Handelsregister Hamburg sind Klaus Metzger und Rainer Schnelle für die *Nordbank AG* als Einzelprokuristen eingetragen. Nicht eingetragen ist die an Susanne Möller erteilte allgemeine Handlungsvollmacht gemäß § 54 Abs. 1 HGB. Welche der folgenden Willenserklärungen kann von Frau Möller im Gegensatz zu den beiden Prokuristen rechtswirksam nicht abgegeben werden?

A Antrag auf Eintragung einer Änderung des Firmensitzes in das Handelsregister

B Abschluss eines befristeten Arbeitsvertrages mit einer Bankauszubildenden nach bestandener Abschlussprüfung

C Bestellung von Büromaterial im Wert von 500.000 EUR

D Verpfändung eines Wechsels über 100.000 EUR mit einer Laufzeit von drei Monaten

E Abschluss eines Firmenkredits in Höhe von 1 Million EUR

Aufgabe II-14

Ordnen Sie die Vollmachten, die bestimmte Rechtshandlungen in einem Einzelunternehmen ermöglichen, den Aussagen zu! Die Rechtshandlung kann

1 nur mit Prokura vorgenommen werden.

2 auch mit einer Handlungsvollmacht durchgeführt werden.

3 nur mit einer zusätzlichen Sondervollmacht vorgenommen werden.

4 nur persönlich durch den Geschäftsinhaber vorgenommen werden.

Aussagen

A Die Vollmacht ermächtigt zu allen Arten von gerichtlichen und außergerichtlichen Geschäften und Rechtshandlungen eines Handelsgewerbes.

B Die Vollmacht wird nicht im Handelsregister eingetragen.

C Die Vollmacht ermöglicht auch die Vertretung des Unternehmers bei persönlichen Handlungen, z. B. die Unterzeichnung der Bilanz oder Beantragung von Handelsregistereintragungen.

D Zur Bestellung von Grundpfandrechten ist eine zusätzliche besondere Vollmacht erforderlich.

E Die Vollmacht ermöglicht stets auch die Aufnahme von Krediten.

F Die Vollmacht kann auch auf die Vertretung bei bestimmten Arten von Rechtsgeschäften beschränkt werden.

G Der Umfang der Vollmacht kann Dritten gegenüber nicht beschränkt werden.

A	B	C	D	E	F	G

Aufgabe II-15

Welche Information über das Handelsregister trifft zu?

A Nur wer ein berechtigtes Interesse nachweist, kann Einsicht in das Handelsregister nehmen.

B Handlungsbevollmächtigte von Unternehmen werden nicht in das Handelsregister eingetragen.

C Personengesellschaften werden in Abteilung B des Handelsregisters eingetragen.

D Das Handelsregister gliedert sich in drei Abteilungen.

E Das Handelsregister wird bei der zuständigen Industrie- und Handelskammer geführt.

Aufgabe II-16

Ein Kunde möchte bei Ihnen unter dem Namen *Alarm- und Sicherheitstechnik GmbH & Co. KG* ein Konto eröffnen. Um welche Gesellschaftsform handelt es sich hierbei?

A Um eine Kommanditgesellschaft?

B Um eine Gesellschaft mit beschränkter Haftung?

C Um eine Offene Handelsgesellschaft?

D Um eine Gesellschaft des Bürgerlichen Rechts?

E Um eine Partnerschaftsgesellschaft?

Aufgabe II-17

Welches Merkmal trifft nach den gesetzlichen Bestimmungen für die OHG zu?

A An der Gründung müssen sich mindestens sieben Personen beteiligen.

B Die Gesellschafterversammlung hat unter eigener Verantwortung die Gesellschaft zu leiten.

C Ein Teil der Gesellschafter darf nicht an der Geschäftsführung beteiligt werden.

D Der Komplementär haftet nur mit seiner Kapitaleinlage.

E Jeder Gesellschafter haftet für die Schulden der Gesellschaft mit seinem Geschäfts- und Privatvermögen.

Aufgabe II-18

Für welche Unternehmensform ist durch Gesetz bei der Gründung ein Mindestkapital vorgeschrieben?

A Kommanditgesellschaft (KG)

B Gesellschaft mit beschränkter Haftung (GmbH)

C Offene Handelsgesellschaft (OHG)

D Gesellschaft bürgerlichen Rechts (GbR)

E Eingetragene Genossenschaft eG

Aufgabe II-19

Welches Rechtsgeschäft darf ein Prokurist im Außenverhältnis nur vornehmen, wenn ihm eine besondere Vollmacht erteilt worden ist?

A Die Aufnahme eines Darlehens zum Kauf von Rohstoffen bei gleichzeitiger Belastung eines Grundstücks

B Den Kauf einer neuen Produktionsanlage außerhalb des genehmigten Investitionsplanes zum Preis von 1,2 Mio. EUR

C Die Erteilung einer Handlungsvollmacht an einen Mitarbeiter

D Den Erwerb eines Grundstücks für die Unternehmung

E Die Übernahme einer Bürgschaft im Namen der Unternehmung für einen Geschäftsfreund

Aufgabe II-20

Bei welchem Antragsteller für eine Kontoeröffnung handelt es sich um eine juristische Person des privaten Rechts?

A Verein zur Förderung des therapeutischen Reitens (nicht eingetragener Verein)

B Staatsanwalt Klaus Eichhorn

C 1. FC Norderstedt e.V.

D Philippsuniversität Marburg

E Werner Schrunz e. Kfm.

Aufgabe II-21

Ordnen Sie zu.

Rechtsformen

1   GbR (Gesellschaft bürgerlichen Rechts)
2   GmbH
3   AG
4   KG

Merkmale

A   Das zur Gründung erforderliche Mindestgrundkapital beträgt 50.000,00 EUR.
B   Das zur Gründung erforderliche Mindeststammkapital beträgt 25.000,00 EUR.
C   Die Gesellschaft wird durch ihre Organe Vorstand, Aufsichtsrat und Hauptversammlung handlungsfähig.
D   Die Gesellschaft wird durch ihre Organe Geschäftsführung, Aufsichtsrat (ab 500 Mitarbeiter) und Gesellschafterversammlung handlungsfähig.
E   Die Gesellschaft wird nicht in das Handelsregister eingetragen.
F   Mindestens ein Gesellschafter haftet nur mit seiner Einlage.

A	B	C	D	E	F

Aufgabe II-22

Wie ist nach dem Handelsgesetzbuch die Vertretungsberechtigung bei der Kommanditgesellschaft geregelt?

A   Jeder auch mit seinem Privatvermögen haftende Gesellschafter ist allein vertretungsberechtigt.
B   Alle Gesellschafter sind nur gemeinsam vertretungsberechtigt.
C   Jeder Gesellschafter ist allein vertretungsberechtigt.
D   Die auch mit ihrem Privatvermögen haftenden Gesellschafter sind nur gemeinsam vertretungsberechtigt.
E   Immer nur mindestens zwei Gesellschafter sind gemeinsam vertretungsberechtigt.

Aufgabe II-23

Die *Nordmetall GmbH* gründete als Komplementär zusammen mit den Kommanditisten Kevin Müller und Jürgen Bohrmann ein Stahlveredelungsunternehmen in der Rechtsform einer Kommanditgesellschaft. Mit welcher Firmenbezeichnung wird das neue Unternehmen in das Handelsregister eingetragen?

A   Müller & Bohrmann KG
B   Kevin Müller & Co KG
C   Nordmetall GmbH & Co KG
D   Nordmetall GmbH Müller & Bohrmann KG
E   Nordmetall GmbH Jürgen Bohrmann & Co KG

Aufgabe II-24

Im Wirtschaftsteil einer Tageszeitung war am 10.10.20.. unter „amtliche Bekanntmachungen" folgender Handelsregisterauszug abgedruckt:

Amtsgericht Norderstedt
HRB 300158 04.10.2018
Jungheinrich GmbH, Norderstedt (Bahnhofstr. 17-19, 22848 Norderstedt). Gesellschaft mit beschränkter Haftung. Gesellschaftsvertrag vom 15.01.2006. Die Gesellschafterversammlung vom 06.07.2007 hat die Änderung des Gesellschaftsvertrags in § 1 (Sitz) und mit ihr die Sitzverlegung von Hamburg (bisher AG Hamburg HRB 4003220) nach Norderstedt beschlossen. Gegenstand: Produktion und Vertrieb von Gabelstaplern. Stammkapital: 25.000,00 EUR. Allgemeine Vertretungsregelung: Ist nur ein Geschäftsführer bestellt, so vertritt er die Gesellschaft allein. Sind mehrere Geschäftsführer bestellt, so wird die Gesellschaft durch zwei Geschäftsführer oder durch einen Geschäftsführer gemeinsam mit einem Prokuristen vertreten. Nicht mehr Geschäftsführer: Weber, Manfred, Norderstedt, geb. 15.03.1961. Bestellt als Geschäftsführer: Weber, Heidi, Norderstedt, geb. 14.05.1958, mit der Befugnis, im Namen der Gesellschaft mit sich im eigenen Namen oder als Vertreter eines Dritten Rechtsgeschäfte abzuschließen.

Entscheiden Sie, welche der nachstehenden Aussagen für die *Jungheinrich GmbH* zutreffend sind.

A Die gemeinschaftliche Vertretung gilt nur für den Fall, dass die Geschäftsführung aus mehreren Personen besteht oder wenn ein Prokurist bestellt worden ist.

B Auch die neue Geschäftsführerin kann die Gesellschaft nur gemeinsam mit einem weiteren Geschäftsführer oder mit einem Prokuristen vertreten.

C Die Geschäftsführerin Weber ist allein zur Vertretung berechtigt.

D Der bisherige Geschäftsführer Manfred Weber nimmt am 14.10.20.. ein Darlehen für die GmbH bei der *Nordbank AG* auf. Die *Jungheinrich GmbH* muss die Verpflichtungen aus dem Darlehensvertrag übernehmen, obwohl keine Sondervollmacht für eine Darlehensaufnahme vorlag.

E Die Eintragung der Satzungsänderung erfolgt in der Abteilung B des Handelsregisters.

Aufgabe II-25

In einem Bankhaus in der Rechtsform der KG sind die Komplementäre, Prokuristen und Handlungsbevollmächtigten jeweils allein vertretungsberechtigt. Welche Rechtshandlungen darf im Außenverhältnis nur der Komplementär rechtswirksam vornehmen?

A Vertretung des Bankhauses in einer Gerichtsverhandlung

B Aufnahme eines Tagesgeldes von 50 Mio. EUR

C Erteilung eines Auftrags zum Umbau der Kassenhalle

D Erteilung einer Vollmacht

E Kauf von 500.000 Blatt Kopierpapier

F Unterzeichnung des Jahresabschlusses der KG

G Veräußerung eines Grundstücks

Aufgabe II-26

Welche der folgenden Handelsregistereintragungen haben nur deklaratorische Wirkung?

A Gründung einer KG

B Eintragung einer GmbH

C Erteilung einer Prokura für ein Softwarehandelshaus

D Eintragung der Kapitalerhöhung gegen Bareinlagen aufgrund eines Hauptversammlungsbeschlusses der Hotelkette *Intercity AG*

E Herabsetzung der Einlage eines Kommanditisten

F Eintragung der *Internet AG*

Aufgabe II-27

Der *Nordbank AG* liegen Kreditanträge zur Finanzierung von Investitionen verschiedener Unternehmen vor. Welche der u. a. Personen sind berechtigt, das jeweilige Unternehmen beim Abschluss des Kreditvertrages rechtsgültig gegenüber der *Nordbank AG* zu vertreten? Es gelten die gesetzlichen Vorschriften über die Vertretung von Gesellschaften.

A Frank Kapellmann als einer der beiden Komplementäre der Weber & Co. *KG.*

B Heinz Reimers als Vorsitzender des Vorstands der *F & W AG.*

C Susanne Erbe als Gesellschafterin der *Software GmbH.*

D Franz Bichler als Kommanditist der Glaserei Emil Meyer & Co. *KG.*

E Franziska Wedel als Gesellschafterin der *Harald Schehlke OHG.*

F Roland Schartern als einer der beiden Geschäftsführer der *Sigelmann GmbH.*

Situation zu den Aufgaben II-28 und II-29

Sie sind als Mitarbeiter/in der *Nordbank AG* für die Betreuung von Firmenkunden zuständig. Sie eröffnen ein Konto für die *Nagel & Maier KG.*

Amtsgericht Hamburg					Blatt HR A
Nr. der Eintratragung	a) Firma b) Ort der Niederlassung c) Gegenstand des Unternehmens (bei juristischen Personen)	Geschäftsinhaber Persönlich haftender Gesellschafter Vorstand Abwickler	Prokura	Rechtsverhältnisse	a) Tag der Eintragung und b) Unterschrift Bemerkungen
1.	2.	3.	4.	5.	6.
1.	a) Nagel & Maier KG b) Hamburg	Theodor Nagel, Kaufmann, Hamburg Florian Maier, Kaufmann, Pinneberg	Einzelprokuristen Michael Stegemann, Norderstedt Claudia Schimmel, Elmshorn	Kommanditgesellschaft Seit dem 5. Juni 1994 Kommanditisten: Sophie Nagel, Hausfrau, Hamburg Einlage: 20.000,00 EUR Heribert Kruse, Kaufmann, Buchholz Einlage: 12.500,00 EUR Bettina Schön, Chemikerin, Bad Segeberg Einlage: 15.000,00 EUR	a) 8. August 1994 gez. Fritsch

Aufgabe II-28

Wer muss die Kontoeröffnung mindestens unterschreiben, damit die Firma rechtswirksam vertreten wird?

A Theodor Nagel und Florian Maier, beide gemeinsam

B Sophie Nagel, Heribert Kruse, Bettina Schön, alle gemeinsam

C Michael Stegemann und Theodor Nagel, beide gemeinsam

D Michael Stegemann und Claudia Schimmel, beide gemeinsam

E Florian Maier oder Claudia Schimmel, jeder alleine

Aufgabe II-29

Welches Rechtsgeschäft dürfen Herr Stegemann und/oder Frau Schimmel ohne Mitwirkung der Geschäftsführung vornehmen?

A Die Veräußerung und Belastung von Grundstücken der Gesellschaft

B Den Kauf eines Grundstückes für die Gesellschaft

C Die Aufnahme eines neuen Gesellschafters

D Das Erteilen einer Gesamtprokura

E Die Unterzeichnung des Jahresabschlusses

Aufgabe II-30

Welche Aussagen über das Handelsregister sind zutreffend?

A Das Handelsregister genießt öffentlichen Glauben, d. h. eingetragene und bekannt gemachte Tatsachen muss ein Dritter gegen sich gelten lassen.

B Einsicht kann nur nehmen, wer ein berechtigtes Interesse nachweisen kann.

C Das Handelsregister ist ein Verzeichnis aller Kaufleute eines Amtsgerichtsbezirks.

D Das Handelsregister informiert über die Gesellschafter aller eingetragenen Firmen.

E Das Handelsregister benennt die rechtsgeschäftlichen Vertreter der Personen- und Kapitalgesellschaften.

F Bei Einzelunternehmen wird das Eigenkapital nicht angegeben.

Aufgabe II-31

Die Rechtsanwälte Dr. Friedhelm Prill, Ferdinand Klepping und Sonja Adam benötigen für ihre Sozietät, die unter einem gemeinsamen Namen als Partnerschaftsgesellschaft auftritt, ein Konto. Im Partnerschaftsvertrag wurden keine besonderen Regelungen hinsichtlich der Vertretung getroffen. Frau Adam hat mit Ihnen einen Termin vereinbart, um das Konto zu eröffnen. Wer kann die Partnerschaft rechtswirksam vertreten?

A Die Partnerschaftsgesellschaft wird von jeweils zwei Partnern vertreten.

B Die Partnerschaftsgesellschaft wird von jedem Partner allein vertreten.

C Die Partnerschaftsgesellschaft wird von allen Partnern gemeinsam vertreten

D Die Partnerschaftsgesellschaft wird nur bei außergewöhnlichen Geschäften von allen Partnern gemeinsam, ansonsten von jedem Partner allein vertreten.

E Da eine gesetzliche Regelung fehlt, müssen die Partner die Vertretungsbefugnisse im Partnerschaftsvertrag regeln.

Aufgabe II-32

Welche Aussage trifft nur auf eine Gesellschaft bürgerlichen Rechts zu?

A Die Gesellschaft entsteht nicht durch Gründungsakt, d. h. Eintragung in ein Register.

B Die Gesellschaft kann unter ihrem Namen klagen und verklagt werden.

C Die Gesellschafter müssen am Gewinn und können am Verlust beteiligt sein.

D Für Verbindlichkeiten haften die Gesellschafter unmittelbar, unbeschränkt und gesamtschuldnerisch.

E Jeder Gesellschafter ist zur Geschäftsführung und Vertretung berechtigt und verpflichtet.

Aufgabe II-33

An der Bauunternehmung *Klaus Semmelhaak OHG* sind die Gesellschafter Klaus Semmelhaak mit 300.000 EUR, Antje Schmidt mit 150.000 EUR und Melanie Hochstaedter mit 50.000 EUR beteiligt. Die *Klaus Semmelhaak OHG* kommt ihren Zahlungsverpflichtungen nur sehr unregelmäßig nach. Welche Möglichkeiten hat ein Gläubiger, seine fällige Forderung von 165.000 EUR einzutreiben?

A Der Gläubiger muss zuerst die *Klaus Semmelhaak OHG* auf Zahlung des Rechnungsbetrages verklagen.

B Der Gläubiger kann die Gesellschafterin Antje Schmidt höchstens auf Zahlung von 150.000 EUR verklagen, da deren Einlage so hoch ist. Wegen des Restbetrages muss ein weiterer Gesellschafter verklagt werden.

C Der Gläubiger kann nur den Gesellschafter Klaus Semmelhaak wegen Begleichung der Rechnung verklagen, da dessen Name in der Firma genannt ist.

D Der Gläubiger kann die Gesellschafterin Melanie Hochstaedter, die über ein beträchtliches Privatvermögen verfügt, verklagen und von dieser die Begleichung des gesamten Rechnungsbetrages fordern.

E Der Gläubiger kann neben der *Klaus Semmelhaak OHG* auch jeden einzelnen Gesellschafter auf Zahlung des Rechnungsbetrages verklagen.

F Der Gläubiger kann nur Klaus Semmelhaak auf Zahlung des Rechnungsbetrags verklagen, da dieser allein den Kaufvertrag über die gelieferte Ware abgeschlossen hatte.

Aufgabe II-34

Ordnen Sie den Sachverhalten die entsprechenden Registereintragungen zu!

1 Eintragung in Abteilung A des Handelsregisters

2 Eintragung in Abteilung B des Handelsregisters

3 Eintragung in beide Abteilungen des Handelsregisters

4 Eintragung in einem anderen öffentlichen Register

5 keine Eintragung in ein öffentliches Register

Sachverhalte

A Ernennung eines Prokuristen für die *Cepacco GmbH* in Hamburg

B Ausscheiden eines Kommanditisten der *Alarm- und Sicherheitstechnik KG*

C Ernennung des Handlungsbevollmächtigten Olaf Nagel für die *Kora GmbH* in Hamburg

D Ernennung eines Prokuristen für die *Harald Reuter GmbH & Co. KG*

E Ernennung von Ulrich Schrimpf zum Vorstandsmitglied der *Sparda-Bank Hamburg eG*

F Liquidation der *O. Schröder GmbH* und Erlöschen der Gesellschaft

A	B	C	D	E	F

Aufgabe II-35

Der SC Norderstedt e. V. ist Neukunde der *Nordbank AG*. Alleinvertretungsberechtigter Vorsitzender des Vereins ist Dr. Harald Schenk. Welcher Sachverhalt zum SC Norderstedt e. V. wird in den Aussagen richtig beschrieben?

A Der alleinvertretungsberechtigte Vorsitzende Dr. Harald Schenk kann die Satzung des SC Norderstedt e. V. ändern.

B Das Vermögen des Vereins steht allen Vereinsmitgliedern gemeinschaftlich zu.

C Der SC Norderstedt e. V. kann Eigentümer von Grundstücken werden.

D Der SC Norderstedt e. V. ist eine quasi-juristische Person.

E Für die Verbindlichkeiten des SC Norderstedt e. V. gegenüber Dritten haftet grundsätzlich der Vorsitzende mit seinem Privatvermögen.

Aufgabe II-36

Welche der folgenden Aussagen zur eingetragenen Genossenschaft trifft zu?

A Die Genossenschaft erlangt ihre Rechtsfähigkeit mit der notariellen Beurkundung des Gesellschaftsvertrags.

B Die Mitglieder des Vorstands können gemäß Genossenschaftsgesetz die Genossenschaft gerichtlich und außergerichtlich nur gemeinschaftlich vertreten.

C Gemäß Genossenschaftsgesetz müssen sich die einzelnen Genossen mit mindestens 10 Geschäftsanteilen an der Genossenschaft beteiligen.

D Die Genossen üben in der Generalversammlung ihr Stimmrecht nach der Anzahl ihrer Genossenschaftsanteile aus.

E Für die Verbindlichkeiten der Genossenschaft haftet den Gläubigern gegenüber das Genossenschaftsvermögen und das Privatvermögen der einzelnen Genossen.

Aufgabe II-37

Die *F & W AG* verfügt als Aktiengesellschaft über gesetzlich vorgeschriebene Organe. Ordnen Sie folgende Aufgaben den Organen zu!

A Vertretung der Aktiengesellschaft in allen gerichtlichen und außergerichtlichen Angelegenheiten

B Prüfung des Vorschlags zur Verwendung des Bilanzgewinns

C Beschlussfassung von Maßnahmen zur Eigenkapitalbeschaffung

Organe

1	Betriebsversammlung	5	Geschäftsführer
2	Gesellschafterversammlung	6	Betriebsrat
3	Vorstand	7	Aufsichtsrat
4	Hauptversammlung		

A	B	C

Aufgabe II-38

Herr Harald Reuter ist leitender Angestellter in der *F & W AG* in Norderstedt. Ermitteln Sie das Datum, ab dem die Prokura von Herrn Reuter nach den Bestimmungen des HBG rechtswirksam wird.

Am 11.11.20.. beschließt der Vorstand der *F & W AG* in einer Vorstandssitzung, Herrn Reuter die Prokura zu erteilen.

Am 14.11.20.. wird Herrn Reuter die Prokura durch den Vorstand der *F & W AG* mündlich erteilt.

Am 18.11.20.. wird die Prokura zur Eintragung in das Handelsregister angemeldet.

Am 22.11.20.. erfolgt die Eintragung der Prokura in das Handelsregister.

Am 28.11.20.. wird die Prokura im Bundesanzeiger veröffentlicht.

		.			.				

Aufgabe II-39

Burkard Winter (Komplementär) und Jörg Pedak (Kommanditist) sind die Gesellschafter der Glaserei Schütz KG. Für Jörg Pedak ist im Handelsregister eine Einlage von 70.000 EUR eingetragen. Auf diese Einlage ist eine Einzahlung von 30.000 EUR erfolgt. Welche der folgenden Aussagen zur Haftung für die Verbindlichkeiten dieser Gesellschaft sind zutreffend?

A   Die Gesellschafter der KG haften unbeschränkt, gesamtschuldnerisch und unmittelbar, bei Jörg Pedak ist die persönliche Haftung auf 70.000 EUR beschränkt.

B   Beide Gesellschafter können verlangen, dass Gläubiger der KG zunächst auf zur Verfügung gestellte Sicherheiten zurückgreifen, bevor sie persönlich in Haftung genommen werden können.

C   Die Haftung ist auf das Vermögen der Gesellschaft beschränkt, eine persönliche Haftung der Gesellschafter kommt nur dann zur Anwendung, wenn das Gesellschaftsvermögen zur Befriedigung der Gläubiger nicht mehr ausreicht.

D   Burkard Winter haftet unbeschränkt, gesamtschuldnerisch und unmittelbar, bei Jörg Pedak ist die persönliche Haftung auf 40.000 EUR beschränkt.

E   Burkard Winter kann durch eine entsprechende Eintragung im Handelsregister seine persönliche Haftung begrenzen.

F   Die KG haftet mit ihrem gesamten Vermögen.

Aufgabe II-40

Klaus Engel hat sich an verschiedenen Unternehmen, die nicht miteinander konkurrieren, beteiligt. Herr Engel ist jeweils einer der beiden beteiligten Gesellschafter und hat sich jeweils mit 25.000 EUR beteiligt. Bei der KG hat Herr Engel die Stellung des Kommanditisten. Welche der folgenden Aussagen zur Haftung von Herrn Engel sind richtig?

A   Herr Engel haftet bei der GmbH Dritten gegenüber unmittelbar, sofern er seine Einlage nicht vollständig erbracht hat.

B   Herr Engel haftet bei der KG Dritten gegenüber unmittelbar bis zur vereinbarten Einlagenhöhe, sofern er seine Einlage nicht vollständig erbracht hat.

C   Herr Engel haftet bei der OHG Dritten gegenüber unmittelbar, unabhängig davon, ob er seine Einlage erbracht hat oder nicht.

D   Herr Engel haftet bei der OHG Dritten gegenüber nicht mehr, unmittelbar, wenn er seine Einlage vollständig erbracht hat.

E   Herr Engel haftet bei der KG Dritten gegenüber unmittelbar, auch wenn er seine Einlage vollständig erbracht hat.

F   Herr Engel haftet bei der GmbH Dritten gegenüber unmittelbar, auch wenn er seine Einlage vollständig erbracht hat.

III. Wirtschaftsordnungen, Wettbewerb und Marketing

Aufgabe III-1

a)   Welche Aufgaben charakterisieren den Idealtypus der „Marktwirtschaft"?

A   Im Gegensatz zu anderen Wirtschaftsordnungen macht der Marktmechanismus in der Marktwirtschaft Pläne einzelner Wirtschaftseinheiten überflüssig.

B   Neben der Gewinnmaximierung verfolgen die Unternehmen als gleichberechtigte Ziele u. a. die Umsatzmaximierung oder die Marktanteilsmaximierung.

C   Die Wirtschaftspläne der Unternehmen und Haushalte werden unabhängig voneinander aufgestellt.

D   Die Preise bilden das Lenkungssystem der Marktwirtschaft.

E   Es gibt keinen Sanktionsmechanismus.

F   Der Marktmechanismus enthält kein Informationssystem.

b)   Welche Maßnahmen sind mit der sozialen Marktwirtschaft der Bundesrepublik Deutschland vereinbar?

A   Die Bundesregierung verpflichtet die Tarifparteien, die Lohnerhöhungen in den nächsten drei Jahren auf einen Inflationsausgleich zu begrenzen.

B   Die Bundesregierung ordnet einen allgemeinen Preisstop für leichtes Heizöl für die Dauer von zwei Jahren an, um drohende Erhöhungen der Mietnebenkosten einzudämmen.

C   Das Bundeskartellamt verhängt gegen mehrere LKW-Hersteller Bußgelder wegen unerlaubter Preisabsprachen.

D   Die Europäische Zentralbank (EZB) setzt einen Mindestzinssatz für die Verzinsung von Spareinlagen fest.

E   Durch ein Bundesgesetz werden aus arbeitsmarktpolitischen Gründen Unternehmen verstaatlicht, die auf dem Weltmarkt nicht mehr konkurrenzfähig sind.

F   Trotz Bedenkens des Bundeskartellamtes erlaubt der Bundeswirtschaftsminister eine Fusion von zwei marktführenden Supermarktketten.

Aufgabe III-2

Welche Aussagen treffen zu:

1   nur auf die soziale Marktwirtschaft,

2   nur auf die freie Marktwirtschaft,

3   sowohl auf die freie als auch auf die soziale Marktwirtschaft,

4   weder auf die freie noch auf die soziale Marktwirtschaft?

Aussagen

A   Die Knappheit von Gütern wird durch Preise ausgedrückt, die sich auf dem jeweiligen Markt bilden.

B   Das Eigentum an Produktionsmitteln befindet sich grundsätzlich in privater Hand und die Koordination von Angebot und Nachfrage erfolgt dezentral über Märkte.

© Springer Fachmedien Wiesbaden GmbH, ein Teil von Springer Nature 2022
W. Grundmann et al., *Wirtschafts- und Sozialkunde Teil 1*, Prüfungstraining für Bankkaufleute,
https://doi.org/10.1007/978-3-658-38087-8_11

C Der Staat hat u. a. die Aufgabe, öffentliche Güter bereitzustellen, die die Wirtschaft durch Konjunktur-, Wachstum- und Strukturpolitik stabilisieren und die Funktionsfähigkeit des Wettbewerbsprozesses sichern.

D Zusammenschlüsse von Unternehmen dürfen den Wettbewerb nicht beeinträchtigen und nicht zu einer Monopolbildung auf Gütermärkten führen.

E Der Staat sorgt dafür, dass es auf dem Arbeitsmarkt keine unfreiwillige Arbeitslosigkeit gibt.

A	B	C	D	E

Aufgabe III-3

Welche der folgenden Aussagen trifft auf Kartelle zu?

A Die zusammengeschlossenen Unternehmen verfolgen das Ziel, gemeinsame Beschaffungs- oder Absatzmärkte zu beeinflussen oder zu beherrschen.

B Die zusammengeschlossenen Unternehmen geben ihre wirtschaftliche Selbstständigkeit vollständig auf, bleiben aber rechtlich selbstständig.

C Ein Unternehmen übernimmt aufgrund von Kapitalbeteiligungsvereinbarungen die einheitliche Leitung über die zusammengeschlossenen Unternehmen.

D Mehrere Unternehmen schließen sich zur Abwicklung eines einzelnen Auftrags, z. B. zur Erstellung einer Produktionsanlage, zusammen.

E Die Unternehmen geben ihre rechtliche Selbstständigkeit auf, handeln aber weiterhin wirtschaftlich selbstständig.

Aufgabe III-4

Welche Aussagen zum Konzern treffen zu?

A Bei einem Konzern bleibt die rechtliche Selbstständigkeit der beteiligten Unternehmen erhalten.

B Ein Konzern entsteht dadurch, dass zwei und mehr Unternehmen fusionieren, d. h. eine neue Unternehmung entsteht.

C Ein Konzern entsteht durch vertragliche Vereinbarungen, z. B. darüber, dass bestimmte Geschäftspraktiken (Preisgestaltung, einheitliche Kalkulation) angewandt werden.

D Ein Konzern entsteht durch kapitalmäßige Verflechtung von Unternehmen.

E Bei einem Konzern bleiben die rechtliche und die wirtschaftliche Selbstständigkeit der beteiligten Unternehmen erhalten.

F Bei Aktiengesellschaften muss die Hauptversammlung einer Konzernbildung zustimmen.

Aufgabe III-5

Die Hersteller von Personalcomputern schließen sich zu einem Kartell zusammen und vereinbaren, nur noch genormte Hardwaresysteme in PC einzubauen. Welche der Aussagen über die Auswirkungen auf die rechtliche und wirtschaftliche Selbstständigkeit der zusammengeschlossenen Unternehmen ist vollständig richtig?

Die rechtliche Selbstständigkeit ...	Die wirtschaftliche Selbstständigkeit ...
A bleibt erhalten,	wird vollständig aufgegeben.
B bleibt erhalten,	wird teilweise aufgegeben.
C wird aufgegeben,	bleibt vollständig erhalten.
D wird aufgegeben,	wird teilweise aufgegeben.
E wird aufgegeben,	wird vollständig aufgegeben.

Aufgabe III-6

In welchen der folgenden Situationen handelt es sich um ein (1) Strukturkrisenkartell oder (2) Preiskartell?

A Die Unternehmen der Solar-Zulieferbranche legen fest, dass sie den Unternehmen der Solarenergie einheitliche Verkaufsrabatte gewähren.

B Eine Privatbank legt für ihre inländischen Zweigniederlassungen einheitliche Kontoführungsgebühren fest.

C Die sechs größten Unternehmen der deutschen Düngemittelindustrie vereinbaren, dass sie ihre Produktionskapazitäten linear um 15 % abbauen, um eine Anpassung an die veränderte gesamtwirtschaftliche Nachfrage zu erreichen.

D Die Kreditkartengesellschaften in Deutschland vereinbaren einen einheitlichen Jahresbeitrag für alle Karteninhaber.

E Die Sparkassen in Deutschland vereinbaren einheitliche Allgemeine Geschäftsbedingungen, um Massengeschäfte einheitlich und Kosten sparend abwickeln zu können.

F Die Unternehmen der Computerhardware-Industrie vereinbaren die Anwendung einheitlicher Normen, um die Wirtschaftlichkeit in technischer und organisatorischer Hinsicht zu stärken.

1	2

Aufgabe III-7

Aus der Presse entnehmen Sie, dass die *Elbebank AG* und die *Fördebank AG* künftig als *Nordbank AG* firmieren wollen. Welche Form eines Unternehmenszusammenschlusses liegt hier vor?

A Konsortium

B Konzern

C Interessensgemeinschaft

D Fusion

E Kartell

Aufgabe III-8

Welcher Sachverhalt ist typisch für die soziale Marktwirtschaft!

A Der Markt sorgt ausschließlich über den Preis für einen Ausgleich zwischen Angebot und Nachfrage.

B Die Haushalte planen entsprechend ihrer Bedürfnisse und ihrer Einkommen ihre individuellen Konsumausgaben.

C Der Staat plant über seine Einrichtungen vollständig die volkswirtschaftliche Produktion und den Konsum.

D Die Unternehmen bestimmen in eigener Verantwortung und auf eigenes Risiko ihre Produkte und die Produktionsmengen.

E Der Staat greift mit der Vorgabe bestimmter Regeln korrigierend in das Marktgeschehen ein.

Aufgabe III-9

Welche Aufgabe erfüllt die Aufbauorganisation in der *Nordbank AG*?

A Sie beschreibt die Arbeitsabläufe.

B Sie koordiniert die betrieblichen Leistungen in zeitlicher Hinsicht.

C Sie regelt die Betriebsstrukturen durch Bildung von Aufgabenbereichen.

D Sie koordiniert die betriebliche Leistung aller beteiligten Abteilungen und Stellen.

E Sie ordnet die Arbeitsvorgänge, sodass eine möglichst hohe Wirtschaftlichkeit erreicht wird.

Aufgabe III-10

Im Wettbewerb versuchen die Anbieter ihre Dienstleistungen und Produkte auf den Markt zu bringen und sich gegen die Konkurrenz durchzusetzen. Damit soll über den Wettbewerb gewährleistet werden, dass die Bedürfnisse der Teilnehmer am Markt optimal befriedigt werden. In welcher Situation liegt eine Wettbewerbsstörung im System der sozialen Marktwirtschaft vor!

A Die Versicherungs-AG hat insgesamt 25 % Aktienanteil am Grundkapital der Elektroautomobil AG erworben.

B Die Bewohner der Stadt Castrop-rauxel können ihr Trinkwasser nur von den EUV-Stadtbetrieben beziehen, da kein anderer Anbieter vorhanden ist.

C Die Elektro AG, ein Hersteller von Elektrogeräten mit einem hohen Marktanteil, bietet ihr umsatzstärkstes Produkt wiederholt über einen längeren Zeitraum deutlich unter dem Einstandspreis an, um andere Wettbewerber vom Markt zu verdrängen.

D Die Wilhelm Thell AG, ein bekannter norddeutscher Telefonanbieter, dem in einer Region 15 % der Telefonleitungen gehören, verweigert einem Konkurrenten aus technischen Gründen die Mitbenutzung ihrer Leitungen.

E Drei kleinere Müllentsorgungsunternehmen in einer Region schließen sich zu einem Konzern zusammen, um ihr Angebot gegenüber ihren Kunden preisgünstiger und umfassender gestalten zu können.

Aufgabe III-11

Welche der folgenden Begriffe aus der Marktforschung treffen auf die unten stehenden Definitionen zu?

1 Marktvolumen

2 Marktpotential

3 Marktverteilung

4 Marktstruktur

A Gegebenheiten des Marktes, Aussagen über das Einzugsgebiet und die Zusammensetzung der Bevölkerung

B Höchstmengen (in Stück oder in Euro), die ein Unternehmen absetzen könnte, wenn alle mit der erforderlichen Kaufkraft ausgestatteten potenziellen Kunden die Produkte oder Leistungen des Unternehmens kaufen würden

C Die tatsächlich von allen Marktanbietern einer Branche innerhalb eines bestimmten Zeitraums abgesetzte Menge eines Produkts oder einer Dienstleistung

D Gegenüberstellung der Marktanteile der Wettbewerber auf einem Markt

A	B	C	D

Aufgabe III-12

Ordnen Sie den getroffenen Maßnahmen der *Nordbank AG* die entsprechenden Instrumente der Kommunikationspolitik zu.

Instrumente

1 Werbung

2 Public Relations

3 Sponsoring

4 Verkaufsförderung (Sales Promotion)

5 Product Placement

Maßnahmen

A Die *Nordbank AG* stellt für Kundenberater, die in den verschiedenen Filialen der *Nordbank AG* ihre Umsatzplanzahlen überschreiten, die dreimonatige kostenlose Nutzung eines Werbefahrzeugs der *Nordbank AG* in Aussicht.

B Die *Nordbank AG* lädt das Lehrerkollegium einer Berufsschule zu einem eintägigen Seminar über die Neuregelungen im Kundenkreditgeschäft ein.

C Die *Nordbank AG* stellt einem örtlichen Kindergarten 5.000,00 EUR für die Anschaffung von Sportgeräten zur Verfügung.

D Die *Nord-Bauspar AG* stellt im örtlichen Fernsehen in einem Werbespot ihr neues Bausparkonzept für junge Leute vor.

E Die *Nordbank AG* lässt in einem Kinofilm von dem Hauptdarsteller seine Restaurantrechnung mit der Kreditkarte der *Nordbank AG* bezahlen.

A	B	C	D	E

Aufgabe III-13

Die Marketingabteilung der *Nordbank AG* plant für das 3. Quartal des laufenden Jahres verschiedene Marketingmaßnahmen. Ordnen Sie den folgenden Marketingmaßnahmen die nachstehenden Marketinginstrumente zu!

1 Produktpolitik
2 Sortimentspolitik
3 Distributionspolitik
4 Preispolitik

A Die *Nordbank AG* bietet ihren Kunden die Möglichkeit, sich auch zu Hause, außerhalb der Geschäftszeiten, von einem Kundenberater der *Nordbank AG* über die Altersvorsorge beraten zu lassen.

B Die *Nordbank AG* verteuert die Entgelte für jede eingereichte beleghafte Überweisung von 0,50 EUR auf 2,00 EUR.

C Im Passivgeschäft legt die *Nordbank AG* wieder aufgezinste Sparbriefe auf, allerdings mit unterschiedlichen Laufzeiten und unterschiedlichen Zinssätzen.

D Um das Online-Banking zu fördern, erhalten die Kunden der *Nordbank AG* für jede Online-Überweisung Bonuspunkte, die bei Erreichen eines bestimmten Punktestandes in Sachprämien umgetauscht werden können.

E Die *Nordbank AG* gibt zum ersten Mal Genussscheine an ihre Kunden aus.

A	B	C	D	E

Aufgabe III-14

Ordnen Sie die folgenden Vertriebswege für Bankleistungen den untenstehenden vertriebspolitischen Maßnahmen zu.

1 mobiler Vertrieb
2 stationärer Vertrieb
3 medialer Vertrieb/technischer Vertrieb (mobil oder stationär)

Vertriebspolitische Maßnahmen

A Die *Nordbank AG* richtet in einigen Zweigstellen Selbstbedienungscenter mit Geldautomaten, Kontoauszugsdruckern und sonstigen Selbstbedienungsterminals ein, die wenig frequentierte Zweigstellen ablösen sollen.

B Zinsgünstige Verbraucherdarlehen der *Nordbank AG* werden jetzt auch in einem Möbel-Einkaufszentrum angeboten.

C Der Anlageberater besucht nach telefonischer Vereinbarung einen vermögenden Privatkunden, um diesen über die Altersvorsorgeprodukte der *Nordbank AG* zu informieren.

D Aus Rationalisierungsgründen wird das Zweigstellennetz der *Nordbank AG* erheblich reduziert.

E Kunden der *Nordbank AG* wird die Möglichkeit des Handy-Banking angeboten.

A	B	C	D	E

Aufgabe III-15

Die *Nordbank AG* will im Frühjahr die aktuelle Konkurrenzsituation bei der Finanzierung von Bauvorhaben unter den Hamburger Kreditinstituten ermitteln. Die *Nordbank AG* gibt hierzu eine Marktanalyse in Auftrag. Welche der folgenden Informationen gewinnt die *Nordbank AG* durch diese Marktanalyse?

A Die *Nordbank AG* erhält genaue Rückschlüsse über das eigene Image bei den Hamburger Kunden.

B Die *Nordbank AG* erhält die prozentualen Marktanteile der einzelnen Kreditinstitute in diesem Marktsegment in Hamburg zu einem bestimmten Zeitpunkt.

C Die *Nordbank AG* erhält Prognosen über die Entwicklung des Marktanteils der *Nordbank AG* in diesem Marktsegment.

D Die *Nordbank AG* hat dadurch eine laufende Kontrolle über die Entwicklung der Marktanteile der einzelnen Kreditinstitute in Hamburg in diesem Marktsegment.

E Die *Nordbank AG* erhält dadurch Informationen über die Entwicklung dieses Marktsegments für den folgenden Sommer.

Aufgabe III-16

Ordnen Sie die absatzpolitischen Instrumente den nachfolgenden Maßnahmen von Kreditinstituten zu.

Absatzpolitische Instrumente
1 Produkt-/Sortimentspolitik
2 Preispolitik
3 Distributionspolitik
4 Kommunikationspolitik

Maßnahmen
A Preisfestsetzung
B Werbung
C Öffentlichkeitsarbeit
D Errichtung von Verkaufsniederlassungen
E Produktgestaltung
F Straffung der angebotenen Bankdienstleistungen
G Kundenberatertraining
H Verkaufsförderung

A	B	C	D	E	F	G	H

Aufgabe III-17

Ordnen Sie die drei grundsätzlichen Vertriebswege den unten stehenden konkreten Absatz- und Vertriebsmöglichkeiten zu.

Vertriebsweg

1 Stationärer Vertrieb   2 Mobiler Vertrieb
3 Technischer Vertrieb   4 Absatz- und Vertriebsmöglichkeiten
A Außendienst
B Filiale
C Beratungscenter
D Electronic Banking
E Handy-Banking

A	B	C	D	E

Aufgabe III-18

Das Bundeskartellamt hat eine wichtige Funktion bei der Umsetzung der Wettbewerbspolitik in Deutschland. Welche Aussage beschreibt die zentrale Aufgabe des Bundeskartellamts richtig!

A Zentrale Aufgabe des Bundeskartellamts ist es, den Verbraucher in Deutschland gegen unlauteren Wettbewerb zu schützen.
B Vorrangige Aufgabe des Bundeskartellamts ist die Kontrolle der Einhaltung aller Gesetze, die für Unternehmen mit Sitz in Deutschland gelten.
C Zentrale Aufgabe des Bundeskartellamts ist es, die Ministererlaubnis umfassend inhaltlich vorzubereiten, die bei Zusammenschlüssen von Unternehmen innerhalb der Eurozone von diesen einzuholen ist.
D In erster Linie ist es Aufgabe des Bundeskartellamts, mithilfe des Gesetzes gegen Wettbewerbsbeschränkungen den Schutz des Wettbewerbs für alle Marktteilnehmer in Deutschland sicherzustellen.
E Vorrangige Aufgabe des Bundeskartellamts ist es, die deutschen Schutzbestimmungen für den Wettbewerb im Europäischen Kartellamt durchzusetzen.

A	B	C	D	E

Aufgabe III-19

Der Vorstand der *Nordbank AG* will als Planvorgabe für das kommende Geschäftsjahr bei den Geschäftskunden, die einen Jahresumsatz bis 100 Mio. EUR haben, den Marktanteil um 10 % erhöhen. Stellen Sie fest, welches ökonomische Ziel mit dieser Planvorgabe vorrangig verfolgt wird!

A Erhöhung der Kundenzufriedenheit
B Erhöhung der Mitarbeiterzufriedenheit
C Erhöhung des Absatzes von Bankprodukten
D Erhöhung des Bekanntheitsgrades der *Nordbank AG*
E Schaffung zusätzlicher Arbeitsplätze

Aufgabe III-20

Welche Funktion gehört zur Aufbauorganisation?

A Das Festlegen von Arbeitsabläufen

B Das Bilden von Stellen und Abteilungen

C Die Durchführung von Abteilungsleiterbesprechungen

D Das optimale Auslasten von Arbeitsmitteln und Arbeitskräften

E Die Organisation von außerbetrieblichen Fortbildungsveranstaltungen

Aufgabe III-21

Die *Nordbank AG* will in der ersten Märzwoche die aktuelle Konkurrenzsituation bei der Finanzierung von Anschaffungen bis 25.000,00 EUR unter den regional agierenden Kreditinstituten ermitteln. Sie gibt hierzu eine Marktanalyse in Auftrag. Welche der folgenden Informationen gewinnt die *Nordbank AG* durch diese Marktanalyse?

A Sie erhält genaue Rückschlüsse über das eigene Image bei den Kunden.

B Sie erhält Prognosen über die Entwicklung des Marktanteils der *Nordbank AG* in diesem Marktsegment.

C Sie hat dadurch eine laufende Kontrolle über die Entwicklung der Marktanteile der einzelnen Kreditinstitute in diesem Marktsegment.

D Sie erhält die prozentualen Marktanteile der einzelnen Kreditinstitute in diesem Marktsegment zu einem bestimmten Zeitpunkt.

E Sie erhält dadurch Informationen über die Entwicklung dieses Marktsegments für das nächste Quartal.

Aufgabe III-22

Die Umsatz- und Gewinnentwicklung eines Produkts wird im Marketing mit Hilfe eines Produktlebenszyklus beschrieben. Dabei unterscheidet man folgende Phasen:

1 Einführungsphase

2 Wachstumsphase

3 Reifephase

4 Sättigungs- und Rückgangsphase

Ordnen Sie diese Phasen den Beschreibungen zu.

Beschreibungen

A Die Skepsis gegenüber dem Produkt ist noch sehr stark und der Umsatz ist recht niedrig.

B Es kommen zunehmend Konkurrenzanbieter auf den Markt, sodass der Preis- und Absatzdruck zunimmt.

C Die Nachfrage nach dem Produkt geht stark zurück, da die Konkurrenz inzwischen technisch bessere und billigere Produkte auf den Markt bringt.

D Die Nachfrage sinkt langsam, da immer mehr Anbieter Konkurrenzprodukte auf den Markt bringen und der Markt weitgehend gesättigt ist.

E Für das Produkt ergibt sich vorübergehend eine Monopolstellung, da es der Konkurrenz nicht gelungen ist, ein entsprechendes Produkt auf den Markt zu bringen. Die Stückkosten sind niedrig, da sich die Fixkosten auf hohe Stückzahlen verteilen.

A	B	C	D	E

Aufgabe III-23

Die Marktforschung bildet die Grundlage für Entscheidungen darüber, welche Produkte den Kunden zu welchen Konditionen angeboten werden. Welche Aussage zur Marktforschung ist zutreffend?

A Im Rahmen der Demoskopie werden nur objektive Sachverhalte im Verbraucherverhalten, zum Beispiel Modeaspekte, ermittelt.

B Objektive Sachverhalte in der Verbraucherstruktur, etwa Einkommensverhältnisse von Kunden, spielen im Rahmen der Marktforschung eine untergeordnete Rolle.

C Die Käufermarktsituation im Bereich der Kartenzahlungen erspart eine gezielte Untersuchung und Ansprache der potenziellen Kreditkartennutzer.

D Mithilfe von Imageprofilen soll die subjektive Einstellung der Bankkunden gegenüber den Kreditinstituten systematisch erforscht werden.

E Im Rahmen der Primärforschung spielt der Vergleich von Marktanteilen der Bankengruppen eine zunehmend wichtige Rolle im Marketing-Mix.

Aufgabe III-24

Die *Nordbank AG* will für ihre Kunden die Preise für Schließfächer ändern. Eine Analyse des Verhaltens von Kunden, die Schließfächer angemietet haben, ergab eine Nachfrage-Elastizität von 0,2. Mit welcher der folgenden Auswirkungen muss die *Nordbank AG* rechnen?

A Die Anhebung der Schließfachmieten führt zu einer überproportionalen Abwanderung von Kunden mit Schließfächern.

B Die Senkung der Schließfachmieten ermöglicht der *Nordbank AG* die überproportionale Ausweitung ihres Bestands an Kunden mit Schließfächern.

C Kunden reagieren auf die Änderung der Mieten für Schließfächer preisbewusst, was sich unmittelbar auf den Bestand der Kunden mit Schließfächern auswirkt.

D Die Erhöhung der Schließfachmieten führt für die *Nordbank AG* zu einer unterproportionalen Abwanderung von Kunden mit Schließfächern.

E Die Erhöhung der Schließfachmieten führt für die *Nordbank AG* zu einer proportionalen Erhöhung der Entgelte für Schließfächer.

IV. Markt und Preis, Marktformen und Kosten

Aufgabe IV-1

Ordnen Sie die folgenden Aussagen den marktwirtschaftlichen Verteilungsmechanismen zu.

Aussagen

1 Am Ende einer Preisbietungszeit, bei der die Bieter neben der gewünschten Stückzahl ihre Preisvorstellung angeben müssen, wird aus der Gesamtzahl aller Gebote ein einheitlicher Verkaufspreis festgelegt.

2 Der Preis bildet sich auf einem organisierten Markt mit Angebot und Nachfrage in der Weise, dass der Preis einheitlich gilt, bei dem der größtmögliche Umsatz stattfindet.

3 Das angebotene Gut wird während einer festgelegten Frist solange zum immer neu festgesetzten Preis verkauft, wie der Vorrat reicht.

4 Nachdem die Nachfrager limitierte Kaufangebote abgegeben haben, wird vom höchsten gebotenen Preis beginnend solange zum jeweils gebotenen Preis verteilt, bis das Angebot vollständig verteilt ist.

Verteilungsmechanismen

A Marktpreisbildung

B Bookbuilding-Verfahren

C Freihändiger Verkauf

D Tender – Amerikanisches Verfahren

A	B	C	D

Aufgabe IV-2

Welche der folgenden Aussagen beschreiben das ökonomische Prinzip als Maximalprinzip?

A Die *Fernheizwerke Neukölln AG* versucht, ihre kaufmännische Verwaltung mit möglichst geringen Personalkosten abzuwickeln.

B Die Geschwister Günter und Manuela Pahlke kaufen alle an der Börse angebotenen Aktien der *Sportkleidung AG*.

C Die *Stahlwerke Witten AG* versucht, mit möglichst geringem Rohstoffeinsatz einen möglichst hohen Gewinn zu erzielen.

D Die *Schreiner & Söhne OHG* versucht, aus einer Rolle Stahlblech möglichst viele Türen zu produzieren.

E Die *Speditions AG* versucht, mit ihren Möbelwagen mit einer Tankfüllung und einem entsprechenden Fahrverhalten möglichst viele Kilometer an einem Tag zu fahren.

F Die *Nordbank AG* versucht, mit möglichst geringer Mitarbeiterzahl in einer Filiale möglichst viele Kunden zu beraten.

© Springer Fachmedien Wiesbaden GmbH, ein Teil von Springer Nature 2022
W. Grundmann et al., *Wirtschafts- und Sozialkunde Teil 1*, Prüfungstraining für Bankkaufleute,
https://doi.org/10.1007/978-3-658-38087-8_12

Aufgabe IV-3

Welche der folgenden Aussagen zur Preiselastizität der Nachfrage sind richtig?

A Erhöht sich der Preis eines Gutes um 1% und sinkt die Nachfrage ebenfalls um 1%, so beträgt die Elastizität 1.

B Eine hohe Elastizität liegt vor, wenn die Änderung der nachgefragten Menge geringer ausfällt als die Preisänderung.

C Eine niedrige Elastizität liegt vor, wenn die Änderung der nachgefragten Menge geringer ausfällt als die Preisänderung.

D Eine völlig unelastische Nachfrage liegt vor, wenn die Preisänderung eine nur sehr geringe Änderung der nachgefragten Menge bewirkt.

E Eine normale Elastizität liegt vor, wenn die Preisänderung eine geringe Änderung der nachgefragten Menge bewirkt.

F Ein Nachfrageverlauf, bei dem es bei steigenden Preisen zu steigender Nachfrage kommt, ist nicht möglich.

Aufgabe IV-4

Frau Helga Simon steht am Freitagnachmittag in der Schlange an der Fleischtheke des einzigen Supermarktes ihres Heimatortes Tankstedt, um den Sonntagsbraten zu kaufen. Sie ärgerte sich, dass der letzte Metzger des Ortes vor Kurzem seinen Familienbetrieb aufgegeben hat. Alternative Einkaufsmöglichkeiten für Fleischprodukte gibt es in Tankstedt nicht. Welche Aussage zu den Marktformen trifft auf diese Situation zu?

A Der Fleischmarkt in Tankstedt findet unter monopolistischer Konkurrenz statt.

B Da es im Bundesgebiet noch eine Vielzahl von Metzgern und Supermärkten mit Fleischabteilungen gibt, liegt vollständige Konkurrenz vor.

C Betrachtet man den Markt für Fleischprodukte auf Ortsebene, handelt es sich bei dem Fleischmarkt um ein Angebotsmonopol, betrachtet man die gesamte Region, so handelt es sich um ein Angebotsoligopol oder Angebotspolypol.

D Wegen der monopolistischen Position des Supermarktes in Tankstedt kann das Bundeskartellamt die Öffnung eines zusätzlichen Metzgers oder Supermarktes mit Fleischabteilung in Tankstedt beschließen.

E Die hier dargestellte monopolistische Marktsituation verstößt gegen das deutsche Wettbewerbsrecht. Der Metzger hätte daher seinen Familienbetrieb nicht aufgeben dürfen.

Aufgabe IV-5

In welcher der folgenden Situationen liegt ein preiselastisches Nachfrageverhalten vor?

A Ein Kaffeeröster erhöht die Kaffeepreise um 5%. Danach geht der Absatz um 10% zurück.

B Durch eine Erhöhung der Tabaksteuer steigt der Preis für Tabakwaren um 8%. Die Raucher reduzieren daraufhin ihren Konsum von Tabakwaren um 1%.

C Die Europäische Zentralbank senkt den Leitzins um 0,05 % auf 0,00 %. Die Kreditinstitute kalkulieren diese Senkung in ihre Kreditzinsen ein.

D Der Preis für Champagner steigt um 10 %. Daraufhin steigt die Nachfrage nach Champagner um 25 %.

E Die Rohölpreise steigen um durchschnittlich 14%. Daraufhin erhöhen die Mineralölkonzerne die Preise für leichtes Heizöl um 16 %.

Aufgabe IV-6

Ein Florist bietet seine Blumen und Pflanzen seit einiger Zeit nicht nur in seinem Ladengeschäft, sondern auch an zwei Wochentagen auf einem Wochenmarkt in einem Nachbarort an. Auf Grund der Konkurrenzsituation und der mit weniger Kaufkraft ausgestatteten Käuferschicht fordert er auf dem Wochenmarkt für gleiche Produkte bis zu 20% weniger als in seinem Ladengeschäft. Welche Art der Preisdifferenzierung betreibt der Florist?

A Personenbezogene Preisdifferenzierung

B Zeitliche Preisdifferenzierung

C Mengenmäßige Preisdifferenzierung

D Verwendungsbezogene Preisdifferenzierung

E Räumliche Preisdifferenzierung

Aufgabe IV-7

Welche der folgenden Aussagen zu dem elastischen Bereich einer normal verlaufenden Nachfragekurve, z. B. die Nachfrage nach digitalen Kameras, ist richtig?

A Eine Preissenkung hat keine Nachfrageerhöhung nach digitalen Kameras zur Folge.

B Eine Preissenkung auf diesem Markt führt zu einer überproportionalen Nachfrageerhöhung.

C Ein Preisanstieg hat nur eine geringfügige Nachfrageerhöhung nach diesen Produkten zur Folge.

D Ein Preisanstieg hat keinen Nachfragerückgang nach digitalen Kameras zur Folge.

E Eine Preiserhöhung bei digitalen Kameras hat keine Nachfrageerhöhung auf diesem Markt zur Folge.

Aufgabe IV-8

Auf einem Wochenmarkt im Alten Land werden bei einem Preis von 4,00 EUR je kg 700 kg Kirschen nachgefragt und 450 kg Kirschen angeboten. In welcher Aussage wird die Marktsituation richtig beschrieben?

	Marktlage	Marktumsatz in EUR	Preisentwicklung
A	Angebotsüberhang	2.800,00 EUR	fallend
B	Nachfrageüberhang	2.800,00 EUR	steigend
C	Angebotsüberhang	1.800,00 EUR	fallend
D	Nachfrageüberhang	1.800,00 EUR	steigend
E	Angebotsüberhang	1.800,00 EUR	steigend

Aufgabe IV-9

Ordnen Sie die Marktformen den entsprechenden Aussagen zu!
Marktformen

1 Polypol

2 Oligopol

3 Monopol

Aussagen

A Der Anbieter hat nicht nur mit der Reaktion der Nachfrager zu rechnen, sondern auch mit den Reaktionen seiner Konkurrenten.

B   Der Anbieter kann den Preis so festsetzen, dass er den größten Gewinn erzielt.

C Der starke Wettbewerb zwischen den Marktteilnehmern führt nicht selten dazu, dass Preisabsprachen vorgenommen werden bzw. abgestimmte Verhaltensweisen zu beobachten sind.

D Der Anbieter kann auf die Preisgestaltung keinen Einfluss nehmen. Er kann sich nur als Mengenanpasser verhalten.

E Die Konsumenten werden zu höheren Preisen schlechter versorgt als dies bei vollständiger Konkurrenz der Fall wäre.

F Die Marktstellung des einzelnen Anbieters ist zu schwach, um eine aktive Marktpolitik zu betreiben.

A	B	C	D	E	F

Aufgabe IV-10

Nachfrager und Anbieter können auf Preisänderungen unterschiedlich reagieren. Bei welchen der nachstehenden Situationen besteht ein/e

1 elastische Nachfrage   **3** elastisches Angebot

2 unelastische Nachfrage   **4** unelastisches Angebot?

Situationen

A Die Kurse der festverzinslichen Wertpapiere an den deutschen Wertpapierbörsen steigen kontinuierlich, die Anleger ordern weiter auf hohem Niveau.

B Bei sinkenden Zinsen nimmt die Nachfrage nach Konsumentenkrediten deutlich zu.

C Wegen Erreichen der Kapazitätsgrenzen in der Produktion hochwertiger Pkw können die deutschen Automobilhersteller trotz steigender Preise ihr Angebot nicht erhöhen.

D Die Kaffeepreise in Deutschland steigen. Die Nachfrage der Kaffeekonsumenten bleibt nahezu unverändert.

E Trotz steigender Refinanzierungskosten für die Kreditinstitute bleibt deren Nachfrage nach Liquidität unverändert.

F In Erwartung steigender Preise am Rohölmarkt erhöhen die erdölproduzierenden Staaten kurzfristig die jeweiligen Quoten für die Rohölproduktion in den verschiedenen Ländern.

A	B	C	D	E	F

Aufgabe IV-11

Welche Verhaltensstrategien von Angebotsoligopolisten liegen in den nachfolgenden Beispielen vor?

Verhaltensstrategien

1   Intensiver Wettbewerb   2   Ruinöse Konkurrenz
3   Preisabsprachen   4   Preisführerschaft

Beispiele

A   Wenige Anbieter einigen sich auf einen einheitlichen Angebotspreis.

B   Die Anbieter versuchen über qualitativ verbesserte Produktangebote und/oder Preissenkungen Marktanteile hinzuzugewinnen und ihre Konkurrenten vom Markt zu verdrängen.

C   Erhöht ein Anbieter die Preise, so ziehen die Konkurrenten nach.

D   Ein Angebotsoligopolist, der glaubt, die größten finanziellen Reserven zu besitzen, senkt die Preise soweit (unter Umständen auch für längere Zeit unter Selbstkosten), bis seine Konkurrenten aus dem Markt ausscheiden.

A	B	C	D

Aufgabe IV-12

Die in der Bundesrepublik existierenden Märkte sind in der Regel unvollkommene Märkte. Welche der Aussagen über unvollkommene Märkte treffen zu?

A   Für Anbieter und Nachfrager besteht vollständige Markttransparenz.

B   Ein Anbieter kann seinen Kunden keine Mengenrabatte gewähren.

C   Ein Anbieter kann für sein Produkt regional unterschiedliche Preise fordern und erhalten.

D   Die von den Anbietern angebotenen Produkte sind homogen.

E   Alle Marktteilnehmer handeln bei ihren Entscheidungen ausschließlich nach rationalen Überlegungen.

F   Die Nachfrager lassen sich durch Werbung in ihren Kaufentscheidungen beeinflussen.

Aufgabe IV-13

In der folgenden modellhaften Marktsituation ist die Gesamtnachfrage nach einem Gut dargestellt.

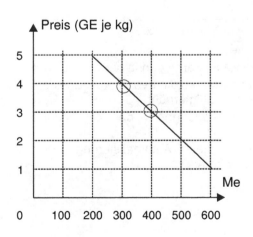

a)   Vier Produzenten bieten jeweils 100 kg eines bestimmten Artikels am Markt an. Sie sind bereit, ihre gesamte Menge zu jedem beliebigen Preis anzubieten, sofern dieser mindestens eine Geldeinheit (GE) je kg beträgt.

aa) Welcher Gleichgewichtspreis in GE ergibt sich, wenn die Produzenten ihr Angebot gleichzeitig und ohne den Versuch einer Preisdifferenzierung am Markt anbieten?

ab) Welcher Umsatz in GE ergibt sich bei diesem Gleichgewichtspreis?

b)   Nehmen Sie an, die Produzenten würden folgende Absprache treffen: Zwei reduzieren ihr Angebot um je 30 kg, die beiden anderen um je 20 kg. Welcher Gleichgewichtspreis in GE würde sich jetzt – unter sonst gleichen Annahmen – ergeben?

Aufgabe IV-14

Die Angebotskurve verschiebt sich nach rechts oder links, wenn sich
-   die Kosten,
-   der Stand der Technik,
-   die Gewinnerwartungen oder
-   die Zahl der Anbieter

ändern.

Ordnen Sie die folgenden Sachverhalte den nachfolgenden Grafiken zu.

1. Rechtsverschiebung des Angebots   2.   Linksverschiebung des Angebots

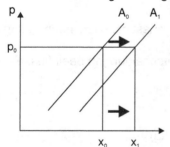 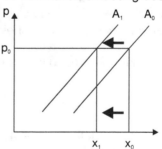

Sachverhalte

A   Die Gewinnerwartungen in der chemischen Industrie sind gesunken.

B   Durch den Marktzutritt von sog. industriellen Schwellenländern hat sich die Zahl der Wettbewerber kräftig erhöht.

C   Die Lohnerhöhungen in der Metallindustrie gehen über den erzielten Produktivitätsfortschritt hinaus.

D   Durch eine starke Automatisierung in der Druckindustrie ist die Produktionszeit erheblich verkürzt worden.

A	B	C	D

Aufgabe IV-15

Wie verändern die nachstehenden Sachverhalte die jeweilige Angebots- bzw. Nachfragekurve sowie den jeweiligen Marktpreis auf dem Markt für Fertighäuser?

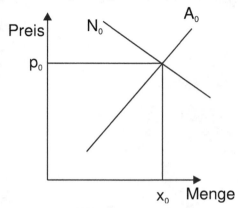

1   Das Angebot steigt. Die Angebotskurve verschiebt sich nach rechts. Der Marktpreis fällt.

2   Das Angebot geht zurück. Die Angebotskurve verschiebt sich nach links. Der Marktpreis steigt.

3   Die Nachfrage steigt. Die Nachfragekurve verschiebt sich nach rechts. Der Marktpreis steigt.

4   Die Nachfrage geht zurück. Die Nachfragekurve verschiebt sich nach links. Der Marktpreis fällt.

Sachverhalte

A   Aufgrund eines sinkenden Zinsniveaus erhöht sich die Nachfrage nach Fertighäusern.

B   Es kommen neue Anbieter auf den Markt.

C   Die größten Hersteller von Fertighäusern, die zusammen einen Marktanteil von 65 % haben, beschließen, ihre jeweilige Produktionsmenge um 20 % zu senken.

D   Es wird damit gerechnet, dass aufgrund der verschlechterten finanziellen Situation der privaten Haushalte die Nachfrage nach Fertigbauhäusern stark eingeschränkt wird.

A	B	C	D

Aufgabe IV-16

Die Bundesregierung hat eine CO_2-Abgabe auf Kraftstoffe erhoben. Von den Klimaexperten wurde geschätzt, dass bei der Erhöhung des Preises um 10 % je Liter Kraftstoff die Nachfrage von aktuell jährlich 17,5 Millionen Tonnen auf 13,3 Millionen Tonnen sinken wird. Berechnen Sie die Nachfrageelastizität (Geben Sie das Ergebnis mit 1 Nachkommastelle an!)!

Aufgabe IV-17

Unten abgebildet ist die Gesamtnachfrage- und Gesamtangebotskurve für ein bestimmtes Gut auf einem vollkommenen Markt.

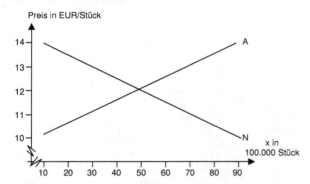

Welche der folgenden Vorgänge haben tendenziell eine

1   Rechtsverschiebung der Nachfragekurve
2   Linksverschiebung der Nachfragekurve
3   Rechtsverschiebung der Angebotskurve
4   Linksverschiebung der Angebotskurve

zur Folge, wenn nicht erwähnte Einflussfaktoren unverändert bleiben?

Situationen

A   Eine Kindergelderhöhung bewirkt eine Kaufkrafterhöhung bei privaten Haushalten.

B   Aufgrund des gestiegenen Euro-Kurses gegenüber dem US-Dollar können von Produzenten Rohstoffe wie Rohöl und Kupfer zu deutlich gesunkenen Preisen beschafft werden.

C   Die Lohnstückkosten sinken aufgrund der stark gestiegenen Arbeitsproduktivität.

D   Eine steigende Zahl von Insolvenzen führt dazu, dass die Zahl der Anbieter für dieses Produkt deutlich zurückgeht.

E   Der Preis für ein substitutives Gut, das neu auf den Markt gekommen ist, sinkt stark.

A	B	C	D	E

Aufgabe IV-18

Auf dem Zementmarkt erhöht ein Anbieter den Preis für eine Tonne Zement von 200,00 EUR auf 225,00 EUR je Tonne. Sein täglicher Zementabsatz geht daraufhin von 250.000 Tonnen auf 245.000 Tonnen zurück.

a)   Berechnen Sie die direkte Preiselastizität der Nachfrage.

Angenommen der Unternehmer erhöht den Zementpreis von 200 EUR auf 250 EUR. Sein täglicher Zementabsatz geht daraufhin von 250.000 Tonnen auf 175.000 Tonnen zurück.

b)   Berechnen Sie die direkte Preiselastizität der Nachfrage.

Aufgabe IV-19

Durch marktkonforme Staatseingriffe kann Einfluss auf die Nachfrage und das Angebot ausgeübt werden. Auf einem Markt liegt die folgende Nachfrage- und Angebotssituation vor:

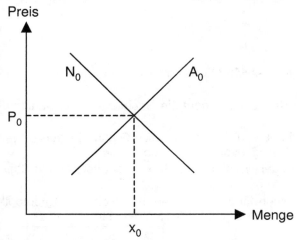

Welche Auswirkungen haben die unten stehenden staatlichen Maßnahmen auf die Nachfrage-
bzw. Angebotskurve und den jeweiligen Marktpreis? Es wird unterstellt, dass alle nicht genannten Einflussgrößen unverändert bleiben.

Auswirkungen

1   Das Angebot steigt. Die Angebotskurve verschiebt sich nach rechts. Der Marktpreis fällt.

2   Das Angebot geht zurück. Die Angebotskurve verschiebt sich nach links. Der Marktpreis
    steigt.

3   Die Nachfrage steigt. Die Nachfragekurve verschiebt sich nach rechts. Der Marktpreis
    steigt.

4   Die Nachfrage geht zurück. Die Nachfragekurve verschiebt sich nach links. Der Marktpreis
    fällt.

Staatliche Maßnahmen

A   Der Staat erhöht das Wohngeld für Empfangsberechtigte.

B   Der Staat verschärft die Umweltauflagen für das produzierende Gewerbe.

C   Der Staat erhöht die Tabaksteuer um 10%.

D   Der Staat zahlt Unternehmen, die unqualifizierte Langzeitarbeitslose einstellen, einen be-
    fristeten Lohnkostenzuschuss von 30% je neu eingestellten Mitarbeiter.

A	B	C	D

Aufgabe IV-20

Ordnen Sie die Elastizitäten von Angebot und Nachfrage den verschiedenen Reaktionen der Nachfrager zu.

Auswirkungen

1   elastische Nachfrage
2   vollkommen unelastische Nachfrage
3   elastisches Angebot
4   vollkommen unelastisches Angebot

Reaktionen der Marktteilnehmer

A   Die *Nordbank AG* erhöht die Gebühren für Verwahrstücke, ohne dass daraufhin ein Verwahrvertrag gekündigt wird.

B   Aufgrund der gestiegenen Zinssätze am Kapitalmarkt geht die Nachfrage nach Baufinanzierungen überproportional zurück.

C   Die Zinsmarge für Baufinanzierungen erhöht sich. Die *Nordbank AG* kann jedoch wegen ihres zu geringen Eigenkapitals das Kreditvergabevolumen nicht erhöhen.

D   Aufgrund steigender Zinsen legen Kunden der *Nordbank AG* ihre Gelder verstärkt in Sparbriefen mit entsprechenden Laufzeiten an.

E   Die Kurse von Autoaktien steigen über einen längeren Zeitraum, obwohl die Automobilbranche von rückläufigen Absatzzahlen und rückläufigen Erträgen berichtet.

A	B	C	D	E

Aufgabe IV-21

Welche der nachstehenden Aussagen kennzeichnen fixe Kosten?

A   Ein Unternehmen sichert sich durch langfristige Lieferverträge günstige Festpreise und Bezugsmengen knapper Rohstoffe.

B   Zinsen für die Inanspruchnahme von Kontokorrentkrediten

C   Benutzung eines Börseninformationsdienstes im Internet

D   Arbeitskräfte werden durch eine Leiharbeitsfirma bei Bedarf zur Verfügung gestellt.

E   Bilanzielle Abschreibungen

F   Arbeitgeberanteil der Sozialversicherung für leistungsbezogene Gehaltsbestandteile

Aufgabe IV-22

Die *Nordbank AG* will ein neues Sparprodukt auf den Markt bringen. Es liegen folgende Daten vor:

Marktvolumen im 1. Jahr	120.000 Verträge
Geschätztes Marktpotential	250.000 Verträge
Absatz der *Nordbank AG* im 1. Jahr	12.500 Verträge
Erlös je Vertrag	950,00 EUR
Variable Kosten je Vertrag	350,00 EUR
Fixkosten der *Nordbank AG* pro Jahr	7.850.000,00 EUR

a) Ermitteln Sie den Marktanteil der *Nordbank AG* in %.

b) Ermitteln Sie die Marktsättigung im 1. Jahr für den Gesamtmarkt in %.

c) Wie hoch ist der gegenwärtige Betriebserfolg der *Nordbank AG*?

d) Bei welcher Vertragszahl erreicht die *Nordbank AG* den Break-even-Point (Gewinnschwelle)?

Aufgabe IV-23

Die Kapazität eines Möbelherstellers beträgt 20.000 Stühle monatlich. Die Gesamtkosten betragen bei einer Produktion von 16.000 Stühlen 985.000,00 EUR und bei einer Produktion von 17.500 Stühlen 1.063.000,00 EUR. Der Verkaufspreis beträgt 70,00 EUR je Stuhl.

a) Wie hoch sind die variablen Kosten pro Stuhl?

b) Errechnen Sie die monatlichen Fixkosten.

c) Wie viele Stühle müssen produziert werden, um die Gewinnschwelle zu erreichen?

d) Errechnen Sie das Betriebsergebnis bei einer Produktions- und Absatzmenge von 15.000 Stühlen!

Aufgabe IV-24

Ein Produzent von PC kann 10 PC alternativ mit folgenden Mengenkombinationen Arbeit und Kapital herstellen:

Kombination	A	B	C	D	E
Arbeit (in Einheiten)	8	7	6	5	4
Kapital (in Einheiten)	3	9	12	15	21

Die Kosten für eine Einheit des Faktors Arbeit belaufen sich auf 50 EUR pro Einheit. Eine Einheit des Faktors Kapital kostet 10 EUR.

a) Ermitteln Sie die kostengünstigste Faktorkombination.

b) Aufgrund neuer technischer Entwicklungen kann die gleiche Menge nunmehr jeweils mit einem Viertel des Kapitaleinsatzes produziert werden. Ermitteln Sie unter dieser Voraussetzung die kostengünstigste Faktorkombination.

Aufgabe IV-25

Die *Hertel GmbH,* Herstellerin von Mofas, ermittelt folgende Planzahlen für das kommende Jahr:

- fixe Kosten 156 Mio. EUR
- variable Kosten 850,00 EUR je Mofa
- kalkulierter Absatz 0,2 Mio. Mofas

a) Welchen Marktpreis je Mofa muss die *Hertel GmbH* aufgrund dieser Zahlen mindestens erzielen, um kostendeckend produzieren zu können?

Die *Hertel GmbH* hat bestimmte Entwicklungen für das kommende Jahr, die Einfluss auf den Unternehmenserfolg dieses Jahres nehmen können, bei ihren Planzahlen berücksichtigt.

b) Stellen Sie fest, ob und in wieweit sich ein solcher Einfluss ergibt. Ordnen Sie zu.

1   Die Entwicklung beeinflusst nur die fixen Kosten.
2   Die Entwicklung beeinflusst nur die variablen Kosten.
3   Die Entwicklung beeinflussen sowohl die fixen als auch die variablen Kosten.
4   Die Entwicklung hat keinen Einfluss auf die Kosten der *Hertel GmbH.*

Entwicklungen

A   Es ist zu erwarten, dass die Gehälter der Verwaltungsangestellten aufgrund der Tarifverhandlungen mit ver.di um 4 % steigen.

B   Es wird damit gerechnet, dass die Körperschaftsteuer um weitere drei Prozentpunkte sinkt.

C   Für die in der Produktion beschäftigten Arbeiter werden aufgrund von Tarifverhandlungen und neuen Betriebsvereinbarungen die Grundlöhne sowie die leistungsbezogenen Akkordlöhne um jeweils etwa 3,5 % steigen.

D   Bei der Kalkulation der linearen Abschreibungen auf Produktionsmaschinen wird die *Hertel GmbH* von einer längeren Nutzungsdauer ausgehen.

E   Die Preise für Materialien, die für die Mofa-Produktion notwendig sind, werden vermutlich im Durchschnitt um 7 % steigen.

A	B	C	D	E

Aufgabe IV-26

Auch in der Kreditwirtschaft wird die Forderung nach Senkung der Steuern und Senkung der Kosten des Produktionsfaktors Arbeit immer lauter. Beurteilen Sie die Wie wirken sich die nachstehenden Maßnahmen (Steuersenkungen und Senkung des Produktionsfaktors Arbeit) auf Arbeitnehmer und die *Nordbank AG* aus?

Durch die Maßnahme

1   wird nur die *Nordbank AG* entlastet.
2   werden nur die Arbeitnehmer der *Nordbank AG* direkt entlastet.
3   werden sowohl die *Nordbank AG* als auch ihre Arbeitnehmer direkt entlastet.

Ordnen Sie diese Phasen den Beschreibungen zu.

A   Der Beitragssatz zur gesetzlichen Unfallversicherung wird von 0,30 Promille auf 0,28 Promille der Lohnsumme gesenkt.

B Das Weihnachtsgeld wird im Rahmen einer Betriebsvereinbarung für alle Arbeitnehmer des Unternehmens gestrichen.

C Der Eingangssteuersatz für die Lohn- und Einkommensteuer wird von 19 % auf 16 % und der Spitzensteuersatz von 45 % auf 42 % gesenkt.

D Der Beitragssatz zur Arbeitslosenversicherung wird von 3,5 % auf 3,0 % gesenkt.

E Der Solidaritätszuschlag auf die Lohnsteuer wurde abgeschafft.

A	B	C	D	E

Aufgabe IV-27

Ein Hersteller von Digitalkameras senkt den Stückpreis von 250 EUR auf 220 EUR. Darauf steigt die monatlich abgesetzte Menge von 150.000 auf 190.000 Digitalkameras.

a) Berechnen Sie die Preiselastizität der Nachfrage.

b) Um welches Nachfrageverhalten handelt es sich in diesem Fall?

A Es handelt sich um ein elastisches Nachfrageverhalten.

B Es handelt sich um ein proportional-elastisches Nachfrageverhalten.

C Es handelt sich um vollkommen unelastisches Nachfrageverhalten.

D Es handelt sich um ein unelastisches Nachfrageverhalten.

E Es handelt sich um ein vollkommen elastisches Nachfrageverhalten.

Aufgabe IV-28

Ordnen Sie den Aussagen die Markformen zu.

Marktformen

1 Angebotspolypol

2 Angebotsoligopol

3 Angebotsmonopol

Aussagen

A Der Anbieter ist in seiner Preisgestaltung völlig frei. Er muss allerdings die Reaktionen der Nachfrager beachten, wenn er einen möglichst hohen Gewinn erzielen will.

B Der einzelne Anbieter hat wenig Möglichkeiten, die Preisgestaltung zu beeinflussen. Der Anbieter versucht nun, die von ihm angebotene Menge so zu variieren, dass der größtmögliche Gewinn entsteht.

C Aufgrund des starken Wettbewerbs werden zwischen den Anbietern Preisabsprachen vorgenommen oder das Marktverhalten wird aufeinander abgestimmt.

D Der Anbieter rechnet mit Reaktionen seiner Konkurrenten und der Nachfrager.

E Der Anbieter setzt seinen Preis so fest, dass die Differenz zwischen Gesamterlösen und Gesamtkosten am größten ist.

A	B	C	D	E

Aufgabe IV-29

Dem Skontroführer (Spezialisten) liegen die nachstehenden Aufträge zur Eröffnungskurser-
mittlung der *Konsum AG*-Aktie vor:

Kauf/Stück	Limit/ EUR pro Stück	Verkauf/Stück	Limit/ EUR pro Stück
36	Billigst	80	bestens
42	358,00	53	353,50
100	357,00	32	355,00
72	356,00	36	357,00
15	354,00	41	357,60
22	353,50	10	358,00
90	352,00	-	-
Summe: 377		Summe: 252	

Ermitteln Sie den Eröffnungskurs nach dem Meistausführungsprinzip und den entsprechenden
Kurszusatz für die *Konsum*-Aktie.

Aufgabe IV-30

Die *Energie AG* will ihren Absatz von Durchlauferhitzern erhöhen und senkt dazu die Preise
von 550,00 EUR auf 480,00 EUR pro Stück. Nach einigen Monaten ergibt die Auswertung der
Absatzmenge, dass die Nachfrage nach diesen Heizungen um 243 Stück auf 3 243 Stück
gestiegen ist.

a) Berechnen Sie die Preiselastizität der Nachfrage (Geben Sie das Ergebnis mit einer Nachkommastelle an!)!

b) Um welches Nachfrageverhalten handelt es sich in diesem Fall?

A   Es handelt sich um ein elastisches Nachfrageverhalten.

B   Es handelt sich um ein proportional-elastisches Nachfrageverhalten.

C   Es handelt sich um vollkommen unelastisches Nachfrageverhalten.

D   Es handelt sich um ein unelastisches Nachfrageverhalten.

E   Es handelt sich um ein vollkommen elastisches Nachfrageverhalten.

Aufgabe IV-31

Die Nachfrage der Endverbraucher nach Digitalkameras sinkt, obwohl eine positive Entwicklung der privaten Einkommen erwartet wurde. Welche Ursache kann hierfür angeführt werden

A   Mehrere Konkurrenten haben Insolvenz angemeldet.

B   Die Inflationsrate war höher als das gestiegene reale, verfügbare Einkommen der Endverbraucher.

C   Die Bundesregierung hat die Sätze für verschiedene Verbrauchsteuern gesenkt, um im
europäischen Vergleich konkurrenzfähig zu bleiben.

D Das Preisniveau am Markt für Digitalkameras ist gesunken, da die Rohstoffpreise deutlich gefallen sind.

E Die Aufnahme von Konsumentenkrediten ist gestiegen, da die Zinsen gesenkt und somit die Kreditaufnahme erleichtert wurde.

Aufgabe IV-32

Welche der nachfolgenden Ereignisse werden unter sonst gleich bleibenden wirtschaftlichen Bedingungen zu einem Anstieg des Preises für Rohöl in Deutschland führen? Rohöl wird weltweit in US-Dollar gehandelt.

A Die Nachfrage nach Rohöl steigt infolge knapper Ölvorräte weltweit an.

B Die Kurse an den Aktienmärkten steigen auf Grund positiver Erwartungen bezüglich der künftigen wirtschaftlichen Entwicklung weltweit.

C Bedingt durch eine entsprechende Veränderung im Konsumentenverhalten verlagert sich der Berufsverkehr in Deutschland spürbar vom eigenen Pkw zum öffentlichen Nahverkehr.

D Die wichtigsten OPEC-Länder der Welt verpflichten sich, in den nächsten fünf Jahren ihre Rohölproduktion auszuweiten.

E Der Wechselkurs des US-Dollar je Euro fällt über einen längeren Zeitraum nachhaltig.

F Aus Furcht vor geringeren Gewinnen bei rückläufigem Preis je Barrel Rohöl wird die zukünftige Produktion durch die Mineralölgesellschaften im Terminmarkt bereits vorzeitig verkauft.

V. Steuern

Einkommensteuer wird auf das von natürlichen Personen bezogene Einkommen erhoben, juristische Personen zahlen Körperschaftsteuer.

Ermittlung des zu versteuernden Einkommens nach § 2 Abs. 1 bis 5 EStG

Bemessungsgrundlage für die tarifliche Einkommensteuer ist das zu versteuernde Einkommen. Es ist wie folgt zu ermitteln:

1		Summe der Einkünfte aus jeder Einkunftsart
2	+	Hinzurechnungsbetrag
3	**=**	**Summe der Einkünfte (§ 2 Abs. 1 EStG)**
4	-	Altersentlastungsbetrag
5	-	Entlastungsbetrag für Alleinerziehende
6	-	Freibetrag für Land- und Forstwirte
7	**=**	**Gesamtbetrag der Einkünfte nach § 2 Abs. 3 EStG**
8	-	Verlustabzug nach § 10 d EStG
9	-	Sonderausgaben
10	-	außergewöhnliche Belastungen
11	-	Steuerbegünstigung der zu Wohnzwecken genutzten Wohnungen, Gebäude und Baudenkmale sowie der schutzwürdigen Kulturgüter
12	+	zuzurechnendes Einkommen
13	**=**	**Einkommen nach § 2 Abs. 4 EStG**
14	-	Freibeträge für Kinder
15	-	Härteausgleich
16	**=**	**zu versteuerndes Einkommen nach § 2 Abs. 5 EStG**

© Springer Fachmedien Wiesbaden GmbH, ein Teil von Springer Nature 2022
W. Grundmann et al., *Wirtschafts- und Sozialkunde Teil 1*, Prüfungstraining für Bankkaufleute,
https://doi.org/10.1007/978-3-658-38087-8_13

Übersicht über die Einkunftsarten, die Ermittlung der Einkünfte und den Ermittlungs-zeitraum		
Einkunftsart	Aufteilung in Gewinn- und Über-schusseinkünfte	Ermittlungszeitraum
1. Land- und Forstwirtschaft	**Gewinneinkünfte (betriebliche Einkünfte):** Betriebseinnahmen – Betriebsaus-gaben = Gewinn oder Verlust	**Kalenderjahr oder abweichendes Wirtschaftsjahr**
2. Gewerbebetrieb		
3. selbständige Arbeit		
4. nichtselbständige Arbeit	**Überschusseinkünfte (private Einkünfte):** Einnahmen abzüglich Werbungs-kosten, Pausch- und Freibeträge = Überschuss oder Verlust	**Kalenderjahr**
5. Kapitalvermögen		
6. Vermietung und Verpach-tung		
7. sonstige Einkünfte, bei-spielsweise Renten, Ein-künfte aus privaten Ver-äußerungsgeschäften		

Einnahmen sind alle Güter, die in Geldwert bestehen und dem Steuerpflichtigen im Rahmen der Einkunftsarten des § 2 Abs. 1 Nr. 4 bis 7 EStG (Überschusseinkünfte) zufließen. Die steu-erbaren Einnahmen werden untergliedert in steuerfreie und steuerpflichtige Einnahmen. Steu-erpflichtige Einnahmen sind solche, die in einer der vier Überschusseinkunftsarten (Einkünfte aus nichtselbständiger Arbeit, Einkünfte aus Kapitalvermögen, Einkünfte aus Vermietung und Verpachtung und sonstige Einkünfte) erzielt werden und nicht steuerbefreit sind.

Steuerfreie Einnahmen sind in § 3 EStG aufgeführt. Hierzu gehören u. a.:

- Leistungen aus der Krankenversicherung
- Leistungen aus der gesetzlichen Unfallversicherung
- Arbeitslosengeld, Kurzarbeiter- und Winterausfallgeld
- Mutterschaftsgeld nach dem Mutterschutzgesetz

Aufgabe V-1

Iris Baumgarten (31 Jahre alt, ledig, kinderlos, keiner Religionsgemeinschaft angehörend) ist Wertpapierberaterin bei der *Nordbank AG* und hat für ihre Einkommensteuer-Erklärung für den Veranlagungszeitraum des letzten Jahres folgende Einnahmen und Ausgaben ermittelt. Frau Baumgarten hatte ihrer Bank keinen Freistellungsbetrag für diesen Zeitraum erteilt. Ihr jährliches Bruttoeinkommen beträgt für das betreffende Jahr 18.000,00 EUR. Frau Baumgarten ist teilzeitbeschäftigt. Für alle Ausgaben hat sie im Laufe des letzten Jahres entsprechende Belege gesammelt und kann diese ihrem zuständigen Finanzamt vorlegen.

Einnahmen			
Jahresbruttolohn	18.000,00 EUR		
Zinsen von Bundesanleihen	3.500,00 EUR brutto	25 % Abgeltungssteuer 875,00 EUR	5,5 % Solidaritätszuschlag 48,12 EUR
Bardividende für 2000 Aktien der FHW Neukölln AG	1.680,00 EUR brutto	25 % Abgeltungssteuer 420,00 EUR	5,5 % Solidaritätszuschlag 23,10 EUR
Zinsen für Festgeld	200,00 EUR brutto	25 % Abgeltungssteuer 50,00 EUR	5,5 % Solidaritätszuschlag 2,75 EUR

Ausgaben

Gewerkschaftsbeitrag ver.di	360,00 EUR
Tageszeitung	420,00 EUR
Kfz-Steuer	495,00 EUR
Sonstige Sonderausgaben	100,00 EUR
Jahresprämie einer Risikolebensversicherung	700,00 EUR
Anschaffung von zwei Kostümen, die Frau Baumgarten als Berufskleidung absetzen möchte	800,00 EUR

a) Frau Baumgarten gibt im Formular zur Einkommensteuererklärung ihre Einkünfte aus Kapitalvermögen an. Ermitteln Sie die Höhe der Dividende aus der *FHW Neukölln AG*, die sie in der Erklärung als „Erträge aus Aktien" angeben muss.

b) Ermitteln Sie die Einnahmen aus Kapitalvermögen.

c) Ermitteln Sie die Einkünfte aus Kapitalvermögen.

Frau Baumgarten kann in ihrer Steuererklärung auch Werbungskosten für ihre Einkünfte aus „nichtselbstständiger Arbeit" geltend machen.

d) Ermitteln Sie die übrigen Werbungskosten.

Aufgabe V-2

Herr Benjamin Förster (26 Jahre alt, ledig) ist Kundenberater der *Nordbank AG* mit einem jährlichen Bruttoeinkommen in Höhe von 48.600,00 EUR. Für den Veranlagungszeitraum des letzten Jahres gibt Herr Förster seinem zuständigen Finanzamt Einkünfte aus nichtselbstständiger Arbeit sowie Einkünfte aus Kapitalvermögen an. Um sein zu versteuerndes Einkommen zu verringern, legt Herr Förster seiner Veranlagung Aufwendungsnachweise bei. Ordnen Sie die nachstehenden Aufwendungen von Herrn Förster den entsprechenden zulässigen steuerlichen Aufwendungspositionen zu.

Steuerlich anrechnungsfähige Aufwendungen im Veranlagungszeitraum

1   Werbungskosten

2   Sonderausgaben und Vorsorgeaufwendungen

3   Außergewöhnliche Belastungen

4   keine steuerliche Begünstigung

Aufwendungen von Herrn Förster

A   Krankheitskosten, die nicht von der Krankenkasse getragen wurden und die die zumutbare Eigenbelastung übersteigen, 3.500 EUR

B   Steuerberatungskosten für die Ermittlung der Erbschaftsteuererklärung (private Kosten) 450 EUR

C   Fahrtkosten im Zusammenhang mit der Ausübung seines Stimmrechts auf der Hauptversammlung der New Work *AG* in Hamburg im Juni des Veranlagungszeitraums 281,50 EUR

D   Höchstbetrag aufgrund des Abschlusses eines zertifizierten Altersvorsorgevertrages im Veranlagungszeitraum in Höhe von 1.050 EUR

E   Sozialversicherungsbeiträge im Veranlagungszeitraum in Höhe von 2.949 EUR

F   Gewerkschaftsbeiträge im Veranlagungszeitraum in Höhe von 576 EUR

G   Kirchensteuer 895 EUR

A	B	C	D	E	F	G

Aufgabe V-3

Frau Sylvia Jakob (43 Jahre alt) ist Kundenberaterin der *Nordbank AG* in Hamburg mit einem Jahresbruttoeinkommen von 49.084,02 EUR. Welche der nachstehenden Aufwendungen sind für Frau Jakob in ihrer Einkommensteuerveranlagung unbeschränkt abzugsfähig?

A   Aufwendungen für den Unterhalt an den geschiedenen Ehemann

B   Beiträge zur privaten Kapitallebensversicherung

C   Beiträge an ver.di

D   Spende an eine politische Partei

E   Privat veranlasste Steuerberatungskosten

F   Aufwendungen für die auswärtige Unterbringung des studierenden Sohnes

G   Gezahlte Kirchensteuer

Aufgabe V-4

Es gibt sieben verschiedene Einkunftsarten. Ordnen Sie die Einkunftsarten den entsprechenden Einnahmen zu.

Einkunftsarten

1   Einkünfte aus Land- und Forstwirtschaft

2   Einkünfte aus Gewerbebetrieb

3   Einkünfte aus selbstständiger Arbeit

4   Einkünfte aus nichtselbstständiger Arbeit

5   Einkünfte aus Kapitalvermögen

6   Einkünfte aus Vermietung und Verpachtung

7   Sonstige Einkünfte

Einnahmen

A   Zinsgutschrift für den Bankkunden Walter Blaser

B   Weihnachtsgeld für die Angestellte Sieglind Heuer

C   Honorar für eine Rechtsberatung an den Rechtsanwalt Rainer Prill

D   Gewinnanteil der OHG für den Gesellschafter Harald Fritz

E   Verkaufserlös aus dem Verkauf von 20 gefällten und zugeschnittenen Eichen für den Landwirt Udo Tewes

F   Entgeltliche Überlassung einer Ferienwohnung für die Familie Rosental für vier Wochen

G   Veräußerungsgewinn einer Aktienposition für den Depotkunden Friedhelm Remme

H   Veräußerungsgewinn aus einem Grundstücksverkauf durch Christian Müller

A	B	C	D	E	F	G	H

Aufgabe V-5

Der steuerpflichtige Arbeitnehmer Arno Schreck kann für den Veranlagungszeitraum des letzten Jahres die nachstehenden Ausgaben mit Belegen nachweisen. Ordnen Sie die Ausgabengruppen den Ausgaben zu.

Ausgabengruppen

1   Werbungskosten

2   Sonderausgaben

3   Außergewöhnliche Belastungen

4   Steuerlich nicht absetzbar

Ausgaben

A   Kontoführungsgebühren für das Girokonto des Arbeitnehmers Herrn Schreck

B   Hälftiger Krankenkassenbeitrag von 14,6 % von Herrn Schreck

C   Gezahlte Kirchensteuer

D   Prämie für die Kraftfahrzeughaftpflichtversicherung

E Scheidungskosten (Rechtsanwaltskosten zuzüglich Gerichtskosten), die den zumutbaren Eigenteil von Herrn Schreck übersteigen.

F Beitrag an die Gewerkschaft der Lokführer (GdL). Herr Schreck ist Mitglied dieser Gewerkschaft.

A	B	C	D	E	F

Aufgabe V-6

Wem stehen ertragsmäßig die nachstehenden Steuern zu?
Gebietskörperschaften:

1 Dem Bund allein

2 Den Ländern allein

3 Dem Bund gemeinschaftlich mit den Ländern

4 Den Gemeinden allein

5 Bund, Ländern und Gemeinden gemeinschaftlich

6 Den Ländern und Gemeinden gemeinschaftlich

Name der Steuer

A Mineralölsteuer

B Grundsteuer

C Kraftfahrzeugsteuer

D Einkommensteuer

E Körperschaftsteuer

F Tabaksteuer

G Grunderwerbsteuer

H Erbschaftsteuer

A	B	C	D	E	F	G	H

Aufgabe V-7

Ordnen Sie die nachstehenden Einnahmen den entsprechenden Einkunftsarten zu.

Steuerpflichtige Einnahmen

1 Zinseinnahmen

2 Einnahmen aufgrund eines Mietverhältnisses über Wohnraum

3 Arzthonorar

4 Gewinnanteile eines Komplementärs einer OHG

5 Zahlungen von Dividenden

6 Gehaltszahlungen

7 Gewinne aufgrund von Veräußerungsgeschäften mit Immobilien

Einkunftsart
A Einkünfte aus Gewerbebetrieb
B Einkünfte aus selbstständiger Arbeit
C Einkünfte aus nichtselbstständiger Arbeit
D Einkünfte aus Kapitalvermögen
E Einkünfte aus Vermietung und Verpachtung
F Sonstige Einkünfte

A	B	C	D	E	F

Aufgabe V-8

Welche der nachstehenden Steuern zählt zu den direkten Steuern?
A Mineralölsteuer
B Umsatzsteuer
C Tabaksteuer
D Einkommensteuer
E Kaffeesteuer

Aufgabe V-9

Welche Aussagen zu den Grundsätzen der Besteuerung treffen zu?
A Eine Mehrwertsteuererhöhung belastet Haushalte mit geringem Einkommen absolut wesentlich stärker als Haushalte mit einem höheren Einkommen.
B Die Mehrwertsteuer ist sozial gerecht, da sie alle Haushalte mit einem einheitlichen Steuersatz gleichmäßig belastet.
C Eine Verschiebung der Steuerbelastung zu den indirekten Steuern belastet die Bezieher niedriger Einkommen prozentual stärker als die der höheren Einkommen.
D Die Einkommensteuer fördert die Leistungsfähigkeit, weil bis zum Erreichen des Spitzensteuersatzes die steuerliche Belastung mit zunehmendem Einkommen sinkt.
E Eine proportionale Besteuerung der Einkommen sollte einer progressiven Besteuerung der Einkommen vorgezogen werden, wenn die Besteuerung der Einkommen an der individuellen Leistungsfähigkeit ausgerichtet werden soll.
F Wenn der persönliche Einkommensteuersatz mit steigendem Einkommen zunimmt, führt dies tendenziell zu einer gerechten Besteuerung nach der wirtschaftlichen Leistungsfähigkeit.

Aufgabe V-10

Bei welchen der nachstehenden Steuerarten handelt es sich um eine indirekte Steuer?
A Solidaritätszuschlag
B Kapitalertragsteuer
C Branntweinsteuer
D Mineralölsteuer

E Grundsteuer
F Lohn- und Einkommensteuer

Aufgabe V-11

Welche der folgenden Aussagen zur Einkommensteuer trifft zu?

A Eine Senkung des Steuersatzes vermindert die Bruttoeinkommen der Steuerpflichtigen.

B Eine Anhebung des Grundfreibetrages kommt grundsätzlich allen Steuerpflichtigen zugute.

C Allen privaten Haushalten steht ein Kinderfreibetrag zu.

D Sonderausgaben können nur von Arbeitnehmern und Beamten geltend gemacht werden.

E Die Bemessungsgrundlage für das zu versteuernde Einkommen ist das Bruttoeinkommen des Steuerpflichtigen.

Aufgabe V-12

Nach der Erhebungsart werden Steuern in direkte und indirekte Steuern eingeteilt. Ordnen Sie zu! Erhebungsart

1 Direkte Steuern

2 Indirekte Steuern

Steuern

A Mineralölsteuer
B Lohn- und Einkommensteuer
C Erbschaftsteuer
D Körperschaftsteuer
E Umsatzsteuer
F Gewerbesteuer
G Tabaksteuer
H Sektsteuer

A	B	C	D	E	F	G	H

Aufgabe V-13

Der Auszubildende der *Nordbank AG* Marius Schnelle hat im Mai erstmalig seine Einkommensteuererklärung für das vergangene Jahr gemacht. Im Formular wurde der Begriff „Arbeitnehmer-Pauschbetrag" genannt. Welche Aussage zum Arbeitnehmer-Pauschbetrag trifft zu?

A Wenn Herr Schnelle in einem Jahr tatsächliche Werbungskosten von mehr als 1.000,00 EUR nachweist, wird trotzdem nur der Arbeitnehmer-Pausch-betrag von maximal 1.000,00 EUR berücksichtigt.

B Der Arbeitnehmer-Pauschbetrag kann von Herrn Schnelle in Anspruch genommen werden und führt gegebenenfalls zu negativen Einkünften.

C Wenn Herr Schnelle nicht höhere Werbungskosten nachweist, wird der Arbeitnehmer-Pauschbetrag in Höhe von 1.000,00 EUR pauschal von seinen Einnahmen aus nichtselbständiger Arbeit abgezogen.

D Herr Schnelle hat die Wahlmöglichkeit: Er kann entweder den Arbeitnehmer-Pauschbetrag in seiner Einkommen-steuererklärung ansetzen oder sich diesen Betrag als Freibetrag für Werbungskosten auf seiner Lohnsteuerkarte eintragen lassen.

E Der Arbeitnehmer-Pauschbetrag ermöglicht es Herrn Schnelle, im Rahmen des Sonderausgabenabzugs jährlich 1.000,00 EUR von der Einkommensteuer abzusetzen.

Aufgabe V-14

Der Arbeitnehmer Maximilian Sellhoff erstellt seine Steuererklärung für das letzte Jahr. In seinen Steuerunterlagen finden sich folgende Aufwendungen.

Art der Aufwendungen

Gewerkschaftsbeitrag ver.di	180,00 EUR
Fachliteratur lt. Belegen	120,00 EUR
Aufwendungen für Fahrten zur Arbeitsstätte	483,00 EUR
Kontoführungsentgelt	40,00 EUR
Beitrag für private Haftpflichtversicherung	68,00 EUR
Berufsunfähigkeits-Zusatzversicherung	198,00 EUR
Tageszeitung	268,00 EUR
Weitere Werbungskosten lt. Belegen	119,00 EUR

a) Ermitteln Sie die Werbungskosten, die Herr Sellhoff bei seinen Einkünften aus nichtselbstständiger Arbeit ansetzen kann.

b) Geben Sie die Werbungskosten an, die das Finanzamt unter Berücksichtigung des Arbeitnehmer-Pauschbetrags in der Steuererklärung von Herrn Sellhoff anerkennen wird.

Aufgabe V-15

Welche der folgenden Aussagen über Steuern ist zutreffend?

A Steuern dienen in erster Linie der Mitfinanzierung von Sozialversicherungsleistungen und staatlichen Einrichtungen.

B Steuern sind Zwangsabgaben, die vom Staat ohne direkte Gegenleistung erhoben werden.

C Mit Steuern beteiligt sich der Bürger direkt an den von ihm vom Staat geforderten Leistungen, z. B. den Ausbau des öffentlichen Nahverkehrs.

D Steuern sind Zwangsabgaben, die vom Staat in direktem Zusammenhang mit Gegenleistungen erhoben werden, z. B. für den Ausbau des Autobahnnetzes.

E Steuern dürfen vom Staat nur für investive Zwecke verwendet werden.

Aufgabe V-16

Ordnen Sie den nachfolgenden Steuern die entsprechenden Steuerempfänger (Gebietskör-perschaften) zu, vgl. Artikel 105 und 106 des Grundgesetzes.

Steuern

1 Biersteuer
2 Einkommensteuer
3 Grunderwerbsteuer
4 Körperschaftsteuer
5 Erbschaftsteuer
6 Hundesteuer (Aufwandsteuer)
7 Gewerbesteuer

Steuerempfänger

A Das Steueraufkommen steht nur den Ländern zu.
B Das Steueraufkommen steht nur dem Bund zu.
C Das Steueraufkommen steht dem Bund, den Ländern und den Gemeinden gemeinschaft-lich zu.
D Das Steueraufkommen steht nur den Gemeinden zu.
E Das Steueraufkommen steht dem Bund und den Ländern zu.

1	2	3	4	5	6	7

Aufgabe V-17

Bei der Besteuerung von Einkünften aus nichtselbstständiger Arbeit ist ein Arbeitnehmer-Pauschbetrag zu berücksichtigen.
Welche Aussage zu diesem Pauschbetrag trifft zu?

A Der Arbeitnehmer-Pauschbetrag erhöht das zu versteuernde Einkommen aus nicht selbst-ständiger Arbeit.
B Werbungskosten bis zur Höhe des Arbeitnehmer-Pauschbetrags brauchen nicht nachge-wiesen werden.
C Eine gesetzliche Erhöhung des Arbeitnehmer-Pauschbetrags hat keine Auswirkung auf das zu versteuernde Einkommen des Arbeitnehmers.
D Im Rahmen des Arbeitnehmer-Pauschbetrags sind Werbungskosten nachzuweisen.
E Der Arbeitnehmer-Pauschbetrag ist die Obergrenze für die nachzuweisenden Werbungs-kosten eines Arbeitnehmers.

Aufgabe V-18

Das Finanzamt hat dem steuerpflichtigen Arbeitnehmer Rüdiger Busch für erhöhte Werbungskosten einen monatlichen Freibetrag von 600,00 EUR anerkannt. Welche finanziellen Auswirkungen hat dieser Eintrag für Herrn Busch?

A   Die monatliche Lohnsteuer von Herrn Busch sinkt um 600,00 EUR.

B   Das monatliche Nettogehalt von Herrn Busch steigt um 600,00 EUR.

C   Das monatliche steuerpflichtige Bruttogehalt von Herrn Busch wird bei der Berechnung der
    Lohnsteuer um 600,00 EUR gemindert.

D   Das monatliche steuerpflichtige Bruttogehalt von Herrn Busch wird bei der Berechnung der
    monatlich zu zahlenden Lohnsteuer abgezogen.

E   Herr Busch zahlt jetzt nur noch Lohnsteuer, wenn diese den Betrag von 600,00 EUR mo-
    natlich übersteigt.

Aufgabe V-19

Als Herr Busch (siehe vorherige Aufgabe) seinen Einkommensteuerbescheid für das Jahr
2020 erhält, stellt er fest, dass einige seiner nachgewiesenen Aufwendungen nicht anerkannt
wurden. Da auch die Nachprüfung seiner Steuererklärung nicht zur Anerkennung seiner abge-
lehnten Aufwendungen führte, entscheidet sich Herr Busch die Anerkennung seiner Aufwendungen einzuklagen. Welches Gericht ist in diesem Fall zuständig?

A   Amts- bzw. Landgericht

B   Arbeitsgericht

C   Finanzgericht

D   Sozialgericht

E   Verwaltungsgericht

Aufgabe V-20

Susanne Köhler, Kundenberaterin in der *Nordbank AG*, wird aufgrund ihres Antrags vom Finanzamt für erhöhte Werbungskosten ein monatlicher Freibetrag in Höhe von 600,00 EUR
eingeräumt. Stellen Sie fest welche finanziellen Auswirkungen die Einräumung des Freibe-
trags für Frau Köhler hat!

A   Das monatliche steuerpflichtige Bruttogehalt von Frau Köhler wird bei der Berechnung der
    Lohnsteuer um 600,00 EUR erhöht.

B   Der monatliche Freibetrag verringert mit jeder versteuerten Gehaltszahlung den Wer-
    bungskosten-Pauschbetrag um 600,00 EUR.

C   Der monatliche Lohnsteuerabzug für das steuerpflichtige Bruttogehalt von Frau Köhler
    sinkt um 600,00 EUR.

D   Das monatliche steuerpflichtige Bruttogehalt von Frau Köhler wird bei der Berechnung der
    Lohnsteuer um 600,00 EUR gemindert.

E   Frau Köhler zahlt jetzt nur noch Lohnsteuer, wenn diese den Betrag von 600,00 EUR mo-
    natlich übersteigt.

VI. Volkswirtschaftliche Gesamtrechnung

Als volkswirtschaftliche Gesamtrechnungen (VGR) werden gesamtwirtschaftliche Rechenwerke bezeichnet, die eine umfassende, systematische quantitative Beschreibung gesamtwirtschaftlicher Größen einer Volkswirtschaft für eine abgelaufene Periode geben. Im Mittelpunkt des Rechenwerks stehen die Entstehungs-, Verteilungs- und Verwendungsrechnung des Bruttoinlandsprodukts (BIP) und des Bruttonationaleinkommens (BNE) sowie die Darstellung der Umverteilungs- und Vermögensbildungsvorgänge einer vergangenen Periode. Das BIP ist das wichtige Produktionsmaß und das BNE ist das wichtige Einkommensmaß.

Berechnung des BIP nach der Entstehungsrechnung

	Produktionswert
-	Vorleistungen
=	Bruttowertschöpfung
+	Gütersteuern
-	Gütersubventionen
=	**Bruttoinlandsprodukt**
+	Saldo der Primäreinkommen mit der übrigen Welt
=	**Bruttonationaleinkommen**
-	Abschreibungen
=	**Nettonationaleinkommen**
-	Produktions- und Importabgaben an den Staat
+	Subventionen vom Staat
=	**Volkseinkommen**
-	Arbeitnehmerentgelt
=	Unternehmens- und Vermögenseinkommen

Berechnung des BIP nach der Verwendungsrechnung

	Private Konsumausgaben
+	Konsumausgaben des Staates
+	Ausrüstungsinvestitionen
+	Bauinvestitionen
+	Sonstige Anlagen
+	Vorratsveränderungen und Nettozugang an Wertsachen
+	Exporte von Waren und Dienstleistungen
-	Importe von Waren und Dienstleistungen
=	**Bruttoinlandsprodukt**
+	Saldo der Primäreinkommen mit der übrigen Welt
=	**Bruttonationaleinkommen**
-	Abschreibungen
=	**Nettonationaleinkommen**
-	Produktions- und Importabgaben an den Staat
+	Subventionen vom Staat
=	**Volkseinkommen**
-	Arbeitnehmerentgelt
=	Unternehmens- und Vermögenseinkommen

© Springer Fachmedien Wiesbaden GmbH, ein Teil von Springer Nature 2022
W. Grundmann et al., *Wirtschafts- und Sozialkunde Teil 1*, Prüfungstraining für Bankkaufleute,
https://doi.org/10.1007/978-3-658-38087-8_14

Schließlich enthalten die VGR die Vermögensrechnung und Angaben über Erwerbstätige, Arbeitnehmer und Arbeitsstunden. Diese verschiedenen Darstellungen sind so aufeinander abgestimmt, dass sie ein System volkswirtschaftlicher Gesamtrechnungen ergeben.

Die VGR sollen umfassende Informationen über das Wirtschaftsgeschehen der Volkswirtschaft in einer abgelaufenen Periode liefern.

Aufgabe VI-1

Ihnen liegen die folgenden Daten aus der volkswirtschaftlichen Gesamtrechnung in Mrd. EUR vor:

Bruttoinlandsprodukt zu Marktpreisen	3.560
Bruttonationaleinkommen zu Marktpreisen	3.580
Abschreibungen	430
Indirekte Steuern	390
Subventionen	80
Bruttoanlageinvestitionen	680
Unternehmens- und Vermögenseinkommen brutto (einschl. Miet- und Zinseinkommen)	880

Ermitteln Sie die Werte

a)   Saldo der Erwerbs- und Vermögenseinkommen mit dem Ausland

b)   Nettonationaleinkommen zu Marktpreisen

c)   Nettonationaleinkommen zu Faktorkosten

d)   Bruttoeinkommen aus unselbstständiger Tätigkeit

e)   Nettoanlageinvestitionen

Aufgabe VI-2

Im abgelaufenen Jahr hat Frankreich bei einer Einwohnerzahl von 60 Millionen ein nominales Bruttoinlandsprodukt (BIP) von insgesamt 27.500 EUR pro Einwohner erwirtschaftet. Die Deutschen erreichten mit einer Einwohnerzahl von 82,5 Millionen ein nominales BIP von 2.116,125 Mrd. EUR.

a)   Errechnen Sie die Höhe des nominalen BIP in Frankreich (in Mrd. EUR, Ergebnis auf eine Stelle nach dem Komma runden).

b)   Welche der folgenden Aussagen zum Vergleich der BIP pro Einwohner ist zutreffend?
Das nominale BIP je Einwohner
A   ist in beiden Ländern etwa gleich groß.
B   ist in Deutschland um 2.000 EUR größer als in Frankreich.
C   ist in Deutschland um weniger als 2.000 EUR kleiner als in Frankreich.

    D   ist in Deutschland um 2.000 EUR kleiner als in Frankreich.

    E   ist in Deutschland um mehr als 2.000 EUR größer als in Frankreich.

c)   Welche der folgenden Aussagen zur Interpretation der genannten Werte ist zutreffend?

    A   Die unterschiedliche Kaufkraftentwicklung in Deutschland und Frankreich wird bei den genannten Werten nicht berücksichtigt.

    B   Bei den Angaben zum BIP handelt es sich um preisbereinigte Werte.

    C   Die vorliegenden Werte lassen Schlussfolgerungen hinsichtlich des Einkommensgefälles innerhalb der Bevölkerung zu.

    D   Ein exakter Vergleich ist möglich, da beide Angaben zum BIP in EUR vorliegen.

Aufgabe VI-3

Ordnen Sie drei der nachfolgenden volkswirtschaftlichen Begriffe den zugehörigen Aussagen zu. Volkswirtschaftliche Begriffe

1   Außenbeitrag
2   Bruttosozialprodukt
3   Nettoinvestitionen
4   Lohnquote
5   Gewinnquote
6   Leistungsbilanzsaldo
7   Bruttoinlandsprodukt

Aussagen

A   Wert der innerhalb eines Jahres von Inländern hergestellten Güter und Dienstleistungen

B   Prozentualer Anteil der Bruttoeinkommen aus nichtselbstständiger Arbeit am Volkseinkommen

C   Summe der Exporte von Sachgütern, Dienst- und Faktorleistungen in das Ausland abzüglich der jeweiligen Importe in das Inland

A	B	C

Aufgabe VI-4

Aus den nachstehenden Tabellen können Aussagen zur VGR abgeleitet werden. Welche der folgenden Aussagen zur VGR sind richtig?

A   Vorratsinvestitionen werden in der Verwendungsrechnung nicht erfasst.

B   Der Staatsverbrauch betrug im Jahr 2018 4,9 %.

C   69,3 % des realen BIP setzen sich aus Löhnen und Gehältern zusammen.

D   Im Jahr 2018 wurde nicht die gesamte Güterproduktion im Inland verwendet.

E   Die reale Veränderung des BIP von 2010 bis 2014 weist auf einen konjunkturellen Anstieg in der deutschen Wirtschaft hin.

F   Die Dienstleistungen insgesamt haben einen geringeren Anteil am BIP als die Leistungen des produzierenden Gewerbes.

Bruttoinlandsprodukt in Mrd. Euro

Jahr	Mrd. EUR	Anstieg in % real	Anstieg in % nominal
2008	1781	2,7	5,1
2009	1848	1,9	3,8
2010	1876	1,0	1,5
2011	1916	1,8	2,1
2012	1965	2,0	2,6
2013	2012	2,0	2,4
2014	2063	3,2	2,5
2015	2114	1,2	2,5
2016	2149	0,2	1,7
2017	2165	0,0	0,7
2018	2207	1,6	2,0

Aufteilung in %
Dort erarbeitet

Finanzierung, Vermietung, Unternehmensdienstleistungen	29,1
Produzierendes Gewerbe (ohne Bau)	25,1
Öffentliche und private Dienstleister	22,6
Handel, Gastgewerbe, Verkehr (Baugewerbe 4,0 Land- und Forstwirtschaft 1,1)	18,1

Dafür verwendet

Privater Konsum (einschl. Organisationen)	59,1
Staatsverbrauch	18,7
Investitionen (einschl. Vorräte) (Außenbeitrag 4,9)	17,3

So verteilt

Löhne und Gehälter	69,3
Gewinne und Vermögenserträge	30,7

Aufgabe VI-5

Ordnen Sie den Wirtschaftssektoren die nachfolgenden Wirtschaftssubjekte zu.

Wirtschaftssubjekte

1   Agentur für Arbeit
2   Stadtwerke Bochum AG
3   ver.di
4   Der deutsche Tourist Peter Becker, der sich zurzeit in Paris aufhält
5   Fernheizwerk Neukölln AG
6   Der amerikanische Tourist Eric Williams, der zurzeit das Münchener Oktoberfest besucht

Wirtschaftssektor

A   Private Haushalte
B   Private Organisationen ohne Erwerbscharakter
C   Nicht finanzielle Kapitalgesellschaften

D   Finanzielle Kapitalgesellschaften
E   Staat
F   Ausland

A	B	C	D	E	F

Aufgabe VI-6

Die unten stehende Tabelle enthält eine Statistik zur Wertschöpfung, zum Inlandsprodukt und zum Nationaleinkommen.

a)   Ermitteln Sie die Wachstumsrate des realen Bruttoinlandsprodukts in den Jahren 2018 und 2019 in %. (Auf zwei Stellen nach dem Komma runden!)

b)   Ermitteln Sie die Veränderung der Lohnquote im Jahr 2019 gegenüber 2018 in Prozentpunkten.

Tragen Sie zusätzlich in das Kästchen vor der Veränderung die Ziffer

1   ein, wenn die Lohnquote gestiegen ist.

2   ein, wenn die Lohnquote gefallen ist.

Wertschöpfung, Inlandsprodukt und Nationaleinkommen in Mrd. EUR

Gegenstand der Nachweisung	2017	2018	2019
In jeweiligen Preisen			
Bruttowertschöpfung (unbereinigt)	1885,32	1925,06	1958,89
- unterstellte Bankgebühr	61,80	58,98	58,22
= Bruttowertschöpfung (bereinigt)	1823,52	1866,08	1900,67
+ Nettogütersteuern	206,48	207,62	209,73
= Bruttoinlandsprodukt	2030,00	2073,70	2110,40
+ Saldo der Primäreinkommen aus der übrigen Welt	-9,71	-8,06	-1,57
= Bruttonationaleinkommen (Bruttosozialprodukt)	2020,29	2065,64	2108,83
- Abschreibungen	302,36	311,13	317,72
= Nettonationaleinkommen (Primäreinkommen)	1717,93	1754,51	1791,11
- Produktions- und Importabgaben	244,42	246,33	250,49
+ Subventionen	34,84	34,01	30,89
= Volkseinkommen	1508,35	1542,19	1571,51
Arbeitnehmerentgelt	1099,09	1121,28	1130,46
Unternehmens- und Vermögenseinkommen	409,26	420,91	441,05

In Preisen von 2015			
Bruttowertschöpfung (unbereinigt)	1886,74	1911,47	1919,94
- unterstellte Bankgebühr	100,30	104,91	104,73
= Bruttowertschöpfung (bereinigt)	1786,44	1806,56	1815,21
+ Nettogütersteuern	183,06	179,64	174,49
= Bruttoinlandsprodukt	1969,50	1986,20	1989,70
+ Saldo der Primäreinkommen aus der übrigen Welt	- 7,80	- 6,64	- 0,21
= Bruttonationaleinkommen (Bruttosozialprodukt)	1961,70	1979,56	1989,49

Aufgabe VI-7

In der volkswirtschaftlichen Gesamtrechnung werden unterschiedliche Wirtschaftsbereiche unterschieden. Ordnen Sie den Rechtsgebilden die entsprechenden Wirtschaftsbereiche zu.

Wirtschaftsbereiche

1 öffentliche und private Dienstleister
2 produzierendes Gewerbe
3 Baugewerbe
4 Handel, Gastgewerbe und Verkehr
5 Finanzierung, Vermietung und Unternehmensdienstleister

Rechtsgebilde

A Regionalförderungsanstalt der Landkreises Segeberg
B Versicherungsmakler
C Maschinen- und Werkzeugherstellung
D Gerüstbaubetrieb *Schöngau GmbH*
E Logistik und Spedition *Gustav Nagel und Kühne GmbH*
F Hotelbetrieb mit Restaurant

A	B	C	D	E	F

Aufgabe VI-8

Der untenstehende Auszug aus einem Monatsbericht der Deutschen Bundesbank gibt Auskunft über die Entwicklung des Bruttoinlandsprodukts (BIP) von 2010 bis zum ersten Quartal/Vierteljahr (Vj.) 2018.

Entwicklung des BIP

Position	2010	2011	2012	2013	2014	2015	2016		2017				2018
							3.Vj.	4. Vj.	1. Vj.	2. Vj.	3. Vj.	4. Vj.	1. Vj.
	Index 2000 = 100			Veränderung gegen Vorjahr in %									
Preisbereinigt, verkettet													
Produzierendes Gewerbe (ohne Baugewerbe)	106,0	111,6	117,5	1,2	5,3	5,3	5,0	5,6	5,4	5,5	5,7	4,8	2,9
Baugewerbe	79,2	83,5	85,3	-4,8	5,4	2,2	5,6	10,6	15,6	-0,0	-1,5	-2,4	-1,4
Handel, Gastgewerbe und Verkehr	104,7	108,5	110,6	0,6	3,6	2,0	3,5	5,3	3,2	2,1	2,0	0,6	2,9
Finanzierung, Vermietung und Unternehmensdienstleister	107,7	110,1	113,4	2,7	2,2	3,1	2,6	3,0	3,3	3,3	2,8	2,8	2,2
Öff. und priv. Dienstleister	103,1	103,3	104,0	0,4	0,2	0,6	0,3	-01	0,7	0,8	0,5	0,6	0,3
Bruttowertschöpfung	104,1	107,0	110,1	1,0	2,8	2,9	2,9	3,6	3,6	2,9	2,7	2,2	1,9
Bruttoinlandsprodukt	102,9	105,8	108,5	0,8	2,9	2,5	2,7	3,7	3,4	2,5	2,4	1,6	1,8

a) Welche der folgenden Aussagen ist zutreffend?

    A Es handelt sich um die Entstehungsrechnung des nominalen BIP.

    B Es handelt sich um die Verwendungsrechnung des nominalen BIP.

    C Es handelt sich um die Verwendungsrechnung des realen BIP.

    D Es handelt sich um die Entstehungsrechnung des realen BIP.

    E Aus der Übersicht kann nicht entnommen werden, ob es sich um das reale oder nominale BIP handelt.

b) Ermitteln Sie das Quartal mit der höchsten Wachstumsrate des BIP im Zeitraum 2016 bis 2018.

Aufgabe VI-9

Zur Beantwortung der folgenden Fragen ist die nachstehende Tabelle mit Zahlen aus einer Volkswirtschaft heranzuziehen.

Einkommen der privaten Haushalte - Angaben in Mrd. EUR	
Jahr	2018
Bruttolöhne/-gehälter	1.565,3
Nettolöhne/-gehälter	930,3
Öffentliche Einkommensübertragungen	551,7
Verfügbares Einkommen	2.382,7
Private Ersparnis	287,6

a) Wie viel Prozent beträgt die Abgabenquote (Anteil der direkten Steuern und Sozialabgaben der Arbeitnehmer an den Bruttolöhnen/-gehältern) im Jahr 2018 (auf eine Stelle nach dem Komma runden)?

b) Warum ist das verfügbare Einkommen höher als die Summe aus Nettolöhnen/-gehältern und öffentlichen Einkommensübertragungen?

    A Das verfügbare Einkommen basiert auf Bruttoangaben.

    B Die Ermittlung des verfügbaren Einkommens erfolgt nur über die Entstehungsrechnung, nicht über die Verteilungsrechnung.

    C Das verfügbare Einkommen enthält neben den angegebenen Einkommensarten auch die Vermögenseinkommen und die Privatentnahme Selbstständiger.

    D Das verfügbare Einkommen ist höher, da das Preisniveau für die private Lebenshaltung 2018 gesunken ist.

    E Das verfügbare Einkommen ist gestiegen, da auf Grund von Maßnahmen der Bundesbank das Zinsniveau gesunken ist.

c)   Wie viel Prozent betrug 2016 die Sparquote (auf eine Stelle nach dem Komma runden)?

[   ]

Aufgabe VI-10

Auf welche der Positionen 01-19 der nachstehenden Grunddaten zur Wirtschaftsentwicklung einer Volkswirtschaft beziehen sich die folgenden Aussagen?

Grunddaten zur Wirtschaftsentwicklung einer Volkswirtschaft		
	2017	2018
Nachfrage (real) - Mrd. EUR		
01 Privater Verbrauch	1.483	1.495
02 Anlageinvestitionen	518	524
03 - Ausrüstung	208	202
04 - Bauten	310	322
05 Inlandsnachfrage	2.473	2.517
06 Ausfuhr	893	962
07 Gesamtnachfrage	3.367	3.479
08 Außenbeitrag	175	193
Einkommensverteilung - Mrd. EUR		
09 Einkommen aus unselbstständiger Arbeit	1.536	1.556
10 Bruttoeinkommen der Produktionsunter- nehmen	424	465
11 Volkseinkommen	2.129	2.197
Produktion - Mrd. EUR		
12 BIP (Preise 2015)	2.649	2.710
Beschäftigung		
13 Erwerbstätige im Inland - Mio.	29,0	28,6
14 Arbeitslose - Tsd.	2.270	2.556
Preise und Löhne		
15 Preisindex für die Lebenshaltung	119,9	123,5
16 Index der Einfuhrpreise	78,5	79,1
17 Bruttoeinkommen je Beschäftigten - EUR	59.800	61.400
18 Produktivität (BIP je Erwerbstätigen)	100,7	104,4
19 Produktivität - EUR (siehe 18)	91.300	94.700

A   Als eine Stütze der Konjunktur haben sich die Wohnungsbauinvestitionen erwiesen.

B   Ein großer Teil der Ausgaben entfällt auf Dienstleistungen im Rahmen der privaten Haushaltsbudgets.

C   Die Stärke des Aufschwungs ist daran zu erkennen, dass dieser Wert um 2,3 % stieg.

D   Von den nahezu stabilen Preisen für importierte Vorleistungen geht ein dämpfender Einfluss auf die Entwicklung der Preise für Industrieerzeugnisse aus.

E   Durch eine Reduzierung der Belegschaften und weiter steigende Rationalisierungsinvestitionen wurde eine – auch international beachtliche – Steigerung erreicht.

A	B	C	D	E

Aufgabe VI-11

Angenommen, bei gleicher Gesamtbeschäftigtenzahl sind mehr polnische Arbeitnehmer in Brandenburg als Grenzgänger beschäftigt als deutsche Arbeitnehmer im polnischen Grenzgebiet. Welche Aussagen zum Bruttonationaleinkommen (BNE) und Bruttoinlandsprodukt (BIP) in Deutschland treffen zu?

A Das BIP fällt.

B Das BIP steigt.

C Das BNE und das BIP sinken.

D Das BNE steigt und das BIP sinkt.

E Das BNE fällt.

F Das BNE steigt.

G Das BIP bleibt gleich.

Aufgabe VI-12

Welche der folgenden Aussagen im Zusammenhang mit der Einkommensverteilung ist richtig?

A Das Statistische Bundesamt unterscheidet bei der Entstehungsrechnung in Arbeitnehmerentgelte sowie die Unternehmens- und Vermögenseinkommen.

B Die Umverteilung der Einkommen durch den Staat erfolgt u. a. durch Steuerprogression bei den direkten Steuern.

C Eine Erhöhung der Pro-Kopf-Lohnquote kann nur bei Verringerung der Gesamtbeschäftigtenzahl erreicht werden.

D „Gerechte Einkommensverteilung" ist definiert als gleich hohe Lohn- und Gewinnquote (jeweils 50 %).

E Die staatliche Sparförderung kann die Einkommensverteilung nicht verändern, weil alle privaten Haushalte gleichmäßig betroffen sind.

Aufgabe VI-13

Berechnen Sie unter Verwendung der unten stehenden Übersicht

a) die Wachstumsrate des nominalen BIP im Jahre 2019 (auf eine Stelle nach dem Komma runden).

b) den realen Außenbeitrag für das Jahr 2019 in Mrd. EUR.

Verwendung des Inlandsprodukts (in Mrd. EUR)		
	2018	2019
in Preisen von 2015		
1. private Konsumausgaben	1.092	1.108
2. Konsumausgaben des Staates	375	379
3. Ausrüstungen	160	174
4. Bauten	249	243

5. Sonstige Anlagen	23	25
6. Vorratsveränderungen	- 4	3
Inländische Verwendung	1.895	1.932
Bruttoinlandsprodukt	1.911	1.968
in jeweiligen Preisen		
1. private Konsumausgaben	1.149	1.183
2. Konsumausgaben des Staates	378	385
3. Ausrüstungen	159	175
4. Bauten	245	241
5. Sonstige Anlagen	21	23
6. Vorratsveränderungen	4	12
Inländische Verwendung	1.956	2.019
Bruttoinlandsprodukt	1.974	2.025

Aufgabe VI-14

Ermitteln Sie aus den Zahlenwerten (in Mrd. EUR) des unten stehenden Schemas eines geschlossenen Wirtschaftskreislaufs ...

a)   das verfügbare Einkommen der privaten Haushalte.

b)   den Sparbeitrag der privaten Haushalte.

c)   die Konsumausgaben der privaten Haushalte.

d)   das Volumen des Staatshaushalts.

e)   die Steuerlast der Unternehmen.

Beziehungen zwischen den Sektoren		
Von den privaten Haushalten	zum Staat	120
Vom Staat	zu den privaten Haushalten	60
Vom Staat	zu den Unternehmen	140
Von den Unternehmen	zum Staat	
Von den privaten Haushalten	zu den Unternehmen	
Von den Unternehmen	zu den privaten Haushalten	700
Von den Banken	zu den Unternehmen	120
Von den privaten Haushalten	zu den Banken	

Aufgabe VI-15

Der Wirtschaftskreislauf ist ein Modell einer Volkswirtschaft, in dem die wesentlichen Tauschvorgänge als Geldströme und Güterströme zwischen den Wirtschaftssubjekten dargestellt werden. Berechnen Sie aus den angegebenen Daten die Sparleistung der privaten Haushalte in Geldeinheiten (GE)!

Geldströme	GE
Einkommen der privaten Haushalte	1.640
Konsumausgaben der privaten Haushalte	1.340
Kreditaufnahme der Unternehmen bei Kapitalsammelstellen	160
Subventionen des Staates an die Unternehmen	400
Abgaben der Unternehmen an den Staat	260
Abgaben der privaten Haushalte an den Staat	500
Kreditaufnahme des Staates	200
Transferzahlungen des Staates an die privaten Haushalte	560

Aufgabe VI-16

Die Verteilungsrechnung gibt Auskunft über die Höhe und die Arten der Faktoreinkommen, die von den Inländern innerhalb eines Jahres aufgrund ihrer Wertschöpfungsbeiträge im In- und Ausland erzielt worden sind. Setzen Sie die Positionen der Verteilungsrechnung zur Ermittlung des Volkseinkommens in die richtige Reihenfolge.

Positionen der Verteilungsrechnung

A Bruttoinlandsprodukt

B Bruttonationaleinkommen

C Abschreibungen

D Produktions- und Importabgaben

E Primäreinkommen der Inländer aus der übrigen Welt

F Nettonationaleinkommen

G Volkseinkommen

H Subventionen an Unternehmen

I Primäreinkommen der Ausländer aus dem Inland

1	2	3	4	5	6	7	8	9

Aufgabe VI-17

Berechnen Sie mithilfe der unten stehenden Tabelle

a) die Arbeitslosenquoten für die Jahre 2018 und 2019, bezogen auf die Erwerbspersonen insgesamt (auf eine Stelle nach dem Komma runden).

2018 [   ] 2019 [   ]

b) die Veränderung der Anzahl der selbstständigen Erwerbstätigen vom Jahr 2018 zum Jahr
    2019 in Tausend (Tsd).

Jahr	Erwerbstätige in Tsd	Abhängig Beschäftigte in Tsd	Erwerbslose in Tsd
2017	36.604	32.961	3.722
2018	36.816	33.184	3.734
2019	36.936	32.882	2.971

Aufgabe VI-18

Im Hamburger Abendblatt wurde im Juli 20.. folgende Statistik zur Arbeitslosigkeit in Deutschland veröffentlicht:

Statistik zur Arbeitslosigkeit Juli 20..				
	Arbeitslose	Quote	Kurzarbeiter	Offene Stellen
Juni 20..	4.233.417	10,2%	162.195	305.462
Mai 20..	4.293.146	10,3%	170.901	319.049

a) Stellen Sie fest, wie viele Personen im Juni 20.. weniger arbeitslos gemeldet waren als im
    Mai 20...

b) Um wie viel Prozent hat sich die Arbeitslosenquote gegenüber dem Vormonat verändert?

c) Die Bezugsbasis zur Ermittlung der Arbeitslosenquote sind die Erwerbspersonen. Welche
    weitere(n) der nachstehenden Größen geht (gehen) in die Ermittlung der Arbeitslosenquo-
    te mit ein?
    A   nur die Arbeitslosen
    B   Arbeitslose und Kurzarbeiter
    C   Arbeitslose und offene Stellen
    D   Arbeitslose, Kurzarbeiter und offene Stellen
    E   außer den oben genannten Größen noch weitere, hier nicht aufgeführte Größen

Aufgabe VI-19

In dem angegebenen Modell des erweiterten Wirtschaftskreislaufs werden die Geldströme zwischen den einzelnen Wirtschaftssubjekten gezeigt.

Geldströme des erweiterten Wirtschaftskreislaufs

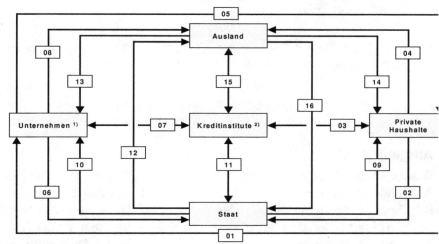

1) Nicht finanzielle Kapitalgesellschaften
2) Finanzielle Kapitalgesellschaften

Welche der folgenden Aktivitäten der Wirtschaftssubjekte sind den Geldströmen im Wirtschaftskreislauf zuzuordnen?

A   Die *Techem AG* zahlt an ihre Mitarbeiter Bruttojahresgehälter in Höhe von 35.000.000 EUR.

B   Die Mitarbeiter der *Techem AG* werden im Jahr mit Lohnsteuer und Sozialversicherungsbeiträgen in Höhe von 11.000.000 EUR belastet.

C   Die Mitarbeiter der *Techem AG* geben im Jahr für ihren Lebensunterhalt 21.000.000 EUR aus.

D   Die Gemeinde Norderstedt, Wohnort der Mitarbeiter der *Techem AG*, zahlt für aufgenommene Kredite Zinsen in Höhe von 4.800.000 EUR.

E   Die Mitarbeiter der *Techem AG* erhalten Kindergeld in Höhe von 900.000 EUR.

A	B	C	D	E

Aufgabe VI-20

In einer Volkswirtschaft führen verschiedene Gruppen von Wirtschaftssubjekten in einem bestimmten Zeitraum folgende wirtschaftliche Aktivitäten aus:

1. Der Staat zahlt an private Anleger Zinsen für Staatsschuldverschreibungen in Höhe von 5.000 TEUR.

2. Urlauber geben an ausländischen Badeorten 18.000 TEUR aus.

3. Der Staat zahlt Renten in Höhe von 90.000 TEUR.

4. Die privaten Haushalte zahlen Sozialversicherungsbeiträge in Höhe von 183.000 TEUR.

5. Private Haushalte geben für ihren täglichen Bedarf 552.000 TEUR aus.

6. Private Haushalte werden mit Einkommensteuer in Höhe von 190.000 TEUR belastet.

7. Der Staat zahlt Wohngeld in Höhe von 15.000 TEUR.
8. Unternehmen zahlen Bruttolöhne und Bruttogehälter in Höhe von 880.000 TEUR.
a) Berechnen Sie auf Grund dieser Geldströme das verfügbare Einkommen der privaten Haushalte in TEUR.

b) Berechnen Sie auf Grund dieser Geldströme die Sparquote der privaten Haushalte in % (Ergebnis auf eine Stelle nach dem Komma runden).

c) Bei welchen der o. a. wirtschaftlichen Aktivitäten handelt es sich um Transferzahlungen?

Aufgabe VI-21

Welche beiden Güter werden in der Industrieproduktion als „Gebrauchsgüter" geführt?
A   Butter, hergestellt von der *Sachsenmilch AG* für die Handelskette *Allkauf GmbH*
B   Elektroherde, hergestellt von der *Siemens AG* für die *Elektro Kraft KG*
C   20 Tonnen Koks, geliefert von der Zeche „Minister Stein" an die *Gießerei Daume GmbH*
D   Getränkeautomaten, hergestellt von der Krones *AG* für die Elektro-Handelskette *Singer AG*
E   Spezialmuttern und Schrauben, hergestellt von den *Eisenwerken Witten AG* für die *Stahlbau AG Bochum*
F   Mineralöl, geliefert von der *Total Deutschland AG* an die *Olaf Lange KG*

Aufgabe VI-22

Im Zusammenhang mit der Verwendungsrechnung des BIP wurden für das 3. Quartal eines Jahres folgende Werte veröffentlicht:

Verwendung des BIP	
	Reale Veränderung 2. Quartal dieses Jahres gegenüber dem Vorjahr
1 Privater Konsum	0,9 %
2 Staatlicher Konsum	0,2 %
3 Ausrüstungsinvestitionen	-5,4 %
4 Bauinvestitionen	-1,6 %
5 Sonstige Anlagen	1,8 %
6 Vorratsveränderungen	2,2 Mrd. EUR
7 Ausfuhr	0,9 %
8 Einfuhr	-1,5 %

a) Ermitteln Sie die Höhe des privaten Konsums im 2. Quartal des Vorjahres, wenn dieser im 2. Quartal dieses Jahres einen Wert von 612,5 Mrd. EUR aufwies (Ergebnis auf eine Stelle nach dem Komma runden!).

b)   Ordnen Sie die nachfolgenden Positionen den Aussagen zu.

Positionen

1 Privater Konsum

2 Staatlicher Konsum

3 Ausrüstungsinvestitionen

4 Bauinvestitionen

5 Sonstige Anlagen

6 Vorratsveränderungen

7 Ausfuhr

8 Einfuhr

Aussagen

A   Dieser Bestandteil enthält u. a. Neuanschaffungen von Produktionsmaschinen.

B   Dieser Bestandteil enthält u. a. die Differenz zwischen den Anfangs- und Endbeständen von Fertigprodukten.

C   Dieser Bestandteil hat mengenmäßig den größten Anteil am BIP.

D   Dieser Bestandteil enthält u. a. Einkommensleistungen an die öffentlichen Bediensteten.

E   Aufgrund dieses Bestandteils ergeben sich Kapitalimporte in der Zahlungsbilanz.

A	B	C	D	E

Aufgabe VI-23

Im Zusammenhang mit der Verwendungsrechnung des BIP wurden für das 3. Quartal des letzten Jahres folgende Werte veröffentlicht:

	Personen
Wohnbevölkerung	85.000
Erwerbspersonen	43.000
Selbstständige	11.500
gemeldete Arbeitslose	3.800

Ermitteln Sie

a)   die Erwerbsquote (auf zwei Stellen nach dem Komma runden!).

b)   die Arbeitslosenquote bezogen auf die Erwerbspersonen (auf zwei Stellen nach dem Komma runden!).

c)   die Zahl der unselbstständigen Erwerbstätigen (Arbeitnehmer).

Aufgabe VI-24

Ihnen liegen die folgenden statistischen Daten der volkswirtschaftlichen Gesamtrechnung für Deutschland für den Zeitraum 2018 bis 2020 vor:

Gesamtwirtschaftliche Größen			
	2018	**2019**	**2020**
	in Mrd. EUR		
Land- und Forstwirtschaft; Fischerei	17,80	17,84	19,94
Produzierendes Gewerbe ohne Baugewerbe	506,96	531,41	563,12
Baugewerbe	79,85	83,89	88,24
Handel, Gastgewerbe und Verkehr	357,97	375,03	386,11
Finanzierung, Vermietung und Unternehmensdienstleister	601,41	618,05	637,90
Öffentliche und private Dienstleister	462,41	468,00	476,63
Private Konsumausgaben	1.326,40	1.357,50	1.376,25
Konsumausgaben Staat	421,51	425,88	435,91
Bruttoanlageinvestitionen (einschließlich Vorratsveränderungen)	383,36	466,44	442,77
Exporte (Waren und Dienstleistungen)	917,98	1.046,48	1.138,96
Importe (Waren und Dienstleistungen)	804,65	920,10	970,89
Arbeitnehmerentgelt	1.129,90	1.149,36	1.179,74
Unternehmens- und Vermögenseinkommen	561,25	601,87	645,14

Berechnen Sie aufgrund dieser Größen für die Jahre 2017 bis 2019 das Bruttoinlandsprodukt (BIP) in Mrd. EUR.

2018		2019		2020	

Aufgabe VI-25

Welche Institution erfasst die Zahlen zur Ermittlung

A des Bruttoinlandsprodukt (BIP) und
B der Zahlungsbilanz?

Ordnen Sie zu!

1 Bundesregierung
2 Statistisches Bundesamt
3 Frankfurter Allgemeine Zeitung
4 Deutsche Bundesbank
5 Europäische Kommission

A	B

Aufgabe VI-26

Ordnen Sie die nachstehenden Begriffe aus der volkswirtschaftlichen Gesamtrechnung (VGR) den entsprechenden Definitionen zu.

Begriffe

A Bruttoinlandsprodukt

B Bruttonationaleinkommen

C Bruttowertschöpfung

D Außenbeitrag

E Nettonationaleinkommen

F Nettoinlandsprodukt

Definitionen

1 Dieser Wert umfasst die wirtschaftlichen Leistungen aller Inländer, einerlei, ob diese im Inland oder Ausland erzielt werden.

2 Dieser Wert ist die Differenz zwischen dem Verkaufserlös der eigenen Leistungen, dem sogenannten Produktionswert, und dem Kaufpreis der von anderen Unternehmen bezogenen Vorleistungen.

3 Dieser Wert misst die Produktion von Waren und Dienstleistungen in einem bestimmten Gebiet (z.B. Inland) für einen bestimmten Zeitraum (meist ein Jahr) unabhängig davon, ob diejenigen, von denen die Produktionsfaktoren bereitgestellt werden (Erwerbstätige, Kapitaleigner), ihren ständigen Wohnsitz in diesem Gebiet haben oder nicht.

4 Es ist der Saldo von Exporterlösen und Importausgaben.

5 Bruttoinlandsprodukt minus Abschreibungen

6 Bruttonationaleinkommen minus Abschreibungen

A	B	C	D	E	F

Aufgabe VI-27

Es gibt Unterschiede zwischen dem nominalen und dem realen Bruttoinlandsprodukt.
Welche Information zum Bruttoinlandsprodukt in der Volkswirtschaft trifft zu?

A Das reale Bruttoinlandsprodukt sinkt durch die Inflation bei gleichbleibender Güterproduktion.

B Das reale Bruttoinlandsprodukt ist bei einem Anstieg des Preisniveaus niedriger als das nominale Bruttoinlandsprodukt.

C Das reale Bruttoinlandsprodukt entspricht dem nominalen Volkseinkommen eines Jahres.

D Das reale Bruttoinlandsprodukt ist die preisbereinigte Bruttowertschöpfung eines Jahres.

E Das reale Bruttoinlandsprodukt erfasst den Wert aller Sachgüter und Dienstleistungen, die innerhalb eines Jahres von Inländern erbracht werden.

Aufgabe VI-28

Ordnen Sie die nachstehenden Personen bzw. Gruppen den Begriffen aus der Arbeitsmarktstatistik zu!

Personen (Gruppen)

A Eine ehemalige Altenpflegerin eröffnet ein Nagelstudio.

B Ein 68-jähriger Klempner befindet sich im Ruhestand.

C Ein hauptberuflich bestellter Architekt mit einem eigenen Büro

D Ein Arbeitnehmer auf dem Bau, der für die Wintermonate in Kurzarbeit arbeitet

Begriffe der Arbeitsmarktstatistik

1 Nichterwerbspersonen
2 Abhängig beschäftigte Erwerbstätige
3 Selbstständige

A	B	C	D

VII. Konjunktur und Wachstum

Aufgabe VII-1

Das Stabilitätsgesetz verpflichtet die Bundesregierung zur Erfüllung der Ziele „Vollbeschäftigung", „Preisniveaustabilität", „angemessenes Wirtschaftswachstum", „außenwirtschaftliches Gleichgewicht" unter Berücksichtigung eines „ökologischen Gleichgewichts".

Mit welchen Maßnahmen der Bundesregierung kann die Konsumnachfrage zum Abbau der Arbeitslosigkeit direkt angeregt werden?

A   Erhöhung des Kindergeldes um 50,00 EUR
B   Erhöhung der Mineralölsteuer um 0,10 EUR und Einführung der CO_2-Abgabe auf Mineralöl
C   Erhöhung der Mehrwertsteuer um einen Prozentpunkt
D   Erhöhung des Arbeitslosengelds II
E   Senkung der Körperschaftsteuer
F   Erhöhung der steuerlich begünstigten vermögenswirksamen Leistungen

Aufgabe VII-2

Ordnen Sie den folgenden wirtschaftspolitischen Zielen die entsprechenden Indikatoren zu.
Indikatoren

1   Saldo der Handelsbilanz und Saldo der Dienstleistungsbilanz (Außenbeitrag)

2   Auslastungsgrad der Produktionskapazitäten

3   Prozentualer Anteil der Einkommen aus unselbstständiger Tätigkeit am Volkseinkommen (Lohnquote)

4   Reale Veränderung des Bruttoinlandsprodukts gegenüber dem Vorjahr

5   Lebenshaltungskostenindex

6   Saldo der Kapitalverkehrsbilanz

7   Prozentualer Anteil der registrierten Arbeitslosen an den abhängigen Erwerbspersonen (Arbeitslosenquote)

Wirtschaftspolitische Zielsetzung

A   Preisniveaustabilität
B   Hoher Beschäftigungsstand
C   Außenwirtschaftliches Gleichgewicht
D   Gerechte Einkommensverteilung
E   Stetiges und angemessenes Wirtschaftswachstum

A	B	C	D	E

© Springer Fachmedien Wiesbaden GmbH, ein Teil von Springer Nature 2022
W. Grundmann et al., *Wirtschafts- und Sozialkunde Teil 1*, Prüfungstraining für Bankkaufleute,
https://doi.org/10.1007/978-3-658-38087-8_15

Aufgabe VII-3

Welche der nachfolgenden Maßnahmen ist darauf gerichtet, Arbeitslosigkeit zu vermeiden bzw. zu verringern?

A Im Tarifvertrag wird eine Lohnerhöhung von 2,3 % rückwirkend ab Februar 2021 und eine Einmalzahlung in Höhe von 180,00 EUR zwischen den Tarifvertragsparteien vereinbart.

B Die Bundesregierung erhöht das Kindergeld um 10,00 EUR für die ersten beiden Kinder und 18,00 EUR für das dritte und jedes weitere Kind.

C Im Rahmen einer Betriebsvereinbarung wird bei der *Bauspar AG* die gleitende Arbeitszeit eingeführt.

D Auf Grund des erfolgreichen Geschäftsjahres erhalten die Mitarbeiter der *Nordbank AG* eine einmalige Jahresüberschussbeteiligung in Höhe von 2.000,00 EUR.

E Das Arbeitsamt führt eine Umschulungsmaßnahme für Frauen durch, die nach Kindererziehungsjahren wieder in den Beruf eintreten wollen.

Aufgabe VII-4

In der Volkswirtschaft können Veränderungen des Geldwerts eintreten. Von welchen der folgenden Sachverhalte geht tendenziell

1   eine inflationäre Wirkung
2   eine deflationäre Wirkung
3   keine der beiden vorgenannten Wirkungen
auf das Preisniveau aus?

Sachverhalte

A Die Tarifpartner handeln Lohnerhöhungen aus, die dem Produktivitätszuwachs entsprechen.

B Infolge einer Senkung der Lohn- und Einkommensteuersätze steigt die Nachfrage am Konsumgütermarkt. Alle Produktionskapazitäten für die Herstellung dieser Güter sind ausgelastet.

C Inländische Haushalte erhöhen ihre Sparquote erheblich. Gleichzeitig geht die Auslandsnachfrage zurück.

D Die Geldmenge M3 wächst in deutlich stärkerem Maße als das nominale Bruttoinlandsprodukt.

A	B	C	D

Aufgabe VII-5

Durch den Harmonisierten Verbraucherpreisindex (HVPI) soll beurteilt werden, ob Preisniveaustabilität im Euro-Währungsgebiet erreicht wurde. Welche der nachstehenden Aussagen zu Verbraucherpreisindizes (VPI) im Allgemeinen und zum HVPI im Besonderen sind in diesem Zusammenhang zutreffend?

A Die VPI messen die Preisveränderungen ausgewählter Waren und Dienstleistungen eines Währungsgebiets.

B Der HVPI misst die Veränderungen des Außenwertes der Währung zwischen Euro-Ländern.

C Die EZB definiert Preisstabilität immer als Anstieg des HVPI von unter einem Prozent gegenüber dem Vorjahr.

D Messfehler bei den VPI kommen vor allem dadurch zustande, dass Ausgaben für Wohnungsmieten überproportional berücksichtigt werden.

E Messfehler bei den VPI ergeben sich hauptsächlich durch sich veränderndes Verbraucherverhalten und durch Preisveränderungen auf Grund von Qualitätsverbesserungen.

F Durch die unterschiedlichen Preissteigerungen im Euro-Währungsgebiet kann der HVPI überhaupt nicht aussagekräftig sein.

Aufgabe VII-6

Bringen Sie die Konjunkturphasen im typischen Konjunkturverlauf in die richtige Reihenfolge, beginnend mit dem Aufschwung.

Konjunkturphasen

A Konjunkturhöhepunkt

B Aufschwung

C Boom

D Talsohle

E Abschwung

1	2	3	4	5

Aufgabe VII-7

Die Supermarkt AG verkaufte im Oktober 2020 eine vollautomatische Waschmaschine für 899,00 EUR. Der Verbraucherpreisindex entwickelte sich laut der abgebildeten Tabelle wie folgt:

Jahr 2020		Insgesamt (Index: Jahr 2015 = 100)	Jahr 2021		Insgesamt (Index: Jahr 2015 = 100)
Verbraucherpreisindex			Verbraucherpreisindex		
Jahr 2020	Oktober	105,2	Jahr 2021	Januar	103,4
	November	104,2		Februar	103,8
	Dezember	104,2		März	104,2
				April	104,8

Berechnen Sie den Preis, den die Supermarkt AG im April 2021 kalkulieren musste, um real den gleichen Verkaufserlös wie im Oktober 2020 zu erzielen!

Aufgabe VII-8

Das Stabilitätsgesetz sieht Maßnahmen zur antizyklischen Fiskalpolitik vor. Ordnen Sie den antizyklisch wirkenden fiskalpolitischen Maßnahmen die jeweilige wirtschaftliche Situation zu!

Konjunkturelle Situation

1 Aufschwung bzw. Boomphase

2 Rezession

Maßnahmen

A Die Einkommen- und Körperschaftsteuer wird zeitlich befristet um 10% erhöht.

B Alle Subventionen werden linear um 20% gekürzt.

C Der Umfang der Finanzhilfen wird erweitert, um Betriebe zu erhalten.

D Es werden zusätzliche Abschreibungsvergünstigungen für Investitionsausgaben geschaffen.

E Es erfolgt ein Abbau der öffentlichen Kreditaufnahme durch Schuldentilgung.

F Bereits beschlossene Staatsausgaben werden um ein Jahr hinausgeschoben.

A	B	C	D	E	F

Aufgabe VII-9

Ordnen Sie den folgenden Aussagen die Ursachen für verschiedene Inflationstypen zu!

1 Nachfragebedingte Inflation

2 Angebotsbedingte Inflation

3 Geldmengenbedingte Inflation

Aussagen

A Die OPEC-Staaten vereinbaren, dass die Produktionsquote für Rohöl linear um 25 Prozent gesenkt wird.

B Die privaten Haushalte geben auf Grund einer deutlich verringerten Sparquote mehr Geld für den Konsum aus.

C Auf Grund des höheren Preisanstiegs in den übrigen Staaten der Europäischen Union nehmen die Exporte bei gleichbleibenden Importen in diese Länder stark zu.

D Die nachfragewirksame Geldmenge ist größer als das wertmäßige Güterangebot.

E Die Lohnabschlüsse gehen über den erzielten Produktivitätsfortschritt hinaus.

A	B	C	D	E

Aufgabe VII-10

Mit welchem fiskalpolitischen Instrument kann ein wirtschaftlicher Aufschwung unterstützt werden?

A Betreiben einer aktiven Arbeitsmarktpolitik

B Senkung oder Verschiebung öffentlicher Aufträge

C Erhöhung der Einkommen- und Körperschaftsteuer

D Senkung von Subventionen und Sozialausgaben

E Senkung der Unternehmenssteuern, z. B. der Körperschaftsteuer

Aufgabe VII-11

Der Verbraucherpreisindex stieg von 100 (Jahr 00 = Basisjahr) auf 101,9 im Jahr 01 und auf 103,2 im Jahr 02. Ermitteln Sie (Ergebnisse ggf. auf zwei Stellen nach dem Komma runden) die prozentuale

a) Veränderung des Preisindex im Jahr 02 gegenüber dem Basisjahr.

b) Veränderung des Preisindex im Jahr 02 gegenüber dem Vorjahr.

c) Kaufkraftänderung im Jahr 02 gegenüber dem Vorjahr.

Aufgabe VII-12

Welche der folgenden Aussagen zu staatlichen Einnahmen und Ausgaben ist richtig?

A   Eine Einschränkung der staatlichen Kreditaufnahme führt zu einer Erhöhung der Kapital-marktzinsen und somit zu einer Kostenerhöhung für die Unternehmen.

B   Die größte Einnahmequelle des Bundes sind Kreditaufnahmen bei der Europäischen Zent-ralbank.

C   Ausgaben für den Ausbau des Schienennetzes der Deutschen Bahn AG finden sich aus-schließlich in den Haushaltsplänen der einzelnen Bundesländer.

D   Eine Erhöhung der Umsatzsteuer um zwei Prozentpunkte zur Finanzierung des Staatsde-fizits kann zu einer Konjunkturdämpfung führen.

E   Antizyklische Maßnahmen der Bundesregierung zählen zur angebotsorientierten Wirt-schaftspolitik.

Aufgabe VII-13

Die Konjunktur kann durch die Bundesregierung Konjunktur fördernd oder Konjunktur dämp-fend beeinflusst werden. Ordnen Sie den Maßnahmen die entsprechende Eigenschaft zu.

Eigenschaften

1   konjunkturfördernde Maßnahmen

2   konjunkturdämpfende Maßnahmen

Maßnahmen

A   Steuersenkungen

B   Verstärkte öffentliche Kreditaufnahme zur Finanzierung staatlicher Investitionen

C   Senkung der Abschreibungssätze

D   Erhöhung der Rentenbezüge und Einführung der Grundrente für Rentner mit geringen Renten

E   Steuererhöhungen für Unternehmen und private Haushalte

F   Bildung von Haushaltsrücklagen

G   Sonderabschreibungen

H   Abbau der Sparförderung

A	B	C	D	E	F	G	H

Aufgabe VII-14

Ordnen Sie die nachfolgenden Aussagen den Konjunkturindikatoren zu.

Konjunkturindikatoren

1   Frühindikator
2   Präsenzindikator
3   Spätindikator

Aussagen

A   Veränderungen des realen Bruttoinlandsprodukts
B   Beschäftigungsentwicklung
C   Auftragseingänge der Unternehmen
D   Preisentwicklung
E   Kapazitätsauslastung

A	B	C	D	E

Aufgabe VII-15

Die Arbeitsmarktstatistik sammelt Daten zur Arbeitslosenstatistik und zur Entwicklung der Bevölkerungsstruktur.
Ordnen Sie die Personen den Begriffen der Arbeitsmarktstatistik zu!

A   Nichterwerbspersonen
B   Stille/Verdeckte Arbeitslosigkeit
C   Abhängige Erwerbstätige

Personen

1.   Ein nicht arbeitslos gemeldeter Chemiker, der nach einem 2-jährigen privaten Segelturn keinen neuen Arbeitsplatz findet.
2.   Ein 67-jähriger Kfz-Mechaniker, der sich im Ruhestand befindet.
3.   Eine ehemalige Verkäuferin, die nach einer betriebsbedingten Kündigung ein Cafe betreibt.
4.   Ein 13-jähriger Schüler, der während der Sommerferien ein Praktikum zur Berufsorientierung sucht.
5.   Ein Arbeitnehmer, der aufgrund einer Erkrankung für sechs Wochen krankgeschrieben ist.

A	B	C

Aufgabe VII-16

Inflationstendenzen haben Auswirkungen auf die Wirtschaftssubjekte in der Bundesrepublik Deutschland. Welche Auswirkung kann durch eine Inflation ausgelöst werden!

A   Eine hohe Inflationsrate begünstigt abhängig Beschäftigte durch die tariflichen Gehaltsanpassungen stärker und schneller als Unternehmen.
B   Immobilienbesitzer sind von einer hohen Inflationsrate besonders betroffen, da der Nominalwert ihrer Objekte durch die sinkende Nachfrage nach Immobilien ebenfalls sinkt.

C   Nachfrageinduzierte Preissteigerungen für einige wenige Luxusgüter führen zu einer Erhöhung der Inflationsrate und zu steigender Arbeitslosigkeit.

D   Eine hohe Inflationsrate sorgt bei gleichbleibender Absatzmenge für sinkende Einnahmen des Bundes aus indirekten Steuern und belastet somit den Bundeshaushalt.

E   Kreditkunden werden bei hoher Inflation begünstigt, da durch das gestiegene Preisniveau der reale Wert des zurückzuzahlenden Kreditbetrags gesunken ist.

Aufgabe VII-17

Welche der nachfolgenden Situationsbeschreibungen wirken sich inflationär auf das Preisniveau aus?

A   Infolge einer Steuersenkung steigt die Nachfrage am Konsumgütermarkt. Alle Kapazitäten für die Herstellung dieser Güter sind ausgelastet.

B   Die Tarifpartner handeln Lohnerhöhungen in Höhe des Produktivitätszuwachses aus.

C   Die Auslandsnachfrage geht zurück. Gleichzeitig erhöhen inländische Haushalte ihre Sparquote deutlich.

D   Die Geldmenge M3 nimmt in stärkerem Maße ab als das nominale Bruttoinlandsprodukt.

E   Der Staat reagiert auf den Rückgang der Nachfrage in der Automobilindustrie mit einer Neuregelung der Kfz-Steuer. Käufer von Automobilen mit geringem CO_2-Ausstoß werden mit einer geringen Kfz-Steuer belohnt.

F   aufgrund der positiven gesamtwirtschaftlichen Situation steigt der Ölpreis stark an. Zusätzlich wirkt sich die Einführung der CO2-Abgabe und die Erhöhung der Mehrwertsteuer auf das Preisniveau aus.

Aufgabe VII-18

Bei welchen der nachstehenden wirtschaftspolitischen Maßnahmen handelt es sich um eine angebotsorientierte wirtschaftspolitische Strategie?

A   Erhöhung der Neuverschuldung des Bundes um 30 Milliarden Euro zur Finanzierung von Infrastrukturmaßnahmen im öffentlichen Sektor

B   Erhöhung der Arbeitslosenversicherungsbeiträge und der Beitragsbemessungsgrenze für die Arbeitslosenversicherung zur Schaffung finanzieller Spielräume für Arbeitsbeschaffungsmaßnahmen

C   Senkung der Lohn- und Einkommensteuer zur Ankurbelung des privaten Konsums

D   Abschaffung der degressiven Abschreibung und Einführung der linearen Abschreibung für Wirtschaftsgüter zwecks Finanzierung zusätzlicher öffentlicher Aufträge

E   Neuverschuldung um 10 Milliarden Euro zur Finanzierung einer befristeten Investitionszulage für Unternehmen zur Verbesserung des Investitionsklimas

F   Erhöhung des Kindergeldes und des Wohngeldes, um die Konsumnachfrage zu stärken.

Aufgabe VII-19

Welche der Aussagen zur finanziellen Entwicklung der öffentlichen Haushalte treffen zu?

Finanzielle Entwicklung Finanzielle Entwicklung der Gebietskörperschaften (Bund, Länder, Gemeinden) und der Sozialversicherungen in Milliarden EUR			
	2017	2018	2019
Gebietskörperschaften			
Ausgaben			
Personalausgaben	169,9	173,3	174,0
Laufender Sachaufwand	69,8	69,5	68,8
Transferausgaben	213,8	225,9	236,4
Zinsausgaben	66,6	66,1	65,7
Sachinvestitionen	40,1	38,7	36,3
Finanzierungshilfen	39,2	33,5	32,5
Insgesamt	**599,9**	**608,0**	**815,2**
Einnahmen			
Steuereinnahmen	446,2	441,7	442,2
Sonstige Einnahmen	112,3	109,2	104,4
Insgesamt	**558,5**	**550,9**	**546,6**
Finanzierungssaldo	-44,1	-57,1	-68,6
Sozialversicherungen			
Ausgaben	449,1	466,4	473,3
Einnahmen	445,0	457,9	466,8
Saldo der Einnahmen und Ausgaben	-4,1	-8,5	-6,5
Verschuldung der öffentlichen Haushalte am Jahresende	1.223,9	1.277,6	1.258,1

A   Der prozentuale Anteil der Transferausgaben an den gesamten Ausgaben der Gebietskörperschaften hat sich von 2017 bis 2019 ständig erhöht.

B   Die Steuereinnahmen zuzüglich der sonstigen Einnahmen der Gebietskörperschaften sind im Zeitraum 2017 bis 2019 kontinuierlich zurückgegangen.

C   Die Ausgaben und Einnahmen in der Sozialversicherung wuchsen im Zeitraum 2017 bis 2019 mit derselben jährlichen Zuwachsrate.

D   Wenn das Zinsniveau am Kapitalmarkt steigt, erhöhen sich in Zukunft die Zinsausgaben und die Verschuldung der öffentlichen Haushalte nimmt noch stärker als bisher zu.

E   Aufgrund der Entwicklung der staatlichen Ausgaben für Investitionen konnten im Zeitraum von 2017 bis 2019 Wachstum und Beschäftigung kräftig stimuliert werden.

F   Die Personalausgaben sind von 2017 auf 2018 um 5 % gestiegen.

Aufgabe VII-20

Das durchschnittliche Bruttomonatseinkommen der Beschäftigten der *Nordbank AG* betrug im Vorjahr 3.640,00 EUR. Der Verbraucherpreis-Index ist im Vergleich zum Vorjahr von 115,000 auf 115,575 gestiegen. Ermitteln Sie das benötigte Durchschnittsgehalt, um den Kaufkraftverlust auszugleichen!

Aufgabe VII-21

Wodurch kann eine Inflation entstehen?

A Eine Inflation entsteht durch starke Erhöhung der Staatsausgaben bei gleichzeitiger Nettoneuverschuldung.

B Eine Inflation entsteht durch Lohnerhöhungen, die unter dem Produktivitätszuwachs liegen.

C Eine Inflation entsteht durch Maßnahmen, die die Liquiditätsverknappung bei den Kreditinstituten bewirken.

D Eine Inflation entsteht durch das Sinken der Konsumgüternachfrage bei gleichbleibendem Angebot.

E Eine Inflation entsteht durch steigende Nachfrage nach Investitionsgütern, die über Importe aus EU-Ländern erfüllt wird.

Aufgabe VII-22

Welcher Indikator ist für die Früherkennung eines Konjunkturaufschwungs geeignet?

A Veränderung des Preisindexes der Lebenshaltung

B Auftragseingänge in der Industrie

C Tariflohn- und Gehaltentwicklung

D Überstunden und Kurzarbeit

E Entwicklung der Großhandelsverkaufspreise

F Entwicklung des ifo Geschäftsklimaindexes

Aufgabe VII-23

Bei welcher der nachstehenden Situationsbeschreibungen liegt eine nachfragebedingte Inflationsursache vor?

A Ein hoher Kurs des kanadischen Dollar führt zu steigenden Absatzzahlen deutscher Produkte in Kanada.

B Der Staat erhöht die Einkommen- und Lohnsteuersätze für private Haushalte.

C Die vier größten Tankstellenkonzerne treffen Preisabsprachen, um in der Urlaubszeit Preiserhöhungen durchsetzen zu können.

D Die Unternehmen reagieren auf die deutliche Lohnsteigerungsrunde in Deutschland mit entsprechenden Preiserhöhungen.

E Der Staat erhöht die Umsatzsteuer um drei Prozentpunkte, um Haushaltslöcher zu schließen.

Aufgabe VII-24

Bei welcher der nachstehend beschriebenen Konjunkturphasen handelt es sich um die Phase der Expansion?

A Die Kapazitätsauslastung der Unternehmen sinkt, diese versuchen die Kosten zu senken. Die Zahl der Arbeitslosen steigt.

B Die Unternehmen können trotz voller Kapazitätsauslastung die Nachfrage kaum befriedigen, auf dem Kapitalmarkt werden die Mittel knapp, die Zinsen und Preise befinden sich auf sehr hohem Niveau.

C Eine optimistische Grundhaltung setzt sich durch. Bei zunehmender Kapazitätsauslastung steigen die Gewinne der Unternehmen.

D Es herrscht Unterbeschäftigung. Die Kapazitäten sind gering ausgelastet. Es gibt hohe Arbeitslosigkeit.

E Die Wirtschaft befindet sich in einer Phase der Umstrukturierung; der Beschäftigungsstand sinkt; die Unternehmensgewinne sinken.

VIII. Zahlungsbilanz

Die Zahlungsbilanz ist nach der Definition des Internationalen Währungsfonds (IWF) die umfassende systematische Aufzeichnung der wirtschaftlichen Transaktionen, die in einer Periode zwischen einer Volkswirtschaft und der übrigen Welt stattgefunden haben. Die erfassten Transaktionen entsprechen weitgehend denen zwischen Inländern und Ausländern. Der Begriff Zahlungsbilanz ist missverständlich, da in der Zahlungsbilanz keine Vermögensbestände sondern Stromgrößen verbucht werden. Zu den Inländern rechnet man auch Unternehmen, deren Kapital sich teilweise oder ganz im ausländischen Eigentum befindet, soweit sich ihre Tätigkeit im Inland abspielt. Ausschlaggebend ist der Sitz des Unternehmens. Ferner sind alle Privatpersonen Inländer, die sich länger als ein Jahr in der Bundesrepublik aufhalten, insbesondere, wenn sie ein Gewerbe betreiben, einen längerfristigen Arbeitsvertrag haben oder unbeschränkt einkommensteuerpflichtig sind. Daher zählen die Gastarbeiter und ihre in Deutschland befindlichen Angehörigen zu den Inländern, Saisonarbeiter und Grenzgänger hingegen zu den Ausländern.

Der Aufbau der deutschen Zahlungsbilanz gleicht dem der Zahlungsbilanz des Euro-Raums aufgrund des voranschreitenden Harmonisierungsprozesses in der Europäischen Union.

Die Zahlungsbilanz ist wie folgt aufgebaut:

Die Zahlungsbilanz

I. *Die Leistungsbilanz*

  1. Warenhandel (fob-Werte)

  2. Dienstleistungen

  3. Primäreinkommen

  4. Sekundäreinkommen

II. *Vermögensänderungsbilanz*

III. *Kapitalbilanz*

  1. Direktinvestitionen

  2. Wertpapieranlagen

  3. Finanzderivate und Mitarbeiteraktienoptionen

  4. übriger Kapitalverkehr

  5. Währungsreserven

IV. *Saldo der statistisch nicht aufgliederbaren Transaktionen*

Die Zahlungsbilanz setzt sich aus vier Teilbilanzen zusammen: I. Leistungsbilanz, II. Vermögensänderungsbilanz, III. Kapitalbilanz, IV. Saldo der statistisch nicht aufgliederbaren Transaktionen.

Die Leistungsbilanz setzt sich aus den Positionen (1) Warenhandel, (2) Dienstleistungen, (3) Primäreinkommen und (4) Sekundäreinkommen zusammen. Unter der Position (1) Warenhandel wird der Wert aller Ein-und Ausfuhren von Waren erfasst ohne Berücksichtigung der Fracht- und Versicherungskosten. Die Position (2) Dienstleistungen erfasst alle Dienstleistungen insbesondere grenzüberschreitende Reisen. Die Position (3) Primäreinkommen erfasst Einkommen, die aus einer Erwerbstätigkeit oder einer Vermögensanlage stammen wie beispielsweise das Arbeitsentgelt oder Zins- und Dividendenzahlungen. Zur Position (4) Sekundäreinkommen gehören regelmäßige Zahlungen, denen keine erkennbare Leistung der anderen Seite gegenübersteht. Als Beispiele können hier angeführt werden Überweisungen ausländische Arbeitnehmer in ihre Heimatländer, Sozialbeiträge und Sozialleistungen, Einkommens- und Vermögenssteuer und Zahlungen des Staates an nationale und internationale Organisationen. Hierunter fallen auch Zahlungen im Rahmen der deutschen Entwicklungshilfe. Ein Leistungsbilanzdefizit zeigt an, dass das betreffenden Land mehr verbraucht als produziert hat. Zudem übersteigen die Importe die Exporte und die Verschuldung im Ausland steigt an. Ein Leistungsbilanzüberschuss zeigt dementsprechend an, dass das jeweilige Land mehr Waren und Dienstleistungen ausgeführt hat als im Inland an ausländischen Waren und Dienstleistungen nachgefragt wurde und die Vermögensbildung im Ausland nimmt zu.

Der Saldo der Leistungsbilanz spiegelt sich immer auch in anderen Positionen der Zahlungsbilanz wider und zeigt so auf, auf welche Art und Weise Auslandsvermögen gebildet oder abgebaut wurde. Wenn zum Beispiel einem Leistungsbilanzdefizit eine Verringerung der Währungsreserven gegenübersteht, dann bedeutet das, dass der Abbau des Auslandsvermögens durch die Auflösung von Währungsreserven finanziert wurde.

In der Vermögensänderungsbilanz werden einmalige Transaktionen erfasst, denen keine erkennbare Leistung gegenübersteht. Darunter fallen Erbschaften, Schenkungen oder der Schuldenerlass für Entwicklungsländer.

Die Kapitalbilanz setzt sich aus den Positionen (1) Direktinvestitionen, (2) Wertpapieranlagen, (3) Finanzderivate und Mitarbeiteraktienoptionen, (4) übriger Kapitalverkehr und (5) Währungsreserven zusammen.

Die Position (1) Direktinvestitionen erfasst alle finanziellen Beziehungen zwischen Unternehmen im In- und Ausland, bei denen der Direktinvestor mindestens zehn Prozent der Anteile hält. Hierzu zählen auch interne Finanz- und Handelskredite. Der grenzüberschreitende Wertpapierhandel wird unter der Position (2) Wertpapiere erfasst, darunter fällt zum Beispiel der An- und Verkauf von Aktien, festverzinslichen Wertpapieren oder Investmentfondsanteilen. Zur Position (3) Finanzderivate und Mitarbeiteraktienoptionen zählen alle Termin- und Optionsgeschäfte und Aktienoptionsgeschäfte für Mitarbeiter. Position (4) übriger Kapitalverkehr erfasst alle Finanz- und Handelskredite (soweit diese nicht zur Position „Direktinvestition" gehören), Bankguthaben und andere Finanzanlagen und ausländische Kredite. Veränderungen der von der Deutschen Bundesbank verwalteten Währungsreserven in Form von Devisen und Gold werden unter der Position (5) Währungsreserven statistisch erfasst.

Ein positiver Kapitalbilanzsaldo zeigt eine transaktionsbedingte Zunahme des Nettoauslandsvermögens, ein negativer Kapitalsaldo dementsprechend eine Abnahme.

Unter IV. „Saldo der statistisch nicht aufgliederbaren Transaktionen" werden alle Restposten verbucht, also die Differenz bzw. Gegenbuchung der bereits in der Leistungs-, Vermögensänderungs- und Kapitalbilanz verbuchten Transaktionen, um einen rechnerischen Ausgleich der gesamten Zahlungsbilanz zu erreichen.

Die in der Zahlungsbilanz erfassten Vorgänge werden prinzipiell zweiseitig verbucht, d. h. man geht also von der Annahme aus, dass einem Wertstrom vom Inland ins Ausland stets ein gleich großer Wertstrom vom Ausland ins Inland entspricht. Beide Ströme werden in der Statistik gesondert ausgewiesen (Bruttoprinzip). So muss bei einem Verkauf von Waren an das Ausland, der in der Leistungsbilanz verbucht wird, eine Buchung in der Kapitalbilanz zum formalen Ausgleich der Gesamtbilanz gegenüberstehen. Exportüberschüsse erhalten in der Leistungsbilanz ein Plusvorzeichen, die Einfuhren von Waren und Dienstleistungen sowie die Ausgaben aus Primäreinkommen mit einem Minusvorzeichen versehen. Soweit in Höhe der Ausfuhr oder der empfangenen Primäreinkommen eine Zunahme der Forderungen Deutschlands gegenüber dem Ausland stattfindet, geht sie in den Saldo der Kapitalbilanz mit einem Minuszeichen ein. In Höhe der Einfuhr können die Verbindlichkeiten gegenüber dem Ausland zunehmen. Dieses wird mit einem Pluszeichen in der Kapitalbilanz verbucht.

Weil jede Transaktion in der Zahlungsbilanz doppelt, d. h. durch Buchung und Gegenbuchung, erfasst wird, muss die Zahlungsbilanz stets ausgeglichen sein. Die Teilbilanzen können verschiedene Salden aufweisen. So steht einem Überschuss aus der Leistungsbilanz ein entgegen gerichteter, gleich großer Saldo im gesamten Kapitalverkehr (Kapitalexport), d. h. eine Zunahme der Nettoauslandsposition, gegenüber. Zweiseitige Transaktionen werden entweder in der Leistungsbilanz gebucht und in der Kapitalbilanz gegen gebucht (z. B. Warenausfuhr auf Ziel) oder sie berühren nur die Kapitalbilanz (z. B. die Finanztransaktion „Kauf von amerikanischen Wertpapieren durch Inländer").

Aufgabe VIII-1

Aus dem Monatsbericht der Deutschen Bundesbank stammen u. a. die folgenden Zahlen zur Zahlungsbilanz (in Mrd. EUR):

Primäreinkommen (Saldo)	- 12,6
Dienstleistungen (Saldo)	- 47,4
Vermögensänderungsbilanz (Saldo)	- 1,0
Sekundäreinkommen (Saldo)	- 26,7
Ausfuhr (FOB)	637,3
Einfuhr (FOB)	543,1
Kapitalbilanz (Saldo)	- 29,3
Währungsreserven (Saldo)	+ 6,0

Ermitteln Sie aus den angegebenen Daten in Mrd. EUR

a) den Außenhandelssaldo.

b) den Saldo der Leistungsbilanz.

c) Ist der in b) ermittelte Saldo
  A positiv?
  B negativ?
  C neutral?

Aufgabe VIII-2

In der Zahlungsbilanz finden Sie folgende Posten (alle Zahlen sind Salden, gerundet und in Mio. EUR).

Direktinvestitionen	- 120.562
Dienstleistungen	- 11.782
Warenhandel	+ 83.429
Übriger Kapitalverkehr	+ 163.086
Primäreinkommen	- 32.390
Wertpapieranlagen	- 33.674
Saldo der statistisch nicht aufgliederbaren Transaktionen	- 26.816
Sekundäreinkommen	- 45.042

Berechnen Sie aus diesen Daten die folgenden Positionen der Zahlungsbilanz:

a) Saldo der Leistungsbilanz

b) Saldo der Kapitalbilanz

Aufgabe VIII-3

Welcher Vorgang wird unter der Position Dienstleistungen in der Zahlungsbilanz erfasst?

A Die Europäische Union überweist den neuen Bundesländern aus dem Regionalfonds Zuschüsse für Infrastrukturmaßnahmen.

B Ein japanischer Tourist unternimmt mit einer Reisegruppe aus Tokio eine Sightseeing-Tour durch Süddeutschland.

C Ein indischer Computerexperte überweist monatlich 2.000,00 EUR an seine Familie in Neudelhi.

D Aus einer Kapitalanlage in den USA erzielt Sebastian Klein aus Buchholz Kapitaleinkünfte.

E Die *Jungheinrich AG* exportiert Gabelstapler nach Brasilien.

Aufgabe VIII-4

Für die Bundesrepublik Deutschland liegen Ihnen für das Jahr 2020 folgende gesamtwirtschaftliche Größen vor:

Gesamtwirtschaftliche Größen	in Mrd. EUR
Entstehungsrechnung	
Bruttowertschöpfung	3.055,3
Gütersteuern	340,1
Gütersubventionen	7,2
Verwendungsrechnung	
Private Konsumausgaben	1.777,5
Konsumausgaben des Staates	7
Bruttoanlageinvestitionen	705,7
Vorratsveränderungen	+ 8.2
Exporte	1.595,6
Importe	1.361,9

Berechnen Sie für das Jahr 2020 die Konsumausgaben des Staates in Mrd. EUR (Geben Sie das Ergebnis mit 1 Nachkommastelle an!)!

Aufgabe VIII-5

Welche der folgenden Transaktionen haben Auswirkungen auf die Position Dienstleistungen in der Zahlungsbilanz?

Teilbilanzen der Leistungsbilanz

A Die *Stahlwerke Witten AG*, in Wetter an der Ruhr, überweist einem französischen Frachtführer 24.350,00 EUR auf sein Konto in Paris.

B Die Bundesregierung überweist den fälligen Beitrag an die Vereinten Nationen auf das Geschäftskonto der UNO mit Hauptsitz in New York.

C Die *Nordbank AG* überweist ihrer Mitarbeiterin Doris Sanders, wohnhaft in New York, ihr Monatsgehalt von 3.425,00 US-Dollar auf das Gehaltskonto in New York.

D Lubomir Iwancik ist Saisonarbeiter im Alten Land, einem bekannten Obstanbaugebiet in der Nähe von Hamburg. Während dieser Zeit überweist er regelmäßig zu Lasten seines Kontos bei der *Nordbank AG* in Hamburg einen Teil seines Monatsgehalts auf das in Prag geführte Konto seiner in Tschechien lebenden Familie.

E Ein amerikanischer Computerhersteller überweist aus den USA an die Messe AG in Hannover die Standgebühr von 17.500,00 EUR.

F Deutschland unterstützt den Bau eines Berufsbildungszentrums in Mali, Afrika, mit einem Scheck über 2,75 Millionen EUR.

Aufgabe VIII-6

Die Deutsche Bundesbank veröffentlichte folgende Werte zur Zahlungsbilanz der Bundesrepublik Deutschland in Millionen EUR für das Jahr 20...

Positionen	Oktober 20..
Warenhandel	+ 12.129
Dienstleistungen	- 1.934
Primäreinkommen	+ 741
Sekundäreinkommen	- 2.820
Vermögensänderungsbilanz	- 105
Kapitalbilanz (ohne Veränderungen der Währungsreserven)	- 10.683
Saldo der statistisch nicht aufgliederbaren Transaktionen	+ 1.613

Ermitteln Sie

a) den Saldo der Leistungsbilanz.

b) den Saldo der Währungsreserven.

Aufgabe VIII-7

Die Deutsche Bundesbank erstellt die monatliche Zahlungsbilanz für die Bundesrepublik Deutschland.
Welche Transaktion hat Auswirkungen auf den Saldo der Dienstleistungsbilanz der Bundesrepublik Deutschland?

A   Verena Billstedt, wohnhaft in Hamburg, hat sich mit einem Teil ihres Vermögens an einem Unternehmen in Griechenland beteiligt. Die Unternehmung überweist aus Griechenland einmal jährlich Zinsen in Höhe von 3.400,00 EUR auf ihr Konto bei der *Nordbank AG*.

B   Die Bundesrepublik Deutschland zahlt in den Agrarfonds der Europäischen Gemeinschaft 80 Millionen EUR.

C   Die *Nordbank AG* in Hamburg überweist aus dem Vermögen des Erblassers Frank Schubert US-Dollar im Gegenwert von 500.000,00 EUR an den Erben mit Wohnsitz in New York (USA)

D   Ulf Simon wohnt in Flensburg und arbeitet in Kopenhagen. Sein dänischer Arbeitgeber überweist ihm regelmäßig monatlich sein Gehalt auf das Konto bei der *Nordbank AG* in Flensburg.

E   Die *Kaufland AG* bezieht aus Amsterdam Designerlampen und überweist dem niederländischen Frachtführer für die Lieferung der Lampen 25.480,00 EUR.

Aufgabe VIII-8

Die vierteljährlichen Wirtschafts- und Währungsprognosen der volkswirtschaftlichen Abteilung sind Grundlagen für die Entscheidungen des Vorstands der *Nordbank AG*. Die volkswirtschaftliche Abteilung prognostiziert für das nächste Vierteljahr eine US-Dollar-Aufwertung von derzeit 1 EUR = 1,1330 auf 1 EUR = 1,0730 USD in drei Monaten.

Stellen Sie fest, welche Auswirkung die prognostizierte Aufwertung des Euro gegenüber dem USD tendenziell auf den Außenbeitrag der Bundesrepublik Deutschland hat, wenn andere Faktoren unberücksichtigt bleiben!

A   Der Außenbeitrag vergrößert sich, da die Importe aus den USA steigen, Exporte in die USA sinken.

B   Der Außenbeitrag vergrößert sich, da die Importe aus den USA sinken, die Exporte in die USA steigen.

C   Der Außenbeitrag bleibt unverändert, da sich die Außenhandelssituation durch die Wechselkurse nicht ändert.

D   Der Außenbeitrag verringert sich, da die Importe aus den USA sinken, die Exporte in die USA steigen.

E   Der Außenbeitrag verringert sich, da die Importe aus den USA steigen, die Exporte in die USA sinken.

Aufgabe VIII-9

Die Deutsche Bundesbank veröffentlichte in ihrer Pressenotiz die abgebildeten Posten der Zahlungsbilanz. Berechnen Sie den Wert der folgenden Leistungsbilanz der Bundesrepublik Deutschland in Mrd. EUR!

Auszug aus der Zahlungsbilanz (in Mrd. EUR)	
	Oktober/Dezember 2018
1. Warenhandel	+ 130,1
Ausfuhr (fob)	587,5
Einfuhr (fob)	457,4
Außenhandel	+ 123,7
Ausfuhr (fob)	595,3
Einfuhr (cif)	471,6
2. Dienstleistungen	-15,0
Einnahmen	106,8
Ausgaben	- 121,8
3. Primäreinkommen	+ 22,4
Einnahmen	99,1
Ausgaben	- 76,7
4. Sekundäreinkommen	- 22,9

Aufgabe VIII-10

Ordnen Sie die sieben Aussagen den Positionen der Leistungsbilanz zu!

Aussagen

1 Die EU überweist aus dem Regionalfonds Zuschüsse an die neuen Bundesländer.
2 Deutsche Autohersteller führen Direktinvestitionen in Brasilien durch.
3 Die Bundesrepublik Deutschland leistet den Jahresbeitrag an die Vereinten Nationen.
4 Deutsche Haushalte erhalten Kapitalerträge aus den Vereinigten Staaten.
5 Deutsche Touristen verbringen ihren Jahresurlaub an der türkischen Riviera.
6 Ein kanadisches Ehepaar bringt 10.000,00 kanadische Dollar in bar mit in die Bundesrepublik Deutschland.
7 Deutsche pharmazeutische Unternehmen exportieren Arzneimittel in die USA.

Positionen der Leistungsbilanz

A Warenhandel
B Dienstleistungen
C Primäreinkommen
D Sekundäreinkommen
E Nicht zuzuordnen

1	2	3	4	5	6	7

IX. Geldpolitik

Aufgabe des Eurosystems

Mit der Einführung des Euro ging die Aufgabe der Währungssicherung von der Deutschen Bundesbank auf das Eurosystem über, das aus der Europäischen Zentralbank (EZB) in Frankfurt und den Zentralbanken der Länder besteht, die den Euro als gemeinsame Währung eingeführt haben. Das vorrangige Ziel des Eurosystems ist nach dem Maastrichter Vertrag, die Preisstabilität zu gewährleisten. Soweit es ohne Beeinträchtigung des Zieles der Preisstabilität möglich ist, unterstützt das Eurosystem die allgemeine Wirtschaftspolitik in der Gemeinschaft. Das Eurosystem ist auf das Hauptziel der Geldwertstabilität verpflichtet. Preisstabilität wird definiert als Anstieg des Harmonisierten Verbraucherpreisindex (HVPI) für das Euro-Währungsgebiet von unter, aber nahe bei 2 % gegenüber dem Vorjahr. Entsprechend der Definition muss Preisstabilität dabei mittelfristig gewährleistet sein.

Neben der Sicherung des Geldwertes hat das Eurosystem ferner die Aufgaben, das reibungslose Funktionieren des Zahlungsverkehrs zu fördern und die Währungsreserven der Mitgliedsländer zu verwalten. Außerdem berät die EZB die EU-Organe und die Mitgliedstaaten, z. B. im Bereich der Bankenaufsicht und in Fragen der Stabilität des Finanzsystems.

Beim vorrangigen Ziel des Eurosystems, Preisstabilität zu gewährleisten, geht es um das Preisniveau, d. h. um die Stabilität des Durchschnitts aller Preise. Steigt das Preisniveau, sinkt der Geldwert bzw. die Kaufkraft des Geldes, weil man für eine Geldeinheit weniger Güter als zuvor bekommt. Über einen längeren Zeitraum kann ein solcher Kaufkraftverlust beträchtliche Ausmaße annehmen.

Erfassung eines repräsentativen Warenkorbs

Bei der Messung des Preisniveaus wird die Preisentwicklung ausgewählter Güter und Leistungen erfasst und anhand eines Warenkorbs gewichtet. Daraus errechnet sich ein sog. Preisindex, wobei die in einem von den Statistikern zusammengestellten Warenkorb enthaltenen Güter und Dienstleistungen nach Art und Umfang über einen längeren Zeitraum nicht verändert werden. Die Entwicklung des Preisindex gibt die reine Preisentwicklung eines bestimmten Warenkorbs wieder. Der Warenkorb wird alle 5 Jahre aktualisiert, um Änderungen im Verbraucherverhalten Rechnung zu tragen.

Das Eurosystem ist verpflichtet, die Preisstabilität im gesamten Euro-Währungsgebiet zu gewährleisten. Zu diesem Zweck wird ein europäischer Preisindex benötigt, der nicht nur die nationalen Ergebnisse in gewichteter Form zusammenführt, sondern auch noch hinreichend harmonisiert ist, um zu gewährleisten, dass die Preisentwicklung in den einzelnen Mitgliedstaaten auf einer vergleichbaren Basis gemessen wird. Diese Anforderungen erfüllt der Harmonisierte Verbraucherpreisindex für das Euro-Währungsgebiet (HVPI). Er wird vom Statistischen Amt der EU (Eurostat) auf der Basis nationaler Ergebnisse berechnet und monatlich veröffentlicht.

Die geldpolitischen Instrumente des Eurosystems

Zur Erreichung seiner Ziele stehen dem Eurosystem eine Reihe geldpolitischer Instrumente zur Verfügung. Mit ihrer Hilfe kann es die Bedingungen am Geldmarkt hinreichend gut steuern, um die gewünschten geldpolitischen Impulse geben zu können. Das Eurosystem führt Offenmarktgeschäfte durch, bietet ständige Fazilitäten an und verlangt, dass die Kreditinstitute Mindestreserven bei ihnen unterhalten.

© Springer Fachmedien Wiesbaden GmbH, ein Teil von Springer Nature 2022
W. Grundmann et al., *Wirtschafts- und Sozialkunde Teil 1*, Prüfungstraining für Bankkaufleute,
https://doi.org/10.1007/978-3-658-38087-8_17

Offenmarktpolitik und bilaterale Geschäfte

Die Offenmarktpolitik ist ein typisches Geldmarktinstrument. Die Offenmarktpolitik bezeichnet den Kauf und Verkauf von Wertpapieren durch die Zentralbank für eigene Rechnung am „offenen Markt". Bei diesen Geschäften wendet sich die Notenbank unmittelbar an den „anonymen Markt". Der Handel kann mit kurz- und langlaufenden Wertpapieren betrieben werden. Der Kauf von Wertpapieren ist sowohl bei Banken als auch bei Nichtbanken möglich. Dabei kann die Notenbank Wertpapiere endgültig oder nur für eine bestimmte Zeit ankaufen bzw. verkaufen. Im zweiten Fall muss sich z. B. die verkaufende Bank verpflichten, die Papiere nach einer bestimmten Zeit (z. B. nach einer Woche) wieder zurückzukaufen. Diese Geschäfte werden auch als Wertpapierpensionsgeschäfte bezeichnet. Gegenüber einem endgültigen Ankauf von längerfristigen Wertpapieren haben Wertpapierpensionsgeschäfte den Vorteil, dass damit den Kreditinstituten nur für einen begrenzten Zeitraum Zentralbankguthaben zur Verfügung gestellt werden. Das Volumen der Liquiditätsbereitstellung kann also sehr flexibel variiert werden. Außerdem haben Wertpapierpensionsgeschäfte keinen Einfluss auf die Wertpapierkurse. Schließlich geht bei diesen Geschäften die Initiative immer von der Zentralbank aus.

Hauptrefinanzierungsgeschäft

Das Eurosystem stellt Zentralbankgeld vornehmlich über befristete Transaktionen zur Verfügung. Dabei handelt es sich entweder um Wertpapierpensionsgeschäfte oder um eine mit Wertpapieren besicherte Kreditvergabe der Notenbank an die Kreditinstitute, bei der die Zentralbank notenbankfähige Aktiva zum Pfand hereinnimmt, anstatt sie anzukaufen. Mit Hilfe der befristeten Transaktionen steuert das Eurosystem die Zinsen und die Liquidität am Geldmarkt und gibt Signale über seinen geldpolitischen Kurs. Üblicherweise stehen die wöchentlich im Ausschreibungswege durchgeführten siebentägigen Hauptrefinanzierungsgeschäfte im Mittelpunkt.

Längerfristige Refinanzierungsgeschäfte

Das Eurosystem bietet den Banken im monatlichen, dreimonatlichen und sechsmonatlichen Rhythmus im Rahmen der längerfristigen Refinanzierungsgeschäfte Liquidität an.

Tender

Mengentender	Zinstender
Beim Mengentender legt das Eurosystem den Zins fest, und die Kreditinstitute nennen in ihren Geboten lediglich die Beträge, über die sie Liquidität zu erhalten wünschen. Die EZB teilt dann denjenigen Betrag zu, der ihren liquiditätspolitischen Vorstellungen entspricht. Die Einzelgebote werden dabei gleichmäßig, d. h. mit demselben Prozentsatz bedient oder repartiert.	Beim Zinstender müssen die Kreditinstitute nicht nur Gebote über die gewünschte Menge abgeben, sondern auch den Zins nennen, zu dem sie bereit sind, Refinanzierungsgeschäfte abzuschließen. Wenn sie zu niedrigen Zinsen bieten, laufen sie Gefahr, bei der Zuteilung leer auszugehen. Umgekehrt haben sie bei hohen Zinsgeboten die Chance einer vollen Zuteilung. Gebote zu dem gerade noch zum Zuge kommenden Satz werden auch hier ggf. repartiert. Beim längerfristigen Refinanzierungsgeschäft setzt das Eurosystem i. d. R. den Zinstender ein. Das bedeutet, dass es die Zinsfindung dem Markt überlässt. Mit diesem Instrument möchte die EZB keine geldpolitischen Signale geben.

Feinsteuerung

Zusätzlich zu dem Basistender und dem Hauptrefinanzierungsgeschäft stehen dem Eurosystem Feinsteuerungsoperationen und strukturelle Operationen zur Verfügung. Feinsteuerungsoperationen werden von Fall zu Fall von der EZB eingesetzt, um die Auswirkungen unerwarteter Liquiditätsschwankungen auf die Zinssätze auszugleichen. Die Feinsteuerung erfolgt i. d. R. über befristete Transaktionen. Ein Beispiel dafür wäre die Hereinnahme einer Termineinlage oder ein Devisenswapgeschäft. Beim Devisenswapgeschäft übernimmt das Eurosystem von den Banken für kurze Zeit Devisen gegen Zentralbankguthaben, die von den Banken nach Ablauf dieser Zeit wieder zurückgenommen werden müssen. Das Eurosystem kann aber auch Devisen für einen befristeten Zeitraum verkaufen.

Strukturelle Operationen

Sie dienen dazu, die Liquiditätsposition des Bankensystems gegenüber dem Eurosystem langfristig zu beeinflussen. Ist z. B. das Liquiditätsdefizit der Banken aus der Sicht des Eurosystems zu gering, sodass die Banken zur Deckung ihres Zentralbankgeldbedarfs nicht auf Refinanzierungsgeschäfte mit dem Eurosystem angewiesen sind, die geldpolitischen Instrumente also nicht greifen, kann es dieses z. B. durch die Ausgabe von Schuldverschreibungen erhöhen und die Banken somit wieder in die Refinanzierung zwingen.

Spitzenrefinanzierungsfazilität

Zum Instrumentarium des Eurosystems gehören zwei ständige Fazilitäten. Dabei handelt es sich zum einen um eine Spitzenrefinanzierungsfazilität, die dazu dient, Übernachtliquidität zu einem vorgegebenen Zinssatz bereitzustellen und so ein Ausbrechen des Tagesgeldsatzes nach oben zu begrenzen. Die Banken können darauf bei den nationalen Zentralbanken von sich aus und – sofern sie entsprechende Sicherheiten haben – praktisch unbegrenzt über Nacht für Liquidität sorgen. Am nächsten Tag müssen sie den Kredit dann wieder zurückzahlen. Auch dieser Kredit wird auf Pfandbasis abgewickelt. Der Zinssatz für diesen Kredit ist höher als der Satz im Hauptrefinanzierungsgeschäft. Er bildet im Allgemeinen die Obergrenze für den Tagesgeldsatz, da keine Bank, die ausreichend Sicherheiten hat, am Geldmarkt mehr zahlen wird, als sie bei der Notenbank für einen Übernachtkredit bezahlen muss.

Einlagefazilität

Um ein zu starkes Absacken des Tagesgeldsatzes nach unten zu verhindern, hat das Eurosystem eine sog. Einlagefazilität geschaffen. Die Kreditinstitute können überschüssige Zentralbankguthaben bis zum nächsten Geschäftstag bei den nationalen Zentralbanken zu einem festen Zins anlegen. Dieser Zins ist niedriger als der Satz für die Spitzenrefinanzierungsfazilität bzw. für das Hauptrefinanzierungsinstrument. Er bildet die Untergrenze des Tagesgeldsatzes.

Mindestreserve

Sie bildet den Rahmen für den Einsatz der geldpolitischen Operationen des Eurosystems. Sie dient in erster Linie dazu, die Geldmarktzinsen zu stabilisieren und eine strukturelle Liquiditätslücke des Bankensystems herbeizuführen oder zu vergrößern. Die Reservepflicht der Kreditinstitute richtet sich zum einen nach der Höhe ihrer Nichtbankeneinlagen, zum anderen nach dem Mindestreservesatz, der vom EZB-Rat einheitlich auf 1 % festgelegt wurde. Mindestreserve ist für täglich fällige Einlagen, Einlagen mit einer vereinbarten Laufzeit bzw. Kündigungsfrist von bis zu zwei Jahren, Schuldverschreibungen mit einer vereinbarten Laufzeit von bis zu zwei Jahren und Geldmarktpapiere zu halten. Für die übrigen Bankverbindlichkeiten beträgt der Reservesatz derzeit Null Prozent.

Die Mindestreserve stärkt die Bindung der Bankengeldschöpfung an die der Zentralbank. Vor allem aber wirken die Mindestreserveguthaben bei Liquiditätsschwankungen am Geldmarkt als Puffer, weil die Kreditinstitute die Mindestreserveguthaben auch für ihren laufenden Zahlungsverkehr nutzen können und die Mindestreserve nur im Durchschnitt der Reserveerfüllungsperiode, nicht aber täglich erfüllen müssen. Sie können deshalb Liquiditätsausschläge über ihre Mindestreserveguthaben ausgleichen. Bei einem Geldzufluss stocken sie diese auf und halten quasi vorsorglich höhere Reserveguthaben. Bei einem Geldabfluss lassen sie ihre Guthaben umgekehrt abschmelzen.

Die Mindestreserveguthaben werden beim Eurosystem zum Hauptrefinanzierungssatz verzinst. Die Banken haben somit keine Zinsverluste und keine Wettbewerbsnachteile gegenüber anderen Kredit- und Finanzinstituten außerhalb des Euro-Währungsraums, die keine Mindestreserven unterhalten müssen.

Aufgabe IX-1

Mit welchen geldpolitischen Operationen des Europäischen Systems der Zentralbanken können den Kreditinstituten Liquidität bereitgestellt werden bzw. Liquidität abgeschöpft werden?

Maßnahmen

1   Liquiditätsabschöpfung

2   Liquiditätsbereitstellung

Geldpolitische Operationen

A   Hereinnahme von Termineinlagen durch die Europäische Zentralbank

B   Definitive Verkäufe von Devisen per Termin durch die Europäische Zentralbank

C   Emission von Schuldverschreibungen der Europäische Zentralbank

D   Befristete Kreditgeschäfte der Europäischen Zentralbank über Nacht gegen refinanzierungsfähige Sicherheiten

E   Definitive Devisenkäufe per Termin durch die Europäische Zentralbank

F   Befristete Wertpapierpensionsgeschäfte gegen refinanzierungsfähige Sicherheiten

G   Einlagenannahme über Nacht

A	B	C	D	E	F	G

Aufgabe IX-2

Welche der nachstehenden Kreditinstitute und Finanzunternehmen sind nicht mindestreservepflichtig?

A   Bausparkassen

B   Leasinggesellschaften

C   Volksbanken und Raiffeisenbanken

D   Privatbanken

E   Sparkassen und Landesbanken

F   Faktoringgesellschaften

Aufgabe IX-3

Welche der nachfolgenden Verbindlichkeiten ist nicht mindestreservepflichtig?

A Täglich fällige Einlagen

B Einlagen mit einer vereinbarten Laufzeit von bis zu zwei Jahren

C Schuldverschreibungen mit vereinbarter Laufzeit von bis zu zwei Jahren

D Geldmarktpapiere

E Einlagen mit vereinbarter Kündigungsfrist von bis zu zwei Jahren

F Verbindlichkeiten gegenüber dem Europäischen System der Zentralbanken und den nationalen Zentralbanken

Aufgabe IX-4

Welche der nachstehenden Verbindlichkeiten sind mit einem positiven Mindestreservesatz in die Mindestreserve einbezogen?

A Einlagen mit vereinbarter Laufzeit von über zwei Jahren

B Repurchase Agreements (Wertpapierpensionsgeschäfte) für eine befristete Zeit gegen einen Geldbetrag zwischen Kreditinstituten

C Täglich fällige Einlagen

D Spareinlagen mit dreimonatiger Kündigungsfrist

E Einlagen mit einer vereinbarten Kündigungsfrist von vier Jahren

Aufgabe IX-5

Welche Aussagen zum Mindestreservesystem des Europäischen Systems der Zentralbanken treffen zu?

A Die von den Kreditinstituten unterhaltenen Mindestreserven werden nicht verzinst.

B Das Mindestreserve-Soll jedes Kreditinstituts wird errechnet, indem auf den Betrag der reservepflichtigen Verbindlichkeiten der jeweilige Reservesatz angewandt wird.

C Die Mindestreservepflicht ist erfüllt, wenn das Mindestreserve-Ist gleich oder niedriger ist als das Mindestreserve-Soll.

D Zu den reservepflichtigen Verbindlichkeiten zählen u. a. auch die Verbindlichkeiten gegenüber Instituten, die selbst dem Mindestreservesystem des Europäischen Systems der Zentralbanken unterliegen.

E Das Mindestreserve-Ist ergibt sich als einfacher Durchschnitt aller Tagesendbestände auf dem Mindestreservekonto in der jeweiligen Erfüllungsperiode.

Aufgabe IX-6

Mit welchen Sanktionen müssen Kreditinstitute rechnen, wenn sie das Mindestreserve-Soll unterschreiten?

A Sonderzinsen von bis zu 5 Prozentpunkten über dem Mindestreservesatz für den Zeitraum der Nichterfüllung

B Kein Zugang zu den Offenmarktgeschäften und den Fazilitäten

C Geldstrafen in Millionenhöhe

D Fristlose Entlassung des zuständigen Gelddisponenten

E Zwang zur unverzinslichen Einlage bei der nationalen Zentralbank bis zur dreifachen Höhe des Fehlbetrages

Aufgabe IX-7

Welche der nachstehenden Kreditinstitute bzw. Finanzunternehmen unterliegen der Mindestreservepflicht?

A *Eurocard GmbH*

B *Landesbausparkasse Kiel*

C *Allgemeine Leasing Deutschland GmbH*

D *Faktoringgesellschaft Nord mbH*

E *HSH Nordbank AG*

Aufgabe IX-8

Vorrangiges Ziel des Eurosystems ist es, die Preisstabilität im Euro-Währungsgebiet zu gewährleisten. Als Orientierungsmittel zur Gewährleistung der Preisstabilität dient die Geldmenge M 3, die sich aus

A dem Bargeldumlauf zusammensetzt.

B dem Bargeldumlauf + Sicht- und Termineinlagen zusammensetzt.

C nur aus den Spareinlagen mit dreimonatiger Kündigungsfrist zusammensetzt.

D dem Bargeldumlauf + Sicht- und Termineinlagen + Spareinlagen mit dreimonatiger Kündigungsfrist zusammensetzt.

E dem Bargeldumlauf + Sicht- und Termineinlagen + Spareinlagen mit dreimonatiger Kündigungsfrist + Geldmarktfondsanteile + von monetären Finanzinstituten ausgegebene Schuldverschreibungen zusammensetzt.

F Spareinlagen mit dreimonatiger Kündigungsfrist sowie von monetären Finanzinstituten ausgegebene Schuldverschreibungen zusammensetzt.

Aufgabe IX-9

Die EZB weist die in der auf der Gegenseite abgebildeten Tabelle stehenden Werte zur Geldmenge im Eurowährungssystems aus (jeweils in Mrd. Euro).

a) Ermitteln Sie die Geldmenge M1 für das Jahr 200B.

b) Ermitteln Sie die Geldmenge M2 für das Jahr 200B.

c) Ermitteln Sie die Geldmenge M3 für das Jahr 200B.

Aufgabe IX-10

Welche Aussage zum Zusammenhang von Geldmenge und Geldpolitik der EZB ist zutreffend?

A   Da die EZB sich bei ihrer Geldpolitik lediglich auf die Betrachtung der Inflationsrate konzentriert, haben die Geldmengen so gut wie keine Bedeutung für die Geldpolitik.

B   Durch ihr geldpolitisches Instrumentarium kann die EZB auf die Geldmenge einwirken.

C   Die Herauf- und Herabsetzung der Geldmenge ist ein wichtiges geldpolitisches Instrumentarium der EZB.

D   Eine steigende Geldmenge veranlasst die EZB tendenziell zur Durchführung einer expansiven Geldpolitik.

E   Die Geldpolitik der EZB ist so ausgerichtet, dass zwar Verschiebungen zwischen einzelnen Größen aus M1, M2 und M3 stattfinden sollen, die Gesamtsumme jedoch konstant sein soll.

Aufgabe IX-11

Zur Beeinflussung der Bankenliquidität und der Zinssätze beschließt die EZB, dem europäischen Bankensystem Liquidität in Form eines Offenmarktgeschäfts in Höhe von 44 Mrd. Euro zur Verfügung zu stellen. Das Zentralbankengeld wird im Rahmen eines Offenmarktgeschäfts (Hauptrefinanzierungsinstrument) als befristete Transaktion (Zinstenderverfahren) zugeführt. Es gelten folgende Daten:

a)   Ermitteln Sie die Zuteilung nach dem Zinstender.

Bietungssatz	Gebotene Menge in Mio. Euro
0,86	500
0,85	4.000
0,84	13.500
0,83	18.000
0,82	43.000

b)   Beim Hauptrefinanzierungsgeschäft handelt es sich

A   um wöchentliche Tender mit einer Laufzeit von sieben Tagen, um Schwankungen der kurzfristigen Geldmarktsätze auszugleichen und um die Refinanzierung der Kreditinstitute zu ermöglichen.

B   um einen monatlichen Tender mit einer Laufzeit von drei Monaten, um zusätzliche längerfristige Refinanzierungsmittel bereitzustellen.

C   um unregelmäßige und in der Laufzeit nicht festgelegte Tender, um die Auswirkungen unerwarteter Liquiditätsschwankungen auf die Zinssätze auszugleichen.

D   um den endgültigen Verkauf zentralbankfähiger Aktiva durch die EZB.

E   um strukturelle Operationen, mit denen die EZB versucht, die strukturelle Liquiditätsposition des Finanzsektors gegenüber dem Eurosystem anzupassen.

Geldmenge: Komponenten der Geldmengenaggregate und längerfristigen Verbindlichkeiten

		Bar-geld-umlauf	täglich fällige Einlagen	Einlagen mit ver-ein-barter Laufzeit von bis zu 2 Jahren	Repo-Ge-schäfte	Geld-markt-Fonds-anteile	Schuld-ver-schrei-bungen von mehr als 2 Jahren	Schuld-ver-schrei-bungen bis zu 2 Jahren	Einlagen mit ver-ein-barter Kündi-gungs-frist von mehr als 3 Mona-ten	Einlagen mit ver-ein-barter Laufzeit von mehr als 2 Jahren	Kapital und Rück-lagen	Einlagen mit ver-ein-barter Kündi-gungs-frist von bis zu 3 Monaten
200A	Q3	578,4	3107,7	1401,0	266,1	637,0	198,6	2399,6	102,2	1655,0	1277,3	1552,0
200B	Q4	611,6	3207,7	1807,8	295,3	687,2	281,7	2526,5	112,9	1766,9	1389,4	1507,0
200C	Jan.	625,8	3209,6	1968,7	307,4	686,8	316,5	2561,0	119,6	1813,5	1481,6	1535,3
	Febr.	629,5	3227,8	2038,8	306,4	745,2	297,7	2578,9	112,9	1819,0	1516,6	1537,0
200C	März	634,2	3219,3	2093,9	313,4	754,8	271,7	2561,2	121,3	1816,0	1516,1	1536,6
	April	638,0	3217,1	2125,3	307,7	746,9	282,5	2540,6	119,4	1813,2	1499,1	1541,6
	Mai	644,8	3197,2	2224,5	323,4	743,9	272,2	2554,8	118,7	1817,9	1511,2	1543,1

Aufgabe IX-12

Bei welchen geldpolitischen Operationen der Europäischen Zentralbank steigt bzw. sinkt die Geldmenge im Eurowährungssystem?

Wirkungen auf die Geldmenge

1   Geldmenge steigt im Eurowährungssystem.

2   Geldmenge sinkt im Eurowährungssystem.

Geldpolitische Operationen

A   Die Europäische Zentralbank kauft Wertpapiere von Geschäftsbanken.

B   Die Europäische Zentralbank senkt die Mindestreservesätze.

C   Geschäftsbanken legen überschüssige Liquidität verzinslich an.

D   Die Europäische Zentralbank verkauft Wertpapiere an Geschäftsbanken.

E   Die Europäische Zentralbank erhöht die Mindestreservesätze.

F   Geschäftspartner nehmen kurzfristige Kredite in Anspruch.

A	B	C	D	E	F

Aufgabe IX-13

Die Offenmarktgeschäfte der Europäischen Zentralbank können in die unten aufgeführten Kategorien eingeteilt werden. Ordnen Sie den o. a. Offenmarktgeschäften die nachfolgenden Aussagen zu!

1   Zu dieser Kategorie zählen regelmäßig stattfindende Transaktionen in wöchentlichem Abstand und mit einer Laufzeit von sieben Tagen, die von den Nationalen Zentralbanken im Rahmen von Standardtendern durchgeführt werden.

2   Bei dieser Kategorie werden befristete Transaktionen oder Emissionen von Schuldverschreibungen von den Nationalen Zentralbanken über Standardtender abgewickelt.

3   Mit Hilfe dieser Kategorie werden den Kreditinstituten längerfristige Mittel im monatlichen Rhythmus mit einer dreimonatigen Laufzeit zur Verfügung gestellt.

4   Mit dieser Kategorie sollen mit Hilfe von befristeten Transaktionen, Devisenswapgeschäften und der Hereinnahme von Termineinlagen die Marktliquidität sowie die Zinssätze gesteuert werden.

Kategorien

A   Hauptrefinanzierungsinstrumente

B   Längerfristige Refinanzierungsgeschäfte

C   Feinsteuerungsoperationen

D   Strukturelle Operationen

A	B	C	D

Aufgabe IX-14

Die Europäische Zentralbank beschließt, dem Markt Liquidität über eine befristete Transaktion in Form eines Zinstenders zuzuführen. Drei Kreditinstitute geben folgende Gebote (in Mio. EUR) ab:

Zinssatz in %	Nordbank AG	Fördebank AG	Ostbank AG
0,80	10	10	
0,79		10	10
0,78		10	10
0,77	10	10	15
0,76	10	15	20
0,75	15	15	20
0,74	10	10	10
0,73	10		15

Die Europäische Zentralbank beschließt, 104 Mio. EUR zuzuteilen.

Ermitteln Sie

a) den marginalen Zinssatz.

b) den Betrag in Mio. EUR, den die drei Kreditinstitute bei Anwendung des aktuellen Zuteilungsverfahren erhalten.

Aufgabe IX-15

Die Europäische Zentralbank ist wie die Deutsche Bundesbank der Geldwertstabilität verpflichtet. Mit welchen geldpolitischen Maßnahmen könnte die Europäische Zentralbank einen stetigen Anstieg des Preisniveaus im Euroland bekämpfen?

A Absenken des Spitzenrefinanzierungssatzes

B Liquiditätsabschöpfung durch Aussetzen der Standardtender im Rahmen der befristeten Transaktionen der Europäischen Zentralbank

C Liquiditätsbereitstellung durch definitive Käufe von Offenmarktpapieren

D Liquiditätsbereitstellung durch definitive Käufe von Devisen

E Liquiditätsabschöpfung durch Emission von Schuldverschreibungen

Aufgabe IX-16

Die Deutsche Bundesbank schließt mit Kreditinstituten und anderen Marktteilnehmern Geschäfte ab, z. B. Gewährung von Darlehen gegen Sicherheiten. Welche ihrer Organisationseinheiten ist dafür im Speziellen verantwortlich?

A Die neun Hauptverwaltungen und die Filialen der Deutschen Bundesbank

B Die Landesbanken/Girozentralen

C Der Vorstand der Deutschen Bundesbank

D Der erweiterte Rat der Europäischen Zentralbank

E Die Bundesanstalt für Finanzdienstleistungsaufsicht

Aufgabe IX-17

Welche der folgenden Aussagen zur Politik der Europäischen Zentralbank ist richtig?

A   Die Europäische Zentralbank orientiert ihre kreditpolitischen Entscheidungen nur an der Preisentwicklung im „Euro-Land".

B   Der wichtigste Leitzins ist der Satz für die Spitzenrefinanzierungsfazilität.

C   Mit der Festsetzung der Leitzinsen will die Europäische Zentralbank auf die Kreditvergabe der Kreditinstitute Einfluss nehmen.

D   Die Europäische Zentralbank orientiert ihre Zinspolitik vorrangig an der Entwicklung des Euro-Kurses zum US-Dollar und des japanischen Yen.

E   Die Höhe der europäischen Leitzinsen hat für die Entwicklung des Euro-Kurses zum US-Dollar und des japanischen Yen keine Bedeutung.

Aufgabe IX-18

Welche der folgenden Maßnahmen gehört nicht zu den von der Deutschen Bundesbank im Auftrag der Europäischen Zentralbank angewandten geldpolitischen Instrumenten?

A   Ankauf von Devisen

B   Ankauf von guten Handelswechseln mit einer Restlaufzeit von 90 Tagen

C   Kreditvergabe gegen Verpfändung von bonitätsmäßig einwandfreien marktfähigen Schuldverschreibungen

D   Einräumung einer Spitzenrefinanzierungs- und Einlagenfazilität

E   Verpflichtung der Kreditinstitute zur Haltung einer Mindestreserve

Aufgabe IX-19

Geldpolitische Geschäfte des Eurosystems (Tenderverfahren)						
Datum der Gut-schrift	Gebote Betrag	Zuteilung Betrag	Fest-satz	Marginaler Zuteilungs-satz	Gewichteter Durch-schnittssatz	Laufzeit
	Mio. EUR			% p. a.		Tage
Hauptrefinanzierungsgeschäfte						
15.07.	300.000	69.000	2,50			15
22.07.	1.505.405	92.000	2,50			21
30.07.	485.825	95.000	2,50			20
Längerfristige Refinanzierungsgeschäfte						
30.04.	41.443	15.000		2,16	2,17	84
28.05.	74.430	25.000		2,69	2,92	91
25.06.	74.988	25.000		2,68	2,77	98
23.07.	91.088	25.000		2,76	2,79	98

a) Welche der nachstehenden Tenderverfahren kamen bei den

   A Hauptrefinanzierungsgeschäften

   B längerfristigen Refinanzierungsgeschäften

   zur Anwendung?

1   Mengentender
2   Zinstender (holländisches Verfahren)
3   Zinstender (amerikanisches Verfahren)

A	B

b)   Berechnen Sie
     ba) die Repartierungsquote (Zuteilungsquote) des Tenderverfahrens vom 15.04. in Pro-
         zent.

         _____

     bb) die Gutschrift für die *Nordbank AG* in Mio. EUR, die am 15.04. ein Gebot von 25 Mio.
         EUR abgegeben hat.

         _____

     bc) den Saldo der Hauptrefinanzierungsgeschäfte in Mrd. EUR (Saldo aus neu abge-
         schlossenen und auslaufenden Geschäften) vom 30.07.

         _____

Aufgabe IX-20

Die Offenmarktpolitik des Europäischen Systems der Zentralbanken besteht aus verschiedenen Maßnahmen, um der Wirtschaft Geld zuzuführen oder zu entziehen. Welche der folgenden Aussagen sind in diesem Zusammenhang richtig?

A   Beim Mengentender legt die Zentralbank im Ausschreibungsverfahren den Zinssatz fest.
    Das gesamte Zuteilungsvolumen ergibt sich regelmäßig durch die von den Kreditinstituten
    abgegebenen Gebote.
B   Beim Zinstenderverfahren richtet sich die Zuteilung für das einzelne Kreditinstitut auch
    nach dem von dem Kreditinstitut jeweils gebotenen Zinssatz.
C   Bei den Standardtendern handelt es sich um Kredite gegen Verpfändung von bonitätsmä-
    ßig einwandfreien Schuldverschreibungen bzw. gegen Eintragung von erstrangigen
    Grundschulden.
D   Gebote der Kreditinstitute unter dem Einheitssatz im Zinstender nach der holländischen
    Zuteilungsmethode kommen nur teilweise zum Zug.
E   Die Schnelltender werden zur Feinsteuerung benutzt, wenn die Liquiditätssituation am
    Markt flexibel beeinflusst werden soll.
F   Übersteigen bei einem angekündigten Mengentender die Einzelgebote der Kreditinstitute
    den vorgegebenen Kreditbetrag, so nimmt die Europäische Zentralbank die Ausschreibung
    innerhalb einer Woche zurück.

Aufgabe IX-21

Welche der folgenden Aussagen zur Mindestreserve im System der Europäischen Zentralbanken ist richtig?

A Die Höhe der Mindestreservepflicht der einzelnen Kreditinstitute wird anhand bestimmter Positionen der Aktivseite ihrer Bilanz festgelegt.

B Die Mindestreserveguthaben werden zum Zinssatz der Spitzenrefinanzierungsfazilität verzinst.

C Den Kreditinstituten wird bei der Berechnung des Mindestreserve-Solls ein individueller Freibetrag von bis zu 100.000 EUR eingeräumt.

D Es is   t den Kreditinstituten gestattet, ihre Mindestreservepflicht unter Zugrundelegung der tagesdurchschnittlichen Reserveguthaben innerhalb der jeweiligen Erfüllungsperiode zu erfüllen.

E Der zeitliche Unterschied zwischen der Berechnung des Mindestreserve-Solls und des Mindestreserve-Ist erschwert den Kreditinstituten ihre Liquiditätsplanung.

Aufgabe IX-22

Welche Aussagen über die volkswirtschaftlichen Auswirkungen der Mindestreserve im System der Europäischen Zentralbank sind richtig?

A Das einheitliche Mindestreserve-System erleichtert die uneingeschränkte aktive Buchgeldschöpfung der Geschäftsbanken.

B Das Mindestreserve-System strebt an, die Geldmarktzinsen zu stabilisieren und eine strukturelle Liquiditätsknappheit zu sichern.

C Eine Erhöhung des Prozentsatzes der Mindestreserve führt tendenziell zu einer Erhöhung des Zinsniveaus.

D Mit der Erhöhung des Prozentsatzes der Mindestreserve wird über eine Ausweitung der Investitionstätigkeit der Unternehmen die Zunahme der Beschäftigung angestrebt.

E Eine Erhöhung der Reservesätze bewirkt automatisch eine Senkung der Preissteigerungsrate durch verringerte Konsumkäufe.

F Eine Senkung der Reservesätze bewirkt bei negativer Zukunftseinschätzung durch die Wirtschaft eine Konjunkturbelebung.

Aufgabe IX-23

Welche der unten stehenden geldpolitischen Maßnahmen im Europäischen System der Zentralbanken (ESZB) könnte einen wirtschaftlichen Aufschwung unterstützen?

A Die Europäische Zentralbank hebt die Mindestreservesätze an.

B Die Europäische Zentralbank erhöht den Reposatz.

C Die Europäische Zentralbank und die nationalen Notenbanken gewähren den nationalen Regierungen Kredite, damit diese die zusätzlich erhaltenen Mittel nachfragewirksam ausgeben.

D Die Europäische Zentralbank erhöht den Zinssatz der Einlagenfazilität.

E Im Zuge der Offenmarktgeschäfte wird zusätzliche Liquidität bereitgestellt sowie der Zinssatz reduziert.

Aufgabe IX-24

Ordnen Sie die Zinssätze den entsprechenden Interbankgeschäften zu.

Zinssätze

1 Euribor

2 Eonia

3 Hauptrefinanzierungssatz

4 längerfristiger Refinanzierungssatz

5 Spitzenrefinanzierungssatz

6 Einlagensatz

Interbankengeschäfte

A Overnight-Refinanzierungen bei der Europäischen Zentralbank

B Ständige Fazilitäten

C Tagesgelder im Interbankenhandel

D Offenmarktgeschäfte mit der Europäischen Zentralbank

E Termingelder im Interbankenhandel

F Overnight-Geldanlagen bei der Europäischen Zentralbank

A	B	C	D	E	F

Aufgabe IX-25

Welche der folgenden Aussagen über die vom Europäischen System der Zentralbanken verwendeten Zinssätze ist zutreffend?

A Der Zinssatz der Spitzenrefinanzierungsfazilität bildet im Allgemeinen die Obergrenze des Tagesgeldsatzes.

B Der Zinssatz der Einlagenfazilität bildet die Obergrenze des Tagesgeldsatzes.

C Die Referenzzinssätze sollen das oberste Zinsniveau für verschiedene Laufzeiten am Geldmarkt widerspiegeln.

D Das Europäische System der Zentralbanken berechnet den EURIBOR für verschiedene Laufzeiten als gewichteten Durchschnittssatz.

E Der Reservesatz, der auf die Mindestreservebasis angewandt wird, liegt 1,5% über dem EURIBOR.

Aufgabe IX-26

Vorrangiges Ziel des Europäischen Systems der Zentralbanken ist es, die Stabilität des Preisniveaus zu gewährleisten. Welche der nachstehenden Aussagen ist in diesem Zusammenhang zutreffend?

A Kreditverbilligungen durch das Europäische System der Zentralbanken bewirken auch bei negativer Einschätzung der Gewinnerwartungen der Unternehmen ein stabiles Wachstum des realen Bruttoinlandsprodukts.

B Die Instrumente des Europäischen Systems der Zentralbanken wirken sich unmittelbar auf die gesamte Güternachfrage der Volkswirtschaft aus.

C Bei ausreichender Geldversorgung der Kreditinstitute bewirkt eine restriktive Handhabung der Offenmarktgeschäfte unmittelbar eine Verbesserung der Geldwertstabilität.

D Eine wesentliche Grundlage für eine stabile Währung ist neben dem effizienten Einsatz des geldpolitischen Instrumentariums eine Konsolidierung der öffentlichen Haushalte entsprechend dem Vertrag von Maastricht.

E Eine Einengung der Hauptrefinanzierungsgeschäfte durch die Festlegung eines hohen Zinssatzes beim Mengentender garantiert neben der Geldwertstabilität auch einen stabilen Wechselkurs gegenüber wichtigen Nicht-Euro-Währungen.

Aufgabe IX-27

Anfang April teilt die *Nordbank AG* der Deutschen Bundesbank die Beträge ihrer reservepflichtigen Verbindlichkeiten mit, die auf der Basis der Monatsendbestände der Meldungen zur Geld- und Bankenstatistik ermittelt wurden.

a) Errechnen Sie für die *Nordbank AG* das Mindestreserve-Soll.

Ermittlung des Mindestreserve-Solls

Stichtag/reservepflichtige Verbindlichkeiten	31.03.
Sichteinlagen in Mio. EUR	1.450
Termineinlagen mit einer Festlegungsdauer von bis zu 2 Jahren in Mio. EUR	1.900
Spareinlagen mit einer Kündigungsfrist von bis zu zwei Jahren in Mio. EUR	2.500
Bankschuldverschreibungen der *Nordbank AG* mit einer Laufzeit von bis zu 2 Jahren in Mio. EUR	500

b) Die akkumulierten Tagesendbestände des Guthabens der Deutschen Bundesbank für die Erfüllungsperiode der *Nordbank AG* vom 10.05. bis zum 13.06. betragen 2.223.330.000,00 EUR. Ermitteln Sie das Guthaben der Deutschen Bundesbank, das auf dem Reservekonto der *Nordbank AG* für den 14.06. bereitgestellt werden muss, um das Mindestreserve-Soll zu erfüllen. Die Erfüllungsperiode für den Stichtag 31.03. zur Berechnung der Ist-Reserve läuft vom 10.05. bis zum 14.06.

c) Welchen Zinsbetrag schreibt die Deutschen Bundesbank der *Nordbank AG* gut (Berechnungsmethode act/360; Mindestreservezinssatz 0,5 %)?

d) Wie kann die Europäische Zentralbank reagieren, wenn ein Kreditinstitut seine Mindestreserveverpflichtungen für eine Erfüllungsperiode nicht erfüllt?

e) Welche Bedeutung hat das Mindestreservesystem für den Euro-Währungsraum?

Bearbeitungshinweise

- Verordnung der Europäischen Zentralbank über die Auferlegung einer Mindestreservepflicht
- Verordnung des Rates über die Auferlegung einer Mindestreservepflicht durch die Europäische Zentralbank

Reservepflichtige Verbindlichkeiten mit einem Mindestreservesatz von 1 % der Verbindlichkeiten	Mindestreservesatz der Verbindlichkeiten 0 %	Mindestreservefreie Verbindlichkeiten
- Täglich fällige Einlagen (inkl. Geldkarten-Aufladungsgegenwerte) - Einlagen mit einer vereinbarten Laufzeit oder Kündigungsfrist von bis zu zwei Jahren - Ausgegebene Geldmarktpapiere	- Repo-Geschäfte zwischen Kreditinstituten - Einlagen mit einer vereinbarten Laufzeit oder Kündigungsfrist von länger als zwei Jahren. In diese Kategorie fallen auch Bauspareinlagen. Bausparkassen sind jedoch grundsätzlich reservepflichtig. - Schuldverschreibungen mit einer vereinbarten Laufzeit von länger als zwei Jahren	- Verbindlichkeiten gegenüber Instituten, die selbst mindestreservepflichtig sind - Verbindlichkeiten gegenüber dem ESZB aus Refinanzierungsgeschäften

Aufgabe IX-28

Die Länder der Europäischen Union werden nach Teilnehmern an der gemeinsamen Währung Euro (Euro-Zone) und Nicht-Teilnehmer (Rest-EU) unterschieden. Welche der untenstehenden Länder gehören

1 zur Euro-Zone?

2 zur Rest-EU?

3 weder zur Euro-Zone noch zur Rest-EU?

Länder

A Norwegen

B Schweden

C Irland

D Polen

E Dänemark

F Finnland

A	B	C	D	E	F

LÖSUNGEN

Lösungen zum Arbeits- und Sozialrecht

I. Ausbildungsvertrag

Aufgabe I-1
B (vgl. § 20 BBiG, mindestens ein Monat, maximal vier Monate)
und **C** (vgl. § 17 BBiG) Die Ausbildungsvergütung für Bankkaufleute steigt jährlich an und beträgt z. B. im 1. Ausbildungsjahr 1.076,00 EUR, im 2. Ausbildungsjahr 1.138,00 EUR und im 3. Ausbildungsjahr 1.338,00 EUR.

Aufgabe I-2
B (vgl. § 13 BBiG)
Zu C: Die Teilnahme an Seminaren ist nicht an Leistungen gekoppelt, vgl. § 13 BBiG.
Zu D: Die Teilnahme an der Abschlussprüfung Teil 1 ist eine Voraussetzung für den erfolgreichen Abschluss der Bankausbildung.

Die Abschlussprüfung ist bestanden, wenn die Prüfungsleistungen – auch unter Berücksichtigung einer mündlichen Ergänzungsprüfung nach § 16 – wie folgt bewertet worden sind:
1. im Gesamtergebnis von Teil 1 und Teil 2 mit mindestens „ausreichend",
2. im Ergebnis von Teil 2 mit mindestens „ausreichend",
3. in mindestens drei Prüfungsbereichen von Teil 2 mit mindestens „ausreichend" und
4. in keinem Prüfungsbereich von Teil 2 mit „ungenügend".

Aufgabe I-3
E, vgl. § 3 ArbZG:
Die werktägliche Arbeitszeit der Arbeitnehmer darf acht Stunden nicht überschreiten. Sie kann auf bis zu zehn Stunden nur verlängert werden, wenn innerhalb von sechs Kalendermonaten oder innerhalb von 24 Wochen im Durchschnitt acht Stunden werktäglich nicht überschritten werden.
§ 17 Abs. 3 BBiG:
Eine über die vereinbarte regelmäßige tägliche Ausbildungszeit hinausgehende Beschäftigung ist besonders zu vergüten oder durch entsprechende Freizeit auszugleichen.
A: falsch, wegen § 3 ArbZG, B: falsch, vgl. § 8 Abs. 1 und § 15 JArbSchG; C: betrifft nur jugendliche Auszubildende, vgl. § 11 Abs. 2 JArbSchG; D: falsch, vgl. § 9 Abs. 1 JArbSchG

Aufgabe I-4
D (vgl. §§ 4, 5 BUrlG); und **E** (vgl. § 7 Abs. 1 BUrlG, § 15 BBiG)
D, vgl. § 4 und 5 Bundesurlaubsgesetz:
§ 4 Bundesurlaubsgesetz:
Der volle Urlaubsanspruch wird erstmalig nach sechsmonatigem Bestehen des Ausbildungsverhältnisses erworben.
§ 5 Abs. 1 Bundesurlaubsgesetz:
Anspruch auf ein Zwölftel des Jahresurlaubs für jeden vollen Monat des Bestehens des Ausbildungsverhältnisses hat der Auszubildende a) für Zeiten eines Kalenderjahres, für die er wegen Nichterfüllung der Wartezeit in diesem Kalenderjahr keinen vollen Urlaubsanspruch erwirbt; b) wenn er vor erfüllter Wartezeit aus dem Ausbildungsverhältnis ausscheidet; c) wenn er nach erfüllter Wartezeit in der ersten Hälfte eines Kalenderjahres aus dem Ausbildungsverhältnis ausscheidet.
E, vgl. § 7 Abs. 1 Bundesurlaubsgesetz:

© Springer Fachmedien Wiesbaden GmbH, ein Teil von Springer Nature 2022
W. Grundmann et al., *Wirtschafts- und Sozialkunde Teil 1*, Prüfungstraining für Bankkaufleute,
https://doi.org/10.1007/978-3-658-38087-8_18

Bei der zeitlichen Festlegung des Urlaubs sind die Urlaubswünsche des Auszubildenden zu berücksichtigen, es sei denn, dass ihrer Berücksichtigung dringende betriebliche Belange oder Urlaubswünsche anderer Arbeitnehmer oder Auszubildender, die unter sozialen Gesichtspunkten den Vorrang verdienen, entgegenstehen.

§ 15 BBiG:
Ausbildende haben Auszubildende für die Teilnahme am Berufsschulunterricht freizustellen. Daraus folgt, dass Auszubildende ihren Urlaub möglichst während der Berufsschulferien nehmen sollen.

Zu B: Vgl. § 8 Bundesurlaubsgesetz: Während des Urlaubs darf die Auszubildende keine dem Urlaubszweck widersprechende Erwerbstätigkeit leisten.

Zu C: Urlaubsgeld ist eine Sonderzahlung des Unternehmens und in den Betriebsvereinbarungen geregelt. Zahlt der Ausbildungsbetrieb kein Urlaubsgeld, hat Frau Segebad auch keinen Anspruch auf Zahlung von Urlaubsgeld.

Zu F: Im Ausbildungsvertrag wurden 30 Arbeitstage (Montag bis Freitag) vereinbart und nicht 30 Werktage (Montag bis Samstag).

Aufgabe I-5
A (vgl. § 22 Abs. 1 BBiG) und D (§ 21 BBiG)
(B: vgl. § 20 BBiG: Mindestprobezeit ein Monat, höchstens vier Monate; C: vgl. § 21 Abs. 2 BBiG: Beendigung bereits mit Bestehen der Abschlussprüfung; E: vgl. § 24 BBiG: Damit wird ein unbefristetes Arbeitsverhältnis begründet; F: § 22 Abs. 2 BBiG: Die Kündigungsfrist beträgt in diesem Fall für den Auszubildenden vier Wochen)

Aufgabe I-6

A	B	C	D	E	F	G
2 (vgl. § 48 BBiG)	**4** (vgl. § 60 BetrVG)	**2** (vgl. § 17 BBiG)	**2** (vgl. § 21 Abs. 3 BBiG)	**1** (vgl. § 10 JArbSchG)	**2** (vgl. § 16 Abs. 1 BBiG)	**1** (vgl. § 9 JArbSchG)

Aufgabe I-7
B   (vgl. § 8 Abs. 6 Ausbildungsordnung) und C (vgl. § 6 der Ausbildungsordnung)
(A: § 9 Abs. 1 JarbSchG; D: § 16 Abs. 1 BBiG; E: § 11 Abs. 1 JArbSchG, F: vgl. § 48 BBiG:
     Die Teilnahme an der Zwischenprüfung reicht zur Zulassung zur Abschlussprüfung aus.)

Aufgabe I-8
B und D (vgl. § 9 Abs. 1 JarbSchG)
(F: vgl. § 9 Jugendarbeitsschutzgesetz: keine Beschäftigung vor einem vor 9 Uhr beginnenden Berufsschulunterricht)
§ 9 Abs. Jugendarbeitsschutzgesetz:
Der Arbeitgeber hat den Jugendlichen für die Teilnahme am Berufsschulunterricht freizustellen. Er darf den Jugendlichen nicht beschäftigen
1. vor einem vor 9 Uhr beginnenden Unterricht; dies gilt auch für Personen, die über 18 Jahre alt und noch berufsschulpflichtig sind,
2. an einem Berufsschultag mit mehr als fünf Unterrichtsstunden von mindestens je 45 Minuten, einmal in der Woche.

Aufgabe I-9
B (vgl. § 9 BUrlG)
§ 9 Bundesurlaubsgesetz: Erkrankt ein Arbeitnehmer/Auszubildender während des Urlaubs, so werden die durch ärztliches Zeugnis nachgewiesenen Tage der Arbeitsunfähigkeit auf den Jahresurlaub nicht angerechnet.

Aufgabe I-10
B und **D** (vgl. § 5 EntgeltfortzahlungsG)
Der Arbeitnehmer ist verpflichtet, dem Arbeitgeber/Ausbildungsbetrieb die Arbeitsunfähigkeit und deren voraussichtliche Dauer unverzüglich mitzuteilen. Dauert die Arbeitsunfähigkeit länger als drei Kalendertage, hat der Arbeitnehmer/Auszubildende eine ärztliche Bescheinigung über das Bestehen der Arbeitsunfähigkeit sowie deren voraussichtliche Dauer spätestens an dem darauf folgenden Arbeitstag vorzulegen. Der Arbeitgeber/Ausbildungsbetrieb ist berechtigt, die Vorlage der ärztlichen Bescheinigung früher zu verlangen.
Ist der Arbeitnehmer/Auszubildende Mitglied einer gesetzlichen Krankenkasse, muss die ärztliche Bescheinigung einen Vermerk des behandelnden Arztes darüber enthalten, dass der Krankenkasse unverzüglich eine Bescheinigung über die Arbeitsunfähigkeit mit Angaben über den Befund und die voraussichtliche Dauer der Arbeitsunfähigkeit übersandt wird.
Hält sich der Arbeitnehmer bei Beginn der Arbeitsunfähigkeit im Ausland auf, so ist er verpflichtet, dem Arbeitgeber /Ausbildungsbetrieb die Arbeitsunfähigkeit, deren voraussichtliche Dauer und die Adresse am Aufenthaltsort in der schnellstmöglichen Art der Übermittlung mitzuteilen. Die durch die Mitteilung entstehenden Kosten hat der Arbeitgeber /Ausbildungsbetrieb zu tragen.

Aufgabe I-11
C und **F,** vgl. § 22 Abs. 1 BBiG: Während der Probezeit kann das Berufsausbildungsverhältnis jederzeit ohne Einhalten einer Kündigungsfrist gekündigt werden.

Aufgabe I-12
D (vgl. § 612 a BGB) und **E**
§ 612 a (Maßregelungsverbot) BGB
Der Arbeitgeber darf einen Arbeitnehmer bei einer Vereinbarung oder einer Maßnahme nicht benachteiligen, weil der Arbeitnehmer in zulässiger Weise seine Rechte ausübt.

Aufgabe I-13
30.05.

Aufgabe I-14
A (vgl. § 3 Bundesurlaubsgesetz) und **F** (vgl. § 14 Abs. 1 Ziffer 4 BBiG und § 7 Bundesurlaubsgesetz)
Zu B) Frau Möller ist mit 19 Jahren keine jugendliche Auszubildende mehr, sodass das Jugendarbeitsschutzgesetz hier nicht mehr angewendet werden kann.

Aufgabe I-15
C, vgl. § 22 Absatz 2 BBiG: Nach der Probezeit kann das Berufsausbildungsverhältnis nur gekündigt werden aus einem wichtigen Grund ohne Einhalten einer Kündigungsfrist oder vom Auszubildenden mit einer Kündigungsfrist von vier Wochen, wenn er die Berufsausbildung aufgeben oder sich für eine andere Berufstätigkeit ausbilden lassen will.

Aufgabe I-16
D (vgl. § 19 Abs. 3 Jugendarbeitsschutzgesetz)
Zu A: vgl. § 60 ff. Betriebsverfassungsgesetz
Zu B: vgl. § 15 Tarifvertrag für das Bankgewerbe
Zu C: vgl. § 67 Betriebsverfassungsgesetz
Zu E: vgl. § 4 Arbeitszeitgesetz (Im JArbSchG sind die Pausen für Jugendliche wie folgt in § 11 geregelt: Die Ruhepausen müssen mindestens betragen
1. 30 Minuten bei einer Arbeitszeit von mehr als 4 ½ bis zu 6 Stunden,

2. 60 Minuten bei einer Arbeitszeit von mehr als 6 Stunden.)

Aufgabe I-17
E (vgl. Berufsbildungsgesetz)

Aufgabe I-18
B (vgl. Berufsbildungsgesetz)

Aufgabe I-19
A, vgl. § 21 Abs. 2 Berufsbildungsgesetz: Bestehen Auszubildende vor Ablauf der Ausbildungszeit die Abschlussprüfung, so endet das Berufsausbildungsverhältnis mit Bekanntgabe des Ergebnisses durch den Prüfungsausschuss.

Aufgabe I-20
D, vgl. §§ 20 und 22 BBiG
§ 20 BBiG: Das Berufsausbildungsverhältnis beginnt mit der Probezeit. Sie muss mindestens einen Monat und darf höchstens vier Monate betragen.

Aufgabe I-21

A	B	C	D	E
5	6	5	1	2

A: § 19 BBiG
B: § 9 Abs. 1 JarbSchG
C: § 22 BBiG
D: § 9 BUrlG
E: § 60 Abs. 1 und § 61 Abs. 1 BetrVG

Aufgabe I-22
D (vgl. § 22 BBiG)

Aufgabe I-23
D und E, vgl. § 5 Abs. 1 Entgeltfortzahlungsgesetz in Verbindung mit § 19 BBiG
§ 5 Entgeltfortzahlungsgesetz: Der Arbeitnehmer ist verpflichtet, dem Arbeitgeber die Arbeitsunfähigkeit und deren voraussichtlicher Dauer unverzüglich mitzuteilen. Dauert die Arbeitsunfähigkeit länger als drei Kalendertage, hat der Arbeitnehmer eine ärztliche Bescheinigung über das Bestehen der Arbeitsunfähigkeit sowie deren voraussichtliche Dauer spätestens an dem darauf folgenden Arbeitstag vorzulegen. Der Arbeitgeber ist berechtigt, die Vorlage der ärztlichen Bescheinigung früher zu verlangen.
§ 19 BBiG: Auszubildenden ist die Vergütung für die Dauer von sechs Wochen zu zahlen, wenn sie unverschuldet z. B. wegen Arbeitsunfähigkeit verhindert sind, ihre Pflichten aus dem Berufsausbildungsverhältnis zu erfüllen.

Aufgabe I-24
C und E, vgl. § 21 BBiG

Aufgabe I-25
31.05.2022, vgl. § 20 BBiG

Aufgabe I-26
D, vgl. § 24 BBiG
Zu E: vgl. § 78 a Betriebsverfassungsgesetz

(1) Beabsichtigt der Arbeitgeber, einen Auszubildenden, der Mitglied der Jugend- und Auszubildendenvertretung, des Betriebsrats ... nach Beendigung des Berufsausbildungsverhältnisses nicht in ein Arbeitsverhältnis auf unbestimmte Zeit zu übernehmen, so hat er dies drei Monate vor Beendigung des Berufsausbildungsverhältnisses dem Auszubildenden schriftlich mitzuteilen.

(2) Verlangt ein in Absatz 1 genannter Auszubildender innerhalb der letzten drei Monate vor Beendigung des Berufsausbildungsverhältnisses schriftlich vom Arbeitgeber die Weiterbeschäftigung, so gilt zwischen Auszubildendem und Arbeitgeber im Anschluss an das Berufsausbildungsverhältnis ein Arbeitsverhältnis auf unbestimmte Zeit als begründet. Auf dieses Arbeitsverhältnis ist insbesondere § 37 Absatz 4 und 5 entsprechend anzuwenden.

(3) Die Absätze 1 und 2 gelten auch, wenn das Berufsausbildungsverhältnis vor Ablauf eines Jahres nach Beendigung der Amtszeit der Jugend- und Auszubildendenvertretung, des Betriebsrats ... endet.

(4) Der Arbeitgeber kann spätestens bis zum Ablauf von zwei Wochen nach Beendigung des Berufsausbildungsverhältnisses beim Arbeitsgericht beantragen,
1. festzustellen, dass ein Arbeitsverhältnis nach Absatz 2 oder 3 nicht begründet wird, oder
2. das bereits nach Absatz 2 oder 3 begründete Arbeitsverhältnis aufzulösen,
wenn Tatsachen vorliegen, auf Grund derer dem Arbeitgeber unter Berücksichtigung aller Umstände die Weiterbeschäftigung nicht zugemutet werden kann. In dem Verfahren vor dem Arbeitsgericht sind der Betriebsrat, ... bei Mitgliedern der Jugend- und Auszubildendenvertretung auch diese beteiligt.

Aufgabe I-27

A	B	C	D
3	3	4	4

§ 19 Jugendarbeitsschutzgesetz (Urlaub)
(1) Der Arbeitgeber hat Jugendlichen für jedes Kalenderjahr einen bezahlten Erholungsurlaub zu gewähren.
(2) Der Urlaub beträgt jährlich
1. mindestens 30 Werktage, wenn der Jugendliche zu Beginn des Kalenderjahres noch nicht 16 Jahre alt ist,
2. mindestens 27 Werktage, wenn der Jugendliche zu Beginn des Kalenderjahres noch nicht 17 Jahre alt ist,
3. mindestens 25 Werktage, wenn der Jugendliche zu Beginn des Kalenderjahres noch nicht 18 Jahre alt ist.
(3) Der Urlaub soll Berufsschülern in der Zeit der Berufsschulferien gegeben werden. Sofern er nicht in den Berufsschulferien gegeben wird, ist für jeden Berufsschultag, an dem die Berufsschule während des Urlaubs besucht wird, ein weiterer Urlaubstag zu gewähren.

§ 3 Bundesurlaubsgesetz (Dauer des Urlaubs)
(1) Der Urlaub beträgt jährlich mindestens 24 Werktage.
(2) Als Werktage gelten alle Kalendertage, die nicht Sonn- oder gesetzliche Feiertage sind.

Aufgabe I-28

B, vgl. § 11 BBiG (Vertragsniederschrift):
Die Niederschrift ist von den Ausbildenden, den Auszubildenden und deren gesetzlichen Vertretern und Vertreterinnen zu unterzeichnen.

Aufgabe I-29

A	B	C	D	E	F
1	2	3	2	1	4

Aufgabe I-30
C (vgl. § 10 Abs. 1 JArbSchG) und **D** (vgl. § 8 Abs. 1 JArbSchG)
Zu A: Wahl der JAV nach dem Betriebsverfassungsgesetz
Zu B: Jugendliche sind Personen, die 15 aber noch nicht 18 Jahre alt sind, vgl. § 2 Abs. 2 JArbSchG.
Zu E: Die Ruhepausen müssen mindestens 30 Minuten bei einer Arbeitszeit von mehr als 4 ½ bis zu 6 Stunden betragen und 60 Minuten bei einer Arbeitszeit von mehr als 6 Stunden, vgl. § 11 JArbSchG.
Zu F: Die Aussage ist falsch.

Aufgabe I-31
B vgl. Infos in der Ausbildungsverordnung von 2020 für Bankkaufleute im Infoteil dieses Buches

Aufgabe I-32
04.05.2022 Beginn der Mutterschutzfrist
10.08.2022 Ende der Mutterschutzfrist

Aufgabe I-33
D

Aufgabe I-34
E

Aufgabe I-35
C, vgl. § 108 BGB:
(1) Schließt der Minderjährige einen Vertrag ohne die erforderliche Einwilligung des gesetzlichen Vertreters, so hängt die Wirksamkeit des Vertrags von der Genehmigung des Vertreters ab.
(2) Fordert der andere Teil den Vertreter zur Erklärung über die Genehmigung auf, so kann die Erklärung nur ihm gegenüber erfolgen; eine vor der Aufforderung dem Minderjährigen gegenüber erklärte Genehmigung oder Verweigerung der Genehmigung wird unwirksam. Die Genehmigung kann nur bis zum Ablauf von zwei Wochen nach dem Empfang der Aufforderung erklärt werden; wird sie nicht erklärt, so gilt sie als verweigert.
Zu B: Wäre Frau Finke mit Zustimmung ihrer gesetzlichen Vertreter ein Arbeitsverhältnis eingegangen, wäre sie für die Rechtsgeschäfte im Zusammenhang mit ihrem Arbeitsverhältnis voll geschäftsfähig geworden. In dieser Aufgabe handelt es sich aber um ein Ausbildungsverhältnis. Außerdem verpflichtet der Bausparvertrag zur Einzahlung von regelmäßigen Beträgen.

Aufgabe I-36
A, vgl. § 14 JArbSchG: Jugendliche dürfen nur in der Zeit von 6 bis 20 Uhr beschäftigt werden.

Aufgabe I-37
D
Da das Ausbildungsverhältnis bereits über die Probezeit hinaus besteht, kann der Vertrag nur durch die Kündigung von Frau Brommund mit einer Kündigungsfrist von vier Wochen beendet

werden oder durch eine Vereinbarung zwischen Frau Brommund und der Nordbank über die sofortige Auflösung des Ausbildungsverhältnisses.

Aufgabe I-38
E
Laut § 1 Kündigungsschutzgesetz gelten die Regelungen zur sozial ungerechtfertigten Kündigung nur für Arbeitnehmer, die einem Betrieb länger als sechs Monate angehören.

Aufgabe I-39
18.01.2022, vgl. § 21 Abs. 2 BBiG

Aufgabe I-40
 a) **03.01.2005**
 b) **03.01.2023**

Aufgabe I-41

A	B	C	D	E
1	3	2	4	5

Aufgabe I-42
D
Zu A: vgl. § 14 JArbSchG: Jugendliche dürfen nur in der Zeit von 6 bis 20 Uhr beschäftigt werden.
Zu B: vgl. § 16 Nr. 1 JArSchG: An Samstagen dürfen Jugendliche nicht beschäftigt werden.
Zu C: vgl. § 19 Nr. 2 JArbSchG: (2) Der Urlaub beträgt jährlich 1. mindestens 30 Werktage, wenn der Jugendliche zu Beginn des Kalenderjahres noch nicht 16 Jahre alt ist, 2. mindestens 27 Werktage, wenn der Jugendliche zu Beginn des Kalenderjahres noch nicht 17 Jahre alt ist, 3. mindestens 25 Werktage, wenn der Jugendliche zu Beginn des Kalenderjahres noch nicht 18 Jahre alt ist.
Zu E: vgl. § 10 Nr. 1 Abs. 2 JArbSchG: (1) Der Arbeitgeber hat den Jugendlichen 2. an dem Arbeitstag, der der schriftlichen Abschlussprüfung Teil 2 unmittelbar vorangeht, freizustellen.

Aufgabe I-43
D
Auszug aus dem Jugendarbeitsschutzgesetz
§ 8 (Dauer der Arbeitszeit)
(1) Jugendliche dürfen nicht mehr als acht Stunden täglich und nicht mehr als 40 Stunden wöchentlich beschäftigt werden.
(2a) Wenn an einzelnen Werktagen die Arbeitszeit auf weniger als acht Stunden verkürzt ist, können Jugendliche an den übrigen Werktagen derselben Woche achteinhalb Stunden beschäftigt werden.
§ 11 (Ruhepausen)
(1) Jugendlichen müssen im Voraus feststehende Ruhepausen von angemessener Dauer gewährt werden. Die Ruhepausen müssen mindestens betragen
1. 30 Minuten bei einer Arbeitszeit von mehr als viereinhalb bis zu sechs Stunden,
2. 60 Minuten bei einer Arbeitszeit von mehr als sechs Stunden.
Als Ruhepause gilt nur eine Arbeitsunterbrechung von mindestens 15 Minuten.
§ 13 (Tägliche Freizeit)
Nach Beendigung der täglichen Arbeitszeit dürfen Jugendliche nicht vor Ablauf einer ununterbrochenen Freizeit von mindestens zwölf Stunden beschäftigt werden.

§ 14 (Nachtruhe)
  (1)   Jugendliche dürfen nur in der Zeit von 6 bis 20 Uhr beschäftigt werden.

Aufgabe I-44
27 Werktage Erholungsurlaub

Aufgabe I-45:
E

II. Arbeitsvertrag

Aufgabe II-1

C (vgl. § 622 Abs. 1 BGB) und **F** (vgl. § 17 Tarifvertrag für das private Bankgewerbe: Die Kündigungsfrist beträgt sechs Wochen zum Quartalsende.)

Aufgabe II-2

B, vgl. § 6 Abs. 2 Bundesurlaubsgesetz:
Der Arbeitgeber ist verpflichtet, bei Beendigung des Arbeitsverhältnisses dem Arbeitnehmer eine Bescheinigung über den im laufenden Kalenderjahr gewährten oder abgegoltenen Urlaub auszuhändigen.

C, vgl. § 5 Abs. 3 Bundesurlaubsgesetz:

(1) Anspruch auf ein Zwölftel des Jahresurlaubs für jeden vollen Monat des Bestehens des Arbeitsverhältnisses hat der Arbeitnehmer
   a) für Zeiten eines Kalenderjahres, für die er wegen Nichterfüllung der Wartezeit in diesem Kalenderjahr keinen vollen Urlaubsanspruch erwirbt;
   b) wenn er vor erfüllter Wartezeit aus dem Arbeitsverhältnis ausscheidet;
   c) wenn er nach erfüllter Wartezeit in der ersten Hälfte eines Kalenderjahres aus dem Arbeitsverhältnis ausscheidet.

(2) Bruchteile von Urlaubstagen, die mindestens einen halben Tag ergeben, sind auf volle Urlaubstage aufzurunden.

(3) Hat der Arbeitnehmer im Falle des Absatzes 1 Buchstabe c bereits Urlaub über den ihm zustehenden Umfang hinaus erhalten, so kann das dafür gezahlte Urlaubsentgelt nicht zurückgefordert werden.

Aufgabe II-3

A und **B**, vgl. § 622 Abs. 3 BGB:
Während einer vereinbarten Probezeit, längstens für die Dauer von sechs Monaten, kann das Arbeitsverhältnis mit einer Frist von zwei Wochen gekündigt werden.

Aufgabe II-4

A	B	C	D	E	F	G	H	I
1	2	1	2	3	2	2	2	3

Aufgabe II-5

A	B	C	D	E	F
3	3	1	3	2	2

E: Vgl. § 22 BBiG: Nach der Probezeit kann das Berufsausbildungsverhältnis nur gekündigt werden aus einem wichtigen Grund ohne Einhalten einer Kündigungsfrist. Die Kündigung muss schriftlich unter Angabe der Kündigungsgründe erfolgen.

§ 626 BGB

(1) Das Dienstverhältnis kann von jedem Vertragsteil aus wichtigem Grund ohne Einhaltung einer Kündigungsfrist gekündigt werden, wenn Tatsachen vorliegen, auf Grund derer dem Kündigenden unter Berücksichtigung aller Umstände des Einzelfalles und unter Abwägung der Interessen beider Vertragsteile die Fortsetzung des Dienstverhältnisses bis zum Ablauf der Kündigungsfrist oder bis zu der vereinbarten Beendigung des Dienstverhältnisses nicht zugemutet werden kann.

© Springer Fachmedien Wiesbaden GmbH, ein Teil von Springer Nature 2022
W. Grundmann et al., *Wirtschafts- und Sozialkunde Teil 1*, Prüfungstraining für Bankkaufleute,
https://doi.org/10.1007/978-3-658-38087-8_19

(2) Die Kündigung kann nur innerhalb von zwei Wochen erfolgen. Die Frist beginnt mit dem Zeitpunkt, in dem der Kündigungsberechtigte von den für die Kündigung maßgebenden Tatsachen Kenntnis erlangt. Der Kündigende muss dem anderen Teil auf Verlangen den Kündigungsgrund unverzüglich schriftlich mitteilen.

Aufgabe II-6
03.08.2022, vgl. § 622 BGB

Aufgabe II-7
B (vgl. § 611 BGB)
(A: vgl. § 631 BGB Werkvertrag, C: vgl. § 553 BGB Mietvertrag, D: vgl. §§ 662, 675 BGB Auftrag, Geschäftsbesorgung, E: §§ 929, 433 BGB)

Aufgabe II-8

A	B	C	D	E
2	3	2	2	1

Vgl. § 1 Kündigungsschutzgesetz

Aufgabe II-9
a) Die Kündigungsfrist laut § 622 BGB beträgt bei einer Betriebszugehörigkeit von unter zwei Jahren vier Wochen (28 Tage) zum 15. eines Monats oder zum Monatsende. 14. September 20.. + 28 Tage = 12. Oktober 20... Das Arbeitsverhältnis würde also am **15. Oktober 20..** enden.

b) **B** (sechs Monate Mindestzugehörigkeit zum Betrieb)

Aufgabe II-10
31. Dezember 2022

Aufgabe II-11
C (Vgl. § 8 Abs. 1 MuSchG: Werdende und stillende Mütter dürfen nicht mit Mehrarbeit, nicht in der Nacht zwischen 22 und 6 Uhr und nicht an Sonn- und Feiertagen beschäftigt werden.)
Zu E: Während des achtwöchigen Mutterschaftsurlaubs nach der Entbindung besteht ein absolutes Beschäftigungsverbot, vgl. § 6 Mutterschutzgesetz.

Aufgabe II-12
19. August 2022 (Freitag);

Aufgabe II-13
A und **D**, vgl. § 15 Absatz 1 Teilzeit- und Befristungsgesetz:
Ein kalendermäßig befristeter Arbeitsvertrag endet mit Ablauf der vereinbarten Zeit
Zu B: Die Aussage trifft auf die Kündigung eines Ausbildungsverhältnisses während der Probezeit zu.
Zu C: falsche Aussage
Zu E: Der Rechtsnachfolger tritt an die Stelle des verstorbenen Arbeitgebers, die Arbeitsverträge werden vom Tod des Arbeitgebers nicht berührt.
Zu F: Kündigungsregelung eines unbefristeten Arbeitsverhältnisses

Aufgabe II-14

D und **F**, vgl. § 1 Kündigungsschutzgesetz:

(1) Die Kündigung des Arbeitsverhältnisses gegenüber einem Arbeitnehmer, dessen Arbeitsverhältnis in demselben Betrieb oder Unternehmen ohne Unterbrechung länger als sechs Monate bestanden hat, ist rechtsunwirksam, wenn sie sozial ungerechtfertigt ist.

(2) Sozial ungerechtfertigt ist die Kündigung, wenn sie nicht durch Gründe, die in der Person oder in dem Verhalten des Arbeitnehmers liegen, oder durch dringende betriebliche Erfordernisse, die einer Weiterbeschäftigung des Arbeitnehmers in diesem Betrieb entgegenstehen, bedingt ist. Die Kündigung ist auch sozial ungerechtfertigt, wenn

1. in Betrieben des privaten Rechts
   a) die Kündigung gegen eine Richtlinie nach § 95 des Betriebsverfassungsgesetzes verstößt,
   b) der Arbeitnehmer an einem anderen Arbeitsplatz in demselben Betrieb oder in einem anderen Betrieb des Unternehmens weiterbeschäftigt werden kann
   und der Betriebsrat ... aus einem dieser Gründe der Kündigung innerhalb der Frist des § 102 Abs. 2 Satz 1 des Betriebsverfassungsgesetzes schriftlich widersprochen hat,

2. in Betrieben und Verwaltungen des öffentlichen Rechts
   a) die Kündigung gegen eine Richtlinie über die personelle Auswahl bei Kündigungen verstößt,
   b) der Arbeitnehmer an einem anderen Arbeitsplatz in derselben Dienststelle oder in einer anderen Dienststelle desselben Verwaltungszweiges an demselben Dienstort einschließlich seines Einzugsgebietes weiterbeschäftigt werden kann
   und die zuständige Personalvertretung aus einem dieser Gründe fristgerecht gegen die Kündigung Einwendungen erhoben hat ...

Satz 2 gilt entsprechend, wenn die Weiterbeschäftigung des Arbeitnehmers nach zumutbaren Umschulungs- oder Fortbildungsmaßnahmen oder eine Weiterbeschäftigung des Arbeitnehmers unter geänderten Arbeitsbedingungen möglich ist und der Arbeitnehmer sein Einverständnis hiermit erklärt hat. Der Arbeitgeber hat die Tatsachen zu beweisen, die die Kündigung bedingen.

(3) Ist einem Arbeitnehmer aus dringenden betrieblichen Erfordernissen im Sinne des Absatzes 2 gekündigt worden, so ist die Kündigung trotzdem sozial ungerechtfertigt, wenn der Arbeitgeber bei der Auswahl des Arbeitnehmers die Dauer der Betriebszugehörigkeit, das Lebensalter, die Unterhaltspflichten und die Schwerbehinderung des Arbeitnehmers nicht oder nicht ausreichend berücksichtigt hat; auf Verlangen des Arbeitnehmers hat der Arbeitgeber dem Arbeitnehmer die Gründe anzugeben, die zu der getroffenen sozialen Auswahl geführt haben. In die soziale Auswahl nach Satz 1 sind Arbeitnehmer sind nicht einzubeziehen, deren Weiterbeschäftigung, insbesondere wegen ihrer Kenntnisse, Fähigkeiten und Leistungen oder zur Sicherung einer ausgewogenen Personalstruktur des Betriebes, im berechtigten betrieblichen Interesse liegt. Der Arbeitnehmer hat die Tatsachen zu beweisen, die die Kündigung als sozial ungerechtfertigt im Sinne des Satzes 1 erscheinen lassen.

Aufgabe II-15

C, vgl. § 102 Betriebsverfassungsgesetz:

(1) Der Betriebsrat ist vor jeder Kündigung zu hören. Der Arbeitgeber hat ihm die Gründe für die Kündigung mitzuteilen. Eine ohne Anhörung des Betriebsrats ausgesprochene Kündigung ist unwirksam.

(2) Hat der Betriebsrat gegen eine ordentliche Kündigung Bedenken, so hat er diese unter Angabe der Gründe dem Arbeitgeber spätestens innerhalb einer Woche schriftlich mitzuteilen. Äußert er sich innerhalb dieser Frist nicht, gilt seine Zustimmung zur Kündigung als erteilt. Hat der Betriebsrat gegen eine außerordentliche Kündigung Bedenken, so hat er diese unter Angabe der Gründe dem Arbeitgeber unverzüglich, spätestens jedoch innerhalb von drei Tagen, schriftlich mitzuteilen. ...

(3) Der Betriebsrat kann innerhalb der Frist des Abs. 2 Satz 1 der ordentlichen Kündigung widersprechen, wenn

1. der Arbeitgeber bei der Auswahl des zu kündigenden Arbeitnehmers soziale Gesichtspunkte nicht oder nicht ausreichend berücksichtigt hat,
2. ...
3. der zu kündigende Arbeitnehmer an einen anderen Arbeitsplatz im selben Betrieb oder in einem anderen Betrieb des Unternehmens weiterbeschäftigt werden kann,
4. die Weiterbeschäftigung des Arbeitnehmers nach zumutbaren Umschulungs- oder Fortbildungsmaßnahmen möglich ist oder
5. eine Weiterbeschäftigung des Arbeitnehmers unter geänderten Vertragsbedingungen möglich ist und der Arbeitnehmer sein Einverständnis hiermit erklärt hat.

(4) Kündigt der Arbeitgeber, obwohl der Betriebsrat nach Abs. 3 der Kündigung widersprochen hat, so hat er dem Arbeitnehmer mit der Kündigung eine Abschrift der Stellungnahme des Betriebsrats zuzuleiten.

(5) Hat der Betriebsrat einer ordentlichen Kündigung frist- und ordnungsgemäß widersprochen und hat der Arbeitnehmer nach dem Kündigungsschutzgesetz Klage auf Feststellung erhoben, dass das Arbeitsverhältnis durch die Kündigung nicht aufgelöst ist, so muss der Arbeitgeber auf Verlangen des Arbeitnehmers diesen nach Ablauf der Kündigungsfrist bis zum rechtskräftigen Abschluss des Rechtsstreits bei unveränderten Arbeitsbedingungen weiterbeschäftigen. Auf Antrag des Arbeitgebers kann das Gericht ihn durch einstweilige Verfügung von der Verpflichtung zur Weiterbeschäftigung nach Satz 1 entbinden, wenn

1. die Klage des Arbeitnehmers keine hinreichende Aussicht auf Erfolg bietet oder mutwillig erscheint oder
2. die Weiterbeschäftigung des Arbeitnehmers zu einer unzumutbaren wirtschaftlichen Belastung des Arbeitgebers führen würde oder
3. der Widerspruch des Betriebsrats offensichtlich unbegründet war.

(6) Arbeitgeber und Betriebsrat können vereinbaren, dass Kündigungen der Zustimmung des Betriebsrats bedürfen und dass bei Meinungsverschiedenheiten über die Berechtigung der Nichterteilung der Zustimmung die Einigungsstelle entscheidet.

(7) Die Vorschriften über die Beteiligung des Betriebsrats nach dem Kündigungsschutzgesetz bleiben unberührt.

Aufgabe II-16

A, vgl. § 6 Bundesurlaubsgesetz: Der Anspruch auf Urlaub besteht nicht, soweit dem Arbeitnehmer für das laufende Kalenderjahr bereits von einem früheren Arbeitgeber Urlaub gewährt worden ist. Der Arbeitgeber ist verpflichtet, bei Beendigung des Arbeitsverhältnisses dem Arbeitnehmer eine Bescheinigung über den im laufenden Kalenderjahr gewährten oder abgegoltenen Urlaub auszuhändigen.

Aufgabe II-17

E, vgl. § 1 Abs. 1 Kündigungsschutzgesetz: „Die Kündigung des Arbeitsverhältnisses gegenüber einem Arbeitnehmer, dessen Arbeitsverhältnis in demselben Betrieb oder Unternehmen ohne Unterbrechung länger als sechs Monate bestanden hat, ist rechtsunwirksam, wenn sie sozial ungerechtfertigt ist."

Zu A: Vgl. § 21 BBiG: Das Ausbildungsverhältnis endet mit Bekanntgabe des Ergebnisses der Abschlussprüfung durch den Prüfungsausschuss. Das Bestehen der Abschlussprüfung begründet kein Arbeitsverhältnis.

Zu B: Vgl. § 1 Kündigungsschutzgesetz, das Arbeitsverhältnis liegt noch innerhalb der Sechs-Monats-Frist.

Zu C und D: Vgl. § 15 Abs. 1 Befristungsgesetz: Ein kalendermäßig befristeter Arbeitsvertrag endet mit Ablauf der vereinbarten Zeit.

Aufgabe II-18

D (vgl. § 12a ArbGG)

Aufgabe II-19

D, es handelt sich um eine Abmahnung.

Aufgabe II-20

A, die Abmahnung muss dem Empfänger zugehen, damit sie ihre Rechtsfolgen entfalten kann.

Aufgabe II-21

E, vgl. § 83 Betriebsverfassungsgesetz: Der Arbeitnehmer hat das Recht, in die über ihn geführten Personalakten Einsicht zu nehmen. Erklärungen des Arbeitnehmers zum Inhalt der Personalakte sind dieser auf sein Verlangen beizufügen.

Aufgabe II-22

C und E,

C: Werdende Mütter dürfen in den letzten sechs Wochen vor der Entbindung nicht beschäftigt werden, es sei denn, dass sie sich zur Arbeitsleistung ausdrücklich bereit erklären, vgl. § 3 Mutterschutzgesetz.

E: Während der achtwöchigen Mutterschutzfrist nach der Entbindung besteht ein absolutes Beschäftigungsverbot, vgl. § 6 Mutterschutzgesetz.

Zu A: Nach § 7 MuSchG haben stillende Mütter auf ihr Verlangen Anspruch auf täglich zwei Mal eine halbe Stunde oder einmal täglich eine Stunde Freistellung zum Stillen.

Zu B: Aussage ist falsch.

Zu D: Frauen, die Mitglieder einer gesetzlichen Krankenkasse sind, erhalten für die Zeit der Mutterschutzfrist sowie für den Entbindungstag Mutterschaftsgeld. Nach § 14 MuSchG erhalten sie während ihres bestehenden Arbeitsverhältnisses während der Schutzfristen vom Arbeitgeber einen Zuschuss in Höhe des Unterschiedsbetrages zwischen 13 Euro und dem um die gesetzlichen Abzüge verminderten durchschnittlichen kalendertäglichen Arbeitsentgelts.

Zu F: Nach § 9 MuSchG ist die Kündigung gegenüber einer Frau während der Schwangerschaft und bis zum Ablauf von vier Monaten nach der Entbindung unzulässig, wenn dem Arbeitgeber zurzeit der Kündigung die Schwangerschaft bekannt war. Frau Sasse kann nach § 9 Abs. 2 in Verbindung mit § 5 Abs. 1 Satz 3 MuSchG kündigen. Im Falle der Kündigung muss der Arbeitgeber die Aufsichtsbehörde unverzüglich von der Kündigung durch die werdende Mutter benachrichtigen.

Aufgabe II-23

B

Aufgabe II-24
E

Aufgabe II-25
C

Aufgabe II-26
D

Aufgabe II-27
B

Aufgabe II-28

1	2	3	4	5	6
B	D	E	A	F	C

Aufgabe II-29

1	2	3	4	5
A	D	C	B	E

III. Arbeitsschutz und Arbeitssicherheit

Aufgabe III-1

A	B	C	D
5	3	6	4

Aufgabe III-2
C (vgl. Sozialgesetzbuch VII § 8: „Arbeitsunfälle sind Unfälle von Versicherten infolge einer den Versicherungsschutz ... begründenden Tätigkeit. Versichertentätigkeiten sind auch ... das Zurücklegen des mit der Versichertentätigkeit zusammenhängenden unmittelbaren Weges nach und von dem Ort der Tätigkeit ...")

Aufgabe III-3
D

Aufgabe III-4
D

Aufgabe III-5
C

Aufgabe III-6

A	B
4 (vgl. § 3 Abs. 1 Arbeitssicherheitsgesetz)	**3** (vgl. § 26 Abs. 5 SGB 7)

Aufgabe III-7
D

Aufgabe III-8
A

Aufgabe III-9
E

Aufgabe III-10
E

Aufgabe III-11
A

Aufgabe III-12

1	2	3	4	5
E	B	C	A	D

Aufgabe III-13
A

Aufgabe III-14
C

Aufgabe III-15
B

© Springer Fachmedien Wiesbaden GmbH, ein Teil von Springer Nature 2022
W. Grundmann et al., *Wirtschafts- und Sozialkunde Teil 1*, Prüfungstraining für Bankkaufleute,
https://doi.org/10.1007/978-3-658-38087-8_20

Aufgabe III-16
A

Aufgabe III-17
D

IV. Kollektives Arbeitsrecht

Aufgabe IV-1

A	B	C	D	E	F	G	H
2	1	1	1	1	1	1	2

Aufgabe IV-2

B und **D** vgl. § 2 Abs. 1 Tarifvertragsgesetz:
Tarifvertragsparteien sind Gewerkschaften, einzelne Arbeitgeber sowie Vereinigungen von Arbeitgebern.

Aufgabe IV-3

D (vgl. §§ 1 und 2 Abs. I ArbGG)

Aufgabe IV-4

C und **F**

F: Nach § 10 Abs. 2 BBiG sind die für den Arbeitsvertrag geltenden Rechtsvorschriften und Rechtsgrundsätze auch für das Berufsausbildungsverhältnis anzuwenden, soweit sich aus Wesen und Zweck des Berufsausbildungsvertrages und aus dem BBiG nichts anderes ergibt. Art. 9 Abs. 3 Grundgesetz, der die Koalitionsfreiheit und das Arbeitskampfrecht regelt, gilt für Jedermann, könnte auch für den Auszubildenden gelten. Herr Lemke ist Gewerkschaftsmitglied und will mit seiner Teilnahme am Arbeitskampf den zuständigen Arbeitgeberverband dazu bewegen, die Ausbildungsvergütung zu erhöhen. Das einzige Mittel, das Auszubildende haben, ihre Ausbildungsbedingungen zu verbessern, ist die „Arbeitsniederlegung". Für Herrn Lemke würde dies die Verweigerung seiner Lernpflichten bedeuten.

Aufgabe IV-5

D

Tarifautonomie: Das Grundrecht der Koalitionsfreiheit stützt vor allem das Recht der Koalitionen, durch spezifisch koalitionsmäßige Betätigung die in Art. 9 Abs. 3 Grundgesetz genannten Zwecke zu verfolgen, nämlich die Arbeits- und Wirtschaftsbedingungen ihrer Mitglieder zu wahren und zu fördern. Unter die Verfassungsgarantie fällt deshalb die Tarifautonomie. Dies gilt nur für die privatrechtliche Ordnung des Arbeitslebens, nicht für Beamte. Der Staat ist gehalten, den frei gebildeten Koalitionen die Möglichkeit zu eröffnen, insbesondere Löhne und sonstige materielle Arbeitsbedingungen in einem von staatlicher Rechtssetzung freigelassenen Raum in eigener Verantwortung im Wesentlichen ohne staatliche Einflussnahme durch unabdingbare Gesamtvereinbarungen sinnvoll zu ordnen. Zu den Funktionsvoraussetzungen der Tarifautonomie gehört der Arbeitskampf. Könnten die Gewerkschaften um den Abschluss eines Tarifvertrags keinen Streik führen, so wären weder das Zustandekommen noch die inhaltliche Sachgerechtigkeit tariflicher Regelungen gewährleistet. Das Streikrecht ist zwar kein Grundrecht, es fällt aber unter die Koalitionsbetätigungsgarantie, soweit es der Herstellung und Sicherung des Verhandlungsgleichgewichts dient. Die Parität erfordert jedoch auch die Anerkennung der Aussperrung als Kampfmittel der Arbeitgeber.

Aufgabe IV-6

1	2	3	4	5	6
E	F	A	C	B	D

© Springer Fachmedien Wiesbaden GmbH, ein Teil von Springer Nature 2022
W. Grundmann et al., *Wirtschafts- und Sozialkunde Teil 1*, Prüfungstraining für Bankkaufleute,
https://doi.org/10.1007/978-3-658-38087-8_21

Aufgabe IV-7
E

Aufgabe IV-8
B und F

Aufgabe IV-9

1	2	3	4	5	6
C	F	A	D	B	E

Aufgabe IV-10
B

Aufgabe IV-11

A	B	C	D	E
1	3	3	3	2

Aufgabe IV-12
D

Aufgabe IV-13

A	B	C	D	E	F	G	H	I
4	1	2	4	2	2	3	2	1

Aufgabe IV-14
B und C

Aufgabe IV-15
E ist falsch
Rechenweg:
242,2 : 351,7 = 0,6887
100 - 68,87 = 31,13%
Die Aussage müsste richtig lauten: Die Streiktage im Dienstleistungsgewerbe sind von 2017 auf 2018 um **31,13 %** gesunken.

V. Betriebliche Mitbestimmung

Aufgabe V-1
D (vgl. § 61 Betriebsverfassungsgesetz)

Aufgabe V-2
E (vgl. § 5 BetrVG)

Aufgabe V-3
D (vgl. § 60 Abs. 1 und § 61 Abs. 1 BetrVG)

Aufgabe V-4
C und **D** (vgl. § 61 Abs. 2 BetrVG)

Aufgabe V-5
A und **C** (vgl. § 64 BetrVG)

Aufgabe V-6
D (vgl. § 68 BetrVG)

Aufgabe V-7
A und **E** (vgl. § 77 Abs. 2 und 5 BetrVG)

Aufgabe V-8

A	B	C	D	E
4	2	1	3	4

Aufgabe V-9

A	B	C	D	E	F	G	H
3	1	3	4	1	4	1	2

Aufgabe V-10
C und **D** (vgl. §§ 3 ff. und 42 ff. BetrVG)

Aufgabe V-11
D, vgl. Betriebsverfassungsgesetz

Aufgabe V-12
D und **F**

Aufgabe V-13
E

Hat der Betriebsrat gegen eine ordentliche Kündigung Bedenken, so hat er diese unter Angabe der Gründe dem Arbeitgeber spätestens innerhalb einer Woche schriftlich mitzuteilen. Der Betriebsrat kann innerhalb dieser Frist der ordentlichen Kündigung widersprechen.

Aufgabe V-14
A

Nach § 42 BetrVG besteht die Betriebsversammlung aus den Arbeitnehmern (einschließlich der Auszubildenden) eines Betriebs.

© Springer Fachmedien Wiesbaden GmbH, ein Teil von Springer Nature 2022
W. Grundmann et al., *Wirtschafts- und Sozialkunde Teil 1*, Prüfungstraining für Bankkaufleute,
https://doi.org/10.1007/978-3-658-38087-8_22

Aufgabe V-15

C

Nach § 67 BetrVG kann die JAV zu allen Betriebsratssitzungen einen Vertreter entsenden. Werden Angelegenheiten behandelt, die die JAV betreffen, so hat die gesamte JAV ein Teilnahmerecht zu diesen Tagesordnungspunkten der Betriebsratssitzung. Die JAV-Mitglieder haben bei diesen Betriebsratssitzungen ein Stimmrecht. Nach § 80 Abs. 1 Ziffer 3 des BetrVG hat der Betriebsrat Anregungen der JAV entgegenzunehmen und durch Verhandlungen mit dem Arbeitgeber auf eine Erledigung hinzuwirken.

Aufgabe V-16

D und **E** (vgl. § 87 BetrVG)

Aufgabe V-17

a) **112** wahlberechtigte Personen (21 + 8 + 83)
b) **426** wählbare Personen (112 + 314)
c) **5** JAV-Mitglieder

Aufgabe V-18

A

Aufgabe V-19

B (vgl. § 60 Abs. 2 BetrVG)
zu D: vgl. § 61 Abs. 2 BetrVG

Aufgabe V-20

A (vgl. § 83 Abs. 1 Betriebsverfassungsgesetz: „Der Arbeitnehmer hat das Recht, in die über ihn geführten Personalakten Einsicht zu nehmen. Er kann hierzu ein Mitglied des Betriebsrats hinzuziehen. ...")

Aufgabe V-21

B (vgl. §§ 66 ff. BetrVG)

Aufgabe V-22

D

Aufgabe V-23

1	2	3	4	5
D	B	C	E	A

Aufgabe V-24

E

Aufgabe V-25

A	B	C	D	E	F	G
2	2	1	1	1	1	2

Zu B: Vgl. § 87 Abs. 5

Aufgabe V-26

a) **151** (16 Auszubildende über 18 Jahre und 135 Angestellte über 18 Jahre)
b) **146** (15 Auszubildende über 18 Jahre und Betriebszugehörigkeit von 6 Monaten und 131 Angestellte mit einer Betriebszugehörigkeit über 6 Monate)
c) **7** (7 Betriebsratsmitglieder bei einer Beschäftigtenzahl von 101 bis 200 wahlberechtigten Arbeitnehmern und Auszubildenden, vgl. § 9 BetrVG)

Aufgabe V-27

A	B	C	D	E	F	G	H
2	3	3	2	2	3	1	1

Aufgabe V-28

B, vgl. § 87 Abs. 1 Ziffer 6 BetrVG

Aufgabe V-29

A	B	C	D	E	F
2	3	4	4	1	3

Aufgabe V-30

A	B	C	D	E
3	2	1	2	1

Aufgabe V-31

a) 6 + 15 = **21** Personen
b) 15 + 1 + 65 + 420 = **501** Personen
c) 6 + 15 + 65 = **86** Personen
d) 15 + 1 + 65 + 420 = **501** Personen, wie in Aufgabe b), da alle Personen dem Betrieb länger als 6 Monate angehören.
e) **3** JAV-Mitglieder, vgl. § 62 Abs. 1 Betriebsverfassungsgesetz
f) **11** Betriebsratsmitglieder, vgl. § 9 Betriebsverfassungsgesetz
g) **2** Betriebsratsmitglieder, vgl. § 38 Abs. 1 Betriebsverfassungsgesetz

Aufgabe V-32

1	2	3	4	5	6
D	A	A	B	E	C

Aufgabe V-33

A Nach § 70 Abs. 1 BetrVG hat die JAV Maßnahmen in Fragen der Berufsausbildung und der Übernahme der zu ihrer Berufsausbildung Beschäftigten in ein Arbeitsverhältnis beim Betriebsrat zu beantragen. Nach § 80 Betriebsverfassungsgesetz hat der Betriebsrat Anregungen der JAV entgegenzunehmen und durch Verhandlungen mit dem Arbeitgeber auf eine Erledigung hinzuwirken.

VI. Soziale Sicherung

Aufgabe VI-1

D, vgl. § 2 Abs. 6 VermBG: Vermögenswirksame Leistungen sind steuerpflichtige Einnahmen im Sinne des EStG und Einkommen, Verdienst oder Entgelt (Arbeitsentgelt) im Sinne der Sozialversicherung.

Aufgabe VI-2

C und **E**

Die Jahresarbeitsentgeltgrenze (JAEG) - oder Versicherungspflichtgrenze - bezeichnet das jährliche Bruttoeinkommen eines Arbeitnehmers, bis zu dem in der gesetzlichen Krankenversicherung Versicherungspflicht besteht. Gemäß § 6 Abs. 6 SGB V wird die Jahresarbeitsentgeltgrenze von der Bundesregierung jährlich durch Rechtsverordnung im Verhältnis der Entwicklung der Bruttolohn- und -gehaltssumme je durchschnittlich beschäftigtem Arbeitnehmer vom vorvergangenen Kalenderjahr zum vergangenem Kalenderjahr angepasst.

Beschäftigte sind in der gesetzlichen Krankenversicherung versicherungspflichtig, wenn ihr regelmäßiges Jahresarbeitsentgelt die Jahresarbeitsentgeltgrenze nicht übersteigt (siehe § 6 SGB V). Beschäftigte, die ein jährliches regelmäßiges Arbeitseinkommen über diesem Betrag beziehen, sind versicherungsfrei. Sie haben die Wahl, eine freiwillige gesetzliche Krankenversicherung abzuschließen oder sich privat zu versichern. Dabei muss die Arbeitsentgeltgrenze dauerhaft länger als ein Jahr überschritten werden.

Von der Jahresarbeitsentgeltgrenze ist die Beitragsbemessungsgrenze zu unterscheiden (siehe Übersicht am Anfang des Kapitels).

Aufgabe VI-3

A	B	C	D	E	F
2	3	4	1	5	2

zu D: vgl. § 95 SGB III: Arbeitnehmer haben Anspruch auf Kurzarbeitergeld wenn z. B. ein erheblicher Arbeitsausfall mit Entgeltausfall vorliegt und der Arbeitsausfall der Arbeitsagentur angezeigt worden ist.

Aufgabe VI-4

a) **8.523,45 EUR** (18,6 x 7.050,00 x 0,5 x 13 : 100)

b) **365,23 EUR** (4.837,50 x 7,55 : 100)

Aufgabe VI-5

D (vgl. § 22 Abs. 1 SGB XI)

Aufgabe VI-6

A	B	C
6 (vgl. § 3 Abs. 1 Ziffer 10 SGB III)	**2** (vgl. § 9 Abs. 1 SGB VII)	**1** (vgl. § 35 SGB VI)

Aufgabe VI-7

A	B	C	D	E	F
2	4	3	3	6	1

zu E: nicht zuzuordnen, z. B. Lebensversicherung

© Springer Fachmedien Wiesbaden GmbH, ein Teil von Springer Nature 2022
W. Grundmann et al., *Wirtschafts- und Sozialkunde Teil 1*, Prüfungstraining für Bankkaufleute,
https://doi.org/10.1007/978-3-658-38087-8_23

Aufgabe VI-8

C (vgl. § 175 Sozialgesetzbuch V)

Aufgabe VI-9

E (vgl. Sozialgesetzbuch VII gesetzliche Unfallversicherung)

Aufgabe VI-10

A	B	C	D	E	F
2, vgl. § 152 Abs. 1 SGB VII	**4**, vgl. § 159 SGB VI	**3**, vgl. § 241 SGB V	**2**, vgl. § 153 Abs. 1 SGB VII	**1**, vgl. § 55 Abs. 1 SGB XI	**5**, vgl. § 341 Abs. 1 und 2 SGB III

Aufgabe VI-11

A	B	C	D	E
3	2	5	1	4

Aufgabe VI-12

a)

Pflegeversicherung	2331,49 x 1,875 : 100	43,72 EUR
Krankenversicherung	2331,49 x 7,3 : 100	170,20 EUR
Rentenversicherung	2331,49 x 9,3 : 100	216,83 EUR
Arbeitslosenversicherung	2331,49 x 1,20 : 100	27,98 EUR
Summe		**458,73 EUR**

b) **B**, vgl. § 28 h SGB IV: Der gesamte Sozialversicherungsbeitrag ist an die Krankenkassen (Einzugsstellen) zu zahlen. Die Einzugsstelle überwacht die Einreichung des Beitragsnachweises und die Zahlung des Gesamtsozialversicherungsbeitrags.

Aufgabe VI-13

a) RV **459,20 EUR**   (4.937,67 x 18,6 : 100 : 2)
b) KV **374,91 EUR**   (4.837,50 x 7,75 : 100)

Aufgabe VI-14

A	B	C	D	E
3 (vgl. §§ 168 Abs. 1, 213 SGB VI)	**4** (vgl. §§ 150, 153 SGB VII)	**1** (vgl. § 241 SGB V)	**2** (vgl. § 55 Abs. 1 SGB II)	**5** (vgl. § 346 SGB III)

Aufgabe VI-15

B und **C** (vgl. §§ 224 und 226 SGB V, § 2 Abs. 6 und 7 VermBG)
§ 2 VermBG:
Absatz 6: Vermögenswirksame Leistungen sind steuerpflichtige Einnahmen im Sinne des EstG und Einkommen, Verdienst oder Entgelt (Arbeitsentgelt) im Sinne der Sozialversicherung und des Dritten Buches Sozialgesetzbuches.
Absatz 7: Vermögenswirksame Leistungen sind arbeitsrechtlich Bestandteil des Lohns oder Gehalts. Der Anspruch auf die vermögenswirksamen Leistungen ist nicht übertragbar.

Aufgabe VI-16

A	B	C	D	E
3	4	3	2	3

Aufgabe VI-17

a)

Gesamtbeitrag GKV DAK 15,5 % von 2.270,00 EUR	351,85 EUR
Gesamtbeitrag PV 3,05 % von 2.270,00 EUR	69,24 EUR
Gesamtbeitrag RV 18,6 % von 2.270,00 EUR	422,22 EUR
Gesamtbeitrag AV 2,4 % von 2.270,00 EUR	54,48 EUR
Summe	**897,79 EUR**

b)

Bruttogehalt Dezember 2022	2.235,00 EUR
Vermögenswirksame Leistungen	35,00 EUR
Weihnachtsgeld	2.235,00 EUR
Bruttoeinkommen gesamt	4.505,00 EUR
Jahresbruttoeinkommen von Stockbauer 2022	29.475,00 EUR
Beitragsbemessungsgrenze GKV jährlich	54.450,00 EUR
Beitragsanteil GKV für Stockbauer im Dezember 2022 7,75 % von 4.505,00 EUR	**349,14 EUR**

Aufgabe VI-18
B (vgl. § 186 SGB V)

Aufgabe VI-19
a) **243,20 EUR** (3.200,00 x 7,6 : 100)
b) **367,65 EUR** (4.837,50 x 7,6 : 100)
Prozentuale Belastung von Herrn Wiesner: 367,65 x 100 : 4900 = 7,50301
Seine prozentuale Belastung beträgt **7,5 %**.

Aufgabe VI-20
B, (vgl. Sozialgesetzbuch XI Pflegeversicherung)

Aufgabe VI-21
D

Aufgabe VI-22
A

Aufgabe VI-23
B

Aufgabe VI-24

Summe der Bruttobeträge	4.260,01 EUR
- Lohnsteuer	687,83 EUR
- Kirchensteuer	55,03 EUR
- KV	310,98 EUR
- PV	79,88 EUR
- RV	396,18 EUR
- AV	51,12 EUR
- VL	40,00 EUR
- Vorschuss	400,00 EUR
Nettoeinkommen	**2.238,99 EUR**

Aufgabe VI-25
C, (vgl. Sozialgesetzbuch VII)

Aufgabe VI-26

A	B	C	D	E
2	2	3	3	3

Aufgabe VI-27

a)	Rentenversicherung Rechenweg: (30 x 7.050,00 x 18,6) : 100	**39.339,00 EUR**
b)	Arbeitslosenversicherung Rechenweg: (30 x 7.050,00 x 2,4) : 100	**5.076,00 EUR**
	Summe	**44.415,00 EUR**

Aufgabe VI-28

a)	Beitragsanteil AOK 7,45 % von 4.837,50 EUR	360,39 EUR
	Beitragsanteil PV 1,875 % von 4.837,50 EUR	90,70 EUR
	Summe	**451,09 EUR**
b)	Beitragsanteil GKV 7,45 % von 4.837,50 EUR	360,39 EUR
	Beitragsanteil PV 1,525 % von 4.837,50 EUR	73,77 EUR
	Beitragsanteil RV 9,3 % von 7.050,00 EUR	655,65 EUR
	Beitragsanteil AV 1,2 % von 7.050,00 EUR	84,60 EUR
	Summe	**1.174,41 EUR**

Aufgabe VI-29

a)	Altes monatliches Bruttoeinkommen 38,75 Stunden wöchentlich	7.300,00 EUR
	Neues monatliches Bruttoeinkommen 23,25 Stunden wöchentlich	**4.380,00 EUR**
b)	Beitragsanteil GKV 7,45 % von 4.380 EUR	326,31 EUR
	Beitragsanteil PV 1,875 % von 4.380 EUR	82,13 EUR
	Beitragsanteil RV 9,3 % von 4.380 EUR	407,34 EUR
	Beitragsanteil AV 1,20 % von 4.380 EUR	52,56 EUR
	Summe	**868,34 EUR**
c)	alter GKV-Beitragsanteil	360,39 EUR
	neuer GKV-Beitragsanteil	326,31 EUR
	Ersparnis	34,08 EUR
	prozentuale Verringerung: 34,08 x 100 : 360,39 oder 100 − (326,31 : 360,39 x 100) = 100 − 90,54 = 9,46 %	**9,46 %**

Aufgabe VI-30

C

Private Altersvorsorge

Riester-Rente

Voraussetzungen für die staatliche Förderung	- Der Anleger gehört zum förderungsfähigen Personenkreis. - Die Anlage erfolgt in einem zertifizierten Altersvorsorgevertrag. - Der Anleger erbringt einen einkommensabhängigen Eigenbeitrag.

Geförderter Personenkreis	- Arbeitnehmer, die in der gesetzlichen Rentenversicherung pflichtversichert sind. - Bezieher von Lohnersatzleistungen, z.B. Arbeitslosengeld I und II. - Beamte - nicht erwerbstätige Eltern in den Kindererziehungszeiten - Wehr- und Zivildienstleistende - Bezieher von Vorruhestandsgeld
Nicht geförderter Personenkreis	- Selbstständige, die nicht in der gesetzlichen Rentenversicherung pflichtversichert sind. - geringfügig Beschäftigte - Rentner und Pensionäre
Besonderheiten bei Eheleuten	Jeder Ehegatte kann unabhängig vom Partner einen eigenen Altersvorsorgevertrag mit dem Anspruch auf staatliche Förderung abschließen. Auch wenn nur ein Ehegatte zum förderfähigen Personenkreis gehört, erhält der eigentlich nicht förderberechtigte Ehegatte ebenfalls die staatliche Förderung, sofern er einen Altersvorsorgevertrag auf seinen Namen abschließt (abgeleiteter Zulagenanspruch).
Anlageformen	Private Altersvorsorge: Banksparplan, Investmentsparplan, Rentenversicherung Betriebliche Altersvorsorge: Direktversicherungen, Pensionskassen, Pensionsfonds Beachte: Förderungsfähig sind nur Anlageformen, die im Alter durch lebenslange Zahlungen die gesetzliche Rente ergänzen.
Zertifizierung der geförderten Anlageformen durch BaFin	Merkmale: - Die Auszahlungen dürfen nicht vor dem 60. Lebensjahr beginnen. Das Risiko Erwerbsunfähigkeit und die Hinterbliebenen können zusätzlich abgesichert werden. - Zu Beginn der Auszahlungsphase muss mindestens das eingezahlte Kapital zur Verfügung stehen (Kapitalgarantie). - Die Auszahlung erfolgt grundsätzlich als lebenslange Leibrente (Kapitalverrentung). Bis zu 30 % des bei Rentenbeginn zur Verfügung stehenden Kapitals kann sich der Anleger jedoch zu Beginn der Auszahlungsphase direkt auszahlen lassen. - Die Abschluss- und Vertriebskosten sind auf 5 Jahre zu verteilen. - Der Anleger hat das Recht, den Vertrag ruhen zu lassen, zu kündigen, zu wechseln sowie vorübergehend Mittel zum Wohnungsbau zu entnehmen. Der Anleger ist bei Vertragsabschluss zu informieren über: - die Anlage des Geldes, - die kalkulierte Rendite, - das mit der Anlage verbundene Risiko, - die Höhe und Verteilung der Abschluss- und Vertriebskosten, - die Kosten für die Verwaltung der Geldanlage sowie die Kosten beim Wechsel zu einem anderen Produkt. Der Anleger ist jährlich zu informieren über: - die Beitragsverwendung, - die Kapitalverwendung, - die Kosten und Erträge, - ob der Anbieter ethische, soziale oder ökologische Belange bei der Geldanlage berücksichtigen will.

Beiträge und staatliche Förderung	Die Einzahlungen auf den Altersvorsorgevertrag (Gesamtbeitrag) setzen sich zusammen aus dem Eigenbeitrag des Anlegers und der staatlichen Altersvorsorgezulage, die aus einer Grundzulage und einer Kinderzulage besteht. Zum Erhalt der vollen staatlichen Förderung ist ein jährlicher Gesamtbeitrag (Eigenbeitrag) zu leisten. Bei einem niedrigeren Eigenbeitrag verringert sich die staatliche Förderung anteilig.
Gesamtbeitrag pro Jahr	4 % des sozialversicherungspflichtigen Vorjahreseinkommens max. aber 2.100 EUR
maximale jährliche Grundzulage	175 EUR
maximale jährliche Kinderzulage je Kind	185 EUR Kinder, die nach dem 01.01.2008 geboren sind, erhalten eine Kinderzulage von 300 EUR. Eine Kinderzulage gibt es für jedes Kind, für das Kindergeld gezahlt wird. Bei Eheleuten wird die Kinderzulage grundsätzlich der Mutter zugeordnet, auf Antrag beider Eltern dem Vater. Bei Alleinerziehenden steht die Kinderzulage dem Elternteil zu, in dessen Haushalt das Kind lebt. Wenn beide Eheleute zum geförderten Personenkreis gehören, ist der Mindestgesamtbeitrag für jeden Ehegatten getrennt zu ermitteln. Das Einkommen des Ehegatten ist dabei nicht zu berücksichtigen. Ein Ehegatte mit abgeleitetem Zulagenanspruch muss auf seinen Vertrag keine eigenen Mittel einzahlen. Der Mindesteigenbeitrag ist nur für den förderfähigen Ehegatten zu ermitteln. Dabei mindern die beiden Eheleuten zustehenden Zulagen seine selbst aufzubringenden Eigenleistungen.
Sockelbetrag von 60 EUR	Der Gesamtbeitrag besteht aus der Summe von Eigenbeitrag des Anlegers und der staatlichen Förderung. Dies würde bei einem niedrigen Einkommen dazu führen, dass der Anleger selbst nur sehr niedrige oder gar keine eigenen Zahlungen leisten müsste. Deshalb verlangt der Staat vom Anleger zumindest die Zahlung eines Sockelbetrages von 60 EUR. Bei Eheleuten ist der Sockelbetrag getrennt festzustellen. Bei nicht berufstätigen Ehegatten mit abgeleitetem Zulagenanspruch entfällt der Sockelbetrag (Ausnahme: Erziehungsurlaub). Beispiel: Jährliche Ausbildungsvergütung im Vorjahr beträgt 5.000 EUR für ledige Auszubildende. Gesamtbeitrag pro Jahr: 4 % von 5.0000 EUR = 200 EUR. Bei einer Grundzulage von 175 EUR beträgt der Eigenbeitrag pro Jahr 200 EUR - 175 EUR = 25 EUR. In diesem Fall muss der Sockelbetrag von jährlich 60 EUR eingezahlt werden.
Zulagenantrag	Die staatlichen Zulagen sind beim Anbieter des Altersvorsorgesparplanes zu beantragen, der den Antrag an die Zulagenstelle für Altersvermögen (ZfA) weiterleitet. Diese überweist die Zulage auf das Anlagekonto des Anlegers. Bei einem Dauerzulagenantrag bevollmächtigt der Anleger den Anbieter zur jährlichen Antragstellung, sodass der Anleger selbst keinen Antrag stellen muss. Der Anleger ist jedoch verpflichtet, alle Änderungen, die sich auf die Höhe der Zulage auswirken können, z. B. Streichung des Kindergeldes, unverzüglich dem Anbieter mitzuteilen. Zur Feststellung des auf den Vertrag einzuzahlenden Gesamtbeitrages fragt die ZfA direkt beim Rentenversicherungsträger das sozialversicherungspflichtige Einkommen des Anlegers ab.

Zulagenschädliche Verwendung des angesparten Kapitals	Bei förderschädlichen Verfügungen sind alle Zulagen und Steuervorteile zurückzuzahlen. Zudem sind die im Auszahlungsbetrag enthaltenen Erträge zu versteuern.

Aufgabe VI-31
E, vgl. Übersicht in Aufgabe A VI-30

Aufgabe VI-32
D, vgl. Übersicht in Aufgabe A VI-30

Aufgabe VI-33
A, vgl. Übersicht in Aufgabe A VI-30

Aufgabe VI-34
D

Aufgabe VI-35
A

Arbeitslosengeld sind finanzielle Leistungen an Arbeitslose. Die finanzielle Sicherung in Zeiten der Arbeitslosigkeit ist eine unabdingbare Voraussetzung, um den unverschuldet arbeitslos gewordenen Arbeitnehmer und seine Familie nicht in wirtschaftliche Not geraten zu lassen.
Arbeitslosengeld I ist eine Entgelt- oder Lohnersatzleistung, die über die Arbeitslosenversicherung abgedeckt wird. Anspruch auf Arbeitslosengeld I hat, wer …
- unfreiwillig arbeitslos ist, eine neue Beschäftigung sucht und arbeitsbereit ist,
- sich persönlich bei der Agentur für Arbeit arbeitssuchend gemeldet hat,
- die Anwartschaftszeit erfüllt,
- das 65. Lebensjahr noch nicht vollendet hat,
- Arbeitslosengeld beantragt hat.
Anspruchsdauer: Die Anspruchsdauer auf Arbeitslosengeld richtet sich nach der vorhergehenden versicherungspflichtigen Beschäftigungsdauer, der Rahmenfrist, dem vollendeten Lebensjahr (12 bis maximal 24 Monate)
Höhe: Die Höhe richtet sich nach dem versicherungspflichtigen Bruttoarbeitsentgelt, das in den letzten 52 Wochen vor der Arbeitslosigkeit erzielt wurde. Vor dem ermittelten Nettobezug beträgt das Arbeitslosengeld 60 % bzw. 67 % für Arbeitslose mit mindestens einem Kind. Vorhandenes Vermögen hat keinen Einfluss auf die Höhe von Arbeitslosengeld I.

Aufgabe VI-36
A

VII Ökologie und Umwelt

Aufgabe VII-1
D

Aufgabe VII-2
E

Aufgabe VII-3
B

Aufgabe VII-4
B, C und F

Aufgabe VII-5
A, C und E

Aufgabe VII-6
D

Aufgabe VII-7
B und E

Aufgabe VII-8
D

Aufgabe VII-9
D

Aufgabe VII-10
C

Aufgabe VII-11
E

Aufgabe VII-12
A, C und E

Aufgabe VII-13
D

Aufgabe VII-14
D

Aufgabe VII-15
B

Aufgabe VII-16
E

Aufgabe VII-17
E

Aufgabe VII-18
B

© Springer Fachmedien Wiesbaden GmbH, ein Teil von Springer Nature 2022
W. Grundmann et al., *Wirtschafts- und Sozialkunde Teil 1*, Prüfungstraining für Bankkaufleute,
https://doi.org/10.1007/978-3-658-38087-8_24

Aufgabe VII-19
B

Aufgabe VII-20
D

Aufgabe VII-21
D

Aufgabe VII-22
C

Aufgabe VII-23
C

VIII. Recht und Gerichtsbarkeit

Aufgabe VIII-1

B

Die GmbH ist eine juristische Person des privaten Rechts.

Aufgabe VIII-2

E

Öffentliches Recht: Um öffentliches Recht handelt es sich, wenn der Staat (oder auch eine Gemeinde) als Inhaber hoheitlicher Gewalt dem einzelnen Bürger gegenübersteht. Von einer Instanz der öffentlichen Gewalt wird etwas „angeordnet", „genehmigt" oder „verboten", wird beispielsweise Sozialhilfe „bewilligt" oder eine Steuer „erhoben". Öffentliches Recht liegt darüber hinaus auch dann vor, wenn das rechtliche Verhältnis zwischen verschiedenen Trägern der öffentlichen Gewalt (z.B. zwischen Bund und Ländern) betroffen ist. Ganz allgemein kann man deshalb das öffentliche Recht als „Amtsrecht der Träger öffentlicher Gewalt" bezeichnen.

Das Gebiet des öffentlichen Rechts umfasst zunächst einmal das Verfassungs- und Staatsrecht. Darunter sind diejenigen Rechtsnormen zu verstehen, welche die wesentlichen Organisationsmerkmale des Staates und die Grundlagen seines Verhältnisses zum Bürger betreffen. Die Verfassung als rechtliche Grundordnung, als normativer Rahmen für die gesamte Rechtsordnung ist bekannt. Zum Staatsrecht gehören aber auch rechtliche Regeln, die nicht in der Verfassung enthalten, aber für das Funktionieren der Staatsorgane notwendig sind, z.B. das Wahlrecht für den

Aufgabe VIII-3

A und **D**

Im Zivilrecht stehen sich zwei oder mehrere gleichrangige Personen gegenüber, z. B. im Rahmen eines Kaufvertrages der Käufer und der Verkäufer. Die rechtliche Grundlage hierfür ist das Bürgerliche Gesetzbuch (BGB).

Aufgabe VIII-4

C

Das gerichtliche Mahnverfahren - Vom Mahnbescheid zum vollstreckbaren Titel

Rechnet ein Gläubiger nicht mit Einwendungen gegen seinen Zahlungsanspruch, weil der Schuldner vorgerichtlich Zahlung signalisiert hat, bietet das Mahnverfahren eine schnelle, einfache und billige Möglichkeit, einen Vollstreckungstitel in Gestalt eines Vollstreckungsbescheides zu erlangen. Zu beachten ist, dass der Mahnbescheid selbst noch keinen Titel darstellt.

Im Gegensatz zur Klage muss der Gläubiger (Antragsteller) den Mahnbescheid an seinem allgemeinen Gerichtsstand beantragen, unabhängig vom Streitwert ist das Amtsgericht zuständig. Eines Rechtsanwaltes bedarf es daher nicht. Der Anspruch ist lediglich zu individualisieren, z.B. Anspruch aus Verkehrsunfall, Darlehensgewährung usw.

Innerhalb des Amtsgerichts ist funktionell der Rechtspfleger zuständig. Er prüft das Vorliegen der Voraussetzungen nach § 691 ZPO, wobei keine Schlüssigkeitsprüfung stattfindet, sondern nur eine Individualisierung (Zuordnung) des Anspruchs, ferner die Feststellung, ob der Anspruch offensichtlich ungerechtfertigt ist. Das Mahnverfahren ist nicht zulässig für Ansprüche des Kreditgebers, wenn der nach dem BGB anzugebende effektive oder anfänglich effektive Jahreszins den bei Vertragsschluss geltenden Basiszinssatz um 12 % übersteigt. Diese Prüfung nimmt ebenfalls der Rechtspfleger vor.

Liegt ein ungerechtfertigter Anspruch vor, weist der Rechtspfleger den Antrag zurück. Andernfalls erlässt er den Mahnbescheid, ohne den Gegner zuvor zu hören. Dieser erfährt erst durch

© Springer Fachmedien Wiesbaden GmbH, ein Teil von Springer Nature 2022
W. Grundmann et al., *Wirtschafts- und Sozialkunde Teil 1*, Prüfungstraining für Bankkaufleute,
https://doi.org/10.1007/978-3-658-38087-8_25

die Zustellung vom Erlass des Mahnbescheids. Er kann jedoch innerhalb von zwei Wochen Widerspruch einlegen, sogar später, wenn der Vollstreckungsbescheid noch nicht verfügt ist. Erfolgt der Widerspruch rechtzeitig, wird das Verfahren vom Mahngericht an das Prozessgericht abgegeben, welches im Mahnbescheid bezeichnet wurde.

Nunmehr liegt Rechtshängigkeit im streitigen Verfahren vor, die rückwirkend ab Zustellung des Mahnbescheids eintritt. Der Antragsteller, der jetzt Kläger heißt, hat den Anspruch in einer der Klageschrift entsprechenden Form zu begründen. Im Übrigen läuft das Verfahren wie das Klageverfahren weiter.

Sollte kein Widerspruch erhoben werden oder erfolgte dieser nicht rechtzeitig, dann erlässt der Rechtspfleger einen Vollstreckungsbescheid. Dieser steht einem für vorläufig vollstreckbar erklärten Versäumnisurteil gleich, er ist ein Vollstreckungstitel. Gegen diesen kann wiederum innerhalb von zwei Wochen ab dessen Zustellung Einspruch eingelegt werden. Ist dies nicht der Fall, wird der Vollstreckungsbescheid rechtskräftig, ohne dass ein Richter überhaupt mitgewirkt hätte. Andernfalls gibt der Rechtspfleger das Verfahren an das Streitgericht ab. Dann läuft das Verfahren wie ein normales Klageverfahren weiter. Der Schuldner hat jedoch zu beachten, dass aus einem Vollstreckungsbescheid, wenn auch vorläufig, bereits vollstreckt werden kann, im Gegensatz zum Mahnbescheid.

Aufgabe VIII-5

A	B	C	D	E	F
2	1	4	3	2	5

Aufgabe VIII-6

D

Auszug aus der Zivilprozessordnung

§ 699 (Vollstreckungsbescheid)

(1) Auf der Grundlage des Mahnbescheids erlässt das Gericht auf Antrag einen Vollstreckungsbescheid, wenn der Antragsgegner nicht rechtzeitig Widerspruch erhoben hat. Der Antrag kann nicht vor Ablauf der Widerspruchsfrist gestellt werden; er hat die Erklärung zu enthalten, ob und welche Zahlungen auf den Mahnbescheid geleistet worden sind …

§ 700 (Einspruch gegen den Vollstreckungsbescheid)

(1) Der Vollstreck66ungsbescheid steht einem für vorläufig vollstreckbar erklärten Versäumnisurteil gleich.

(2) Die Streitsache gilt als mit der Zustellung des Mahnbescheids rechtshängig geworden.

(3) Wird Einspruch eingelegt, so gibt das Gericht, das den Vollstreckungsbescheid erlassen hat, den Rechtsstreit von Amts wegen an das Gericht ab, das in dem Mahnbescheid … bezeichnet worden ist …

Aufgabe VIII-7

A	B	C	D	E
5	2	1	3	4

Arten von Gerichtsurteilen

Streitiges Urteil	Das Gericht verkündet das Urteil an einem speziellen Verkündungstermin, spätestens 3 Wochen nach der letzten Verhandlung.
Versäumnis-urteil	Der Beklagte hat die Klageabweisung beantragt. Dem festgesetzten Termin ist der Kläger unentschuldigt ferngeblieben.
Prozess-vergleich	Die Parteien einigen sich auf die Hälfte der Klageforderungen. Der Beklagte verpflichtet sich z.B., an den Kläger den hälftigen Betrag zuzüglich 9% p.a. Zinsen hieraus seit Fristsetzung zu bezahlen.
Klage-rücknahme	Der Kläger nimmt die Klage vor Beginn der mündlichen Verhandlung zurück.
Verzichtsurteil	Der Kläger nimmt seine Klage zurück und verzichtet auf seinen Anspruch. Der Beklagte stimmt zu unter der Voraussetzung, dass der Richter dies in einem Urteil festschreibt.

Aufgabe VIII-8
B

Aufgabe VIII-9

A	B	C	D	E	F
2	2	1	2	1	2

Aufgabe VIII-10

1	2	3	4
A	D	B	C

Gerichtsorganisation

Ordentliche Gerichtsbarkeit	Arbeits-gerichtsbarkeit	Sozial-gerichtsbarkeit	Verwaltungs-gerichtsbarkeit	Finanz-gerichtsbarkeit
Amtsgerichte, z. B. Mietsachen, Nachlasssachen,	Arbeitsgerichte	Sozialgerichte	Verwaltungsge-richte	Finanzgerichte
Landgericht, z. B. Zivilsachen ab 5.000,00 EUR	Landesarbeits-gerichte	Landessozial-gerichte	-	-
Oberlandesge-richte	-	-	Oberverwaltungs-gerichte	-
Bundesgerichts-hof in Karlsruhe	Bundesarbeits-gericht in Erfurt	Bundessozial-gericht in Kassel	Bundesverwal-tungsgericht in Leipzig	Bundesfinanzhof in München

Lösungen aus der Wirtschaftslehre

I. Rechtliche Grundlagen

Aufgabe I-1
B und **C** (vgl. § 1643 Abs. 1 in Verbindung mit § 1822 Nr. 8 BGB, § 108 Abs. 1 BGB)
§ 108 BGB (Vertragsschluss ohne Einwilligung)
(1) Schließt der Minderjährige einen Vertrag ohne die erforderliche Einwilligung des gesetzlichen Vertreters, so hängt die Wirksamkeit des Vertrags von der Genehmigung des Vertreters ab.
(2) Fordert der andere Teil den Vertreter zur Erklärung über die Genehmigung auf, so kann die Erklärung nur ihm gegenüber erfolgen; eine von der Aufforderung dem Minderjährigen gegenüber erklärte Genehmigung oder Verweigerung der Genehmigung wird unwirksam. Die Genehmigung kann nur bis zum Ablaufe von zwei Wochen nach dem Empfange der Aufforderung erklärt werden; wird sie nicht erklärt, so gilt sie als verweigert.
§ 1643 BGB (Genehmigungspflichtige Rechtsgeschäfte)
(1) Zu Rechtsgeschäften für das Kind bedürfen die Eltern der Genehmigung des Familiengerichts in den Fällen, in denen nach § 1821 und § 1822 Nr. 1, 3, 5, 8 bis 11 ein Vormund der Genehmigung bedarf.
§ 1822 BGB (Genehmigung für sonstige Geschäfte)
Der Vormund bedarf der Genehmigung des Familiengerichts: …
8. zur Aufnahme von Geld auf den Kredit des Mündels, ...

Aufgabe I-2
E Nach § 305 BGB muss, damit die AGB wirksam in den Vertrag einbezogen sind, der Käufer bei Vertragsschluss ausdrücklich auf die Einbeziehung hingewiesen werden, dies ist der Regelfall. Nur ausnahmsweise, wenn es dem Verwender wegen der Art des Vertragsabschlusses (z. B. Massengeschäfte bei öffentlichen Verkehrsmitteln) nur unter unverhältnismäßigen Schwierigkeiten möglich ist, ist ein deutlich sichtbarer Aushang von Allgemeinen Geschäftsbedingungen am Ort des Geschäftsabschlusses zulässig. Dieser Ausnahmefall liegt beim Kauf des Monitors in den Geschäftsräumen der *CompuTech* nicht vor. Deshalb ist die Einbeziehung der AGB in den Kaufvertrag unwirksam, somit treten an die Stelle der AGB die gesetzlichen Gewährleistungsrechte des § 437 BGB.

Aufgabe I-3
D (vgl. § 929 BGB)
§ 929 BGB (Einigung und Übergabe bei Eigentumsübergang)
Zur Übertragung des Eigentums an einer beweglichen Sache ist erforderlich, dass der Eigentümer die Sache dem Erwerber übergibt und beide darüber einig sind, dass das Eigentum übergehen soll. Ist der Erwerber im Besitze der Sache, so genügt die Einigung über den Übergang des Eigentums.

Aufgabe I-4
D
Der Abschluss eines Berufsausbildungsvertrages bringt einen unmittelbaren rechtlichen Nachteil mit sich, z. B. Erbringung von Lernleistungen. Deshalb ist die Einwilligung des gesetzlichen Vertreters erforderlich (vgl. § 108 BGB).
Vgl. auch § 11 Berufsbildungsgesetz (Vertragsniederschrift):

© Springer Fachmedien Wiesbaden GmbH, ein Teil von Springer Nature 2022
W. Grundmann et al., *Wirtschafts- und Sozialkunde Teil 1*, Prüfungstraining für Bankkaufleute,
https://doi.org/10.1007/978-3-658-38087-8_26

(2) Die Niederschrift ist von den Ausbildenden, den Auszubildenden und deren gesetzlichen Vertretern und Vertreterinnen zu unterzeichnen.

Aufgabe I-5

F (vgl. § 311 b BGB)

§ 311 b BGB (Verträge über Grundstücke, das Vermögen und den Nachlass)

(1) Ein Vertrag, durch den sich der eine Teil verpflichtet, das Eigentum an einem Grundstück zu übertragen oder zu erwerben, bedarf der notariellen Beurkundung. Ein ohne Beachtung dieser Form geschlossener Vertrag wird seinem ganzen Inhalt nach gültig, wenn die Auflassung und die Eintragung in das Grundbuch erfolgen.

Aufgabe I-6

C (= ist die Sicherheit, das gesicherte Recht ist eine Darlehensforderung der Bank.)

Aufgabe I-7

C und **D**

§ 1191 BGB (Gesetzlicher Inhalt der Grundschuld)

(1) Ein Grundstück kann in der Weise belastet werden, dass an denjenigen, zu dessen Gunsten die Belastung erfolgt, eine bestimmte Geldsumme aus dem Grundstücke zu zahlen ist (Grundschuld).

§ 1204 BGB (Begriff)

(1) Eine bewegliche Sache kann zur Sicherung einer Forderung in der Weise belastet werden, dass der Gläubiger berechtigt ist, Befriedigung aus der Sache zu suchen (Pfandrecht).

§ 1205 BGB (Bestellung)

(1) Zur Bestellung des Pfandrechts ist erforderlich, dass der Eigentümer die Sache dem Gläubiger übergibt und beide darüber einig sind, dass dem Gläubiger das Pfandrecht zustehen soll. Ist der Gläubiger im Besitz der Sache, so genügt die Einigung über die Entstehung des Pfandrechts.

Aufgabe I-8

E (vgl. §§ 433, 854, 903, 929 BGB)

§ 854 BGB (Besitzerwerb)

(1) Der Besitz einer Sache wird durch die Erlangung der tatsächlichen Gewalt über die Sache erworben.

§ 903 BGB (Befugnisse des Eigentümers)

Der Eigentümer einer Sache kann ... mit der Sache nach Belieben verfahren und andere von jeder Einwirkung ausschließen ...

Aufgabe I-9

B (§ 765 BGB) und **D** (§ 516 BGB)

§ 516 BGB (Schenkung; Begriff)

(1) Eine Zuwendung, durch die jemand aus seinem Vermögen einen anderen bereichert, ist Schenkung, wenn beide Teile darüber einig sind, dass die Zuwendung unentgeltlich erfolgt.

§ 765 BGB (Vertragstypische Pflichten bei der Bürgschaft)

(1) Durch den Bürgschaftsvertrag verpflichtet sich der Bürge gegenüber dem Gläubiger eines Dritten, für die Erfüllung der Verbindlichkeit des Dritten einzustehen.

Aufgabe I-10

A	B	C	D	E	F	G
4	3	1	1	2	1	3

A: § 108 BGB (Vertragsschluss ohne Einwilligung)

(1) Schließt der Minderjährige einen Vertrag ohne die erforderliche Einwilligung des gesetzlichen Vertreters, so hängt die Wirksamkeit des Vertrags von der Genehmigung des Vertreters ab.

(2) Fordert der andere Teil den Vertreter zur Erklärung über die Genehmigung auf, so kann die Erklärung nur ihm gegenüber erfolgen; eine von der Aufforderung dem Minderjährigen gegenüber erklärte Genehmigung oder Verweigerung der Genehmigung wird unwirksam. Die Genehmigung kann nur bis zum Ablaufe von zwei Wochen nach dem Empfange der Aufforderung erklärt werden; wird sie nicht erklärt, so gilt sie als verweigert.

§ 1643 BGB (Genehmigungspflichtige Rechtsgeschäfte)

(1) Zu Rechtsgeschäften für das Kind bedürfen die Eltern der Genehmigung des Familiengerichts in den Fällen, in denen nach § 1821 und § 1822 Nr. 1, 3, 5, 8 bis 11 ein Vormund der Genehmigung bedarf.

§ 1822 BGB (Genehmigung für sonstige Geschäfte)

Der Vormund bedarf der Genehmigung des Familiengerichts: ...

8. zur Aufnahme von Geld auf den Kredit des Mündels, ...

B: § 119 BGB (Anfechtbarkeit wegen Irrtums)

(1) Wer bei der Abgabe einer Willenserklärung über deren Inhalt im Irrtume war oder eine Erklärung dieses Inhalts überhaupt nicht abgeben wollte, kann die Erklärung anfechten, wenn anzunehmen ist, dass er sie bei Kenntnis der Sachlage und bei verständiger Würdigung des Falles nicht abgegeben haben würde.

(2) Als Irrtum über den Inhalt der Erklärung gilt auch der Irrtum über solche Eigenschaften der Person oder der Sache, die im Verkehr als wesentlich angesehen werden.

C: Da bei der betreuten Person kein Einwilligungsvorbehalt vorliegt, ist die Person weiterhin voll geschäftsfähig.

D: § 165 BGB (Beschränkt geschäftsfähiger Vertreter)

Die Wirksamkeit einer von oder gegenüber einem Vertreter abgegebenen Willenserklärung wird nicht dadurch beeinträchtigt, dass der Vertreter in der Geschäftsfähigkeit beschränkt ist.

E: § 766 BGB (Schriftform der Bürgschaftserklärung)

Zur Gültigkeit des Bürgschaftsvertrags ist schriftliche Erteilung der Bürgschaftserklärung erforderlich. ...

F: Der Verkauf von Pkw ist formfrei gültig.

G: § 123 BGB (Anfechtbarkeit wegen Täuschung oder Drohung)

(1) Wer zur Abgabe einer Willenserklärung durch arglistige Täuschung (...) bestimmt worden ist, kann die Erklärung anfechten.

Aufgabe I-11

D (vgl. § 123 BGB Abs. 1: „Wer zur Abgabe einer Willenserklärung durch arglistige Täuschung oder widerrechtlich durch Drohung bestimmt worden ist, kann die Erklärung anfechten." A, B, C sind nichtige Verträge. E ist rechtswirksam.)

Aufgabe I-12

E und F

E: § 488 (Vertragstypische Pflichten beim Darlehensvertrag)

(1) Durch den Darlehensvertrag wird der Darlehensgeber verpflichtet, dem Darlehensnehmer einen Geldbetrag in der vereinbarten Höhe zur Verfügung zu stellen. Der Darlehensnehmer ist verpflichtet, einen geschuldeten Zins zu zahlen und bei Fälligkeit das zur Verfügung gestellte Darlehen zurückzuerstatten.

(2) Die vereinbarten Zinsen sind ... nach dem Ablauf je eines Jahres und, wenn das Darlehen vor dem Ablauf eines Jahres zurückzuerstatten ist, bei der Rückerstattung zu entrichten.

Zu A: § 542 BGB (Ende des Mietverhältnisses)

(1) Ist die Mietzeit nicht bestimmt, so kann jede Vertragspartei das Mietverhältnis nach den gesetzlichen Vorschriften kündigen.

Zu B: § 355 BGB (Widerrufsrecht bei Verbraucherverträgen)

(1) Wird einem Verbraucher durch Gesetz ein Widerrufsrecht nach dieser Vorschrift eingeräumt, so ist er an seine auf den Abschluss des Vertrages gerichtete Willenserklärung nicht mehr gebunden, wenn er sie fristgerecht widerrufen hat. Der Widerruf muss keine Begründung enthalten und ist in Textform oder durch Rücksendung der Sache innerhalb von zwei Wochen gegenüber dem Unternehmer zu erklären; zur Fristwahrung genügt die rechtzeitige Absendung.

(2) Die Frist beginnt mit dem Zeitpunkt, zu dem der Verbraucher eine deutlich gestaltete Belehrung über sein Widerrufsrecht, die ihm entsprechend den Erfordernissen der eingesetzten Kommunikationsmittel seine Rechte deutlich macht, in Textform mitgeteilt worden ist, die auch Namen und Anschrift desjenigen, gegenüber dem der Widerruf zu erklären ist, und einem Hinweis auf den Fristbeginn und die Regelung des Absatzes 1 Satz 2 enthält. Sie ist vom Verbraucher bei anderen als notariell beurkundeten Verträgen gesondert zu unterschreiben oder mit einer qualifizierten elektronischen Signatur zu versehen. Ist der Vertrag schriftlich abzuschließen, so beginnt die Frist nicht zu laufen, bevor dem Verbraucher auch eine Vertragsurkunde, der schriftliche Antrag des Verbrauchers oder eine Abschrift der Vertragsurkunde oder des Antrags zur Verfügung gestellt werden. Ist der Fristbeginn streitig, so trifft die Beweislast den Unternehmer.

C: § 2247 BGB (Eigenhändiges Testament)

(1) Der Erblasser kann ein Testament durch eine eigenhändig geschriebene und unterschriebene Erklärung errichten.

(2) Der Erblasser soll in der Erklärung angeben, zu welcher Zeit (Tag, Monat und Jahr) und an welchem Ort er sie niedergeschrieben hat.

(3) Die Unterschrift soll den Vornamen und den Familiennamen des Erblassers enthalten. Unterschreibt der Erblasser in anderer Weise und reicht diese Unterzeichnung zur Feststellung der Urheberschaft des Erblassers und der Ernstlichkeit seiner Erklärung aus, so steht eine solche Unterzeichnung der Gültigkeit des Testaments nicht entgegen.

D: § 22 Berufsbildungsgesetz (Kündigung)

(1) Während der Probezeit kann das Berufsausbildungsverhältnis jederzeit ohne Einhalten einer Kündigungsfrist gekündigt werden.

(2) Nach der Probezeit kann das Berufsausbildungsverhältnis nur gekündigt werden

   1. aus einem wichtigen Grund ohne Einhalten einer Kündigungsfrist,

   2. von Auszubildenden mit einer Kündigungsfrist von vier Wochen, wenn sie die Berufsausbildung aufgeben oder sich für eine andere Berufstätigkeit ausbilden lassen wollen.

(3) Die Kündigung muss schriftlich und in den Fällen des Absatzes 2 unter Angabe der Kündigungsgründe erfolgen.

(4) Eine Kündigung aus einem wichtigen Grund ist unwirksam, wenn die ihr zugrunde liegenden Tatsachen dem zur Kündigung Berechtigten länger als zwei Wochen bekannt sind. Ist ein vorgesehenes Güteverfahren von einer außergerichtlichen Stelle eingeleitet, so wird bis zu dessen Beendigung der Lauf dieser Frist gehemmt.

Aufgabe I-13

A (vgl. § 2064 BGB)

§ 2064 (Persönliche Errichtung): Der Erblasser kann ein Testament nur persönlich errichten.

Aufgabe I-14
C und **E**
A, D und F beziehen sich auf Willenserklärungen beschränkt geschäftsfähiger Personen; B bezieht sich auf Willenserklärungen Geschäftsunfähiger.

Aufgabe I-15
C (vgl. auch § 280 BGB)

Aufgabe I-16
A und **D**
Für gleichartige Verträge, die täglich in großer Zahl abgeschlossen werden, hat die Praxis Allgemeine Geschäftsbedingungen entwickelt. Allgemeine Geschäftsbedingungen (AGB) sind alle für eine Vielzahl von Verträgen vorformulierten Vertragsbedingungen, die eine Vertragspartei der anderen Partei bei Abschluss eines Vertrages stellt (§ 305 BGB). Die Vertragsbedingungen können aber auch einzelvertraglich zwischen den Parteien individuell ausgehandelt werden.
Besteht zwischen individuellen Vertragsabreden und AGB ein Widerspruch, haben die individuellen Vertragsabreden Vorrang (§ 305b BGB). AGB helfen dem Verwender, die Abwicklung von Verträgen zu vereinfachen und seine Rechtsposition zu sichern. Es wird in einer Generalklausel vorgeschrieben (§ 307 BGB), dass Bestimmungen in den AGB dann unwirksam sind, wenn sie den Vertragspartner des Verwenders entgegen den Geboten von Treu und Glauben (§ 242 BGB) unangemessen benachteiligen. Diese Benachteiligung muss in jedem Einzelfall geprüft werden. AGB werden nur dann Vertragsbestandteil, wenn der Verwender beim Vertragsabschluss ausdrücklich auf die AGB hinweist und der andere Vertragspartner in zumutbarer Weise vom Inhalt der AGB Kenntnis nehmen kann und mit deren Geltung einverstanden ist (§ 305 Abs. 2 BGB).

Aufgabe I-17
C
§ 433 BGB (Vertragstypische Pflichten beim Kaufvertrag)
(1) Durch den Kaufvertrag wird der Käufer einer Sache verpflichtet, dem Käufer die Sache zu übergeben und das Eigentum an der Sache zu verschaffen. Der Verkäufer hat dem Käufer die Sache frei von Sach- und Rechtsmängeln zu verschaffen.
(2) Der Käufer ist verpflichtet, dem Verkäufer den vereinbarten Kaufpreis zu zahlen und die gekaufte Sache abzunehmen.

Aufgabe I-18
A
§ 145 BGB (Bindung an den Antrag)
Wer einem anderen die Schließung eines Vertrags anträgt, ist an den Antrag gebunden, es sei denn, dass er die Gebundenheit ausgeschlossen hat.
§ 151 BGB (Annahme ohne Erklärung gegenüber dem Antragenden)
Der Vertrag kommt durch die Annahme des Antrages zustande, ohne dass die Annahme dem Antragenden gegenüber erklärt zu werden braucht, wenn eine solche Erklärung nach der Verkehrssitte nicht zu erwarten ist oder der Antragende auf sie verzichtet hat. Der Zeitpunkt, in welchem der Antrag erlischt, bestimmt sich nach dem aus dem Antrag oder den Umständen zu entnehmenden Willen des Antragenden.

Aufgabe I-19
Rechtsfähig: **20.03.2002**

Beschränkt geschäftsfähig: **20.03.2009**
§ 1 BGB (Beginn der Rechtsfähigkeit)
Die Rechtsfähigkeit des Menschen beginnt mit der Vollendung der Geburt.
§ 106 BGB (Beschränkte Geschäftsfähigkeit Minderjähriger)
Ein Minderjähriger, der das siebente Lebensjahr vollendet hat, ist ... in der Geschäftsfähigkeit beschränkt.

Aufgabe I-20

D
§ 145 BGB (Bindung an den Antrag)
Wer einem anderen die Schließung eines Vertrags anträgt, ist an den Antrag gebunden, es sei denn, dass er die Gebundenheit ausgeschlossen hat.
§ 146 BGB (Erlöschen des Antrags)
Der Antrag erlischt, wenn er dem Antragenden gegenüber abgelehnt oder wenn er nicht diesem gegenüber nach den §§ 147 bis 149 rechtzeitig angenommen wird.

Aufgabe I-21

B
§ 343 HGB (Begriff der Handelsgeschäfte)
(1) Handelsgeschäfte sind alle Geschäfte eines Kaufmanns, die zum Betriebe seines Handelsgewerbes gehören.

Aufgabe I-22

E, vgl. § 439 Abs. 3 BGB
§ 439 BGB (Nacherfüllung)
(1) Der Käufer kann als Nacherfüllung nach seiner Wahl die Beseitigung des Mangels oder die Lieferung einer mangelfreien Sache verlangen.
(2) Der Verkäufer hat die zum Zwecke der Nacherfüllung erforderlichen Aufwendungen, insbesondere Transport-, Wege-, Arbeits- und Materialkosten zu tragen.
(3) Der Verkäufer kann die vom Käufer gewählte Art der Nacherfüllung unbeschadet des § 275 Abs. 2 und 3 verweigern, wenn sie nur mit unverhältnismäßigen Kosten möglich ist. Dabei sind insbesondere der Wert der Sache in mangelfreiem Zustand, die Bedeutung des Mangels und die Frage zu berücksichtigen, ob auf die andere Art der Nacherfüllung ohne erhebliche Nachteile für den Käufer zurückgegriffen werden könnte. Der Anspruch des Käufers beschränkt sich in diesem Fall auf die andere Art der Nacherfüllung; das Recht des Verkäufers, auch diese unter den Voraussetzungen des Satzes 1 zu verweigern, bleibt unberührt.
(4) Liefert der Verkäufer zum Zwecke der Nacherfüllung eine mangelhafte Sache, so kann er vom Käufer Rückgewähr der mangelhaften Sache nach Maßgabe der §§ 346 bis 348 verlangen.
A: Erst nach zwei fehlgeschlagenen Nachbesserungen hat der Kunde das Wahlrecht zwischen Rücktritt vom Vertrag oder Minderung des Kaufpreises (vgl. §§ 440 und 441 BGB).
B: Da der Mangel in diesem Fall unerheblich ist, steht dem Käufer nur das Nacherfüllungsrecht zu (vgl. 439 Abs. 3 BGB).
C: Die Gewährleistungsansprüche bestehen in diesem Fall 2 Jahre nach Übergabe des Pkw (vgl. § 438 Abs. 1 BGB).
D: Die Verjährungsfrist bei Nacherfüllung (§ 437 Ziffer 1 BGB) beträgt 2 Jahre (§ 438 Abs. 1 Ziffer 3 BGB).

Aufgabe I-23

A und **F**

Vgl. § 439 BGB in Lösung Aufgabe B I-22

§ 438 BGB (Verjährung der Mängelansprüche)

(1) Die in § 437 Nr. 1 und 3 bezeichneten Ansprüche verjähren …

    3.   im Übrigen in zwei Jahren.

§ 476 BGB (Beweislastumkehr)

Zeigt sich innerhalb von 6 Monaten seit Gefahrübergang ein Sachmangel, so wird vermutet, dass die Sache bereits bei Gefahrübergang mangelhaft war, es sei denn, diese Vermutung ist mit der Art der Sache oder des Mangels unvereinbar.

Aufgabe I-24

A und **C**

§ 449 BGB (Eigentumsvorbehalt)

(1) Hat sich der Verkäufer einer beweglichen Sache das Eigentum bis zur Zahlung des Kaufpreises vorbehalten, so ist im Zweifel anzunehmen, dass das Eigentum unter der aufschiebenden Bedingung vollständiger Zahlung des Kaufpreises übertragen wird (Eigentumsvorbehalt).

(2) Aufgrund des Eigentumsvorbehalts kann der Verkäufer die Sache nur herausverlangen, wenn er vom Vertrag zurückgetreten ist.

Aufgabe I-25

E vgl. BGH-Urteil zu den AGB von 2021

Aufgabe I-26

A	B	C	D
4	2	1	2

A: § 931 BGB (Abtretung des Herausgabeanspruchs)

Ist ein Dritter im Besitze der Sache, so kann die Übergabe dadurch ersetzt werden, dass der Eigentümer dem Erwerber den Anspruch auf Herausgabe der Sache abtritt.

B, C und D: § 929 BGB (Einigung und Übergabe bei Eigentumsübergang)

Zur Übertragung des Eigentums an einer beweglichen Sache ist erforderlich, dass der Eigentümer die Sache dem Erwerber übergibt und beide darüber einig sind, dass das Eigentum übergehen soll. Ist der Erwerber im Besitze der Sache, so genügt die Einigung über den Übergang des Eigentums.

Aufgabe I-27

C (vgl. § 145 BGB) und **E** (vgl. § 151 BGB)

§ 145 BGB (Bindung an den Antrag)

Wer einem anderen die Schließung eines Vertrags anträgt, ist an den Antrag gebunden, es sei denn, dass er die Gebundenheit ausgeschlossen hat.

§ 151 BGB (Annahme ohne Erklärung gegenüber dem Antragenden)

Der Vertrag kommt durch die Annahme des Antrages zustande, ohne dass die Annahme dem Antragenden gegenüber erklärt zu werden braucht, wenn eine solche Erklärung nach der Verkehrssitte nicht zu erwarten ist oder der Antragende auf sie verzichtet hat. Der Zeitpunkt, in welchem der Antrag erlischt, bestimmt sich nach dem aus dem Antrag oder den Umständen zu entnehmenden Willen des Antragenden.

Aufgabe I-28

B (vgl. § 929 BGB)

§ 929 BGB (Einigung und Übergabe bei Eigentumsübergang)

Zur Übertragung des Eigentums an einer beweglichen Sache ist erforderlich, dass der Eigentümer die Sache dem Erwerber übergibt und beide darüber einig sind, dass das Eigentum übergehen soll.

Aufgabe I-29

D (vgl. § 438 BGB) und **E** (vgl. § 439 BGB)

Vgl. auch § 438 und § 439 BGB in den Lösungen der Aufgaben B I-22 und B I-23. Die Beweislast liegt für ein Jahr beim Verkäufer (vgl. § 477 BGB Beweislastumkehr) .

Zu C: Die Beweislastumkehr zugunsten des Verbrauchers wird im § 477 BGB geregelt und kann ein Jahr nach dem Verbrauchsgüterkauf in Anspruch genommen werden. .

Aufgabe I-30

D und **F** (vgl. § 108 Abs. 1 und 2 BGB)

Der Vertrag ist wegen des Mangels der Geschäftsfähigkeit gar nicht zustande gekommen. Der Vertrag kann somit auch nicht zurück abgewickelt werden. Wenn Eltern dem Vertrag nicht zustimmen, dann fehlt der Rechtsgrund für die Geldübergabe. Dies bedeutet, dass nach § 812 BGB (ungerechtfertigte Bereicherung) der Händler den Geldbetrag zurückgeben muss. Das Gleiche gilt für den 16-jährigen, der die Jacke ebenfalls nach § 812 BGB wieder zurückgeben muss. Dass der Händler die Jacke nicht mehr als neuwertig verkaufen kann (wegen der Nutzung) liegt im Verantwortungsbereich des Händlers. Er hätte sich beim Vertragsschluss von der Geschäftsfähigkeit des Kunden vergewissern müssen. Den Schaden muss daher der Händler selbst tragen.

Aufgabe I-31

A	B	C	D	E	F	G
2 (vgl. § 492 BGB)	1 (vgl. § 433 und 126 BGB)	4 (vgl. §§ 311 b und 128 BGB)	2 (vgl. § 11 BBiG)	4 (vgl. § 2232 BGB)	4 (vgl. § 518 BGB)	5 (vgl. §§ 495, 355, 126 b BGB)

A: § 492 BGB (Schriftform, Vertragsinhalt)

(1) Verbraucherdarlehensverträge sind, soweit nicht eine strengere Form vorgeschrieben ist, schriftlich abzuschließen. Der Abschluss des Vertrags in elektronischer Form ist ausgeschlossen. Der Schriftform ist genügt, wenn Antrag und Annahme durch die Vertragsparteien jeweils getrennt schriftlich erklärt werden. Die Erklärung des Darlehensgebers bedarf keiner Unterzeichnung, wenn sie mit Hilfe einer automatischen Einrichtung erstellt wird. ...

§ 126 BGB (Schriftform)

(1) Ist durch Gesetz schriftliche Form vorgeschrieben, so muss die Urkunde von dem Aussteller eigenhändig durch Namensunterschrift oder mittels notariell beglaubigten Handzeichens unterzeichnet werden.

C: § 128 BGB (Notarielle Beurkundung)

Ist durch Gesetz notarielle Beurkundung eines Vertrags vorgeschrieben, so genügt es, wenn zunächst der Antrag und sodann die Annahme des Antrags von einem Notar beurkundet wird.

§ 311 b BGB (Verträge über Grundstücke, das Vermögen und den Nachlass)
(1) Ein Vertrag, durch den sich der eine Teil verpflichtet, das Eigentum an einem Grundstück zu übertragen oder zu erwerben, bedarf der notariellen Beurkundung. Ein ohne Beachtung dieser Form geschlossener Vertrag wird seinem ganzen Inhalt nach gültig, wenn die Auflassung und die Eintragung in das Grundbuch erfolgen.
D: § 11 BBiG (Vertragsniederschrift)
(1) Ausbildende haben unverzüglich nach Abschluss des Berufsausbildungsvertrages, spätestens vor Beginn der Berufsausbildung, den wesentlichen Inhalt des Vertrages gemäß Satz 2 schriftlich niederzulegen; die elektronische Form ist ausgeschlossen. In die Niederschrift sind mindestens aufzunehmen
1. Art, sachliche und zeitliche Gliederung sowie Ziel der Berufsausbildung, insbesondere die Berufstätigkeit, für die ausgebildet werden soll,
2. Beginn und Dauer der Berufsausbildung,
3. Ausbildungsmaßnahmen außerhalb der Ausbildungsstätte,
4. Dauer der regelmäßigen täglichen Ausbildungszeit,
5. Dauer der Probezeit,
6. Zahlung und Höhe der Vergütung,
7. Dauer des Urlaubs,
8. Voraussetzungen, unter denen der Berufsausbildungsvertrag gekündigt werden kann,
9. ein in allgemeiner Form gehaltener Hinweis auf die Tarifverträge, Betriebs- oder Dienstvereinbarungen, die auf das Berufsausbildungsverhältnis anzuwenden sind.
(2) Die Niederschrift ist von den Ausbildenden, den Auszubildenden und deren gesetzlichen Vertretern und Vertreterinnen zu unterzeichnen.
(3) Ausbildende haben den Auszubildenden und deren gesetzlichen Vertretern und Vertreterinnen eine Ausfertigung der unterzeichneten Niederschrift unverzüglich auszuhändigen.
E: § 2232 BGB (Öffentliches Testament)
Zur Niederschrift eines Notars wird ein Testament errichtet, in dem der Erblasser dem Notar seinen letzten Willen mündlich erklärt oder ihm eine Schrift mit der Erklärung übergibt, dass die Schrift seinen letzten Willen enthalte. Der Erblasser kann die Schrift offen oder verschlossen übergeben; sie braucht nicht von ihm unterschrieben zu sein.
F: § 518 BGB (Form des Schenkungsversprechens)
(1) Zur Gültigkeit eines Vertrags, durch den eine Leistung schenkweise versprochen wird, ist die notarielle Beurkundung des Versprechens erforderlich. Das Gleiche gilt, wenn ein Schuldversprechen oder ein Schuldanerkenntnis ... schenkweise erteilt wird, von dem Versprechen oder der Anerkennungserklärung.
G: § 126 b BGB (Textform)
Ist durch Gesetz Textform vorgeschrieben, so muss die Erklärung in einer Urkunde oder auf andere zur dauerhaften Wiedergabe in Schriftzeichen geeignete Weise abgegeben, die Person des Erklärenden genannt und der Abschluss der Erklärung durch Nachbildung der Namensunterschrift oder anders erkennbar gemacht werden.
§ 355 BGB (Widerrufsrecht bei Verbraucherverträgen)
(1) wird einem Verbraucher durch Gesetz ein Widerrufsrecht nach dieser Vorschrift eingeräumt, so ist er an seine auf den Abschluss des Vertrages gerichtete Willenserklärung nicht mehr gebunden, wenn er sie fristgerecht widerrufen hat. Der Widerruf muss keine Begründung enthalten und ist in Textform oder durch Rücksendung der Sache innerhalb von zwei Wochen gegenüber dem Unternehmer zu erklären; zur Fristwahrung genügt die rechtzeitige Absendung.

Aufgabe I-32

B und **C** (vgl. jeweils § 305 BGB), vgl. auch BGH-Urteil zu den AGB von 2021

§ 305 BGB (Einbeziehung Allgemeiner Geschäftbedingungen in den Vertrag)

(1) Allgemeine Geschäftbedingungen sind alle für eine Vielzahl von Verträgen vorformulierten Vertragsbedingungen, die eine Vertragspartei (Verwender) der anderen Vertragspartei bei Abschluss eines Vertrags stellt. Gleichgültig ist, ob die Bestimmungen einen äußerlich gesonderten Bestandteil des Vertrags bilden oder in die Vertragsurkunde selbst aufgenommen werden, welchen Umfang sie haben, in welcher Schriftart sie verfasst sind und welche Form der Vertrag hat. Allgemeine Geschäftbedingungen liegen nicht vor, soweit die Vertragsbedingungen zwischen den Vertragsparteien im Einzelnen ausgehandelt sind.

(2) Allgemeine Geschäftbedingungen werden nur dann Bestandteil eines Vertrags, wenn der Verwender bei Vertragsschluss

1. die andere Vertragspartei ausdrücklich oder, wenn ein ausdrücklicher Hinweis wegen der Art des Vertragsschlusses nur unter unverhältnismäßigen Schwierigkeiten möglich ist, durch deutlich sichtbaren Aushang am Ort des Vertragsschlusses auf sie hinweist und
2. der anderen Vertragspartei die Möglichkeit verschafft, in zumutbarer Weise, die auch eine für den Verwender erkennbare körperliche Behinderung der anderen Vertragspartei angemessen berücksichtigt, von ihrem Inhalt Kenntnis zu nehmen,

und wenn die andere Vertragspartei mit ihrer Geltung einverstanden ist.

Aufgabe I-33

A und **B**

Aufgabe I-34

A (vgl. §§ 437 ff. BGB)

§ 437 BGB (Rechte des Käufers bei Mängeln)

Ist die Sache mangelhaft, kann der Käufer, wenn die Voraussetzungen der folgenden Vorschriften vorliegen ...,

1. nach § 439 Nacherfüllung verlangen,
2. nach den §§ 440, 323 und 326 Abs. 5 von dem Vertrag zurücktreten oder nach § 441 den Kaufpreis mindern und
3. nach den §§ 440, 280, 281, 283 und 311 a Schadensersatz oder nach § 284 Ersatz vergeblicher Aufwendungen verlangen.

Aufgabe I-35

A (vgl. § 440 BGB)

§ 440 BGB (Besondere Bestimmungen für Rücktritt und Schadensersatz)

Außer in den Fällen des § 281 Abs. 2 und des § 323 Abs. 2 bedarf es der Fristsetzung auch dann nicht, wenn der Verkäufer beide Arten der Nacherfüllung gemäß § 439 Abs. 3 verweigert oder wenn die dem Käufer zustehende Art der Nacherfüllung fehlgeschlagen oder ihm unzumutbar ist. Eine Nachbesserung gilt nach dem erfolglosen zweiten Versuch als fehlgeschlagen, wenn sich nicht insbesondere aus der Art der Sache oder des Mangels oder der sonstigen Umstände etwas anderes ergibt.

Aufgabe I-36

D (vgl. § 118 BGB)

§ 118 BGB (Mangel der Ernstlichkeit)

Eine nicht ernstlich gemeinte Willenserklärung, die in der Erwartung abgegeben wird, der Mangel der Ernstlichkeit werde nicht verkannt werden, ist nichtig.

Aufgabe I-37

A	B	C	D	E
4 (§ 873 Abs. 2 BGB)	5	3 (§ 29 Grundbuch- ordnung)	1 (§ 495 in Verbin- dung mit § 355 BGB)	2 (§ 766 BGB)

A: § 873 BGB (Erwerb durch Einigung und Eintragung)
(2) Vor der Eintragung sind die Beteiligten an die Eintragung nur gebunden, wenn die Erklärungen notariell beurkundet oder vor dem Grundbuchamt abgegeben oder bei diesem eingereicht sind oder wenn der Berechtigte dem anderen Teile eine den Vorschriften der
Grundbuchordnung entsprechende Eintragungsbewilligung ausgehändigt hat.

Aufgabe I-38

A	B	C	D	E	F
4 (Boten- gang)	3 (§ 134 BGB)	1 (123 BGB)	4 (rechts- wirksam, da Motivirrtum)	1 (§ 119 BGB)	2 (§ 108 BGB)

B: § 134 BGB (Gesetzliches Verbot)
Ein Rechtsgeschäft, das gegen ein gesetzliches Verbot verstößt, ist nichtig, wenn sich nicht
aus dem Gesetz ein anderes ergibt.
C: § 123 BGB (Anfechtbarkeit wegen Täuschung oder Drohung)
(1) Wer zur Abgabe einer Willenserklärung durch arglistige Täuschung (...) bestimmt worden
ist, kann die Erklärung anfechten.
E: § 119 BGB (Anfechtbarkeit wegen Irrtums)
(1) Wer bei der Abgabe einer Willenserklärung über deren Inhalt im Irrtume war oder eine Erklärung dieses Inhalts überhaupt nicht abgeben wollte, kann die Erklärung anfechten, wenn
anzunehmen ist, dass er sie bei Kenntnis der Sachlage und bei verständiger Würdigung
des Falles nicht abgegeben haben würde.
F: § 108 BGB (Vertragsschluss ohne Einwilligung)
(1) Schließt der Minderjährige einen Vertrag ohne die erforderliche Einwilligung des gesetzlichen Vertreters, so hängt die Wirksamkeit des Vertrags von der Genehmigung des Vertreters ab.

Aufgabe I-39
A (vgl. §§ 343 ff. HGB sowie § 433 BGB)
§ 343 HGB (Begriff der Handelsgeschäfte)
(1) Handelsgeschäfte sind alle Geschäfte eines Kaufmanns, die zum Betriebe seines Handelsgewerbes gehören.

Aufgabe I-40
B (vgl. § 151 BGB: Der Vertrag kommt durch die Annahme des Antrags zustande, ohne dass
die Annahme dem Antragenden gegenüber erklärt zu werden braucht, wenn eine solche Erklärung nach der Verkehrssitte nicht zu erwarten ist oder der Antragende auf sie verzichtet hat.
Der Zeitpunkt, in welchem der Antrag erlischt, bestimmt sich nach dem aus dem Antrag oder
den Umständen zu entnehmenden Willen des Antragenden. § 241 a BGB kann nicht angewendet werden, da nach § 13 BGB die *Nordbank AG* kein Verbraucher im Sinne des BGB ist).

Aufgabe I-41
E (vgl. § 438 BGB)

Aufgabe I-42

A (vgl. § 138 BGB)

§ 138 BGB (Sittenwidriges Rechtsgeschäft; Wucher)

(1) Ein Rechtsgeschäft, das gegen die guten Sitten verstößt, ist nichtig.

(2) Nichtig ist insbesondere ein Rechtsgeschäft, durch das jemand unter Ausbeutung der Zwangslage, der Unerfahrenheit, des Mangels an Urteilsvermögen ... eines anderen sich oder einen Dritten für eine Leistung Vermögensvorteile versprechen oder gewähren lässt, die in einem auffälligen Missverhältnis zu der Leistung stehen.

Aufgabe I-43

B (vgl. §§ 676 f und g BGB)

§ 676 f BGB (Vertragstypische Pflichten beim Girovertrag)

Durch den Girovertrag wird das Kreditinstitut verpflichtet, für den Kunden ein Konto einzurichten, eingehende Zahlungen auf dem Konto gutzuschreiben und abgeschlossene Überweisungsverträge zu Lasten dieses Kontos abzuwickeln. Es hat dem Kunden eine weitergeleitete Angabe zur Person des Überweisenden und zum Verwendungszweck mitzuteilen.

§ 676 g BGB (Gutschriftsanspruch des Kunden)

(1) Ist ein Überweisungsbetrag bei dem Kreditinstitut des Kunden eingegangen, so hat es diesen Betrag dem Kunden innerhalb der vereinbarten Frist, bei Fehlen einer Fristvereinbarung innerhalb eines Bankgeschäftstages nach dem Tag, an dem der Betrag dem Kreditinstitut gutgeschrieben wurde, gutzuschreiben ... Wird der überwiesene Betrag nicht fristgemäß dem Konto des Kunden gutgeschrieben, so hat das Kreditinstitut dem Kunden den Überweisungsbetrag für die Dauer der Verspätung zu verzinsen ...

A: Einseitiges empfangsbedürftiges Rechtsgeschäft

C: Einseitige nicht empfangsbedürftige Willenserklärung

D: Kein Rechtsgeschäft

E: Einseitige empfangsbedürftige Willenserklärung

Aufgabe I-44

E (vgl. § 147 Abs. 2 BGB)

§ 147 BGB (Annahmefrist)

(2) Der einem Abwesenden gemachte Antrag kann nur bis zu dem Zeitraum angenommen werden, in welchem der Antragende den Eingang der Antwort unter regelmäßigen Umständen erwarten darf.

Aufgabe I-45

C (vgl. § 312 b Abs. 3 Nr. 5 BGB)

Aufgabe I-46

E, vgl. § 440 BGB

§ 440 BGB (Besondere Bestimmungen für Rücktritt und Schadensersatz)

Außer in den Fällen des § 281 Abs. 2 und des § 323 Abs. 2 bedarf es der Fristsetzung auch dann nicht, wenn der Verkäufer beide Arten der Nacherfüllung gemäß § 439 Abs. 3 verweigert oder wenn die dem Käufer zustehende Art der Nacherfüllung fehlgeschlagen oder ihm unzumutbar ist. Eine Nachbesserung gilt nach dem erfolglosen zweiten Versuch als fehlgeschlagen, wenn sich nicht insbesondere aus der Art der Sache oder des Mangels oder der sonstigen Umstände etwas anderes ergibt.

Aufgabe I-47

B (Bürgschaft) und **F** (Schenkung)

A: Kaufvertrag § 433 BGB (Vertrag)
C: Auslobung § 657 BGB (einseitiges nicht empfangsbedürftiges Rechtsgeschäft)
D: Leihe § 598 und § 604 BGB (Vertrag)
E: Sachdarlehensvertrag § 607 BGB (Vertrag)

Aufgabe I-48

A	B	C	D	E
3	3	2	1	1

Aufgabe I-49

a) **09. Februar 10:30 Uhr**
b) **13. März**
c) **16. Februar**
§ 311 b BGB (Verträge über Grundstücke, das Vermögen und den Nachlass)
(1) Ein Vertrag, durch den sich der eine Teil verpflichtet, das Eigentum an einem Grundstück zu übertragen oder zu erwerben, bedarf der notariellen Beurkundung. Ein ohne Beachtung dieser Form geschlossener Vertrag wird seinem ganzen Inhalt nach gültig, wenn die Auflassung und die Eintragung in das Grundbuch erfolgen.
§ 873 BGB (Erwerb durch Einigung und Eintragung)
(1) Zur Übertragung des Eigentums an einem Grundstücke, zur Belastung eines Grundstücks mit einem Rechte sowie zur Übertragung oder Belastung eines solchen Rechtes ist die Einigung des Berechtigten und des anderen Teiles über den Eintritt der Rechtsänderung und die Eintragung der Rechtsänderung in das Grundbuch erforderlich ...
(2) Vor der Eintragung sind die Beteiligten an die Eintragung nur gebunden, wenn die Erklärungen notariell beurkundet oder vor dem Grundbuchamt abgegeben oder bei diesem eingereicht sind oder wenn der Berechtigte dem anderen Teile eine den Vorschriften der Grundbuchordnung entsprechende Eintragungsbewilligung ausgehändigt hat.
§ 925 BGB (Auflassung)
(1) Die zur Übertragung des Eigentums an einem Grundstück nach § 873 erforderliche Einigung des Veräußerers und des Erwerbers (Auflassung) muss bei gleichzeitiger Anwesenheit beider Teile vor einer zuständigen Stelle geklärt werden. Zur Entgegennahme der Auflassung ist ... jeder Notar zuständig. ...

Aufgabe I-50

D, vgl. §§ 108 und 110 BGB
§ 108 (Vertragsschluss ohne Einwilligung)
(1) Schließt der Minderjährige einen Vertrag ohne die erforderliche Einwilligung des gesetzlichen Vertreters, so hängt die Wirksamkeit des Vertrags von der Genehmigung des Vertreters ab.
(2) Fordert der andere Teil den Vertreter zur Erklärung über die Genehmigung auf, so kann die Erklärung nur ihm gegenüber erfolgen; eine von der Aufforderung dem Minderjährigen gegenüber erklärte Genehmigung oder Verweigerung der Genehmigung wird unwirksam. Die Genehmigung kann nur bis zum Ablaufe von zwei Wochen nach dem Empfange der Aufforderung erklärt werden; wird sie nicht erklärt, so gilt sie als verweigert.
§ 110 (Bewirken der Leistung mit eigenen Mitteln)
Ein von dem Minderjährigen ohne Zustimmung des gesetzlichen Vertreters geschlossener Vertrag gilt als von Anfang an wirksam, wenn der Minderjährige die vertragsmäßige Leistung mit Mitteln bewirkt, die ihm zu diesem Zwecke oder zu freier Verfügung von dem Vertreter oder mit dessen Zustimmung von einem Dritten überlassen worden sind.

Aufgabe I-51
04.11.20..

Aufgabe I-52
B
Willenserklärungen beschränkt Geschäftsfähiger sind schwebend unwirksam. Sie sind wirksam, wenn der gesetzliche Vertreter seine Zustimmung (auch nachträglich) erteilt §§ 107, 108, 182 ff. BGB). Beim Schenkungsvertrag (§ 516 BGB) wird ein Vertragspartner verpflichtet (hier: die Großeltern) und der andere berechtigt (hier: Serkan).

Aufgabe I-53
B vgl. §§ 355 und 398 BGB

II. Unternehmensformen

Aufgabe II-1

A

Die **Aktiengesellschaft** ist eine Gesellschaft mit eigener Rechtspersönlichkeit. Die Haftung ist auf das Gesellschaftsvermögen begrenzt. Das Mindestnennkapital beträgt 50.000,00 EUR. Die Aktionäre sind mit Einlagen auf das in Aktien zerlegte Grundkapital beteiligt. Die Aktionäre haften nicht für die Verbindlichkeiten der AG. Die AG ist eine juristische Person des privaten Rechts, d. h. sie ist Trägerin von Rechten und Pflichten. Die AG ist Formkaufmann. Sie ist parteifähig, deliktfähig, grundbuchfähig, scheck- und wechselfähig. Die AG wird in das Handelsregister Abteilung B eingetragen. Die Eintragung wirkt konstitutiv, d. h. rechtsbegründend. Organe der AG sind der Vorstand, der Aufsichtsrat und die Hauptversammlung.

Aufgabe II-2

C (vgl. § 21 GmbH-Gesetz)

(A: AG vgl. § 179 AktG, B: OHG vgl. § 159 HGB, D: OHG, vgl. § 114 HGB E: OHG, vgl. § 123 HGB)

Die **GmbH** ist eine Gesellschaft mit eigener Rechtspersönlichkeit. Die Haftung der Gesellschafter ist auf die Höhe der vertraglich vereinbarten Stammeinlage beschränkt. Das Mindeststammkapital beträgt zurzeit noch 25.000,00 EUR. Für die Verbindlichkeiten der Gesellschaft haftet den Gläubigern nur das Gesellschaftsvermögen. Die GmbH ist eine Handelsgesellschaft und kann von einem oder mehreren Gesellschaftern gegründet werden. Die Gründung der GmbH erfordert einen geringen Kapitalaufwand. Die Haftungsbeschränkung beeinträchtigt die Kreditwürdigkeit der GmbH. Die GmbH entsteht mit dem Tag der Eintragung in das Handelsregister Abteilung B. Die GmbH ist eine Kapitalgesellschaft, Formkaufmann sowie parteifähig, deliktfähig, grundbuchfähig, scheck- und wechselfähig. Die Organe der GmbH sind die Gesellschafterversammlung, die Geschäftsführung und der Aufsichtsrat.

Aufgabe II-3

E (vgl. § 123 HGB)

B: vgl. § 11 GmbH-Gesetz; C, D: vgl. § 13 Abs. 2 GmbH-Gesetz

Aufgabe II-4

D (vgl. §§ 10, 11 GmbH-Gesetz)

§ 10 GmbH-Gesetz (Eintragung in das Handelsregister; Veröffentlichung)

(1) Bei der Eintragung in das Handelsregister sind die Firma und der Sitz der Gesellschaft, der Gegenstand des Unternehmens, die Höhe des Stammkapitals, der Tag des Abschlusses des Gesellschaftsvertrages und die Personen der Geschäftsführer anzugeben. Ferner ist einzutragen, welche Vertretungsbefugnis die Geschäftsführer haben.

§ 11 GmbH-Gesetz (Geschäfte vor Eintragung)

(1) Vor der Eintragung in das Handelsregister ... besteht die Gesellschaft mit beschränkter Haftung als solche nicht.

(2) Ist vor der Eintragung im Namen der Gesellschaft gehandelt worden, so haften die Handelnden persönlich und solidarisch.

Aufgabe II-5

B (vgl. § 49 HGB) und **C**

§ 49 HGB (Umfang der Prokura)

(1) Die Prokura ermächtigt zu allen Arten von gerichtlichen und außergerichtlichen Geschäften und Rechtshandlungen, die der Betrieb eines Handelsgewerbes mit sich bringt.

© Springer Fachmedien Wiesbaden GmbH, ein Teil von Springer Nature 2022
W. Grundmann et al., *Wirtschafts- und Sozialkunde Teil 1*, Prüfungstraining für Bankkaufleute,
https://doi.org/10.1007/978-3-658-38087-8_27

(2) Zur Veräußerung und Belastung von Grundstücken ist der Prokurist nur ermächtigt, wenn ihm diese Befugnis besonders erteilt ist.

Prokura

Erteilung der Prokura	Erteilung vom Unternehmer, z. B. Kaufmann oder Geschäftsführer einer GmbH (persönlich und ausdrücklich, schriftlich oder mündlich) Bei der GmbH erfolgt die Bestellung von Prokuristen und von Handlungsbevollmächtigten durch einen Gesellschafterbeschluss. Rechtsgrundlage: §§ 48 und 49 HGB
Registereintragung	Eintragung ins HR nach § 53 HGB. Die Eintragung hat deklaratorische Wirkung. Die Erteilung der Prokura ist von dem Inhaber des Handelsgeschäfts zur Eintragung in das HR anzumelden.
Zeichnung	Nach § 51 HGB muss der Prokurist in der Weise zeichnen, dass er der Firma seinen Namen mit einem die Prokura andeutenden Zusatze beifügt.
Erlöschen der Prokura	Die Prokura erlischt durch - Widerruf nach § 52 Abs. 1 HGB - Beendigung des Dienstvertrages durch Kündigung nach § 622 BGB - Tod des Prokuristen - Auflösung der Unternehmung
Arten der Prokura	Einzelprokura Gesamtprokura Filialprokura
Handlungen, die der Prokurist nicht vornehmen kann:	- Erteilung und Entzug einer Prokura - Veräußerung und Belastung von Grundstücken - Anmeldungen von Eintragungen ins Handelsregister - Unterzeichnung der Bilanz und der Steuererklärungen - Aufnahme neuer Gesellschafter - Verkauf der Unternehmung - Antrag auf Eröffnung des Insolvenzverfahrens

Aufgabe II-6

A und **C** (vgl. § 114 ff. HGB)

§ 114 HGB (Geschäftsführung)

(1) Zur Führung der Geschäfte der Gesellschaft sind alle Gesellschafter berechtigt und verpflichtet.

(2) Ist im Gesellschaftsvertrag die Geschäftsführung einem Gesellschafter oder mehreren Gesellschaftern übertragen, so sind die übrigen Gesellschafter von der Geschäftsführung ausgeschlossen.

Die **OHG** ist eine Personenhandelsgesellschaft, vgl. § 105 HGB. Der Zweck ist auf den Betrieb eines Handelsgewerbes unter gemeinschaftlicher Firma gerichtet. Die Gesellschafter der OHG haften unbeschränkt mit ihrem Geschäfts- und Privatvermögen. Die Gesellschafter der OHG sind Kaufleute. Wegen der unbeschränkten Haftung der Gesellschafter ist die OHG besonders kreditwürdig. Die OHG kann unter ihrer Firma Rechte erwerben und veräußern, Verträge abschließen, Verbindlichkeiten eingehen, Eigentum erwerben und übertragen, klagen und verklagt werden. Zudem ist die OHG grundbuchfähig und scheck- und wechselfähig. Die

OHG ist im elektronischen Handelsregister Abteilung A anzumelden. Eine Mindestanlage der Gesellschafter ist bei der OHG nicht vorgesehen. Zur Geschäftsführung der OHG sind alle Gesellschafter berechtigt und verpflichtet. Die Gesellschafter können einzeln handeln, wenn es um Handlungen geht, die der gewöhnliche Betrieb des Handelsgewerbes mit sich bringt. Dadurch kann in der Gesellschaft schnell entschieden und gehandelt werden.

Aufgabe II-7
E (vgl. §§ 105, 128, 132 ff. HGB)
§ 105 HGB (Begriff der OHG; Anwendbarkeit des BGB)
(1) Eine Gesellschaft, deren Zweck auf den Betrieb eines Handelsgewerbes unter gemein-schaftlicher Firma gerichtet ist, ist eine offene Handelsgesellschaft, wenn bei keinem der Gesellschafter die Haftung gegenüber den Gesellschaftsgläubigern beschränkt ist.
§ 128 HGB (Persönliche Haftung der Gesellschafter)
Die Gesellschafter haften für die Verbindlichkeiten der Gesellschaft den Gläubigern als Ge-samtschuldner persönlich. Eine entgegenstehende Vereinbarung ist Dritten gegenüber un-wirksam.

Aufgabe II-8

A	B	C	D	E	F	G
4	6	2	3	1	5	6

A: vgl. § 67 AktG: Namensaktien sind unter Angabe des Namens, Geburtsdatums und der Adresse des Inhabers sowie der Stückzahl oder der Aktiennummer in das Aktienregister der Gesellschaft einzutragen.
E: § 55 BGB: Die Eintragung eines Vereins in das Vereinsregister hat bei dem Amtsgericht zu geschehen, in dessen Bezirk der Verein seinen Sitz hat.

Aufgabe II-9

A	B	C	D	E
3	2	1	2	4

E: Der Nicht-Bezahlt-Vermerk auf dem Scheck muss von der *Unionbank AG* angebracht und unterschrieben werden.

Aufgabe II-10
A und **D**
Die **allgemeine Handlungsvollmacht** ermächtigt zu allen Geschäften und Rechtshandlun-gen, die der Betrieb eines Handelsgewerbes gewöhnlich mit sich bringt, vgl. § 54 HGB. Eine ausdrückliche Sondervollmacht ist notwendig für die
- Veräußerung und Belastung von Grundstücken
- Eingehung von Wechselverbindlichkeiten
- Aufnahme von Darlehen
- Prozessführung.

Allgemeine Handlungsvollmacht nach § 54 HGB	
Erteilung	nach § 167 BGB durch - Kaufleute - Vorstand einer Aktiengesellschaft - Gesellschafter einer GmbH - Prokuristen Formvorschrift: keine, also schriftlich oder mündlich möglich.
Eintragung ins Handelsregister	nicht eintragungsfähig
Unterschrift, Zeichnung	§ 57 HGB: Der Handlungsbevollmächtigte muss unter der Firma mit einem das Vollmachtverhältnis andeutenden Zusatz unterschreiben, i. V. (in Vertretung) oder i. A. (im Auftrag).
Erlöschen	Die Handlungsvollmacht erlischt mit Widerruf nach § 168 - durch Beendigung des Dienstvertrags, - durch Tod des Handlungsbevollmächtigten.
Arten von Vollmachten	Spezialvollmacht: Einmalige Vollmacht zur Erledigung eines besonderen Geschäfts Artvollmacht: Auf Dauer erteilte Vollmacht zur Erledigung einer bestimmten Art wiederkehrender Geschäfte Einzelvertretungsvollmacht: Vollmachtsausübung ohne Zusammenwirken mit einer anderen Person. Gesamtvertretungsvollmacht: Vollmachtsausübung nur im Zusammenwirken mit einer anderen vertretungsberechtigten Person.

Aufgabe II-11

B (vgl. §§ 705, 726 BGB) und **E** (vgl. §§ 421, 708 BGB)

GbR: Durch den Gesellschaftsvertrag schließen sich mindestens zwei oder mehr Personen zu einer GbR zusammen. Die Gesellschafter verpflichten sich gegenseitig, die Erreichung eines gemeinsamen Zwecks in der im Vertrag bestimmten Weise zu fördern, vgl. § 705 BGB. Die GbR entsteht durch einen Gesellschaftsvertrag. Der Gesellschaftsvertrag ist formfrei gültig und wird in kein Register eingetragen. Abschluss und Änderung erfordert die Einstimmigkeit der Gesellschafter. Die GbR ist rechtsfähig, parteifähig, aber keine Handelsgesellschaft im Sinne des HGB. Die GbR kann unter eigenem Namen Rechte erwerben oder Verbindlichkeiten eingehen, sie kann klagen und verklagt werden. Das Gesellschaftsvermögen gehört allen Gesellschaftern gemeinschaftlich. Die Geschäftsführung steht den Gesellschaftern gemeinschaftlich zu, vgl. § 709 BGB. Das Recht zur Vertretung steht allen Gesellschaftern gemeinsam zu. Die Gesellschafter haften für Schulden der Gesellschaft gegenüber Dritten als Gesamtschuldner mit ihrem Gesellschafts- und Privatvermögen, vgl. §§ 421, 427 und 705 BGB.

Aufgabe II-12

1	2	3	4	5	6	7	8
B	A	A	B	C	B	D	B

Aufgabe II-13

D

Frau Möller hat nur Vollmacht nach § 54 Abs. 1 HGB und darf somit im Gegensatz zu den beiden Prokuristen keine Wechselverbindlichkeiten eingehen.

Die Rechtshandlungen B, C und E kann Frau Möller als gewöhnliche Geschäfte des Kreditinstituts vornehmen.

Die HR-Eintragung in Aussage A können sowohl Frau Möller als auch die beiden Prokuristen nicht vornehmen lassen.

Aufgabe II-14

A	B	C	D	E	F	G
1	2	4	3	1	2	1

Vgl. auch die Übersichten in den Lösungen der Aufgaben B II-5 und B II-10.

Aufgabe II-15
B, vgl. Übersicht in Lösung der Aufgabe B II-10

Aufgabe II-16
A

Kommanditgesellschaft (KG): Die KG ist eine Personenhandelsgesellschaft. Der Zweck ist auf den Betrieb eines Handelsgewerbes unter gemeinschaftlicher Firma gerichtet. Die Haftung der Kommanditisten gegenüber den Gesellschaftsgläubigern ist auf eine Einlage, z.B. 20.000 EUR beschränkt. Die Haftung der Komplementäre ist dagegen unbeschränkt, vgl. § 161 HGB. Durch diese Gesellschaftsform kann die Eigenkapitalbasis erweitert werden, ohne dass gleichzeitig Geschäftsführung und Vertretung erweitert werden müssen. Für die KG gelten die Rechtsvorschriften der OHG.

Aufgabe II-17
E, vgl. Info in Lösung der Aufgabe B II-6

Aufgabe II-18
B (vgl. § 5 GmbH-Gesetz: Stammeinlage mindestens 25.000 EUR)

Aufgabe II-19
A (vgl. § 49 HGB Abs. 2: „Zur Veräußerung und Belastung von Grundstücken ist der Prokurist nur ermächtigt, wenn ihm diese Befugnis besonders erteilt ist.")

Aufgabe II-20
C

§ 21 BGB: Ein Verein, dessen Zweck nicht auf einen wirtschaftlichen Geschäftsbetrieb gerichtet ist, erlangt Rechtsfähigkeit durch Eintragung in das Vereinsregisters des zuständigen Amtsgerichts.

§ 56 BGB: Die Eintragung soll nur erfolgen, wenn die Zahl der Mitglieder des Vereins mindestens sieben beträgt.

§ 59 BGB: Der Vorstand hat den Verein zur Eintragung anzumelden.

Aufgabe II-21

A	B	C	D	E	F
3	2	3	2	1	4

Vgl. Info in den Lösungen der Aufgaben B II-1, B II-2, B II-11, B II-16.

Aufgabe II-22
A, vgl. Info in Lösung in Aufgabe B II-16

Aufgabe II-23

C

§ 19 HGB (e.K., OHG, KG)

(1) Die Firma muss ... enthalten:

1. bei Einzelkaufleuten die Bezeichnung „eingetragener Kaufmann", „eingetragene Kaufrau" oder eine allgemein verständliche Abkürzung dieser Bezeichnung, insbesondere „e.K.", „e.Kfm." oder „e.Kfr.";
2. bei einer offenen Handelsgesellschaft die Bezeichnung „offene Handelsgesellschaft" oder eine allgemein verständliche Abkürzung dieser Bezeichnung;
3. bei einer Kommanditgesellschaft die Bezeichnung „Kommanditgesellschaft" oder eine allgemein verständliche Abkürzung dieser Bezeichnung.

Aufgabe II-24

C und **E**

Die juristische Person **GmbH** entsteht mit dem Tag der Eintragung ins Handelsregister Abteilung B, vgl. § 11 GmbH-Gesetz. Der Anmeldung zum elektronischen Handelsregister müssen beigefügt werden:

- der Gesellschaftsvertrag
- die Legitimation der Gesellschafter, wenn diese nicht im Gesellschaftsvertrag bestellt sind.
- eine Namensliste aller Gesellschafter, mit ihren Unterschriften, und Angabe ihres Geburtsdatums und Wohnortes sowie die von den Gesellschaftern übernommene Stammeinlage.
- die Versicherung, dass die vorgeschriebenen Stammeinlagen bewirkt worden sind, vgl. § 7 und § 8 GmbH-Gesetz
- die Angabe der Vertretungsbefugnis der Geschäftsführer und ihre Unterschriftsprobe

Aufgabe II-25

F und **G,** Vgl. Info in Lösung der Aufgabe B II-5

§ 245 HGB: Der Jahresabschluss ist vom Kaufmann unter Angabe des Datums zu unterzeichnen. Sind mehrere persönlich haftende Gesellschafter vorhanden, so haben sie alle zu unterzeichnen.

Aufgabe II-26

A und **C** (Deklaratorisch heißt: die Eintragung bekundet einen bereits bestehenden Rechtszustand.)

B, D, E und F haben eine konstitutive Wirkung, d. h. die Eintragung erzeugt den beabsichtigten Rechtszustand.

Aufgabe II-27

A (vgl. §§ 161 und 126 HGB) und **E** (vgl. § 126 HGB)

§ 126 HGB (Umfang der Vertretungsmacht)

(1) Die Vertretungsmacht der Gesellschafter erstreckt sich auf alle gerichtlichen und außergerichtlichen Geschäfte und Rechtshandlungen einschließlich der Veräußerung und Belastung von Grundstücken sowie der Erteilung und des Widerrufs einer Prokura.

(2) Eine Beschränkung des Umfangs der Vertretungsmacht ist Dritten gegenüber unwirksam; dies gilt insbesondere von der Beschränkung, dass sich die Vertretung nur auf gewisse Geschäfte oder Arten von Geschäften erstrecken oder dass sie nur unter gewissen Umständen oder für eine gewisse Zeit oder an einzelnen Orten stattfinden soll.

§ 161 HGB (Begriff der KG; Anwendbarkeit der OHG-Vorschriften)
(1) Eine Gesellschaft, deren Zweck auf den Betrieb eines Handelsgewerbes unter gemein-
schaftlicher Firma gerichtet ist, ist eine Kommanditgesellschaft, wenn bei einem oder bei
einigen von den Gesellschaftern die Haftung gegenüber den Gesellschaftsgläubigern auf
den Betrag einer bestimmten Vermögenseinlage beschränkt ist (Kommanditisten), während
bei dem anderen Teile der Gesellschafter eine Beschränkung der Haftung nicht stattfindet
(persönlich haftende Gesellschafter).
(2) Soweit nicht in diesem Abschnitt ein anderes vorgeschrieben ist, finden auf die Kommanditgesellschaft die für die offene Handelsgesellschaft geltenden Vorschriften Anwendung.

Aufgabe II-28
E, vgl. Info in Lösung der Aufgabe B II-5
§ 126 HGB (Umfang der Vertretungsmacht)
(1) Die Vertretungsmacht der Gesellschafter erstreckt sich auf alle gerichtlichen und außergerichtlichen Geschäfte und Rechtshandlungen einschließlich der Veräußerung und Belastung von Grundstücken sowie der Erteilung und des Widerrufs einer Prokura.
(2) Eine Beschränkung des Umfangs der Vertretungsmacht ist Dritten gegenüber unwirksam;
dies gilt insbesondere von der Beschränkung, dass sich die Vertretung nur auf gewisse
Geschäfte oder Arten von Geschäften erstrecken oder dass sie nur unter gewissen Umständen oder für eine gewisse Zeit oder an einzelnen Orten stattfinden soll.

Aufgabe II-29
B, vgl. Info zu Prokura in Lösung der Aufgabe B II-5

Aufgabe II-30
A und F
§ 5 HGB (Wirkung der Registereintragung)
Ist eine Firma im Handelsregister eingetragen, so kann gegenüber demjenigen, welcher sich
auf die Eintragung beruft, nicht geltend gemacht werden, dass das unter der Firma betriebene
Gewerbe kein Handelsgewerbe sei.
§ 19 HGB (e.K., OHG, KG)
(1) Die Firma muss … enthalten:
   1. bei Einzelkaufleuten die Bezeichnung „eingetragener Kaufmann", „eingetragene Kauf-
   frau" oder eine allgemein verständliche Abkürzung dieser Bezeichnung, insbesondere
   „e.K.", „e.Kfm." oder „e.Kfr.";
   2. bei einer offenen Handelsgesellschaft die Bezeichnung „offene Handelsgesellschaft"
   oder eine allgemein verständliche Abkürzung dieser Bezeichnung;
   3. bei einer Kommanditgesellschaft die Bezeichnung „Kommanditgesellschaft" oder eine
   allgemein verständliche Abkürzung dieser Bezeichnung.

Aufgabe II-31
B
Partnerschaftsgesellschaft: Sie soll es Angehörigen freier Berufe ermöglichen, sich in einer
Rechtsform zusammenzuschließen, die den Charakter freiberuflicher Berufsausübung gerecht
wird und auf die Bedürfnisse dieser Berufsgruppe zugeschnitten ist. Sie übt kein Handelsgewerbe aus. Der Partnerschaftsvertrag wird schriftlich abgeschlossen. Partner können nur natürliche Personen sein. Die Partnerschaftsgesellschaft wird im Verhältnis zu Dritten mit ihrer
Eintragung in das beim Amtsgericht geführte Partnerschaftsregister wirksam. In der Anmeldung müssen die einzelnen Partner die Zugehörigkeit zu dem freien Beruf, den sie in der Part-

nerschaft ausüben, nachweisen. Im Partnerschaftsvertrag müssen mindestens aufgeführt werden:
- Name, Sitz und Gegenstand der Partnerschaftsgesellschaft,
- Name, Vorname und Wohnort eines jeden Partners,
- der in der Partnerschaftsgesellschaft ausgeübt Beruf eines jeden Partners.
Die Partnerschaftsgesellschaft ist parteifähig, grundbuchfähig, scheck- und wechselfähig. Der Name der Partnerschaft muss enthalten:
- den Nachnamen mindestens eines Partners,
- den Zusatz „und Partner" oder „Partnerschaft",
- die Berufsbezeichnung aller in der Partnerschaftsgesellschaft vertretenen Berufe.
Es ist kein Mindestkapital notwendig. Jeder Partner ist im Rahmen seiner berufsrechtlichen Möglichkeiten zur Geschäftsführung berechtigt und kann die Partnerschaftsgesellschaft allein vertreten. Für Verbindlichkeiten der Gesellschaft haften das Vermögen der Partnerschaftsgesellschaft und die Partner als Gesamtschuldner.

Aufgabe II-32
A, Vgl. Info in Lösung der Aufgabe B II-11
B = Gesellschaft ist eine nicht rechtsfähige Personenvereinigung; C = Regelung muss im Gesellschaftsvertrag getroffen sein; D, E = gilt auch für andere Gesellschaftsformen, z. B. OHG.

Aufgabe II-33
D und **E,** vgl. Info in Lösung der Aufgabe B II-6
§ 128 HGB (Persönliche Haftung der Gesellschafter)
Die Gesellschafter haften für die Verbindlichkeiten der Gesellschaft den Gläubigern als Gesamtschuldner persönlich. Eine entgegenstehende Vereinbarung ist Dritten gegenüber unwirksam.

Aufgabe II-34

A	B	C	D	E	F
2	1	5	1	4	2

Zu A und D: Vgl. Übersicht in der Lösung der Aufgabe B II-5
Zu B: Vgl. § 162 HGB: Die Anmeldung der Gesellschaft zum Handelsregister hat die Bezeichnung der Kommanditisten und den Betrag der Einlage eines jeden von ihnen zu enthalten.
Zu C: Vgl. Übersicht in Lösung der Aufgabe B II-10

Aufgabe II-35
C
Die Bildung eines Vereins unterliegt keinen Beschränkungen. Die Rechtsfähigkeit kann ein Verein durch staatliche Verleihung erlangen, wenn sein Zweck auf einen wirtschaftlichen Geschäftsbetrieb gerichtet ist, im Übrigen durch Eintragung ins Vereinsregister. Vereine unterliegen ohne Rücksicht auf ihre Rechtsform der Körperschaftsteuer, wirtschaftliche Vereine auch der Gewerbesteuer. Nach § 30 BGB kann durch die Vereinssatzung bestimmt werden, dass neben dem Vorstand für gewisse Geschäfte besondere Vertreter zu bestellen sind. Die Vertretungsmacht eines solchen Vertreters erstreckt sich im Zweifel auf alle Rechtsgeschäfte, die der ihm zugewiesene Geschäftskreis gewöhnlich mit sich bringt. Nach § 31 BGB ist der Verein für den Schaden verantwortlich, den der Vorstand oder ein Vorstandsmitglied durch eine zum Schadensersatz verpflichtende Handlung einem Dritten zufügt. Nach § 31 b BGB haften Vereinsmitglieder, die unentgeltlich für den Verein tätig sind oder nicht mehr als 720 EUR jährlich für ihre Vereinsarbeit erhalten, nur bei Vorliegen von Vorsatz oder grober Fahrlässigkeit.

Aufgabe II-36

B

Als eine juristische Person des Privatrechts kann die Genossenschaft selbst nicht handeln, sondern muss sich ihrer Organe bedienen. Der Vorstand hat nach dem Genossenschaftsgesetz die Leitungsfunktion, die nicht auf andere Organe übertragen werden kann. Es müssen mindestens zwei Vorstandsmitglieder vorhanden sein; eine höhere Zahl kann durch die Satzung bestimmt werden. Bei Genossenschaften mit nicht mehr als 20 Mitgliedern kann satzungsgemäß die Beschränkung des Vorstandes auf eine Person bestimmt werden. Die Unternehmensleitung wird eigenverantwortlich vom Genossenschaftsvorstand durchgeführt.

Aufgabe II-37

A	B	C
3	7	4

Die Aktiengesellschaft (AG) verfügt über folgende Organe:

Mit **Hauptversammlung** (HV) wird die Versammlung aller Aktionäre einer AG bezeichnet. Die HV bestellt die Mitglieder des Aufsichtsrats, entscheidet über die Verwendung des Bilanzgewinns, entlastet die Mitglieder des Vorstands und des Aufsichtsrats, bestellt die Abschlussprüfer, entscheidet über Satzungsänderungen, Maßnahmen zur Kapitalbeschaffung und Kapitalherabsetzung, die Bestellung von Prüfern und die Auflösung der Gesellschaft.

Der **Aufsichtsrat** der AG wird grundsätzlich von der HV bestellt. Dabei hat eine AG mit bis zu 1,5 Mio. EUR Grundkapital mindestens drei und maximal neun Mitglieder, eine AG mit bis zu 10 Mio. EUR Grundkapital maximal 15 Mitglieder.

Mit **Vorstand** wird das zur Geschäftsführung befugte Organ der AG bezeichnet. Die Vorstandsmitglieder werden vom Aufsichtsrat bestellt und abberufen.

Aufgabe II-38

14.11.20..

Vgl. § 48 HGB: Die Prokura kann nur von dem Inhaber des Handelsgeschäfts oder seinem gesetzlichen Vertreter und nur mittels ausdrücklicher Erklärung erteilt werden.

Aufgabe II-39

D und **F,** vgl. Info in Lösung der Aufgabe B II-16

Aufgabe II-40

B und **C,** vgl. Info in Lösung der Aufgabe B II-16

III. Wirtschaftsordnungen, Wettbewerb und Marketing

Aufgabe III-1

a) **C** und **D**

In einer Marktwirtschaft bleiben die Verteilung der Güter und ihr Konsum dem freien Ermessen der Unternehmen und Haushalte überlassen. Die Koordination der Produzenten- und Konsumentenentscheidungen erfolgt grundsätzlich über die Marktkräfte. Die reine Marktwirtschaft kommt in der Realität nicht vor. Anbieter und Nachfrager treten sich am Markt mit gegensätzlichen Interessen gegenüber. Der Interessensausgleich zwischen Nachfragern und Anbietern geschieht durch die Bildung des Marktpreises. Der Wettbewerb zwischen den Anbietern ist der Motor der Marktwirtschaft.

b) **C** und **F**

Die Wirtschaftsordnung der BRD ist die soziale Marktwirtschaft, d. h. eine Weiterentwicklung der freien Marktwirtschaft. In ihr werden die Grundelemente des marktwirtschaftlichen Leistungswettbewerbs mit einer um sozialen Ausgleich bemühten staatlichen Beeinflussung des Wirtschaftsgeschehens kombiniert. Der Staat verzichtet grundsätzlich auf unmittelbare Eingriffe in das Wirtschaftsgeschehens. Er setzt nur die Rahmenbedingungen, die die Wirtschaftssubjekte bei ihren Entscheidungen zu berücksichtigen haben, z. B. durch Steuergesetze, Umweltschutzbestimmungen u. a. m. Das Merkmal „sozial" bringt zum Ausdruck, dass der Staat ordnend und steuernd in das Wirtschaftsgeschehen eingreift, wenn die Marktergebnisse die sozialen Fragen der Volkswirtschaft nicht befriedigend gelöst haben. Staatliche Einrichtungen wie öffentliche Verkehrsbetriebe oder Schulen decken den Bedarf an solchen Gütern und Dienstleistungen, die für die Gesamtwirtschaft von lebenswichtigem Interesse sind und von privatwirtschaftlich geführten Unternehmen aus Kostengründen nicht oder nur in unzureichendem Umfang bereitgestellt werden können.

Aufgabe III-2

A	B	C	D	E
3	2	1	1	4

Aufgabe III-3

A

Kartelle: Es sind vertragliche Absprachen zwischen Unternehmen derselben Branche u. a. über Preise, Produktqualitäten oder Produktionsmengen. Die Unternehmen behalten ihre rechtliche Selbstständigkeit, geben jedoch ihre wirtschaftliche Selbstständigkeit in den Bereichen auf, die Gegenstand der Kartellabsprache sind. Kartelle sind in Deutschland grundsätzlich verboten. Das Gesetz lässt es offen, welche Vereinbarungen im Einzelnen unter das Kartellverbot fallen.

§ 1 Gesetz gegen Wettbewerbsbeschränkungen (Verbot wettbewerbsbeschränkender Vereinbarungen)

Vereinbarungen zwischen Unternehmen, Beschlüsse von Unternehmensvereinigungen und aufeinander abgestimmte Verhaltensweisen, die eine Verhinderung, Einschränkung oder Verfälschung des Wettbewerbs bezwecken oder bewirken, sind verboten.

Aufgabe III-4

A und **D**

Konzern: Sind ein herrschendes und ein oder mehrere abhängige Unternehmen unter der einheitlichen Leitung des herrschenden Unternehmens zusammengefasst, so bilden sie einen

© Springer Fachmedien Wiesbaden GmbH, ein Teil von Springer Nature 2022
W. Grundmann et al., *Wirtschafts- und Sozialkunde Teil 1*, Prüfungstraining für Bankkaufleute,
https://doi.org/10.1007/978-3-658-38087-8_28

Konzern. Die einzelnen Unternehmen sind Konzernunternehmen. Sind rechtliche selbststständi-
ge Unternehmen, ohne dass das eine Unternehmen von dem anderen abhängig ist, unter
einheitlicher Leitung zusammengefasst, bilden sie einen Konzern. Die einheitliche Leitung
ermöglicht es, die wirtschaftlichen Interessen und Aufgaben der Konzernunternehmen aufeinander abzustimmen.

Aufgabe III-5
B, vgl. Info in Lösung der Aufgabe B III-3

Aufgabe III-6

1	2
C	D

Kartelle

Preiskartell	Wettbewerber 1 und Wettbewerber 2 vereinbaren, dass sie künftig ihre Produkte nicht mehr unter einem bestimmten Mindestpreis anbieten werden.
Quotenkartell	Zwei Wettbewerber kommen überein, dass innerhalb von NRW der Wettbewerber 1 ausschließlich Kunden soll, die einen jährlichen Bedarf von mehr als 10.000 Tonnen Heizöl haben. Kunden mit einem darunter liegenden Jahresbedarf sollen ausschließlich von dem Wettbewerber 2 beliefert werden.
Gebietskartell	5 Wettbewerber teilen sich Deutschland in 5 Verkaufsgebiete auf und verpflichten sich, die Verkaufsgebiete der jeweils anderen 4 Mitwettbewerber nicht zu beliefern.
Submissionskartell	Bauunternehmen sprechen ihre Preise bei der öffentlichen Ausschreibung einer Flughafenerweiterung ab.
Strukturkrisenkartell	Es handelt sich um ein Kartell, das im Fall eines auf einer nachhaltigen Änderung der Nachfrage beruhenden Absatzrückgangs zur Kapazitätsanpassung errichtet wird.

Aufgabe III-7
D
Fusion: Eine freiwillige Vereinigung von Unternehmungen im Vertragswege durch Verschmel-
zung (Vollfusion) oder Konzernierung. Die Konzernierung kann zu einem Gleichordnungs-
oder Unterordnungskonzern führen. Ein Gleichordnungskonzern liegt vor, wenn die Konzern-
unternehmungen ihre Kapitalbeteiligung gleichmäßig austauschen. Dazu müssen die Unternehmen kein neues Kapital aufbringen. Ein Unterordnungskonzern liegt vor, wenn ein Unternehmen die Kapitalmehrheit an einem oder mehreren anderen Unternehmen aufkauft. Durch
die Kapitalverflechtung entsteht ein Mutter-Tochter-Verhältnis, das oft mit einem Beherr-
schungsvertrag oder Gewinnabführungsvertrag verbunden ist.

Aufgabe III-8
E

Aufgabe III-9
C

Ziel der Bankorganisation ist die möglichst effiziente Aufgabenverteilung. Dabei wird das letztlich angestrebte organisatorische System von ökonomischen, personellen, psychologischen und anderen internen und externen Faktoren beeinflusst. Auch eine Vielzahl von rechtlichen und bankenaufsichtsbehördlichen Vorschriften ist dabei zu beachten. Allgemein üblich ist die begriffliche Unterscheidung in Aufbau- und Ablauforganisation. Während die Ablauforganisation die möglichst reibungslose Gestaltung der Arbeitsprozesse zum Gegenstand hat (Sicherheit, Schnelligkeit, Wirtschaftlichkeit), muss die Aufbauorganisation vorher noch grundsätzlichere Fragen klären: Welche Aufgaben sollen in welchen Abteilungen und auf welcher Hierarchieebene angesiedelt werden etc. (Verrichtungsprinzip, Regionalprinzip, Objektprinzip). Ablauf- und Aufbauorganisation sind also, auch wenn sie letztlich zusammen passen müssen, durchaus mit unterschiedlichen Fragestellungen und Schwerpunkten beschäftigt.

Aufgabe III-10

C

Aufgabe III-11

A	B	C	D
4	2	1	3

Marktforschung auf dem Markt für Bankdienstleistungen:
Angebotsoligopol und bilaterales Oligopol sind typische Konstellationen für den Bankdienstleistungsmarkt. Eine geringe Anzahl von Anbietern von Bankleistungen (Kreditinstituten) in einer bestimmten Region bestimmt eine i. d. R. oligopolistische Angebotsstruktur. Im standardisierten Mengengeschäfte stehen auf der Nachfrageseite viele Privatkunden, während im Firmenkundengeschäft und im Geschäft mit vermögenden Privatkunden nur wenige Personen den Anbietern gegenüber. Zur gezielten Erfassung von Kundenbedürfnissen ist eine Segmentierung in einzelne Teilmärkte erforderlich. Z. B. gibt es im standardisierten Privatkundengeschäft bestimmte Bankleistungen, die typischerweise nachgefragt werden, z. B. Zahlungs- und Giroverkehr, Führung von Gehaltskonten, Kreditkarten-Service, Betreuung von Spareinlagen und Sparplänen, Wertpapieranlagen, Termineinlagen, Dispositionskredite, Ratenkredite und Baufinanzierungen.
Bei der Analyse der Marktgegebenheiten spielen Marktgrößen eine wichtige Rolle:
- Marktpotenzial: Es gibt an, welche und wie viele Bankdienstleistungen am Markt abgesetzt werden können, wenn alle denkbaren Kunden mittels des Marketing-Instrumentariums angesprochen würden.
- Marktvolumen: Es kennzeichnet die realisierten Absatzmengen eines bestimmten Leistungsangebotes innerhalb eines gegebenen Zeitraums.
- Marktanteil: Darunter versteht man den prozentualen Anteil der in Mengen- oder Wertgrößen gemessenen Absatzleistung einer Bank bzw. Bankgruppe am gesamten Marktvolumen.

Aufgabe III-12

A	B	C	D	E
4	2	3	1	5

Aufgabe III-13

A	B	C	D	E
3	4	1	1	2

Um sich als Kreditinstitut am Markt zu behaupten, müssen Bankmarketingstrategien entwickelt werden, in denen Marketingziele, Marketinginstrumente und Kontrollmechanismen festgelegt werden, die es ermöglichen, den Erfolg der durchgeführten Marketingmaßnahmen zu messen. Es werden folgende Marketinginstrumente unterschieden:

Die **Distributionspolitik** soll gewährleisten, dass Bankleistungen am richtigen Ort und zur rechten Zeit angeboten werden.

Die **Produktpolitik** befasst sich mit einer Auswahl der am Markt anzubietenden Bankleistungen.

Das Sortiment kann als Gesamtheit aller Produkte (Bankleistungen) angesehen werden. Die **Sortimentspolitik** macht das spezifische Bankprofil aus. So bieten Bausparkassen neben dem Abschluss von Bausparverträgen auch entsprechende Baufinanzierungen und Zwischenfinanzierungen an und vermitteln Grundstückskäufe und –verkäufe.

Die **Preis- und Konditionenpolitik** befasst sich mit allen vertraglichen Vereinbarungen über die Kosten des Bankleistungsangebots.

Aufgabe III-14

A	B	C	D	E
3	2	1	2	3

Vertriebspolitik: Bei der Vertriebspolitik in Banken geht es darum, Bankleistungen am richtigen Ort und zur rechten Zeit anzubieten. Als mögliche Vertriebswege bei Kreditinstituten kommen in Frage:
- stationärer Vertrieb über Filialen
- mobiler Vertrieb über Außendienstmitarbeiter oder fahrbare Zweigstellen
- Vertrieb über technische Medien, wie z. B. PC oder Telefon-Banking.

Aufgabe III-15
B

Marktanalyse: Angebotsoligopol und zweiseitiges Oligopol sind typische Konstellationen für den Bankdienstleistungsmarkt. Im Privatkundengeschäft stehen auf der Nachfrageseite viele Personen, während im Firmenkundengeschäft nur wenige Personen den Anbietern gegenüberstehen. Marktanalyse und Marktbeobachtung steht am Anfang einer modernen Marketingkonzeption. In der Marketingkonzeption werden Marketingziele definiert und die entsprechenden Marketinginstrumente ausgewählt. Die folgende Marketingdurchführung wird durch die Marketingkontrolle überprüft.

Aufgabe III-16

A	B	C	D	E	F	G	H
2	4	4	3	1	1	3	4

Vgl. Info in Lösung der Aufgaben B III-13 und B III-14

Aufgabe III-17

A	B	C	D	E
2	1	1	3	3

Aufgabe III-18
D

Aufgabe III-19
C

Aufgabe III-20
B

Die detaillierte Gestaltung der Aufbauorganisation kann man sich als ein mehrstufiges Verfahren vorstellen:

In einem ersten Schritt werden Stellen geschaffen, an denen z. B. die bankbetrieblichen Aufgaben den einzelnen Stelleninhabern, also Mitarbeitern, zugeordnet werden. Deshalb kann eine Stelle auch als eine Station verstanden werden, an der Mitarbeiter und Sachmittel verschiedene bankbetriebliche Tätigkeiten bewältigen. Das bedeutet umgekehrt, dass die bankbetriebliche Gesamtaufgabe in die unterschiedlichsten Teilaufgaben aufgespalten wird, die dann durch die einzelnen Stellen zu erfüllen sind. Selbstverständlich sind diese Stellen nicht isoliert voneinander zu sehen, sondern in diversen Beziehungen miteinander verknüpft. Nur so ergibt sich im Innenverhältnis ein funktionierendes Ganzes und nach Außen eine als Unternehmen wahrnehmbare Ordnung.

Um die Gesamtstruktur einer Bank zu schaffen, werden nach der Stellenbildung die verschiedenen Verbindungen zwischen diesen einzelnen Stellen hergestellt. Dies umfasst vor allem die Zuordnung von Sachmitteln, die Gestaltung von Informations- und Kommunikationswegen, die Festlegung von Leitungs- und Kompetenzbefugnissen.

Bei der Stellenausstattung geht es darum, welchem Stelleninhaber welche Sachmittel zur Verfügung gestellt werden – vom Büroraum bis zu den Zugriffsmöglichkeiten auf interne und externe Netze.

Zur Regelung der personellen Beziehungen gehört die Ausstattung der Aufgabenträger mit Kompetenzen. Jedem Stelleninhaber sind all diejenigen Befugnisse zu geben, die zur Aufgabenerfüllung nötig sind. Dabei regelt der stellenbezogene Kompetenzrahmen vor allem, welche Entscheidungen der Stelleninhaber alleine oder nur in Abstimmung mit anderen treffen kann. Er umreißt somit den persönlichen Verantwortungsbereich aller Mitarbeiter.

Das Leitungssystem legt fest, wer wem Anweisungen erteilen darf, und wie zwischen den verschiedenen Ebenen die gegenseitigen Rechte und Pflichten geregelt sind. Die Gesamtheit aller Leitungsbeziehungen ergibt dann die Unternehmenshierarchie.

Das Kommunikationssystem regelt die Informationsbeziehungen zwischen den Stelleninhabern in der Bank, d. h. wer wen worüber in welcher Form zu informieren hat.

Aufgabe III-21
D

Marktanalyse: Sie ist eine systematisch methodische Untersuchung der Stellung einzelner Unternehmungen im Marktgeschehen. Sie trägt neben der Marktbeobachtung zur Schaffung der Markttransparenz bei und fundiert die Geschäftspolitik des Unternehmens. Bei einer Marktanalyse interessiert jeweils der spezielle Markt für die Produkte einzelner Hersteller oder eines Wirtschaftszweiges hinsichtlich einerseits der Aufwandserfordernisse an den Bezugsmärkten und andererseits der Bedarfslage und der daraus zu entwickelnden Ertragsbedingungen am Absatzmarkt.

Aufgabe III-22

A	B	C	D	E
1	3	4	4	2

Produktlebenszyklus: Produkte unterliegen einem steten Wandel. Produkte werden am Markt stets neu entwickelt, verfeinert und auch wieder vom Markt genommen, wenn sie z. B. durch

Gewöhnungseffekte oder Geschmacksveränderungen immer weniger attraktiv sind. Man unterscheidet folgende Phasen:
- Einführung eines Produkts am Markt
- Wachstum des Absatzes des Produkts mit steigenden Wachstumsragen
- Wachstum des Absatzes des Produkts mit langsam sinkenden Wachstumsraten
- Wachstumsstillstand
- Absatzrückgang

Aufgabe III-23
D

Aufgabe III-24
D

IV. Markt und Preis, Marktformen und Kosten

Aufgabe IV-1

A	B	C	D
2	1	3	4

Aufgabe IV-2

D und **E**

Das ökonomische Prinzip kann als Maximum- oder Minimumprinzip formuliert werden. Danach ist ein Verhalten ökonomisch vernünftig, wenn der Mensch versucht, mit den ihm gegebenen Mitteln einen möglichst großen Erfolg zu erzielen oder aber einen bestimmten Zweck mit einem möglichst geringen Einsatz von Mitteln zu erreichen. Mit dem ökonomischen Prinzip wird erreicht, dass das Spannungsverhältnis zwischen der Knappheit der Güter und der Unbegrenztheit der Bedürfnisse reduziert wird.

Aufgabe IV-3
A und **C**

Die Preiselastizität misst das Verhältnis der relativen Nachfrageveränderung und der sie auslösenden relativen Änderung des Preises. Sie wird genauer als Elastizität der Nachfrage in Bezug auf den Preis bezeichnet. Die Preiselastizität gibt z. B. an, ob der Umsatz bei einer Preissenkung steigt, konstant bleibt oder fällt. Die Verbraucher reagieren bei nicht so dringlich benötigten Gütern, z. B. Fotoapparaten im Allgemeinen preisempfindlicher als bei dringlich benötigten Gütern, z. B. Brot. Bei einer hohen Preiselastizität können bereits kleine Preisveränderungen zu einer großen Veränderung der nachgefragten Menge führen. Die Nachfrage nach einem Gut kann auch unabhängig von seinem Preis sein. In diesem Fall spricht man von einer preisunelastischen Nachfrage.

Aufgabe IV-4
C

Die Marktform ist eine Klassifizierung der Märkte nach der Anzahl der Marktteilnehmer und deren relativem Gewicht. Durch die Kombination von einem, wenigen, vielen Anbietern und Nachfragern lässt sich ein Schema bilden.

	ein Nachfrager	wenige Nachfrager	viele Nachfrager
ein Anbieter	bilaterales Monopol	beschränktes Monopol	Monopol
wenige Anbieter	beschränktes Monopson	bilaterales Oligopol	Oligopol
viele Anbieter	Monopson	Oligopson	(bilaterales) Polypol

Die Marktform und die Möglichkeit des Marktzutritts für neue Marktteilnehmer sind für das Ausmaß des Wettbewerbs von zentraler Bedeutung. Für die Beurteilung eines Marktes kommt es deshalb auch darauf an, ob es sich um einen offenen oder geschlossenen Markt handelt. Während in einen offenen Markt jederzeit neue Anbieter bzw. neue Nachfrager eintreten können, ist bei einem geschlossenen Markt neuen Marktteilnehmern der Zugang durch gesetzliche, technische oder finanzielle Barrieren versperrt. Durch einseitige Marktmacht kann der Wettbewerb eingeschränkt oder aufgehoben werden.

© Springer Fachmedien Wiesbaden GmbH, ein Teil von Springer Nature 2022
W. Grundmann et al., *Wirtschafts- und Sozialkunde Teil 1*, Prüfungstraining für Bankkaufleute,
https://doi.org/10.1007/978-3-658-38087-8_29

Aufgabe IV-5
A, vgl. auch Info in Lösung Aufgabe B IV-3
Bei B) liegt ein preisunelastisches Nachfrageverhalten vor, da die Mengenänderung bedeutend geringer ist als die Preisänderung.
Bei C) und E) wird jeweils kein Nachfrage-, sondern ein Angebotsverhalten beschrieben.
Bei D) liegt ein sog. anomales Nachfrageverhalten vor: Die Verbraucher erhöhen ihre Nachfrage, obwohl der Preis gestiegen ist. Dies ist häufig bei Luxusgütern festzustellen.

Aufgabe IV-6
E
Preisdifferenzierung: Es handelt sich um den Verkauf von sachlich gleichen Produkten (Sach- und Dienstleistungen) an verschiedene Kunden/Kundengruppen zu einem unterschiedlichen Preis. Es ist ein Instrument der differenzierten Marktbearbeitung. Die Preisdifferenzierung ermöglicht das teilweise oder totale Abschöpfen von Gewinnpotenzialen. Die Preisdifferenzierung kann direkt über die Preispolitik oder indirekt über die Konditionenpolitik erfolgen. Bei der räumlichen Preisdifferenzierung werden Waren auf regional abgegrenzten Märkten zu verschieden hohen Preisen veräußert. Bei der zeitlichen Preisdifferenzierung werden verschieden hohe Preise für gleichartige Waren je nach der zeitlichen Nachfrage gefordert. Die sachliche Preisdifferenzierung setzt unterschiedliche Preishöhen je nach dem Verwendungszweck der Produkte fest, z. B. verschiedene Strom- und Gastarife für den Industrie- und Haushaltsverbrauch.

Aufgabe IV-7
B, vgl. Info in Lösung der Aufgabe B IV-3

Aufgabe IV-8
D

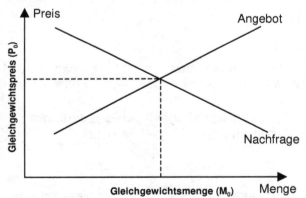

Der Gleichgewichtspreis liegt im Schnittpunkt von Angebots- und Nachfragekurve. Bei allen Preisen unter dem Gleichgewichtspreis entsteht ein Nachfrageüberhang, der umso größer wird, je niedriger der Preis ist.

Aufgabe IV-9

A	B	C	D	E	F
2	3	2	1	3	1

Vgl. Info in Lösung der Aufgabe B IV-4

Aufgabe IV-10

A	B	C	D	E	F
2	1	4	2	2	3

Vgl. Info in Lösung der Aufgabe B IV-3

Aufgabe IV-11

A	B	C	D
3	1	4	2

Vgl. Info in Lösung der Aufgabe B IV-4

Aufgabe IV-12

C und F, vgl. Info in Lösung der Aufgabe B IV-4

Aufgabe IV-13

aa) **3** GE
ab) **1.200** GE (ab = aa x 400)
b) **4** GE

Aufgabe IV-14

A	B	C	D
2	1	2	1

Aufgabe IV-15

A	B	C	D
3	1	2	2

Aufgabe IV-16

Preiselastizität der Nachfrage ist **2,4**
Rechenweg:
17,3 – 13,5 = 4,2
4,2 : 17,5 x 100 = 24
24 : 10 = 2,4

Die Preiselastizität gibt die **prozentuale Änderung** der Angebots- und Nachfragemenge als Reaktion auf eine Preisänderung an. Die Preiselastizität ist unterteilt in die Preiselastizität des Angebots und der Nachfrage.

Die **Preiselastizität der Nachfrage** misst, wie sich die Änderung des Preises um 1 % auf die Nachfrage (Nachfragemenge) auswirkt. Mit anderen Worten: die Preiselastizität gibt an, wie stark die Nachfrage auf Preiserhöhungen reagiert.

Das ist zum einen für den Staat interessant ("Führt eine Erhöhung der Mineralölsteuer oder Tabaksteuer wirklich zu Steuermehreinnahmen oder – aufgrund eines Nachfragerückgangs – gar zu Steuermindereinnahmen?"), zum anderen aber auch für Unternehmen ("Führt eine Preiserhöhung wirklich zu Umsatzsteigerungen oder wird die Preiserhöhung durch den Absatzrückgang überkompensiert?" — oder umgekehrt: "Kann durch eine Preissenkung der Umsatz erhöht werden, weil die Nachfrage dadurch stark steigt?").

Beispiel: Preiselastizität der Nachfrage berechnen

Der Staat erhöht die Mineralölsteuer, dadurch steigt der Preis für Benzin um 1 %, von 1,00 € auf 1,01 € (einfache Beispielszahlen). Im Nachhinein wird festgestellt, dass die Nachfrage daraufhin um 3 % gesunken ist (z.B. von 100 Mrd. Liter auf 97 Mrd. Liter).

Die **Preiselastizität** ist -3 %/1 % = -3. Ist die Preiselastizität als Absolutwert größer 1 (so wie hier), liegt eine sog. **elastische Nachfrage** vor (die Nachfrage reagiert stark auf Preisände-rungen). Wäre die Nachfrage nur um 0,5 % zurückgegangen (allgemein: ist die absolute Prei-selastizität im Bereich zwischen 0 und 1), wäre dies eine **unelastische Nachfrage**; bei 0 spricht man von vollkommen unelastischer Nachfrage, bei 1 von isoelastisch oder proportional elastisch.

Aufgabe IV-17

A	B	C	D	E
1	3	3	4	2

Die Marktnachfrage nach einem Gut ist vor allem abhängig vom Preis des Gutes, von den Preisen anderer Güter und von der Einkommenshöhe der Haushalte. Steigen die Einkommen, nimmt die Nachfrage zu bzw. die Nachfrage nimmt ab bei sinkendem Einkommen. Zuneh-mende Nachfrage bedeutet, dass bei gegebenen Preisen mehr nachgefragt wird: Die Nach-fragekurve verschiebt sich nach rechts. Abnehmende Nachfrage bedeutet, dass bei gegebe-nen Preisen weniger nachgefragt wird und damit die Nachfragefunktion nach links verschoben werden muss.

Das Angebot kann sich aus verschiedenen Gründen verschieben:
Nimmt die Zahl der Anbieter zu, nimmt auch das Angebot zu. Weitere Gründe für die Zunahme des Angebots sind z. B. der technische Fortschritt, die Zukunftserwartung der Unternehmer, wenn aufgrund zunehmender Investitionen das Angebot zunimmt, sowie die Faktorpreissen-kungen.

Aufgabe IV-18

a) Direkte Preiselastizität = **- 0,16**
   Rechenweg: (- 5.000 x 200) : (25 x 250.000) = - 0,16
   Es handelt sich um eine unelastische Nachfrage, d. h. der relative Mengenrückgang ist ge-ringer als die relative Preiserhöhung. Ergebnis: Der Umsatz (Preis x Menge) steigt.
   Umsatz vor der Preiserhöhung: 250.000 x 200 = 50.000.000 EUR
   Umsatz nach der Preiserhöhung: 245.000 x 225 = 55.125.000 EUR
   Die Preiselastizität wird oft negativ definiert, um für den Regelfall positive Werte zu erhal-ten.

b) Direkte Preiselastizität = **- 1,2**
   Rechenweg: (- 75.000 x 200) : (50 x 250.000) = - 1,2
   Es handelt sich um eine elastische Nachfrage, d. h. der relative Mengenrückgang ist höher als die relative Preiserhöhung. Ergebnis: Der Umsatz (Preis x Menge) sinkt.
   Umsatz vor der Preiserhöhung: 250.000 x 200 = 50.000.000 EUR
   Umsatz nach der Preiserhöhung: 175.000 x 250 = 43.750.000 EUR

Aufgabe IV-19

A	B	C	D
3	2	4	1

Aufgabe IV-20

A	B	C	D	E
2	1	4	1	2

Aufgabe IV-21

A und **E**

Die Kosten der Produktion werden in fixe und variable Kosten unterschieden. Fixe Kosten sind von der Beschäftigungslage der Unternehmung unabhängig. Es sind Kosten der Betriebsbereitschaft, z. B. Mitarbeitergehälter, Mietkosten, zeitanteilige Abschreibungen.

Variable Kosten sind von der Beschäftigungslage abhängig. Sie steigen oder sinken mit dem Output, z. B. Materialkosten, Akkordlöhne.

Die fixen und die variablen Kosten ergeben zusammen die Gesamtkosten der Unternehmung.

Aufgabe IV-22

a) **10,42 %** (12.500 : 120.000 x 100)

b) **48 %** (120.000 : 250.000 x 100)

c)
Erlöse 12.500 x 950	11.875.000,00 EUR
./. Variable Kosten 12.500 x 350	4.375.000,00 EUR
./. Fixkosten	7.850.000,00 EUR
Betriebsverlust	350.000,00 EUR

d) Break-even-Point = Fixkosten : (Erlös je Vertrag – Variable Kosten je Vertrag)

   7.850.000,00 : (950 – 350) = 13.084

   Die *Nordbank AG* braucht **13.084** Verträge, um in die Gewinnzone zu kommen.

Aufgabe IV-23

a) **52,00 EUR** ((1.063.000 - 985.000) :1.500)

   Während die Fixkosten von dem Kapazitätsausnutzungsgrad unabhängig sind, nehmen die variablen Kosten mit der Zunahme der Kapazitätsauslastung bzw. Abnahme der Kapazitätsauslastung zu bzw. ab.

b) **153.000,00 EUR** (Gesamtkosten für 16.000 Stühle ./. variable Kosten)

c) **8.500** Stühle (Monatliche Fixkosten : (Verkaufspreis pro Stuhl ./. variable Kosten pro Stuhl))

d) Betriebserlöse beim Verkauf von 15.000 Stühlen:

Verkaufspreis 70,00 EUR x 15.0000	1.050.000,00 EUR
./. variable Kosten	780.000,00 EUR
./. Fixkosten	153.000,00 EUR
Betriebserlös	**117.000,00 EUR**

Aufgabe IV-24

a)
Kombination	A	B	C	D	E
Arbeit (in EUR)	400	350	300	250	200
Kapital (in EUR)	30	90	120	150	210
Gesamtkosten (in EUR)	430	440	420	400	410

Die Kombination **D** ist mit 400 EUR am günstigsten.

b)
Kombination	A	B	C	D	E
Arbeit (in EUR)	400	350	300	250	200
Kapital (in EUR)	7,50	22,50	30	37,50	52,50
Gesamtkosten (in EUR)	407,50	372,50	330	287,50	252,50

Die kostengünstigste Kombination ist **E** mit 252,50 EUR.

Aufgabe IV-25

a)

200.000 x 850 + 156.000.000 = 326.000.000 EUR

326 Mio. : 0,2 Mio. = **1.630,00 EUR** pro Mofa

b)

A	B	C	D	E
1	4	3	1	2

B: Die Körperschaftsteuer ist keine Kostensteuer.

C: Grundlöhne sind fixe, Akkordlöhne sind variable Kosten.

Aufgabe IV-26

A	B	C	D	E
1	1	2	3	2

Aufgabe IV-27

a)

Die Preiselastizität der Nachfrage ergibt sich aus dem Quotienten von prozentualer Mengenänderung und prozentualer Preisänderung. Daraus ergibt sich für diese Aufgabe die Preiselastizität der Nachfrage = (40.000 x 250) : (150.000 x -30) = **- 2,22**

Alter Umsatz: 250 x 150.000 = 37.500.000 EUR

Neuer Umsatz: 220 x 190.000 = 41.800.000 EUR

b) **E**, vgl. Info in Lösung der Aufgabe B IV-28

Aufgabe IV-28

A	B	C	D	E
3	1	2	2	3

Die Marktform ist eine Klassifizierung der Märkte nach der Anzahl der Marktteilnehmer und deren relativem Gewicht. Durch die Kombination von einem, wenigen, vielen Anbietern und Nachfragern lässt sich ein Schema bilden.

	ein Nachfrager	wenige Nachfrager	viele Nachfrager
ein Anbieter	bilaterales Monopol	beschränktes Monopol	Monopol
wenige Anbieter	beschränktes Monopson	bilaterales Oligopol	Oligopol
viele Anbieter	Monopson	Oligopson	(bilaterales) Polypol

Die Marktform und die Möglichkeit des Marktzutritts für neue Marktteilnehmer sind für das Ausmaß des Wettbewerbs von zentraler Bedeutung. Für die Beurteilung eines Marktes kommt es deshalb auch darauf an, ob es sich um einen offenen oder geschlossenen Markt handelt. Während in einen offenen Markt jederzeit neue Anbieter bzw. neue Nachfrager eintreten können, ist bei einem geschlossenen Markt neuen Marktteilnehmern der Zugang durch gesetzliche, technische oder finanzielle Barrieren versperrt. Durch einseitige Marktmacht kann der Wettbewerb eingeschränkt oder aufgehoben werden.

Aufgabe IV-29

Bei einem Kurs von	Verkaufsaufträge	Kaufaufträge	Umsätze
352,00 EUR	80	377	80
353,50 EUR	133	287	133
354,00 EUR	133	265	133
355,00 EUR	165	250	165

356,00 EUR	165	250	165
357,00 EUR	201	178	178
357,60 EUR	242	78	78
358,00 EUR	252	78	78

Der Eröffnungskurs für die Konsum-Aktie wird mit **357,00 EUR** festgesetzt.
Kurszusatz: **bB**

Aufgabe IV-30
a) **0,6**
Rechenweg: (243 x 550) : (3000 x 70) = 0,636 also 0,6 %
b) **D**
Je höher der Preis eines Gutes, desto geringer wird im Normalfall die Nachfrage nach diesem
Gut sein. Umgekehrt wird bei sinkendem Preis die Nachfrage nach dem Gut zunehmen. Wenn
die Nachfrager in dieser Weise auf Preisveränderungen bei einem Gut reagieren, spricht man
von einer preiselastischen Nachfrage.
Bei nicht so dringlich gewünschten Gütern reagieren die Verbraucher im Allgemeinen preisempfindlicher als bei dringend benötigten Gütern. Bei einer hohen Preiselastizität führen bereits kleine Preisveränderungen zu einer großen Veränderung der nachgefragten Menge und
umgekehrt.
Vgl. auch Lösung in Aufgabe IV-3

Aufgabe IV-31
B

Aufgabe IV-32
A und **E**

V. Steuern

Aufgabe V-1

a) **1.680,00 EUR** (die volle Bardividende)

b) und
c)

	Bardividende	1.680,00 EUR
+	Zinsen aus Bundesanleihe	3.500,00 EUR
+	Zinsen aus Festgeld	200,00 EUR
=	**Summe der Einnahmen aus Kapital-vermögen**	**5.380,00 EUR**
-	Sparerfreibetrag	801,00 EUR
=	**Einkünfte aus Kapitalvermögen**	**4.579,00 EUR**

d) Beiträge zur Gewerkschaft von **360,00 EUR**

Aufgabe V-2

A	B	C	D	E	F	G
3	4	4	2	2	1	2

B: „Private" Steuerberatungskosten - also Beraterkosten, die mit der Einkunftsermittlung nichts zu tun haben wie etwa Kosten für die Erstellung einer Erbschaftsteuererklärung oder für das Ausfüllen des Mantelbogens bei der Einkommensteuererklärung - werden steuerlich nicht berücksichtigt. Steuerberatungskosten müssen in einen als Werbungskosten beziehungsweise Betriebsausgaben abziehbaren Teil und einen nicht zu berücksichtigenden „Privatanteil" aufgeteilt werden.

D: vgl. § 10 a EStG

G: Die Kirchensteuer ist eine zur Deckung des allgemeinen Kirchenbedarfs von steuerberechtigten Religionsgemeinschaften erhobene Steuer. Die Höhe und die Bemessungsgrundlage sind in den einzelnen Bundesländern verschieden. In der Regel besteht die Kirchensteuer in einem Prozentsatz der Lohnsteuer, z. B. 8 % oder 9 %. Von Arbeitnehmern wird die Kirchensteuer im Lohnabzugsverfahren einbehalten. Gezahlte Kirchensteuern sind in vollem Umfang als Sonderausgaben abzugsfähig.

Aufgabe V-3

C und **G** (vgl. § 10 Abs. 1 Ziffern 4 und 6 EStG)

A: Unterhaltszahlungen bei Trennung oder Scheidung können als Sonderausgaben (Realsplitting nach § 10 Abs. 1 Nr. 1 EStG) oder als außergewöhnliche Belastungen besonderer Art nach § 33 a Abs. 1 EStG abgesetzt werden. Der Abzug als Sonderausgaben ist wegen der maximal möglichen Steuerersparnis gerade bei höheren Unterhaltszahlungen vorzuziehen. Er erfordert jedoch ein einheitliches Vorgehen der geschiedenen Ehegatten gegenüber dem Finanzamt.

B: Beiträge zu Kapitallebensversicherungen sind als Sonderausgaben nur dann begünstigt, wenn die Versicherung vor dem 01.01.2005 abgeschlossen wurde.

C: Beiträge zu Berufsverbänden sind Werbungskosten. Zu den abzugsfähigen Kosten gehören z. B. Pflichtbeiträge von Mitgliedern, freiwillige Beiträge, Leistungen für konkrete Leistungen des Berufsverbandes, z. B. Erstellung eines Gutachtens, wenn sie mit der Berufstätigkeit zusammenhängen.

D: Spenden an politische Parteien sind abziehbar nach § 10 b Abs. 1 EStG. Spenden und Mitgliedsbeiträge zur Förderung steuerbegünstigter Zwecke im Sinne der §§ 52 bis 54 der Abgabenordnung zu gemeinnützigen, mildtätigen und kirchlichen Zwecken. Der Spenden-

© Springer Fachmedien Wiesbaden GmbH, ein Teil von Springer Nature 2022
W. Grundmann et al., *Wirtschafts- und Sozialkunde Teil 1*, Prüfungstraining für Bankkaufleute,
https://doi.org/10.1007/978-3-658-38087-8_30

höchstbetrag und Mitgliedsbeiträge für alle steuerbegünstigten Zwecke sind bis zu 20 % des Gesamtbetrags der Einkünfte als Sonderausgaben abzugsfähig (§ 10 b Abs. 1 Satz 1 EStG).

E: Privat veranlasste Steuerberatungskosten können steuerlich nicht mehr als Werbungskosten abgesetzt werden. Zu diesen Kosten gehören Kosten im Zusammenhang mit Tarif- und Veranlagungsfragen, Sonderausgaben, außergewöhnlichen Belastungen, haushaltsnahen Hilfen und Handwerkerleistungen im Privathaushalt, Kinderbetreuungskosten usw.

F: Ausbildungsfreibetrag von 924,00 EUR für jedes volljährige Kind bei auswärtiger Unterbringung, wenn man Kindergeld für das Kind erhält.

G: Kirchensteuer: vgl. Info in Lösung der Aufgabe B V-2

Aufgabe V-4

A	B	C	D	E	F	G	H
5	4	3	2	1	6	5	7

Aufgabe V-5

A	B	C	D	E	F
1	2	2	2	3	1

D: Die Haftpflichtversicherung ist als Sonderausgabe steuerlich absetzbar; Teilkasko- oder Vollkaskoversicherung für das Kfz jedoch nicht.

E: Bei den außergewöhnlichen Belastungen, die aus z. B. Scheidungskosten resultieren, gibt es einen einkunftsabhängigen Prozentsatz, den man als sog. „zumutbare Eigenbelastung" tragen muss. Der darüber hinausgehende Betrag ist dann zu einem bestimmten Prozentsatz abzugsfähig.

Aufgabe V-6

A	B	C	D	E	F	G	H
1	4	1	5	3	1	6	2

Vgl. Grundgesetz Artikel 106: Verteilung des Steueraufkommens

Die Steuerverteilung auf die einzelnen Gebietskörperschaften

Gemeinden	Gemeindeanteil an Lohn- und Einkommensteuer (einschl. Zinsabschlag); ab 1998 Gemeindeanteil an der Umsatzsteuer; die Gemeinde führt die Teile ihres Gewerbesteueraufkommens in Form der Gewerbesteuerumlage an die Länder und den Bund ab; Hundesteuer; Getränkesteuer; Vergnügungssteuer; Jagd- und Fischereisteuer, Grundsteuer.
Länder	Länderanteil an Lohn- und Einkommensteuer; Körperschaftsteuer; Umsatzsteuer; Erbschaftsteuer; Grunderwerbsteuer; Spielsteuer; Spielbankabgabe.
Bund	Bundesanteil an Lohn- und Einkommensteuer; Körperschaftsteuer; Umsatzsteuer; Mineralölsteuer; Tabaksteuer; Branntweinsteuer; Kaffeesteuer; Versicherungssteuer und seit 2009 Kfz-Steuer.

Aufgabe V-7

A	B	C	D	E	F
4, vgl. § 15 EStG	3, vgl. § 18 EStG	6, vgl. § 19 EStG	1 und 5, vgl. § 20 EStG	2, vgl. § 21 EStG	7, vgl. § 23 EStG

Aufgabe V-8
D Bei den direkten Steuern sind Steuerschuldner und Steuerträger dieselbe Person, d. h. wer die Steuer schuldet, muss sie auch wirtschaftlich tragen. Der Steuerpflichtige kann die Einkommensteuer nicht auf andere abwälzen. Sie wird direkt bei ihm erhoben.

Aufgabe V-9
C und **F**
Zu A: Eine Mehrwertsteuererhöhung wirkt sich in Relation zum Einkommen bei Niedrigverdienern stärker aus als bei Beziehern hoher Einkommen.
Grundsätze und Ziele der Besteuerung:
Leistungsfähigkeitsprinzip: Es ist das Fundamentalprinzip der Besteuerung. Das Leistungsfähigkeitsprinzip ist ein Steuerlastverteilungsprinzip.
- Fiskalisches Ziel: Einnahmeerzielung zur Deckung der Ausgaben der öffentlichen Hand.
- Verteilungs- und sozialpolitische Ziele: Umverteilung von Einkommen und Vermögen im Sinne des Sozialstaatsprinzips nach der Leistungsfähigkeit des Steuerpflichtigen.
- Wirtschaftspolitische Ziele: z. B. Senkung der Körperschaftsteuer zur Beeinflussung von Konjunktur und Wachstum.
Besteuerungsprinzipien: Es sind steuerliche Grundsätze, die zur Realisation bestimmter Ziele bei der Ausgestaltung von Steuersystemen zu beachten sind. Besteuerungsgrundsätze ändern sich im Zeitablauf aufgrund wechselnder politischer, ökonomischer und sozialer Zielsetzungen, besonders des Verständnisses des steuerlichen Gerechtigkeitsbegriffs. Beispiele hierfür sind das Äquivalenzprinzip und das Leistungsfähigkeitsprinzip. Das Äquivalenzprinzip ist ein Besteuerungsprinzip, nach dem sich die Höhe der Abgaben nach dem Empfang staatlicher Leistungen durch den Staatsbürger richtet. Für den Nutzen, den die Bürger aus öffentlichen Gütern und Diensten ziehen, sollen sie aus Gründen der Allokation ein marktpreisähnliches Entgelt zahlen, z. B. der Preis für die Erstellung eines Reisepasses.

Aufgabe V-10
C und **D**
Indirekte Steuern: Steuerträger und Steuerzahler sind unterschiedliche Personen, d. h. die Steuerlast wird über den Verkaufspreis einer Ware auf den Konsumenten abgewälzt. Beispiel: Beim Tanken trägt der Kunde die Mineral- und Mehrwertsteuer, da sie im Kraftstoffpreis enthalten sind. Dasselbe gilt für das Rauchen einer Zigarette oder Zigarre. Die Überweisung der Steuern an das Finanzamt nimmt der Mineralölkonzern bzw. der Tabakkonzern vor.

Aufgabe V-11
B
Jedem Steuerpflichtigen steht ein Grundfreibetrag von 9.408,00 EUR zu. Dazu kommen weitere Freibeträge und Pauschbeträge, die das steuerfreie Einkommen erhöhen. Darüber hinausgehende Einkünfte werden mit einem Eingangssteuersatz von 15 % belegt. Dieser Steuersatz steigt bis auf 42 % ab einem zu versteuernden Einkommen von 52.152,00 EUR pro Jahr an.

Aufgabe V-12

A	B	C	D	E	F	G	H
2	1	1	1	2	1	2	2

Vgl. Infos in den Lösungen der Aufgaben B V-8 und B V-10

Aufgabe V-13
C
Ein Werbungskosten-Pauschbetrag ist ein Betrag, der bei der Ermittlung der steuerlichen Ein-

künfte pauschal von den Einnahmen abgezogen wird, wenn nicht höhere Werbungskosten nachgewiesen werden. Ein weiterer Abzug von Werbungskosten ist damit in der Regel nicht mehr möglich.

Im deutschen Einkommensteuerrecht gelten folgende auf das Kalenderjahr bezogene Pauschbeträge:

1000,00 EUR bei den Einnahmen aus nichtselbständiger Arbeit (Arbeitnehmer-Pauschbetrag; § 9a EStG),

801,00 EUR bei den Einnahmen aus Kapitalerträgen (Sparer-Pauschbetrag; § 20 Abs. 9 EStG).

Der Ansatz des Pauschbetrags führt nicht zu negativen Einkünften, er wird also höchstens bis zur Höhe der Einnahmen angesetzt (§ 9a Satz 2 EStG). Der Pauschbetrag dient der Vereinfachung. Erst wenn höhere Werbungskosten geltend gemacht werden, müssen diese in vollem Umfang nachgewiesen oder glaubhaft gemacht werden. Beim Lohnsteuerabzug werden der Arbeitnehmerpauschbetrag wie auch die Vorsorgepauschale und der Sonderausgaben-pauschbetrag bereits berücksichtigt.

Aufgabe V-14
a) **942,00 EUR** Summe der Werbungskosten von Herrn Sellhoff
Die Tageszeitung kann nicht als Werbungskosten berücksichtigt werden, da sie dem privaten Konsum zugerechnet wird. Die beiden Versicherungen gehören zu den beschränkt abzugsfähigen Sonderausgaben.

b) **1.000,00 EUR**
Da die Aufwendungen von 942,00 EUR geringer sind als der Arbeitnehmer-Pauschbetrag, wird das Finanzamt den Werbungskostenpauschbetrag von 1.000,00 EUR ansetzen.

Aufgabe V-15
B
Steuern sind öffentliche Abgaben, die ein Gemeinwesen kraft Zwangsgewalt in einseitig festgesetzter Höhe und anders als Gebühren und Beiträge ohne Gewährung einer Gegenleistung von natürlichen und juristischen Personen seines Gebietsbereichs erhebt. Nach der Abgabenordnung § 31 sind Steuern Geldleistungen, die nicht eine Gegenleistung für eine besondere Leistung darstellen und von einem öffentlich-rechtlichen Gemeinwesen zur Erzielung von Einkünften allen auferlegt werden, bei denen der Tatbestand zutrifft, an den das Gesetz die Leistungspflicht knüpft. Die Erzielung von Einnahmen kann Nebenzweck sein.

Aufgabe V-16
1	2	3	4	5	6	7
A	C	D	E	A	D	C

Vgl. Grundgesetz Artikel 105 und 106

Aufgabe V-17
B

Aufgabe V-18
C

Aufgabe V-19
C

Aufgabe V-20
D

VI Volkswirtschaftliche Gesamtrechnung

Aufgabe VI-1

a) 20 Mrd. EUR (Bruttonationaleinkommen ./. Bruttoinlandsprodukt)

Bruttoinlandsprodukt (BIP): Umfasst die während eines Jahres innerhalb des eigenen Wirtschaftsraumes (Inland) von Inländern und Ausländern erwirtschafteten Wertschöpfungen.

Bruttonationaleinkommen (BNE): (früher: Bruttosozialprodukt) Es ergibt sich, indem man vom Bruttoinlandsprodukt (BIP) die Primäreinkommen abzieht, die an die übrige Welt geflossen sind und umgekehrt die Primäreinkommen hinzufügt, die von inländischen Wirtschaftseinheiten aus der übrigen Welt bezogen worden sind.

b) 3.150 Mrd. EUR (BNE ./. Abschreibungen)

Für Deutschland besteht zwischen dem BIP und dem BNE quantitativ kein bedeutender Unterschied. Er betrug i. d. R. in der Vergangenheit weniger als 1 % des BIP, z. B. betrug das BNE im letzten Ermittlungsjahr 2.249 Mrd. EUR und das BIP 2.244 Mrd. EUR.

c) 2.680 Mrd. EUR (Bruttonationaleinkommen ./. Abschreibungen ./. indirekte Steuern ./. Subventionen)

Faktorkosten: Eine nur in der deutschen Volkswirtschaftlichen Gesamtrechnung (VGR) verwendete Bezeichnung für die Bewertung von Inlandsprodukt und Nationaleinkommen. Die Bewertung zu Faktorkosten bedeutet ohne „Produktions- und Importabgaben" abzüglich Subventionen.

d) 1.800 Mrd. EUR (Nettonationaleinkommen zu Faktorkosten ./. Unternehmens- und Vermögenseinkommen)

Das Unternehmens- und Vermögenseinkommen ist die Summe aller übrigen Faktoreinkommen (Gewinne der Unternehmen, Zinsen und sonstige Kapitaleinkünfte, Mieten und Pachten).

Das Arbeitnehmerentgelt ist die Summe aller Arbeitnehmereinkommen; es beinhaltet die Bruttolöhne und -gehälter zuzüglich der Lohnnebenkosten in Form von Arbeitgeberbeiträgen zur Sozialversicherung und weiterer Sozialaufwendungen der Arbeitgeber.

e) 250 Mrd. EUR (Bruttoanlageinvestitionen ./. Abschreibungen)

Aufgabe VI-2

a) **1.650 Mrd. EUR** (60 Millionen x 27.500 EUR)

b) **C** (27.500 ./. 25.650 = 1.850 EUR)

c) **A** Es liegen keine realen, sondern nur nominale Werte vor.

Aufgabe VI-3

A	B	C
2	4	1

Zu 1.: Außenbeitrag: Differenz zwischen Exporten und Importen von Waren und Dienstleistungen

Zu 2. Bruttonationaleinkommen: Es umfasst die wirtschaftlichen Leistungen aller Inländer, ungeachtet ob sie im Inland oder im Ausland erbracht worden sind.

Zu 3.: Nettoinvestitionen: Bruttoinvestitionen oder Ersatzinvestitionen minus Abschreibungen

Zu 4.: Lohnquote: Untersuchungen zur funktionellen Einkommensverteilung befassen sich mit der Aufteilung der bei der Güterproduktion erzielten Einkommen auf die im Produktionsprozess eingesetzten Produktionsfaktoren. Das bekannteste Maß für die Entwicklung der funktionellen Einkommensverteilung ist die Bruttolohnquote. Sie soll anzeigen, welcher Teil des Volkseinkommens dem Produktionsfaktor Arbeit zugeflossen ist.

© Springer Fachmedien Wiesbaden GmbH, ein Teil von Springer Nature 2022
W. Grundmann et al., *Wirtschafts- und Sozialkunde Teil 1*, Prüfungstraining für Bankkaufleute,
https://doi.org/10.1007/978-3-658-38087-8_31

Zu 5. Gewinnquote: Bezieht man das Unternehmens- und Vermögenseinkommen auf das Volkseinkommen, so erhält man die Gewinnquote. Lohnquote und Gewinnquote ergeben zusammen 100 %.

Die Unternehmens- und Vermögenseinkommen umfassen die Einkommen der privaten Haushalte und des Staates aus Zinsen, Nettopachten und immateriellen Werten, aus Dividenden und sonstigen Ausschüttungen der Unternehmen mit eigener Rechtspersönlichkeit sowie die nicht ausgeschütteten Gewinne der Unternehmen mit eigener Rechtspersönlichkeit. In der amtlichen Statistik können die Unternehmens- und Vermögenseinkommen nur als Rest zwischen der Nettowertschöpfung zu Faktorkosten und den entstandenen Einkommen aus unselbstständiger Arbeit ermittelt werden. Das statistische Bundesamt berechnet das BIP nicht getrennt von der Verteilungsseite her.

Zieht man von dem Bruttounternehmens- und Vermögenseinkommen die direkten Steuern und andere geleistete Übertragungen, z. B. die Pflichtbeiträge der Selbstständigen zur Sozialversicherung, ab, gelangt man zum Nettobetrag der Unternehmens- und Vermögenseinkommen.

Zu 6.: Leistungsbilanzsaldo: Die Leistungsbilanz besteht aus den Teilbilanzen Außenhandel, Ergänzungen zum Warenverkehr, Dienstleistungsbilanz, Primäreinkommen und Sekundäreinkommen. Der Saldo der Leistungsbilanz, der sich aus den Salden der einzelnen Teilbilanzen ergibt, soll die Transfers berücksichtigen, die Einfluss auf Verbrauch und Einkommen haben. Die Gegenbuchungen erfolgen in der Kapitalbilanz.

Zu 7.: BIP: vgl. Info in Lösung der Aufgabe VI-1 a)

Aufgabe VI-4

D und **E**

A: Verwendungsrechnung: Von der Verwendungsseite her gesehen ist das BIP die Summe der Güter der letzten Verwendung abzüglich der Güterimporte:

Konsumausgaben der privaten Haushalte plus Konsumausgaben des Staates plus Bruttoinvestitionen plus Ausfuhr minus Einfuhr = Bruttoinlandsprodukt zu Marktpreisen von der Verwendungsseite.

Die Konsumausgaben der privaten Haushalte umfassen neben den Waren- und Dienstleistungskäufen der privaten Haushalte die Konsumausgaben der zum Sektor der privaten Haushalte gerechneten privaten Organisationen ohne Erwerbszweck. Außerdem werden auch die Eigennutzung von Wohnraum (in Höhe der unterstellten Mieten), Naturaleinkommen der Arbeitnehmer sowie Aufwendungen für die Verpflegung der Bundeswehr zu Konsumausgaben der privaten Haushalte gezählt.

Die Konsumausgaben des Staates umfassen die der Allgemeinheit zur Verfügung gestellten Dienstleistungen einschl. der Sozialversicherung. Ihr Wert wird durch Abzug der Einnahmen aus Gebühren (z. B. für Müllabfuhr) sowie des Werts der selbst erstellten Anlagen vom Produktionswert des Staates ermittelt.

Die Bruttoinvestitionen bestehen aus den Anlageinvestitionen und der Vorratsänderung. Als Anlageinvestitionen gelten die Werte der Anschaffung und Erstellung von dauerhaften reproduzierbaren Produktionsmitteln, mit Ausnahme dauerhafter militärischer und von privaten Haushalten genutzter Güter. Nicht eingerechnet werden Aufwendungen für Forschung und Entwicklung sowie langlebige Gebrauchsgüter wie Fahrzeuge und Fernsehgeräte der privaten Haushalte.

B: Der Staatsverbrauch für 2018 beträgt laut Tabelle 18,6 %.

C: Die Position „Löhne und Gehälter" in Höhe von 69,3 % für 2008 bezieht sich auf das Volkseinkommen. Die Differenz zu 100 % ergibt die Gewinnquote = 30,7 % (Position „Gewinne und Vermögenserträge").

Von der Entstehungsrechnung berechnet ergibt das sich das BIP durch:

Produktionswert minus Vorleistungen plus Gütersteuern minus Gütersubventionen = BIP
Von der Verwendungsseite her berechnet ergibt sich das BIP durch:
Private Konsumausgaben plus Konsumausgaben des Staates plus Ausrüstungsinvestitionen plus Bauinvestitionen plus sonstige Anlagen plus Vorratsveränderungen und Nettozugang an Wertsachen plus Export von Waren und Dienstleistungen minus Importe von Waren und Dienstleistungen = BIP
D: In der Position „Investitionen" ist der Außenbeitrag in Höhe von 4,9 % enthalten. Dies bedeutet, dass ein Teil der Güterproduktion als Export in das Ausland geliefert wurde.
Außenbeitrag = Differenz zwischen Exporten und Importen von Waren und Dienstleistungen
E: vgl. Tabelle 2010 bis 2014: 1,0 %; 1,8 %; 2,0 %; 2,0 %; 3,2 % und ab 2015: 1,2 %; 0,2 %; 0,0 %; 1,6 %
F: Aussage ist falsch:
Anteil des produzierenden Gewerbes am BIP 25,1 %
Anteil der Dienstleistungen am BIP (Öffentliche und private Dienste 22,6 %, Unternehmensdienstleistungen 29,1 %, Handel und Verkehr 18,1 % = 69,8 %)

Aufgabe VI-5

A	B	C	D	E	F
4	3	2	5	1	6

Die örtlichen und fachlichen Einheiten, die identische oder zumindest vergleichbare Produktionstätigkeiten aufweisen, werden in Wirtschaftsbereichen zusammengefasst. Ebenso werden die institutionellen Einheiten zu Sektoren aggregiert.
Beispiele:
Finanzielle Kapitalgesellschaften
- Zentralbank
- Kreditinstitute
- sonstige Finanzinstitute (ohne Versicherungsgesellschaften und Pensionskassen)
- Versicherungsunternehmen und Pensionskassen
Staat
- Bund
- Länder
- Gemeinden
- Sozialversicherungen
Private Haushalte
- Selbständigenhaushalte (mit und ohne Arbeitnehmer)
- Arbeitnehmerhaushalte (Vermögenseinkommensempfänger/Renten- und Pensionsempfänger/sonstige Nichterwerbstätigenhaushalte)
- sonstige private Haushalte

Aufgabe VI-6
a) 2018: (1986,20 − 1969,50) : 1969,50 x 100 = 0,84793 = **0,85 %**
    2019: (1989,70 − 1986,20) : 1986,20 x 100 = 0,17621 = **0,18 %**
b) 2018: 1121,28 : 1542,19 x 100 = 72,71 %
    2019: 1130,46 : 1571,51 x 100 = 71,93 %
Die Lohnquote hat sich von 2018 auf 2019 um 0,78 % verringert: **2/0,78**

Aufgabe VI-7

A	B	C	D	E	F
1	5	2	3	4	4

Jede Volkswirtschaft weist drei Wirtschaftsbereiche auf: Die Urerzeugung (z. B. Rohstoffe und Agrarerzeugnisse)vollzieht sich im primären Wirtschaftsbereich einer Volkswirtschaft. Die Weiterverarbeitung der Urprodukte zu Fertigerzeugnissen geschieht in den Industrie- und Handwerksbetrieben (sekundärer Wirtschaftsbereich). Zum tertiären Wirtschaftsbereich zählen alle Betriebe, die Dienstleistungen erbringen, wie Handelsbetriebe, Kreditinstitute und Versicherungen.

Aufgabe VI-8

a) **D**

Da die Berechnungen nach dem „preisbereinigten, verketteten" Index vorliegen, handelt es sich um das reale BIP. Es werden ferner die Wertschöpfungsbereiche der Wirtschaft dargestellt, also handelt es sich um die Entstehungsrechnung.

b) **4. Quartal 2016**

Aufgabe VI-9

a) **40,6%**

Bruttolöhne minus Nettolöhne = 1.565,3 - 930,3 = 635,0

Abgabenquote = 635 : 1565,3 x 100 = 40,5673

Abgabenquote bedeutet, wie viele Mittel dem privaten Sektor entzogen und auf den Staat übertragen wurden. Da der Staat jedoch regelmäßig einen Teil seiner Einnahmen in Form von Transferzahlungen wieder an die Privaten zurückleistet, ist aus Abgabequoten nicht zu erkennen, in welchem Umfang Einkommensteile endgültig aus der privaten in die staatliche Verwendung übergegangen sind.

b) **C**

Verfügbares Einkommen der privaten Haushalte und der gesamten Volkswirtschaft:

- Private Haushalte: Das verfügbare Einkommen der privaten Haushalte ergibt sich aus den Primäreinkommen nach Korrektur um empfangene und geleistete laufende Transfers (Transfereinkommen).
- Gesamtwirtschaft: Erhöht man das Nettonationaleinkommen um die empfangenen laufenden Transfers aus der übrigen Welt und zieht die geleisteten laufenden Transfers an die übrige Welt ab, so ergibt sich das verfügbare Einkommen der Gesamtwirtschaft.

c) **12,1%**

Rechenweg: 287,6 : 2382,7 x 100 = 12,0703

Als Sparquote bezeichnet man das Sparen bezogen auf die Summe aus verfügbarem Einkommen nach dem Ausgabenkonzept und Zunahme der betrieblichen Versorgungsansprüche. Die Hinzurechnung der betrieblichen Versorgungsansprüche im Nenner ist erforderlich, weil diese über die Verwendungsseite bei den Arbeitgebern auf die Aufkommensseite der privaten Haushalte und so in das Sparen der privaten Haushalte gelangen. Sie werden aber nicht in das verfügbare Einkommen einberechnet.

Aufgabe VI-10

A	B	C	D	E
04	01	12	16	18

Aufgabe VI-11

E und **G**

Vgl. Info in Lösung der Aufgabe B VI-1 a)

Das **BIP** ist ein zusammengefasstes Maß für den Wert der wirtschaftlichen Leistungen, die aus der Produktionstätigkeit im Inland in einer Periode entsteht. Es zeigt in gütermäßiger Sicht den Wert der im Inland in einer Periode erzeugten Endprodukte, d. h. Waren und Dienstleistungen nach Abzug des Wertes (ohne Einfuhrabgaben) der im Produktionsprozess als Vorleistungen verbrauchten sowie importierten Güter.

Das **Bruttonationaleinkommen** ergibt sich als Summe von BIP und dem Saldo der Primäreinkommen mit der übrigen Welt.

Aufgabe VI-12

B

Die Verteilungsrechnung erfasst die Erwerbs- und Vermögenseinkommen. Sie gibt, ausgehend von dem Aggregat „Volkseinkommen", Antworten auf die Frage, welche Einkommensarten, nämlich Arbeitnehmerentgelte sowie Unternehmens- und Vermögenseinkommen, Inländern letztlich zugeflossen sind.

Aufgabe VI-13

a) **2,6 %** Wachstumsrate des BIP

Rechenweg: (2.025 - 1.974) : 1.974 x 100

b) **36 Mrd. EUR** realer Außenbeitrag

Rechenweg: BIP – Inländische Verwendung = 1.968 – 1.932

Verfügbares Einkommen der privaten Haushalte und der gesamten Volkswirtschaft:

Der Außenbeitrag ist die Differenz zwischen Exporten und Importen von Waren und Dienstleistungen. Der Außenbeitrag kann aber auch aus der Differenz zwischen Bruttoinlandsprodukt und inländischer Verwendung berechnet werden bzw. die Summe von inländischer Verwendung und dem Außenbeitrag ergibt das BIP.

Aufgabe VI-14

a) **640 Mrd. EUR**

(Arbeitnehmereinkommen 700 + Transferzahlungen 60 – Steuern 120)

b) **120 Mrd. EUR**

Das Geld für die Investitionen der Unternehmen wird von den Sparern aufgebracht.

c) **520 Mrd. EUR**

Verfügbares Einkommen 640 – Sparbeitrag der privaten Haushalte 120 = 520

d) **200 Mrd. EUR**

Transferzahlungen an private Haushalte 60 + Subventionen an Unternehmen 140 = 200

e) **80 Mrd. EUR**

Volumen des Staatshaushalts 200 – Steuerzahlungen der privaten Haushalte 120 = 80

oder

(Verfügbares Einkommen 640 – Sparbeitrag der privaten Haushalte 120) – (Arbeitnehmerentgelte 700 – Investitionsausgaben 120 – Subventionen 140) = 80

Aufgabe VI-15

Sparleistung der privaten Haushalte: **360**

Rechenweg: 1.640 + 560 – 500 – 1.340 = 360

Aufgabe VI-16

1	2	3	4	5	6	7	8	9
A	E	I	B	C	F	D	H	G

Man unterscheidet bei der Verteilungsrechnung zwischen zwei Einkommensquellen:

- Das Arbeitnehmerentgelt ist die Summe aller Arbeitnehmereinkommen (Bruttolöhne und -gehälter zuzüglich der Lohnnebenkosten in Form von Arbeitgeberbeiträgen zur Sozialversicherung und weiterer Sozialaufwendungen der Arbeitgeber).
- Das Unternehmens- und Vermögenseinkommen ist die Summe aller übrigen Faktoreinkommen (Gewinne der Unternehmen, Zinsen und sonstige Kapitaleinkünfte, Mieten und Pachten).

Das verfügbare Einkommen entspricht nicht dem Volkseinkommen, weil der Staat den privaten Haushalten Einkommensteile in Form von direkten Steuern und Sozialabgaben entzieht. Ein Teil dieser öffentlichen Einnahmen dient der Finanzierung öffentlicher Aufgaben, ein anderer Teil geht an die privaten Haushalte in Form von Transferzahlungen (Renten, Kindergeld usw.) zurück.

	Bruttoinlandsprodukt
+	Primäreinkommen der Inländer aus der übrigen Welt
-	Primäreinkommen der Ausländer aus dem Inland
=	**Bruttonationaleinkommen**
-	Abschreibungen
=	**Nettonationaleinkommen (Primäreinkommen)**
-	Produktions- und Importabgaben
+	Subventionen an Unternehmen
=	**Volkseinkommen**

setzt sich zusammen aus:
- Arbeitnehmerentgelt
- Unternehmens- und Vermögenseinkommen

Aufgabe VI-17

a)

2018: **9,2 %**

2019: **7,4 %**

Rechenweg:

2018: Erwerbslose 3.734 : (Erwerbstätige 36.816 + Erwerbslose 3.734) x 100 = 9,208

2019: Erwerbslose 2.971 : (Erwerbstätige 36.936 + Erwerbslose 2.971) x 100 = 7,4448

Die Arbeitslosenquote gibt Auskunft über das Ausmaß der Arbeitslosigkeit in einer Volkswirtschaft oder Region. Zu ihrer Berechnung wird die Zahl der registrierten Erwerbslosen in Relation zu den Erwerbspersonen gesetzt.

b) **422**

Rechenweg:

2018: 36.816 − 33.184 = 3.632

2019: 36.936 − 32.882 = 4.054

4.054 - 3.632 = 422

Aufgabe VI-18

a) **59.729** Personen

Rechenweg: 4.233.417 − 4.293.176 = 59.729

b) Verringerung um **0,1%**
Rechenweg: 10,3 % - 10,2 % = 0,1 %
c) **A**

Aufgabe VI-19

A	B	C	D	E
05	02	01	11	09

Aufgabe VI-20
a) **617.000 TEUR**
Rechenweg:
Bruttolöhne 880.000 TEUR + Zinsen 5.000 TEUR + Renten 90.000 TEUR – Sozialversiche-rungsbeiträge 183.000 TEUR – Steuern 190.000 TEUR + Wohngeld 15.000 TEUR = 617.000 TEUR
Verfügbares Einkommen der privaten Haushalte = Volkseinkommen – direkte Steuern (Lohn-/Einkommensteuer) – Sozialabgaben + Transferzahlungen
Die wichtigste Einkommensgröße nach der Umverteilung ist das verfügbare Einkommen der privaten Haushalte. Es ergibt sich aus dem Primäreinkommen nach Korrektur um empfangene und geleistete laufende Transfers (Transfereinkommen). Ein überwiegender Teil des verfügba-ren Einkommens wird konsumiert, der Rest ist Sparen und Zunahme betrieblicher Versor-gungsansprüche. Sparen bezogen auf die Summe aus verfügbarem Einkommen nach dem Ausgabenkonzept und Zunahme der betrieblichen Versorgungsansprüche wird als Sparquote bezeichnet. Die Hinzurechnung der betrieblichen Versorgungsansprüche im Nenner der Spar-quote ist erforderlich, weil diese über die Verwendungsseite bei den Arbeitgebern auf die Auf-kommensseite der privaten Haushalte und so in das Sparen der privaten Haushalte gelangen. Sie werden aber nicht in das verfügbare Einkommen eingerechnet.
b) **7,6 %**
Rechenweg:
(Verfügbares Einkommen 617.000 TEUR – Urlaubsausgaben 18.000 TEUR – täglicher Bedarf 552.000 TEUR) : verfügbares Einkommen 617.000 TEUR x 100 = 7,6175
Die Sparquote gibt an, wie viel Prozent des verfügbaren Einkommens in einer Volkswirtschaft durchschnittlich gespart wird.
Sparquote = Private Ersparnis x 100 : verfügbares Einkommen
c) **3** und **7**

Aufgabe VI-21
B und **D**
Wirtschaftsgüter werden in immaterielle Güter wie Dienstleistungen und Rechte sowie materi-elle Güter unterschieden. Die materiellen Güter werden in die Produktionsgüter und Konsum-güter unterschieden. Zu den Konsumgütern gehören die Gebrauchsgüter (z. B. Kleidung und Haushaltsgeräte) und die Verbrauchsgüter (z. B. Lebensmittel). Die Produktionsgüter werden unterschieden in Gebrauchsgüter (z. B. Maschinen und Werkzeuge) und Verbrauchsgüter (z. B. Rohstoffe und Energie).

Aufgabe VI-22
a) 612,5 Mrd. EUR ist ein um 0,9% vermehrter Wert:
100,9% = 612,5 Mrd. EUR
100% = **607,0 Mrd. EUR**

b)

A	B	C	D	E
3	6	1	2	8

Aufgabe VI-23

a) (43.000 : 85.000) x 100 = **50,59 %**

Erwerbsquote = Erwerbspersonen : Wohnbevölkerung x 100

b) (3.800 : 43.000) x 100 = **8,84 %**

Arbeitslosenquote = Erwerbslose : Erwerbspersonen x 100

c)

43.000 Erwerbspersonen
- 3.800 gemeldete Arbeitslose
- 11.500 Selbstständige
= **27.700 unselbstständig Erwerbstätige**

Aufgabe VI-24

2018		
	Privater Konsum	1.326,40
+	Konsumausgaben des Staates	421,51
+	Ausrüstungsinvestitionen einschl. Vorratsveränderungen	383,36
+	Exporte	917,98
-	Importe	804,65
=	BIP	**2.244,60**
2019		
	Privater Konsum	1.357,50
+	Konsumausgaben des Staates	425,88
+	Ausrüstungsinvestitionen einschl. Vorratsveränderungen	466,44
+	Exporte	1.046,48
-	Importe	920,10
=	BIP	**2.376,20**
2020		
	Privater Konsum	1.376,25
+	Konsumausgaben des Staates	435,91
+	Ausrüstungsinvestitionen einschl. Vorratsveränderungen	442,77
+	Exporte	1.138,96
-	Importe	970,89
=	BIP	**2.423,00**

Aufgabe VI-25

A	B
2	4

Die Zahlungsbilanz der Bundesrepublik wird nach den Richtlinien des Internationalen Währungsfonds (IWF) von der Deutschen Bundesbank aufgestellt. Die Zahlungsbilanz ist vollständig mit den volkswirtschaftlichen Gesamtrechnungen abgestimmt. Das gilt hinsichtlich der Abgrenzung von Wirtschaftsgebiet und Inländern sowie für die Konten. Daher stehen mit der deutschen Zahlungsbilanz die erforderlichen Bausteine für die Erstellung der Bilanz der Europäischen Währungsunion und der Europäischen Union in der notwendigen Gliederungstiefe zur Verfügung. Die deutsche Zahlungsbilanz ist gegliedert in die Leistungsbilanz, die Bilanz der Vermögensübertragungen und die Kapitalbilanz. Hinzu kommt der Saldo der statistisch nicht aufgliederbaren Transaktionen (Restposten).

Die VGR beruhen nicht auf eigens für ihre Zwecke durchgeführten Erhebungen. Sie sind vielmehr eine Sekundärstatistik. Es muss also auf bereits vorhandenes, primär für andere Zwecke bestimmtes Datenmaterial zurückgegriffen werden. Hierbei handelt es sich um Unterlagen aus allen Gebieten der Wirtschafts- und Finanzstatistik. Das Ziel, aus Teilstücken ein vollständiges und widerspruchsfreies Gesamtbild zu erhalten, ist weitgehend nur mit Hilfe von Annahmen und Schätzungen zu erreichen. Das Statistische Bundesamt weist in seiner Monatszeitschrift „Wirtschaft und Statistik" auf wichtige Rechnungsgrundlagen und auf die Problematik der jeweiligen Daten hin. Die regionalen VGR werden für alle Bundesländer unter Verwendung gleicher Methoden und gleicher Quellen vom Statistischen Bundesamt erstellt, sodass ihre Ergebnisse interregional voll vergleichbar sind.

Aufgabe VI-26

A	B	C	D	E	F
3	1	2	4	6	5

Zu B1 und A3:   Das Bruttoinlandsprodukt (BIP) schließt nur die innerhalb des eigenen Wirtschaftsraumes erwirtschafteten Leistungen ein. Dabei spielt es keine Rolle, ob diese von Inländern oder Ausländern erzielt wurden. Beispiel: Ausländische Arbeitnehmer aus grenznahen Gebieten zu Deutschland sind häufig bei deutschen Unternehmen beschäftigt. Die von diesen Arbeitnehmern erzielten Einkommen sind im deutschen BIP enthalten. Auch das Gehalt eines Profi-Tennisspielers, der seinen Wohnsitz in Belgien hat, aber bei einem deutschen Verein spielt, ist im deutschen Bruttoinlandsprodukt enthalten. Das BIP umfasst die während eines Jahres innerhalb des eigenen Wirtschaftsraumes, also im Inland, von Inländern und Ausländern erwirtschafteten Wertschöpfungen. Alle Wirtschaftssubjekte gelten als Inländer, die ihren ständigen Sitz in Deutschland haben, also auch die hier lebenden Arbeitnehmer fremder Nationalitäten und die Tochtergesellschaften ausländischer Unternehmen.

Bruttonationaleinkommen (BNE): Es umfasst die wirtschaftlichen Leistungen aller Inländer, einerlei, ob diese im Inland oder Ausland erzielt werden.

Wenn man das Volumen der nur von den Inländern erwirtschafteten Wertschöpfungen ermitteln möchte (also das BNE), muss man zum BIP den Saldo der Primäreinkommen aus der übrigen Welt addieren.

Primäreinkommen der Inländer aus der übrigen Welt
- Primäreinkommen der Ausländer aus dem Inland
= Saldo der Primäreinkommen Inland (Primäreinkommen an die übrige Welt)

Zu C2:

Wertschöpfung: Die Wertschöpfung in der Unternehmung geschieht durch die Kombination der Produktionsfaktoren Arbeit, Boden und Kapital. Aufgrund des Produktionsprozesses werden die in der Unternehmung eingesetzten Produktionsanlagen abgenutzt, sodass sie nach Ablauf ihrer Nutzungsdauer wieder erneuert werden müssen. Die entstandenen Wertminderungen des Sachkapitals stellen Aufwendungen dar, und werden als Abschreibungen erfasst. Die Abschreibungsbeträge sind in die Verkaufspreise mit einkalkuliert und fließen damit beim Verkauf der Produkte in die Unternehmung zurück. Die Abschreibungsgegenwerte dienen später der Finanzierung der Ersatzinvestitionen.

Nettowertschöpfung: Sie ist identisch mit dem Einkomme, die den privaten Haushalten zufließen.

Bruttowertschöpfung: Die Bruttowertschöpfung der Unternehmung ist die Differenz zwischen dem Verkaufserlös der eigenen Leistungen, dem sogenannten Produktionswert, und dem Kaufpreis der von anderen Unternehmen bezogenen Vorleistungen.

Zu E6:

Nettonationaleinkommen (Primäreinkommen): Im Bruttonationaleinkommen enthalten sind die Produktionsleistungen, die zur Erhaltung des in der Volkswirtschaft vorhandenen Sachkapitals notwendig sind. Die hierzu erforderlichen Geldmittel werden durch die Abschreibungen bereitgestellt. Somit sind die Abschreibungen wertgemäß identisch mit den Ersatzinvestitionen. Während also das Bruttonationaleinkommen die gesamte Produktionsleistung der Inländer einschließlich der Ersatzinvestitionen erfasst, stellt das Nettonationaleinkommen nur die neu geschaffene Produktionsleistung dar, klammert also die durch die Abschreibungen erfassten Wertminderungen des vorhandenen Sachkapitals aus.

Aufgabe VI-27
B

Aufgabe VI-28

A	B	C	D
3	1	3	2

Erwerbspersonen: Alle Personen zwischen 15 und 65 Jahren, die bereit sind, eine auf Entgelterzielung gerichtete Tätigkeit anzunehmen. Die Erwerbspersonen setzen sich zusammen aus den Erwerbstätigen: abhängig Beschäftigte, Selbstständige und mithelfende Familienangehörige und den Arbeitslosen: Arbeitslose und Umschüler.

Nichterwerbspersonen: Alle Personen bis zu 15 Jahren und über 64 Jahren sowie Schüler, Studenten, Erwerbsunfähige, Hausfrauen/-männer.

Selbstständige sind Erwerbspersonen, die sich unternehmerisch oder freiberuflich betätigen.

Sozialversicherungspflichtig Beschäftigte: Personen, die in einem abhängigen Beschäftigungsverhältnis stehen (/Arbeiter und Angestellte). Beamte, Selbstständige und Personen, die ausschließlich in sog. Minijobs tätig sind, werden hier nicht erfasst.

VII Konjunktur und Wachstum

Aufgabe VII-1
A und **D**, vgl. Stabilitätsgesetz
§ 1 (Beachtung der Erfordernisse des gesamtwirtschaftlichen Gleichgewichts)
Bund und Länder haben bei ihren wirtschafts- und finanzpolitischen Maßnahmen die Erfordernisse des gesamtwirtschaftlichen Gleichgewichts zu beachten. Die Maßnahmen sind so zu treffen, dass sie im Rahmen der marktwirtschaftlichen Ordnung gleichzeitig zur Stabilität des Preisniveaus, zu einem hohen Beschäftigungsstand und außenwirtschaftlichem Gleichgewicht bei stetigem und angemessenem Wirtschaftswachstum beitragen.

Aufgabe VII-2

A	B	C	D	E
5	7	1	3	4

Konjunkturindikatoren dienen zur Beurteilung, in welcher konjunkturellen Phase sich eine Volkswirtschaft befindet. Sie sind Grundlage für konjunkturpolitische Steuerungsmaßnahmen der Bundesregierung bzw. der Zentralbank. Frühindikatoren zeigen die zukünftige Wirtschaftsentwicklung, z. B. der Auftragseingangsindex. Dieser Index, der aus eingegangenen und akzeptierten Bestellungen bei Industrieunternehmen mit mehr als 20 Beschäftigten besteht, wird vom Statistischen Bundesamt monatlich veröffentlicht. Ferner gehören Baugenehmigungen, Nachfrage nach Zeitarbeit und der Ifo-Geschäftsklimaindex sowie der Einkaufsmanagerindex zu den Frühindikatoren.
Die Präsenzindikatoren zeigen die aktuelle konjunkturelle Lage. Sie informieren zeitnah über das gesamtwirtschaftliche Angebot und die gesamtwirtschaftliche Nachfrage. Zu den Präsenzindikatoren zählen das reale BIP, die Industrieproduktion, der Kapazitätsauslastungsgrad sowie der Import und der Export.
Spätindikatoren zeigen zeitverzögert die Konjunkturentwicklung. Zu diesen Indikatoren zählen die Preise auf den Faktormärkten, z. B. die Entwicklung der Güterpreise und der Löhne sowie die Arbeitslosigkeit.

Aufgabe VII-3
E, vgl. §§ 118, 153 ff. SGB VII.

Ursachen der Arbeitslosigkeit	
Objektive Ursachen	- konjunkturelle Arbeitslosigkeit - Rationalisierungsarbeitslosigkeit oder technologische Arbeitslosigkeit - saisonale Arbeitslosigkeit - strukturelle Arbeitslosigkeit
Subjektive Ursachen	- Qualifikationsmängel - Alter - Nationalität - Krankheit und Behinderung - Geschlecht - Langzeitarbeitslosigkeit - fluktuationsbedingte Arbeitslosigkeit (friktionelle Arbeitslosigkeit)

© Springer Fachmedien Wiesbaden GmbH, ein Teil von Springer Nature 2022
W. Grundmann et al., *Wirtschafts- und Sozialkunde Teil 1*, Prüfungstraining für Bankkaufleute,
https://doi.org/10.1007/978-3-658-38087-8_32

Aufgabe VII-4

A	B	C	D
3	1	2	1

Im marktwirtschaftlichen System kommt es durch die Marktkräfte und die sich ändernden rechtlichen, politischen und sozialen Rahmenbedingungen zu Veränderungen des Geldwertes. **Inflation** ist ein fortgesetzter Anstieg des Preisniveaus. Die Arten der Inflation können unterschieden werden durch die Erkennbarkeit des Geldentwertungsprozesses (z. B. offene oder verdeckte Inflation) und die Geschwindigkeit, mit der die Preise steigen, und durch ihre Ursachen (nachfrageinduzierte Inflationen: z. B. Konsuminflation, Investitionsinflation, importierte Inflation; angebotsinduzierte Inflation: Kosteninflation, Gewinninflation).
Deflation ist eine fortgesetzte Senkung des Preisniveaus. Ursachen sind z. B. ein Rückgang der Nachfrage des Staates, wenn er seine Investitionstätigkeit stark drosselt oder wenn private Haushalte zu Lasten des Konsums vermehrt sparen und dadurch die Unternehmen zu Produktionseinschränkungen zwingen. Außerdem führen Preissenkungen durch die Unternehmen zur Deflation, weil Unternehmenskapazitäten nicht ausgelastet und die Märkte gesättigt sind und die Unternehmer die Nachfrage durch die Preissenkungen steigern wollen.
Die Folgen der Deflation sind Nachfragesenkungen bei Konsum- und Investitionsgütern, Produktionseinschränkungen, Beschäftigungs- und Einkommensrückgang sowie Senkung des Steueraufkommens.

Aufgabe VII-5
A und E
Verbraucherpreisindex: Der Verbraucherpreisindex für Deutschland wird regelmäßig vom statistischen Bundesamt in Verbindung mit den statistischen Landesämtern ermittelt und veröffentlicht. Der Index ermöglicht Aussagen über die Veränderungen der Kaufkraft der privaten Haushalte und damit des Lebensstandards der Bevölkerung. Er dient als Indikator für wirtschaftspolitische Entscheidungen und ist wichtig für die Berechnung des realen Wirtschaftswachstums.
Harmonisierter Verbraucherpreisindex: Auf europäischer Ebene wurde eine Harmonisierung der Preismessung für die Lebenshaltung im Hinblick auf die Europäische Wirtschafts- und Währungsunion entwickelt. Das Statistische Amt der Europäischen Gemeinschaften (EUROSTAT) veröffentlicht seit 1995 das Ergebnis dieser Preismessung als Harmonisierten Verbraucherpreisindex. Er beruht auf den nationalen HVPIs, die in allen Staaten des Euro-Währungsgebietes nach einer einheitlichen Methode erstellt werden.

Aufgabe VII-6

1	2	3	4	5
B	C	A	E	D

Der Konjunkturverlauf wird in der Konjunkturtheorie in markante Abschnitte unterteilt. Neben dem unteren und dem oberen Wendepunkt werden vier Konjunkturphasen unterschieden:
1. Die Aufschwungphase nach dem unteren Wendepunkt wird als Erholung oder Expansionsphase bezeichnet. Man erkennt sie durch eine verbesserte Kapazitätsauslastung, steigende private Investitionen und Lohnsumme, zunehmendes Volkseinkommen und erhöhten privaten Konsum.
2. Die Erholung geht in den Boom über, sobald die Produktionsfaktoren voll beschäftigt sind, eine Erhöhung des realen Volkseinkommens ist nicht mehr möglich. Es kommt zu starken Preissteigerungen und Störungen auf dem Geld- und Kapitalmarkt.

3. Nach Erreichen des oberen Wendepunktes geht die Entwicklung in die Rezession (Abschwung) über, die in der Boomphase bei überhöhtem Zinsniveau durchgeführten Investitionen erweisen sich bei jetzt vorherrschender relativer Preisstabilität als unrentabel. Es kommt zu einem Rückgang der privaten Investitionen und zu einer Stagnation des privaten Konsums. Gewinne und Lohnsumme sinken, zahlreiche Unternehmen geraten Schwierigkeiten.
4. Die Phase vor dem unteren Wendpunkt ist die Depression (Krise, Talsohle). Sie ist gekennzeichnet durch hohe Arbeitslosigkeit, geringe Kapazitätsauslastung, geringe Investitionstätigkeit und hohe Bankenliquidität.

Aufgabe VII-7
895,58 EUR
Rechenweg: 105,2 = 899 EUR , 104,8 = X
899 : 105,2 x 104,8

Aufgabe VII-8

A	B	C	D	E	F
1	1	2	2	1	1

Der idealtypische Konjunkturzyklus verläuft über die Phasen: Aufschwung, Hochkonjunktur, Abschwung und Talsohle. Die Zeiträume der einzelnen Phasen können nicht vorbestimmt werden. Es gibt verschiedene Konjunkturtheorien, die die Ursachen konjunktureller Schwankungen erklären und beschreiben. Eine Erklärung liefert die Überproduktionstheorie. Sie besagt, dass sich die Investitions- und Konsumgütermärkte nicht gleichmäßig entwickeln. So kommt es zu ständigen Diskrepanzen zwischen Produktion und Nachfrage mit dem Trend einer gewissen Überproduktion, die sich über die einzelnen Sektoren hinweg zu einem gesamtwirtschaftlichen Produktionsüberhang kumuliert.
Das Konzept der antizyklischen Fiskalpolitik verlangt, dass der Staat seine Einnahmen- und Ausgabenpolitik in den einzelnen konjunkturellen Phasen genau entgegengesetzt zum Verhalten der privaten Haushalte und der Unternehmen, also antizyklisch gestaltet. Ziel der antizyklischen Fiskalpolitik ist es, durch geeignete Maßnahmen (Nachfragesenkung des Staates im Konjunkturaufschwung bzw. Erhöhung der staatlichen Nachfrage im Konjunkturabschwung) eine Verstetigung des Konjunkturverlaufs zu erreichen.

Aufgabe VII-9

A	B	C	D	E
2	1	1	3	2

In einem marktwirtschaftlichen System kommt es durch die Marktkräfte und die sich ändernden rechtlichen, politischen und sozialen Rahmenbedingungen zu Veränderungen des Geldwertes. Inflation ist ein fortgesetzter Anstieg des Preisniveaus. Die Arten der Inflation können unterschieden werden durch die Erkennbarkeit des Geldentwertungsprozesses (z. B. offene oder verdeckte Inflation) und die Geschwindigkeit, mit der die Preise steigen, und durch ihre Ursachen (nachfrageinduzierte Inflationen: z. B. Konsuminflation, Investitionsinflation, importierte Inflation; angebotsinduzierte Inflation: Kosteninflation, Gewinninflation).

Aufgabe VII-10
E
Im Stabilitätsgesetz sind Instrumente aufgeführt, um den Wirtschaftsablauf zur bestmöglichen Verwirklichung des „Magischen Vierecks" zu beeinflussen. Die Fiskalpolitik enthält in diesem Zusammenhang alle finanzpolitischen Maßnahmen des Staatssektors im Dienst der Konjunk-

turpolitik mit Mitteln der öffentlichen Einnahmen und Ausgaben. Die Fiskalpolitik ist die finanz-politische Umsetzung der keynesianischen Wirtschaftstheorie. Es geht hierbei vor allem um eine antizyklische Finanzpolitik zur Beeinflussung der gesamtwirtschaftlichen Nachfrage. Sie ist häufig mit einer Verschuldungspolitik des Staates verbunden zur Erreichung der für die Nachfragebeeinflussung notwendigen Einnahmen, wenn z. B. Ausgaben- bzw. Konjunkturpro-gramme zur Nachfragestimulierung eingesetzt werden. Ihre rechtliche Grundlage findet man im Stabilitäts- und Wachstumsgesetz.

Aufgabe VII-11
a) **3,20** % (103,2 - 100,0)
b) **1,28** % (103,2 – 101,9) : 101,9 x 100 = 1,2757
c) **1,26** % (101,9 : 103,2 x 100) - 100

Aufgabe VII-12
D
A: Verringerung der Staatsverschuldung führt tendenziell zur Zinssenkungen am Kapitalmarkt und damit zu Kostensenkungen für die Unternehmen.
B: Kreditaufnahmen des Bundes bei der EZB sind nicht zulässig. Der Bund muss sich über den Kapitalmarkt mit Krediten versorgen.
C: Für das Schienennetz der Deutschen Bahn AG ist der Bund zuständig.
E: Antizyklische Maßnahmen der Bundesregierung zählen zur nachfrageorientierten Wirt-schaftspolitik.

Aufgabe VII-13

A	B	C	D	E	F	G	H
1	1	2	1	2	2	1	1

A: Steuersenkungen führen bei den privaten Haushalten und Unternehmen zu mehr Konsum-nachfrage und Investitionen.
B: Staatliche Investitionen wirken sich Konjunktur fördernd aus.
C: Die Senkung der Abschreibungssätze verringert die Investitionstätigkeit der Unternehmen.
D: Durch die Erhöhung der Renten entsteht mehr Einkommen, das die Konsumnachfrage be-leben kann.
E: Durch Steuererhöhungen wird die Kaufkraft der Wirtschaft abgeschöpft.
F: Konjunkturrücklagen wirken sich Konjunkturdämpfend aus, da der Staat seine Ausgabentä-tigkeit einschränkt.
G: Sonderabschreibungen führen zu einer Schmälerung der Gewinne der Unternehmen und damit zu Steuerersparnissen. Dies kann zur Belebung der Investitionstätigkeit führen.
H: Durch den Abbau der Sparförderung kann die Spareigung der privaten Haushalte gesenkt werden. Dies kann zur Steigerung der Konsumnachfrage und zur Konjunkturbelebung führen.

Aufgabe VII-14

A	B	C	D	E
2	3	1	3	2

Vgl. Info in Lösung B VII-2

Aufgabe VII-15

A	B	C
4	1	5

Aufgabe VII-16
E

Aufgabe VII-17
A und F
B: Diese Situation führt weder zu einer inflatorischen noch zu einer deflatorischen Situation in der Volkswirtschaft.
C: Deflationäre Wirkung auf die Volkswirtschaft
E: Keine inflatorische und keine deflatorische Wirkung auf die Volkswirtschaft.

Aufgabe VII-18
A und D
Die angebotsorientierte Wirtschaftspolitik ist eine Alternative zur keynesianischen makroökonomischen Nachfragesteuerung. Ziel der angebotsorientierten Wirtschaftspolitik ist vor allem die Wachstumssteigerung nach vorausgehender Produktivitätszunahme. Die keynesianische Fiskalpolitik ist ungeeignet, eine stagflationäre Situation zu bekämpfen, die häufig in westlichen Volkswirtschaften in konjunkturellen Schwächephasen auftritt. Weitere Mängel sind ist die Verdrängung des privaten Sektors infolge von Zinssteigerungen aufgrund keynesianischer Fiskalpolitik sowie eine weitgehende Anpassungs- und Innovationsschwäche aufgrund zunehmender Inflexibilität der Preise, die infolge vermehrter staatlicher Eingriffe in den Privatsektor als Wachstumsbremse gilt.

Aufgabe VII-19
B
E: Anstieg nur um 2 %
Rechenweg: (173,3 – 169,9) : 169,9 x 100

Aufgabe VII-20
3.658,20 EUR
Rechenweg: 115,575 – 115,000 = 0,575
0,575 x 100 : 115,000 = 0,5 %
3.640 : 100 x 100,5 = 3.658,20

Aufgabe VII-21
A
Inflation ist ein fortgesetzt Anstieg des Preisniveaus für Güter und Dienstleistungen auf breiter Front gemessen an der Erhöhung des Verbraucherpreisindexes. Sie ist eine Zunahme der Geldmenge bei weniger stark steigender Gütermenge.

Aufgabe VII-22
B und F , vgl. Info in Lösung der Aufgabe B VII-2
Zu F: Der ifo Geschäftsklimaindex gilt als Frühindikator für die konjunkturelle Entwicklung in Deutschland. Der ifo-Index setzt sich zusammen aus Geschäftsbeurteilungen und Geschäftserwartungen zahlreicher Unternehmen des verarbeitenden Gewerbes, des Bauhauptgewerbes sowie der Groß- und Einzelhandels. Je höher der Wert ausfällt, desto freundlicher gestaltet

sich die Stimmung in der Wirtschaft. Der ifo-Index wird jeden Monat ermittelt und dient zur Ergänzung amtlicher Statistiken. Es werden monatlich 7000 Unternehmen befragt.

Aufgabe VII-23
A

Inflation ist ein fortgesetzter Anstieg des Preisniveaus.

Inflationsursachen	
Nachfrageinduzierte Inflation	- Konsuminflation: Die privaten Haushalte erhöhen ihre Nachfrage nach Konsumgütern und finanzieren diese durch Auflösung der Ersparnisse und/oder Kreditaufnahme. Reicht das Angebot auf dem Konsumgütermarkt nicht aus, reagieren die Anbieter mit Preissteigerungen. - Investitionsinflation: Unternehmen weiten ihre Investitionen aus, stoßen aber auf ein geringeres Investitionsgüterangebot. Die Folge ist ein Nachfragesog, der Preiserhöhungen bewirkt. - Die Ursache der Inflation liegt im Ausgabeverhalten des Staates - Importierte Inflation: Die Inflationswirkung wird vom Ausland in das Inland getragen. Dies geschieht, wenn bei festen Wechselkursen die Exporte die Importe übersteigen und es im Inland zu einer Abnahme der Gütermenge kommt. Gleichzeitig bläht sich die Geldmenge aufgrund der Exportüberschüsse auf, da die Exporterlöse bei der Notenbank in Inlandswährung umgetauscht werden.
Angebotsinduzierte Inflation	- Kosteninflation: Die Unternehmen geben gestiegene Kosten über die Preise an die Verbraucher weiter, sofern sie den Kostendruck nicht über Produktivitätssteigerungen kompensieren können. - Gewinninflation: Unternehmen nutzen ihre Marktmacht aus und erhöhen die Preise, um ihre Gewinnsituation zu verbessern. - Inflation durch staatlich administrierte Preise: Der Staat erhöht die Steuern, Gebühren und Abgaben, um seinen gesetzlichen Verpflichtungen in Phasen mit öffentlichen Haushaltsproblemen weiter nachkommen zu können.

Aufgabe VII-24
C

A: Es handelt sich um die Rezessionsphase.
B: Boomphase
D: Phase der Depression
E: Phase einer Strukturkrise

VIII Zahlungsbilanz

Aufgabe VIII-1

a) **94,2 Mrd. EUR** (Ausfuhr FOB ./. Einfuhr FOB)= (637,3 – 543,1)
Vgl. Info Zahlungsbilanz am Anfang von Kapitel VIII.

b) **7,5 Mrd. EUR** (Außenhandelssaldo ./. Primäreinkommen ./. Dienstleistungen ./. Sekundäreinkommen) = (94,2 – 12,6 – 47,4 – 26,7)
Vgl. Info Zahlungsbilanz.

c) **A**, vgl. Info Zahlungsbilanz am Anfang von Kapitel VIII.

Aufgabe VIII-2

a) **- 5.785 Mio. EUR** (Warenhandel +/- Dienstleistungen +/- Primäreinkommen +/- Sekundäreinkommen = 83.429 – 11.782 – 32.390 – 45.042)

b) **8.850 Mio. EUR** (Direktinvestitionen +/- übriger Kapitalverkehr +/- Wertpapieranlagen = - 120.562 + 163.086 – 33.674 = 8.850)

Aufgabe VIII-3

B, vgl. Ausführungen zur Dienstleistungsbilanz im Info am Anfang von Kapitel VIII.
Zu A: Sekundäreinkommen
Zu C: Sekundäreinkommen
zu D: Primäreinkommen
Zu E: Warenhandel

Aufgabe VIII-4

671,30
Rechenweg:
Bruttowertschöpfung 3.055,3 + Gütersteuern 340,1 – Subventionen 7,2 – Private Konsumausgaben 1.777,5 – Bruttoanlageinvestitionen 705,7 – Exporte 1.595,6 + Importe 1.361,9

Aufgabe VIII-5

A und E
Die Aussagen B), D, und F) betreffen die Position Sekundäreinkommen bzw. die Aussage C) verändert die Position Primäreinkommen.
Vgl. Ausführungen zur Zahlungsbilanz am Anfang von Kapitel VIII.

Aufgabe VIII-6

a) **8.116 Millionen EUR**
Rechenweg: 12.129 – 1.934 + 741 – 2.820 = 8.116

b) **1.059 Millionen EUR**
Rechenweg: 8.116 – 105 = 8.011   daraus folgt: 8.011 – 10.683 + 1.613 = - 1.059

Aufgabe VIII-7

E
A: betrifft das Primäreinkommen
B: betrifft das Sekundäreinkommen
C: betrifft die Vermögensänderungsbilanz
D: betrifft das Primäreinkommen

© Springer Fachmedien Wiesbaden GmbH, ein Teil von Springer Nature 2022
W. Grundmann et al., *Wirtschafts- und Sozialkunde Teil 1*, Prüfungstraining für Bankkaufleute,
https://doi.org/10.1007/978-3-658-38087-8_33

Aufgabe VIII-8
B

Aufgabe VIII-9
114,6
Rechenweg: 587,50 − 457,40 + 106,80 − 121,80 + 99,10 − 76,70 − 22,90 = 114,6

Aufgabe VIII-10

1	2	3	4	5	6	7
D	E	D	C	B	E	A

Vgl. Ausführungen zur Zahlungsbilanz am Anfang von Kapitel VIII.

IX Geldpolitik

Aufgabe IX-1

A	B	C	D	E	F	G
1	1	1	2	2	2	1

Vgl. Info „Die geldpolitischen Instrumente des Eurosystems" am Anfang von Kapitel IX

Aufgabe IX-2
B und **F**, vgl. Verordnung der EZB über die Auferlegung einer Mindestreservepflicht

Aufgabe IX-3
F, vgl. Verordnung der EZB über die Auferlegung einer Mindestreservepflicht und Info Mindestreserve am Anfang von Kapitel IX

Aufgabe IX-4
C und **D**, vgl. Verordnung der EZB über die Auferlegung einer Mindestreservepflicht und Info Mindestreserve am Anfang von Kapitel IX

Aufgabe IX-5
B und **E**, vgl. Verordnung der EZB über die Auferlegung einer Mindestreservepflicht und Info Mindestreserve am Anfang von Kapitel IX

Aufgabe IX-6
B und **E**
Mögliche Sanktionen der EZB:
- Sonderzinsen von bis zu fünf Prozentpunkten über dem Spitzenrefinanzierungssatz bzw. bis zu dessen doppelter Höhe für den Zeitraum der Nichterfüllung
- Kein Zugang zu den Offenmarktgeschäften und den Fazilitäten
- Tägliche Erfüllung des Mindestreserve-Solls
- Zwang zur unverzinslichen Einlage bei der NZB bis zur dreifachen Höhe des Fehlbetrages

Aufgabe IX-7
B und **E**, vgl. Verordnung der EZB über die Auferlegung einer Mindestreservepflicht

Aufgabe IX-8
E
Das Eurosystem unterscheidet die folgenden Geldmengenbegriffe:
M1 = Bargeldumlauf (ohne Kassenbestände der monetären Finanzierungsinstitute) plus täglich fällige Einlagen der im Währungsgebiet Ansässigen nichtmonetären Finanzierungsinstitute
M2 = M1 plus Einlagen mit vereinbarter Laufzeit bis zu 2 Jahren und Einlagen mit vereinbarter Kündigungsfirst bis zu drei Monaten
M3 = M2 plus Anteile an Geldmarktfonds, Repo-Verbindlichkeiten, Bankschuldverschreibungen mit einer Laufzeit von bis zu zwei Jahren. Dieses Aggregat M3 steht bei der Geldpolitik des Eurosystems im Vordergrund.
Repo-Geschäfte: Es sind Wertpapierpensionsgeschäfte, bei denen der Nationalen Zentralbank das Sicherungseigentum an Offenmarktpapieren übertragen und gleichzeitig eine Rückabwicklung des Geschäfts zum Ende der Kreditlaufzeit vereinbart wird. Die Kreditinstitute haben die von ihnen aufgenommenen Beträge zu verzinsen. Die Höhe der Verzinsung richtet sich nach den geldpolitischen Zielen der EZB und wird als Repo-Satz bezeichnet.

© Springer Fachmedien Wiesbaden GmbH, ein Teil von Springer Nature 2022
W. Grundmann et al., *Wirtschafts- und Sozialkunde Teil 1*, Prüfungstraining für Bankkaufleute,
https://doi.org/10.1007/978-3-658-38087-8_34

Aufgabe IX-9

a) M1 = Bargeldumlauf + täglich fällige Einlagen
   578,4 + 3107,7 = **3686,1 Mrd. EUR**

b) M2 = a) + Einlagen mit vereinbarter Laufzeit von bis zu 2 Jahren + Einlagen mit vereinbarter Kündigungsfrist von bis zu 3 Monaten
   3686,1 + 1401,0 + 1552,0 = **6639,1 Mrd. EUR**

c) M3 = b) + Repo-Geschäfte + Geldmarktfondsanteile + Schuldverschreibungen bis zu 2 Jahren
   6639,1 + 266,1 + 637,0 + 198,6 = **7740,8 Mrd. EUR**

Aufgabe IX-10

B, vgl. Info in Lösung der Aufgabe B IX-8

Aufgabe IX-11

a)

Bietungssatz	zugeteilte Beträge in Mio. Euro
0,86	500
0,85	4.000
0,84	13.500
0,83	18.000
0,82	8.000

b) **A**, vgl. Info Hauptrefinanzierungsgeschäft am Anfang von Kapitel IX

Aufgabe IX-12

A	B	C	D	E	F
1	1	2	2	2	1

Vgl. Info „Die geldpolitischen Instrumente des Eurosystems" am Anfang von Kapitel IX

Aufgabe IX-13

A	B	C	D
1	3	4	2

Vgl. Info „Die geldpolitischen Instrumente des Eurosystems" am Anfang von Kapitel IX

Aufgabe IX-14

a) **0,76 %**

b)

Nordbank AG	Fördebank AG	Ostbank AG
22 Mio. EUR	**43 Mio. EUR**	**39 Mio. EUR**

Aufgabe IX-15

B und E, vgl. Verordnung des Rates vom 23. November 1998 über die Auferlegung einer Mindestreservepflicht durch die EZB und Info „Die geldpolitischen Instrumente des Eurosystems" am Anfang von Kapitel IX

Aufgabe IX-16

A, vgl. Bundesbankgesetz

Aufgabe IX-17

C, vgl. Info „Die geldpolitischen Instrumente des Eurosystems" am Anfang von Kapitel IX

Aufgabe IX-18

B, vgl. Info „Die geldpolitischen Instrumente des Eurosystems" am Anfang von Kapitel IX

Aufgabe IX-19

a)

A	B
1	3

ba) **23 %** (69 x 100 : 300)
bb) **5,75 Mio. EUR** (23 % von 25 Mio. EUR)
bc) **26 Mrd. EUR** (95 Mrd. – 69 Mrd.)

Aufgabe IX-20

D und **E**

Tenderverfahren: Verfahren, bei dem die Zentralbank auf der Basis konkurrierender Gebote der Geschäftspartner dem Markt Liquidität zuführt oder vom Markt absorbiert. Die für die Zentralbank günstigsten Gebote kommen vorrangig zum Zuge, bis der Gesamtbetrag an Liquidität, der von der Zentralbank zugeführt oder absorbiert werden soll, erreicht ist. Das Eurosystem verwendet z. B. zur Durchführung seiner regelmäßigen Offenmarktgeschäfte sog. Standardtender.

Ein Standardtender ist ein standardisiertes Ausschreibungs- und Zuteilungsverfahren für regelmäßige Offenmarktgeschäfte, die das Eurosystem den dafür zugelassenen Banken (Geschäftspartnern) anbietet. Sie werden vor allem für die Hauptrefinanzierungsgeschäfte und längerfristigen Refinanzierungsgeschäfte verwendet. Sie können in Form von Mengentendern oder Zinstendern durchgeführt werden.

Aufgabe IX-21

D, vgl. Info Mindestreserve am Anfang von Kapitel IX

Aufgabe IX-22

B und **C**, vgl. Info Mindestreserve am Anfang von Kapitel IX

Aufgabe IX-23

E, vgl. Info „Die geldpolitischen Instrumente des Eurosystems" am Anfang von Kapitel IX

Aufgabe IX-24

A	B	C	D	E	F
5	5	6	2	3	4	1	6

Euribor (**Eu**ro **I**nter**b**ank **O**ffered **R**ate): Zur Ermittlung der Euribor-Sätze melden zurzeit 44 Banken, darunter 10 deutsche Institute, Briefsätze für Ein- bis Zwölf-Monatsgelder im Interbankengeschäft an den Informationsanbieter Telerate. Dieser errechnet und veröffentlicht geschäftstäglich um 11:00 Uhr MEZ die Durchschnittssätze, nachdem 15% der höchsten und 15% der niedrigsten Sätze gestrichen wurden.

Eonia (**E**uro **O**ver**n**ight **I**ndex **A**verage): Sämtliche an der Ermittlung des Euribor beteiligten Banken melden der EZB an jedem Handelstag abends das Volumen ihrer Tagesgeldumsätze und den individuellen Zinssatz. Die EZB gewichtet die bis 18:00 Uhr gemeldeten Tagesgeldsätze mit den jeweiligen Umsätzen und errechnet daraus den Eonia.

Vgl. Info „Die geldpolitischen Instrumente des Eurosystems" am Anfang von Kapitel IX

Aufgabe IX-25

A, vgl. Info zu Fazilitäten am Anfang von Kapitel IX

Aufgabe IX-26

D

Preisniveaustabilität: Unveränderte oder nur wenig steigende Ausgabensumme für einen vorab bestimmten Warenkorb. Der Rat der EZB versteht unter Preisstabilität den Anstieg des

Harmonisierten Verbraucherpreisindex für das gesamte Euro-Währungsgebiet von unter, aber nahe 2 % gegenüber dem Vorjahr. Preisstabilität bedeutet nicht, dass alle Einzelpreise unverändert sein müssen. Dies wäre mit der Signalfunktion der Preise ohnehin nicht vereinbar, die entscheidend für das Funktionieren einer Marktwirtschaft ist.

Aufgabe IX-27

a) Das Reserve-Soll für die *Nordbank AG* beträgt für den Monat März

Reservepflichtige Verbindlichkeiten	MR-Satz in %	Betrag in EUR
Sichteinlagen	1	14.500.000
Termineinlagen	1	19.000.000
Spareinlagen	1	25.000.000
Bankschuldverschreibungen	1	5.000.000
	Summe	63.500.000
	./. Pauschale Absetzung	100.000
	Mindestreserve-Soll	**63.400.000**

b)

Akkumuliertes Guthaben bei der Deutschen Bundesbank	2.223.330.000,00 EUR
10.05.-14.06. = 36 Tage / entspricht einem MR-Guthaben von 36 x Sollreserve	2.282.400.000,00 EUR
Guthaben bei der Deutschen Bundesbank für den 14.06.	**59.070.000,00 EUR**

c)

Zinsgutschrift: **31.700,00 EUR** (63.400.000 x 36 x 0,5 : 36.000)

d)
- Sonderzinsen von bis zu 5 Prozentpunkten über dem Spitzenrefinanzierungssatz bzw. bis zu dessen doppelten Höhe für den Zeitraum der Nichterfüllung
- Zwang zur unverzinslichen Einlage bei der Deutschen Bundesbank bis zur dreifachen Höhe des Fehlbetrages
- Aussetzung des Zuganges zu den Offenmarktgeschäften und ständigen Fazilitäten
- Zwang zur täglichen Erfüllung des MR-Solls.

Auch bei Unterschreitung des Mindestreserve-Solls in der Mindestreserveerfüllungsperiode wird das unterhaltene Mindestreserveguthaben – allerdings nur in der entsprechenden Höhe – verzinst.

e)
- Das Mindestreservesystem stabilisiert die Geldmarktsätze im Euro-Währungsraum durch die MR als Liquiditätspuffer, der Zinsschwankungen ohne EZB-Eingriffe abfedern kann.
- Die EZB wird mit dem Mindestreservesystem in die Lage versetzt, eine strukturelle Liquiditätsknappheit am Markt herbeizuführen und in effizienter Weise den Geldmarkt über eigene Instrumente mit Liquidität zu versorgen.

Vgl. Info „Die geldpolitischen Instrumente des Eurosystems" am Anfang von Kapitel IX

Aufgabe IX-28

A	B	C	D	E	F
3	2	1	2	2	1

INFOTEIL

Auszüge aus Gesetzestexten

Ausbildungsverordnung

Verordnung über die Berufsausbildung zum Bankkaufmann/zur Bankkauffrau

§ 1 Staatliche Anerkennung des Ausbildungsberufes

Der Ausbildungsberuf des Bankkaufmanns und der Bankkauffrau wird nach § 4 Absatz 1 des Berufsbildungsgesetzes staatlich anerkannt.

§ 2 Dauer der Berufsausbildung

Die Berufsausbildung dauert drei Jahre.

§ 3 Gegenstand der Berufsausbildung und Ausbildungsrahmenplan

(1) Gegenstand der Berufsausbildung sind mindestens die im Ausbildungsrahmenplan (Anlage) genannten Fertigkeiten, Kenntnisse und Fähigkeiten. Von der Organisation der Berufsausbildung, wie sie im Ausbildungsrahmenplan vorgegeben ist, darf abgewichen werden, wenn und soweit betriebspraktische Besonderheiten oder Gründe, die in der Person des oder der Auszubildenden liegen, die Abweichung erfordern.

(2) Die im Ausbildungsrahmenplan genannten Fertigkeiten, Kenntnisse und Fähigkeiten sollen so vermittelt werden, dass die Auszubildenden die berufliche Handlungsfähigkeit nach § 1 Absatz 3 des Berufsbildungsgesetzes erlangen. Die berufliche Handlungsfähigkeit schließt insbesondere selbständiges Planen, Durchführen und Kontrollieren ein.

§ 4 Struktur der Berufsausbildung, Ausbildungsberufsbild

(1) Die Berufsausbildung gliedert sich in:

1. berufsprofilgebende Fertigkeiten, Kenntnisse und Fähigkeiten sowie

2. integrativ zu vermittelnde Fertigkeiten, Kenntnisse und Fähigkeiten.

Die Fertigkeiten, Kenntnisse und Fähigkeiten sind in Berufsbildpositionen als Teil des Ausbildungsberufsbildes gebündelt.

(2) Die Berufsbildpositionen der berufsprofilgebenden Fertigkeiten, Kenntnisse und Fähigkeiten sind:

1. Serviceleistungen anbieten,

2. Kunden ganzheitlich beraten,

3. Kunden gewinnen und Kundenbeziehungen intensivieren,

4. Liquidität sicherstellen,

5. Vermögen bilden mit Sparformen,

6. Vermögen bilden mit Wertpapieren,

7. zu Vorsorge und Absicherung informieren,

8. Konsumentenkredite anbieten und Abschlüsse vorbereiten,

9. Baufinanzierungen vorbereiten und bearbeiten,

10. an gewerblichen Finanzierungen mitwirken,

11. Instrumente der kaufmännischen Steuerung und Kontrolle nutzen sowie

12. projektorientiert arbeiten.

(3) Die Berufsbildpositionen der integrativ zu vermittelnden Fertigkeiten, Kenntnisse und Fähigkeiten sind:

1. Prozesse und Wechselwirkungen einschätzen,

2. Berufsbildung sowie Arbeits- und Tarifrecht,

3. Aufbau und Organisation des Ausbildungsbetriebes,

4. Sicherheit und Gesundheitsschutz bei der Arbeit sowie

5. Umweltschutz.

§ 5 Ausbildungsplan

Die Ausbildenden haben spätestens zu Beginn der Ausbildung auf der Grundlage des Ausbildungsrahmenplans für jeden Auszubildenden und für jede Auszubildende einen Ausbildungsplan zu erstellen.

Abschlussprüfung

§ 6 Aufteilung in zwei Teile und Zeitpunkt

(1) Die Abschlussprüfung besteht aus den Teilen 1 und 2.

(2) Teil 1 soll im vierten Ausbildungshalbjahr stattfinden. Teil 2 findet am Ende der Berufsausbildung statt. Wird die Ausbildungsdauer verkürzt, so soll Teil 1 der Abschlussprüfung spätestens vier Monate vor dem Zeitpunkt von Teil 2 der Abschlussprüfung stattfinden. Den jeweiligen Zeitpunkt legt die zuständige Stelle fest.

§ 7 Inhalt von Teil 1

Teil 1 der Abschlussprüfung erstreckt sich auf

1 die im Ausbildungsrahmenplan für die ersten 15 Ausbildungsmonate genannten Fertigkeiten, Kenntnisse und Fähigkeiten sowie

2 den im Berufsschulunterricht zu vermittelnden Lehrstoff, soweit er den im Ausbildungsrahmenplan genannten Fertigkeiten, Kenntnissen und Fähigkeiten entspricht.

§ 8 Prüfungsbereich von Teil 1

(1) Teil 1 der Abschlussprüfung findet im Prüfungsbereich Konten führen und Anschaffungen finanzieren statt.

© Springer Fachmedien Wiesbaden GmbH, ein Teil von Springer Nature 2022
W. Grundmann et al., *Wirtschafts- und Sozialkunde Teil 1*, Prüfungstraining für Bankkaufleute,
https://doi.org/10.1007/978-3-658-38087-8

(2) Im Prüfungsbereich Konten führen und Anschaffungen finanzieren hat der Prüfling nachzuweisen, dass er in der Lage ist,

1 Kundensituationen und -anliegen zu analysieren,

2 kundenorientierte Lösungen zu entwickeln und zu erörtern,

3 Möglichkeiten projektorientierter Arbeitsweisen aufzuzeigen sowie

4 rechtliche Regelungen einzuhalten.

(3) Für den Nachweis nach Absatz 1 sind folgende Gebiete zugrunde zu legen:

1 Kontoführung und nicht-dokumentärer Zahlungsverkehr,

2 Anlage auf Konten sowie

3 Konsumentenkredite.

(4) Die Prüfungsaufgaben sollen praxisbezogen sein. Der Prüfling hat die Aufgaben schriftlich zu bearbeiten.

(5) Die Prüfungszeit beträgt 90 Minuten.

§ 9 Inhalt von Teil 2

(1) Teil 2 der Abschlussprüfung erstreckt sich auf

1 die im Ausbildungsrahmenplan genannten Fertigkeiten, Kenntnisse und Fähigkeiten sowie

2 den im Berufsschulunterricht zu vermittelnden Lehrstoff, soweit er den im Ausbildungsrahmenplan genannten Fertigkeiten, Kenntnissen und Fähigkeiten entspricht.

(2) In Teil 2 der Abschlussprüfung sollen Fertigkeiten, Kenntnisse und Fähigkeiten, die bereits Gegenstand von Teil 1 der Abschlussprüfung waren, nur insoweit einbezogen werden, als es für die Feststellung der beruflichen Handlungsfähigkeit erforderlich ist.

§ 10 Prüfungsbereiche von Teil 2

Teil 2 der Abschlussprüfung findet in den folgenden Prüfungsbereichen statt:

1 Vermögen aufbauen und Risiken absichern,

2 Finanzierungsvorhaben begleiten,

3 Kunden beraten sowie

4 Wirtschafts- und Sozialkunde.

§ 11 Prüfungsbereich Vermögen aufbauen und Risiken absichern

(1) Im Prüfungsbereich Vermögen aufbauen und Risiken absichern hat der Prüfling nachzuweisen, dass er in der Lage ist,

1 komplexe Kundenanliegen und Vermögenssituationen zu analysieren,

2 kursbeeinflussende Faktoren zu berücksichtigen,

3 kundenorientierte Lösungen zum Aufbau und zur Optimierung von Vermögen zu entwickeln und zu erörtern,

4 Kunden und Kundinnen anlassbezogen über Vorsorge und Absicherung zu informieren sowie

5 rechtliche Regelungen einzuhalten.

(2) Die Prüfungsaufgaben sollen praxisbezogen sein. Der Prüfling hat die Aufgaben schriftlich zu bearbeiten.

(3) Die Prüfungszeit beträgt 90 Minuten.

§ 12 Prüfungsbereich Finanzierungsvorhaben begleiten

(1) Im Prüfungsbereich Finanzierungsvorhaben begleiten hat der Prüfling nachzuweisen, dass er in der Lage ist,

1 Informationen zu Finanzierungsvorhaben sowie zu den Kreditnehmern und Kreditnehmerinnen aufzubereiten und zu bewerten,

2 Sicherheiten zu bewerten und auszuwählen,

3 Konditionen zu begründen, insbesondere unter Berücksichtigung der Art der Sicherheit, der Bonität sowie der Rentabilität der Kundenverbindung,

4 Kunden und Kundinnen Prozesse im Rahmen des Immobilienerwerbs zu beschreiben,

5 Signale für die Gefährdungen von Kreditengagements zu erkennen und Maßnahmen abzuleiten sowie

6 rechtliche Regelungen einzuhalten.

(2) Die Prüfungsaufgaben sollen praxisbezogen sein. Der Prüfling hat die Aufgaben schriftlich zu bearbeiten.

(3) Die Prüfungszeit beträgt 90 Minuten.

§ 13 Prüfungsbereich Kunden beraten

(1) Im Prüfungsbereich Kunden beraten hat der Prüfling nachzuweisen, dass er in der Lage ist,

1 Beratungsgespräche ganzheitlich, systematisch, situationsgerecht und zielorientiert zu führen,

2 sich kundenorientiert zu verhalten,

3 analoge oder digitale vertriebs- und beratungsunterstützende Hilfsmittel einzusetzen,

4 Kunden und Kundinnen über Nutzen und Konditionen von Bankleistungen zu informieren sowie rechtliche Regelungen einzuhalten,

5 auf Kundenfragen und -einwände einzugehen,

6 über den Gesprächsanlass hinausgehende Kundenbedarfe zu erkennen und anzusprechen,

7 fachliche Hintergründe und Zusammenhänge zu berücksichtigen sowie

8 Gespräche kundenorientiert abzuschließen.

(2) Für den Nachweis nach Absatz 1 sind folgende Tätigkeiten zugrunde zu legen:

1 Konten führen,

2 Anschaffungen finanzieren,

3 Vermögen aufbauen,

4 Risiken absichern und

5 Baufinanzierungsvorhaben im Privatkundengeschäft begleiten.

(3) Mit dem Prüfling wird ein Beratungsgespräch als Gesprächssimulation geführt.

(4) Für die Gesprächssimulation stellt der Prüfungsausschuss dem Prüfling zwei praxisbezogene Aufgaben aus unterschiedlichen Tätigkeiten nach Absatz 2 zur Auswahl. Bei den zur Auswahl gestellten Aufgaben ist eine Kombination von Tätigkeiten nach Absatz 2 Nummer 1 und 3 oder 2 und 5 nicht zulässig. Der Prüfling hat eine der Aufgaben auszuwählen. Für die Auswahl der Aufgabe und die Vorbereitung auf die Gesprächssimulation stehen ihm insgesamt 15 Minuten zur Verfügung.

(5) Die Gesprächssimulation dauert 30 Minuten.

§ 14 Prüfungsbereich Wirtschafts- und Sozialkunde

(1) Im Prüfungsbereich Wirtschafts- und Sozialkunde hat der Prüfling nachzuweisen, dass er in der Lage ist, allgemeine wirtschaftliche und gesellschaftliche Zusammenhänge der Berufs- und Arbeitswelt darzustellen und zu beurteilen.

(2) Die Prüfungsaufgaben müssen praxisbezogen sein. Der Prüfling hat die Aufgaben schriftlich zu bearbeiten.

(3) Die Prüfungszeit beträgt 60 Minuten.

§ 15 Gewichtung der Prüfungsbereiche und Anforderungen für das Bestehen der Abschlussprüfung

(1) Die Bewertungen der einzelnen Prüfungsbereiche sind wie folgt zu gewichten:

1. Konten führen und Anschaffungen finanzieren mit 20 Prozent,

2. Vermögen aufbauen und Risiken absichern mit 20 Prozent,

3. Finanzierungsvorhaben begleiten mit 20 Prozent,

4. Kunden beraten mit 30 Prozent sowie

5. Wirtschafts- und Sozialkunde mit 10 Prozent.

(2) Die Abschlussprüfung ist bestanden, wenn die Prüfungsleistungen – auch unter Berücksichtigung einer mündlichen Ergänzungsprüfung nach § 16 – wie folgt bewertet worden sind:

1 im Gesamtergebnis von Teil 1 und Teil 2 mit mindestens „ausreichend",

2 im Ergebnis von Teil 2 mit mindestens „ausreichend",

3 in mindestens drei Prüfungsbereichen von Teil 2 mit mindestens „ausreichend" und

4 in keinem Prüfungsbereich von Teil 2 mit „ungenügend".

§ 16 Mündliche Ergänzungsprüfung

(1) Der Prüfling kann in einem Prüfungsbereich eine mündliche Ergänzungsprüfung beantragen.

(2) Dem Antrag ist stattzugeben,

1 wenn er für einen der folgenden Prüfungsbereiche gestellt worden ist:

a) Vermögen aufbauen und Risiken absichern,

b) Finanzierungsvorhaben begleiten oder

c) Wirtschafts- und Sozialkunde,

2. wenn der benannte Prüfungsbereich schlechter als mit „ausreichend" bewertet worden ist und

3 wenn die mündliche Ergänzungsprüfung für das Bestehen der Abschlussprüfung den Ausschlag geben kann.

Die mündliche Ergänzungsprüfung darf nur in einem einzigen Prüfungsbereich durchgeführt werden.

(3) Die mündliche Ergänzungsprüfung soll 15 Minuten dauern.

(4) Bei der Ermittlung des Ergebnisses für den Prüfungsbereich sind das bisherige Ergebnis und das Ergebnis der mündlichen Ergänzungsprüfung im Verhältnis 2:1 zu gewichten.

Anlage (zu § 3 Absatz 1)

Ausbildungsrahmenplan für die Berufsausbildung zum Bankkaufmann und zur Bankkauffrau

Abschnitt A: berufsprofilgebende Fertigkeiten, Kenntnisse und Fähigkeiten

lfd. Nr.	Teil des Ausbildungsberufsbildes	Zu vermittelnde Fertigkeiten, Kenntnisse und Fähigkeiten	Zeitliche Richtwerte in Wochen im	
			1. bis 15. Monat	16. bis 36. Monat
1	Serviceleistungen anbieten (§ 4 Absatz 2 Nummer 1)	a) Kunden willkommen heißen und in den Mittelpunkt stellen b) Auskünfte auch in einer Fremdsprache erteilen c) Kommunikation service- und kundenorientiert, verkaufsfördernd und situationsgerecht gestalten, dabei die Bedürfnisse besonderer Personengruppen sowie soziokultu-	12	

lfd. Nr.	Teil des Ausbildungsberufsbildes	Zu vermittelnde Fertigkeiten, Kenntnisse und Fähigkeiten	Zeitliche Richtwerte in Wochen im	
			1. bis 15. Monat	16. bis 36. Monat
		relle Aspekte berücksichtigen		
		d) Kundenanliegen mittels analoger oder digitaler Kommunikationsformen und -wege aufnehmen und Kundenwünsche ermitteln		
		e) Kundenfragen beantworten, Kundenaufträge bearbeiten		
		f) Kundenanliegen zur Bearbeitung und Beantwortung an zuständige Stellen weiterleiten		
		g) Kunden bei der Nutzung analoger oder digitaler Zugangskanäle zu Bankgeschäften unterstützen, Nutzen für den Kunden herausstellen und sicherheitsrelevante Informationen geben		
		h) Kundenreklamationen entgegennehmen und bearbeiten, dabei kundenorientiert handeln und die betrieblichen Vorgaben einhalten		
		i) eigenes Verhalten als Beitrag zur Kundenzufriedenheit und zur Kundenbindung reflektieren und Schlussfolgerungen daraus ziehen		
		j) Kunden über vertragliche Bedingungen informieren, rechtliche Regelungen, insbesondere zum Zivil- und Aufsichtsrecht, einhalten		
		k) rechtliche Regelungen und betriebliche Vorgaben zum Datenschutz und zur Datensicherheit einhalten		
2	Kunden ganzheitlich beraten (§ 4 Absatz 2 Nummer 2)	a) Bedeutung eines ganzheitlichen Beratungsprozesses als Grundlage für dauerhafte Kundenbeziehungen aufzeigen		
		b) Kundenbestand unter Nutzung betrieblicher Systeme auf Beratungsanlässe prüfen, Kunden zur Beratung auswählen, einladen und Nutzen für den Kunden erläutern		
		c) Kundengespräche systematisch und kundenorientiert vorbereiten		
		d) im Kundengespräch durch wertschätzenden Umgang positive Atmosphäre schaffen und Gesprächsrahmen abstimmen		
		e) Kundensituation ganzheitlich analysieren, aktuelle und künftige Bedarfe ermitteln		12
		f) kundengerechte Lösungen unter Nutzung analoger oder digitaler vertriebs- und beratungsunterstützender Hilfsmittel erarbeiten, anbieten und erläutern, auf Fragen und Einwände eingehen, über Konditionen informieren sowie einen Abschluss erreichen		
		g) Gesprächsverlauf mit dem Kunden reflektieren, auch mit dem Ziel, vom Kunden weiterempfohlen zu werden		

lfd. Nr.	Teil des Ausbildungsberufsbildes	Zu vermittelnde Fertigkeiten, Kenntnisse und Fähigkeiten	Zeitliche Richtwerte in Wochen im	
			1. bis 15. Monat	16. bis 36. Monat
		h) Kundengespräche systematisch nachbereiten, insbesondere Gesprächsergebnisse dokumentieren, und Abschlüsse umsetzen		
		i) Kunden über vertragliche Bedingungen informieren, rechtliche Regelungen, insbesondere zum Zivil- und Aufsichtsrecht, einhalten		
		j) rechtliche Regelungen und betriebliche Vorgaben zum Datenschutz und zur Datensicherheit einhalten		
3	Kunden gewinnen und Kundenbeziehungen intensivieren (§ 4 Absatz 2 Nummer 3)	a) Gewinnung von Neukunden zielgruppenorientiert vorbereiten, durchführen und bewerten		
		b) Kundendaten erheben, zielgerichtet aufbereiten und mit Hilfe digitaler Medien verarbeiten und pflegen		
		c) eigene Produkte und Lösungen mit denen der Mitbewerber vergleichen		
		d) Methoden der aktiven Kundenansprache und des Kundendialogs auswählen und einsetzen, dabei analoge oder digitale Kommunikationskanäle nutzen		
		e) Maßnahmen zur Kundengewinnung unter Einsatz geeigneter Werbemittel und -träger durchführen sowie bei der Erfolgskontrolle mitwirken		10
		f) Methoden der aktiven Kundenansprache hinsichtlich ihrer Zielsetzung reflektieren und Verbesserungsmaßnahmen ableiten		
		g) Kunden über vertragliche Bedingungen informieren, rechtliche Regelungen, insbesondere zum Zivil- und Aufsichtsrecht, einhalten		
		h) rechtliche Regelungen und betriebliche Vorgaben zum Datenschutz und zur Datensicherheit einhalten		
4	Liquidität sicherstellen (§ 4 Absatz 2 Nummer 4)	a) Kunden zu Kontoarten und -modellen, Verfügungsberechtigungen sowie Vollmachten beraten und passende Lösungen anbieten		
		b) Kunden über die Besonderheiten der digitalen Nutzung der Konten aufklären und sicherheitsrelevante Informationen geben		
		c) Kunden zu Möglichkeiten des Zahlungsverkehrs im Inland aus Sicht des Zahlungspflichtigen und des Zahlungsempfängers beraten und passende Lösungen anbieten	14	
		d) verschiedene Formen des Zahlungsverkehrs abwickeln		
		e) zu Überziehungsmöglichkeiten und Dispositionskrediten beraten und passende Lösungen anbieten		

lfd. Nr.	Teil des Ausbildungsberufsbildes	Zu vermittelnde Fertigkeiten, Kenntnisse und Fähigkeiten	Zeitliche Richtwerte in Wochen im	
			1. bis 15. Monat	16. bis 36. Monat
		f) Konten eröffnen, führen und schließen		
		g) Kunden zu Möglichkeiten des internationalen Zahlungsverkehrs beraten und passende Lösungen anbieten		
		h) Kunden die Risiken im Zusammenhang mit Fremdwährungen und die Möglichkeiten der bankmäßigen Absicherung in Grundzügen erläutern		
		i) Kunden über vertragliche Bedingungen informieren, rechtliche Regelungen, insbesondere zum Zivil- und Aufsichtsrecht, einhalten		
		j) rechtliche Regelungen und betriebliche Vorgaben zum Datenschutz und zur Datensicherheit einhalten		
5	Vermögen bilden mit Sparformen (§ 4 Absatz 2 Nummer 5)	a) Kunden zu Anlagemöglichkeiten auf Konten, einschließlich der Sonderformen, beraten		
		b) Kunden zu Bausparverträgen beraten und beim Abschluss mitwirken		
		c) Kunden zu Verfügungsberechtigungen und Vollmachten beraten		
		d) Kunden über Zinsgutschriften und über deren steuerliche Auswirkungen informieren		
		e) Kunden über staatliche Fördermöglichkeiten informieren	16	
		f) Anlagekonten eröffnen, führen und schließen		
		g) Kunden über die Besonderheiten der digitalen Nutzung der Konten aufklären und sicherheitsrelevante Informationen geben		
		h) Kunden über vertragliche Bedingungen informieren, rechtliche Regelungen, insbesondere zum Zivil- und Aufsichtsrecht, einhalten		
		i) rechtliche Regelungen und betriebliche Vorgaben zum Datenschutz und zur Datensicherheit einhalten		
6	Vermögen bilden mit Wertpapieren (§ 4 Absatz 2 Nummer 6)	a) Kunden über Anlagemöglichkeiten, insbesondere über Anlage in Aktien, Renten, Fonds und Zertifikaten, informieren		
		b) Kunden über Kursnotierungen und Preisfeststellungen Auskunft geben		
		c) Chancen und Risiken der Anlage in Wertpapieren einschätzen und erläutern		26
		d) kursbeeinflussende Faktoren beschreiben		
		e) Kunden zu allen mit der Anlage verbundenen Kosten beraten und Kundenanfragen zu Wertpapierabrechnun-		

lfd. Nr.	Teil des Ausbildungsberufsbildes	Zu vermittelnde Fertigkeiten, Kenntnisse und Fähigkeiten	Zeitliche Richtwerte in Wochen im	
			1. bis 15. Monat	16. bis 36. Monat
		gen beantworten		
		f) Kunden zu Verwahrung und Verwaltung von Wertpapieren beraten		
		g) Kunden über Ertragsgutschriften und deren steuerliche Auswirkungen informieren		
		h) Finanzderivate und deren Risiken in Grundzügen beschreiben		
		i) bei der Abwicklung von Wertpapierorders mitwirken		
		j) Kunden über digitalen Wertpapierhandel aufklären und sicherheitsrelevante Informationen geben		
		k) Kunden über vertragliche Bedingungen informieren, rechtliche Regelungen, insbesondere zum Zivil- und Aufsichtsrecht, einhalten		
		l) rechtliche Regelungen und betriebliche Vorgaben zum Datenschutz und zur Datensicherheit einhalten		
		m) Risiken und Anzeichen des Marktmissbrauchs darstellen und Marktmissbrauch entgegenwirken		
7	Zu Vorsorge und Absicherung informieren (§ 4 Absatz 2 Nummer 7)	a) Grundzüge sozialer Sicherungssysteme veranschaulichen und die Bedeutung von privater Vorsorge und Absicherung herausstellen		
		b) Produkte zur Vorsorge und Absicherung und deren Verwendungsmöglichkeiten unterscheiden		
		c) Kunden anlassbezogen über Möglichkeiten und Produkte der Vorsorge, Absicherung und Kapitalanlage informieren		8
		d) Kunden über vertragliche Bedingungen informieren, rechtliche Regelungen, insbesondere zum Zivil- und Aufsichtsrecht, einhalten		
		e) rechtliche Regelungen und betriebliche Vorgaben zum Datenschutz und zur Datensicherheit einhalten		
8	Konsumentenkredite anbieten und Abschlüsse vorbereiten (§ 4 Absatz 2 Nummer 8)	a) Kreditarten und deren Verwendungsmöglichkeiten unterscheiden		
		b) Anlässe, mit Kunden über Finanzierungen zu sprechen, erkennen und nutzen		
		c) Kreditgespräche vorbereiten und führen	16	
		d) Kunden über Finanzierungsmöglichkeiten informieren		
		e) Kosten und Provisionen für die einzelnen Kreditarten berechnen und darlegen		
		f) Sicherheiten unterscheiden, deren Sicherungswert und Risiken erklären sowie den Einsatz der Sicherheiten kun-		

lfd. Nr.	Teil des Ausbildungsberufsbildes	Zu vermittelnde Fertigkeiten, Kenntnisse und Fähigkeiten	Zeitliche Richtwerte in Wochen im	
			1. bis 15. Monat	16. bis 36. Monat
		dengerecht begründen		
		g) persönliche, wirtschaftliche und rechtliche Voraussetzungen für Kreditaufnahmen prüfen und unter Berücksichtigung der Risiken Entscheidungen vorbereiten		
		h) Geschäftsvorgänge im Zusammenhang mit Kreditengagements und Kreditrückführungen bearbeiten		
		i) Signale für Gefährdungen von laufenden Finanzierungen erkennen und Maßnahmen zur Abwehr der Gefährdungen prüfen und einleiten		
		j) Kunden über vertragliche Bedingungen informieren, rechtliche Regelungen, insbesondere zum Zivil- und Aufsichtsrecht, einhalten		
		k) rechtliche Regelungen und betriebliche Vorgaben zum Datenschutz und zur Datensicherheit einhalten		
9	Baufinanzierungen vorbereiten und bearbeiten (§ 4 Absatz 2 Nummer 9)	a) verschiedene Elemente einer Baufinanzierung, deren Verwendungsmöglichkeiten und die in diesem Rahmen möglichen Kreditarten unterscheiden		
		b) Anlässe, mit Kunden über Baufinanzierungen zu sprechen, erkennen und nutzen		
		c) Anfragen für Baufinanzierungen bearbeiten und Beratungsgespräche vorbereiten		
		d) Verfahren des Immobilienerwerbs erläutern und einzureichende Unterlagen für Baufinanzierungen kundengerecht erklären		
		e) Methoden der Grundstücks- und Gebäudebewertung anwenden und erläutern		
		f) bei Baufinanzierungsgesprächen mitwirken		12
		g) Aufbau, Inhalt und Funktion des Grundbuchs in Grundzügen erklären		
		h) persönliche, wirtschaftliche und rechtliche Voraussetzungen für Kreditaufnahmen prüfen, Sicherheiten auswählen und unter Berücksichtigung der Risiken Entscheidungen vorbereiten		
		i) Geschäftsvorgänge im Zusammenhang mit Kreditengagements und Kreditrückführungen bearbeiten		
		j) Signale für Gefährdungen von laufenden Finanzierungen erkennen und Maßnahmen zur Abwehr der Gefährdungen prüfen und einleiten		
		k) Kunden über vertragliche Bedingungen informieren, rechtliche Regelungen, insbesondere zum Zivil- und Auf-		

lfd. Nr.	Teil des Ausbildungsberufsbildes		Zu vermittelnde Fertigkeiten, Kenntnisse und Fähigkeiten	Zeitliche Richtwerte in Wochen im	
				1. bis 15. Monat	16. bis 36. Monat
			sichtsrecht, einhalten		
		l)	rechtliche Regelungen und betriebliche Vorgaben zum Datenschutz und zur Datensicherheit einhalten		
10	An gewerblichen Finanzierungen mitwirken (§ 4 Absatz 2 Nummer 10)	a)	Rechtsformen bei gewerblichen Kunden und deren Vertretung unterscheiden		12
		b)	Finanzierungsarten für gewerbliche Kunden und deren Verwendungsmöglichkeiten unterscheiden		
		c)	Unterlagen, insbesondere Ergebnisse aus Kundenbilanzen, und wesentliche Kennzahlen zur Vorbereitung der Kreditwürdigkeitsprüfung einschätzen		
		d)	Wertverluste und Abschreibungen sowie deren Auswirkungen berücksichtigen		
		e)	persönliche, wirtschaftliche und rechtliche Voraussetzungen für Kreditaufnahmen bewerten		
		f)	Sicherheiten unterscheiden, deren Sicherungswert und Risiken erklären sowie den Einsatz der Sicherheiten kundengerecht begründen		
		g)	Signale für die Gefährdung von Finanzierungen nennen		
		h)	Kunden über vertragliche Bedingungen informieren, rechtliche Regelungen, insbesondere zum Zivil- und Aufsichtsrecht, einhalten		
		i)	rechtliche Regelungen und betriebliche Vorgaben zum Datenschutz und zur Datensicherheit einhalten		
11	Instrumente der kaufmännischen Steuerung und Kontrolle nutzen (§ 4 Absatz 2 Nummer 11)	a)	Zweck und Aufbau der betrieblichen Kosten- und Leistungsrechnung darstellen		4
		b)	Auswirkungen von Geschäftsvorfällen auf den Betriebserfolg bewerten und bei Entscheidungen berücksichtigen		
		c)	Gegenüberstellung der Kosten und Erlöse von Geschäftsverbindungen mit Kunden bewerten und für die Gestaltung der Konditionen nutzen		
		d)	statistische Daten aufbereiten und auswerten		
		e)	Aufgaben des Controllings als Informations- und Steuerungsinstrument beschreiben		
12	Projektorientiert arbeiten (§ 4 Absatz 2 Nummer 12)	a)	Projekte von Linienaufgaben unterscheiden	6	
		b)	Grundlagen der Projektarbeit beschreiben		
		c)	projektorientierte Arbeitsweisen anwenden, Abläufe und Ergebnisse dokumentieren und reflektieren		

Abschnitt B: integrativ zu vermittelnde Fertigkeiten, Kenntnisse und Fähigkeiten

Lfd. Nr.	Teil des Ausbildungsberufsbildes	Zu vermittelnde Fertigkeiten, Kenntnisse und Fähigkeiten	Zeitliche Richtwerte in Wochen im	
			1. bis 15. Monat	16. bis 36. Monat
1	Prozesse und Wechselwirkungen einschätzen (§ 4 Absatz 3 Nummer 1)	a) Nutzen von definierten Prozessen und regelmäßiger Prozessoptimierung beschreiben b) Zusammenhang zwischen Prozessqualität und Kundenzufriedenheit berücksichtigen c) Prozessabläufe in der Prozessdokumentation nachvollziehen d) Organisationseinheiten in die Wertschöpfungskette einordnen und Bedeutung von Schnittstellen beschreiben e) Möglichkeiten zur Konfliktbewältigung im Interesse sachbezogener Ergebnisse anwenden f) digitale oder analoge Prozesse analysieren und bewerten sowie Ideen zur Verbesserung vorschlagen g) über Aufgaben interner Revisionen und externer Prüfungen berichten h) Aufgaben von Kontrollen beschreiben und bei Kontrollarbeiten mitwirken		8
2	Berufsbildung sowie Arbeits- und Tarifrecht (§ 4 Absatz 3 Nummer 2)	a) wesentliche Inhalte und Bestandteile des Ausbildungsvertrages darstellen, Rechte und Pflichten aus dem Ausbildungsvertrag feststellen und Aufgaben der Beteiligten im dualen System beschreiben b) den betrieblichen Ausbildungsplan mit der Ausbildungsordnung vergleichen c) wesentliche Bestandteile eines Arbeitsvertrages nennen d) wesentliche Bestimmungen der für den Ausbildungsbetrieb geltenden Tarifverträge nennen e) Lern- und Arbeitstechniken sowie Methoden des selbstgesteuerten Lernens anwenden f) Bedeutung des lebensbegleitenden Lernens, insbesondere der beruflichen Fortbildung, für die eigene Entwicklung einschätzen	während der gesamten Ausbildung	
3	Aufbau und Organisation des Ausbildungsbetriebes (§ 4 Absatz 3 Nummer 3)	a) die Rechtsform und den organisatorischen Aufbau des Ausbildungsbetriebes mit seinen Aufgaben und Zuständigkeiten sowie Zusammenhänge zwischen den Geschäftsprozessen erläutern b) Beziehungen des Ausbildungsbetriebes und seiner Belegschaft zu Wirtschaftsorganisationen, Berufsvertretungen und Gewerkschaften nennen		

Lfd. Nr.	Teil des Ausbildungsberufsbildes	Zu vermittelnde Fertigkeiten, Kenntnisse und Fähigkeiten	Zeitliche Richtwerte in Wochen im	
			1. bis 15. Monat	16. bis 36. Monat
		c) Grundlagen, Aufgaben und Arbeitsweise der betriebsverfassungs- oder personalvertretungsrechtlichen Organe des Ausbildungsbetriebes beschreiben		
4	Sicherheit und Gesundheitsschutz bei der Arbeit (§ 4 Absatz 3 Nummer 4)	a) Gefährdung von Sicherheit und Gesundheit am Arbeitsplatz feststellen und Maßnahmen zu ihrer Vermeidung ergreifen b) berufsbezogene Arbeitsschutz- und Unfallverhütungsvorschriften anwenden c) Verhaltensweisen bei Unfällen beschreiben sowie erste Maßnahmen einleiten d) Vorschriften des vorbeugenden Brandschutzes anwenden; Verhaltensweisen bei Bränden beschreiben und Maßnahmen zur Brandbekämpfung ergreifen		
5	Umweltschutz (§ 4 Absatz 3 Nummer 5)	Zur Vermeidung betriebsbedingter Umweltbelastungen im beruflichen Einwirkungsbereich beitragen, insbesondere a) mögliche Umweltbelastungen durch den Ausbildungsbetrieb und seinen Beitrag zum Umweltschutz an Beispielen erklären b) für den Ausbildungsbetrieb geltende Regelungen des Umweltschutzes anwenden c) Möglichkeiten der wirtschaftlichen und umweltschonenden Energie- und Materialverwendung nutzen d) Abfälle vermeiden sowie Stoffe und Materialien einer umweltschonenden Entsorgung zuführen		

Berufsbildungsgesetz

§ 1 (Ziele und Begriffe der Berufsbildung)

(1) Berufsbildung im Sinne dieses Gesetzes sind die Berufsausbildungsvorbereitung, die Berufsausbildung, die berufliche Fortbildung und die berufliche Umschulung.

(2) Die Berufsausbildungsvorbereitung dient dem Ziel, durch die Vermittlung von Grundlagen für den Erwerb beruflicher Handlungsfähigkeit an eine Berufsausbildung in einem anerkannten Ausbildungsberuf heranzuführen.

(3) Die Berufsausbildung hat die für die Ausbildung einer qualifizierten beruflichen Tätigkeit in einer sich wandelnden Arbeitswelt notwendigen beruflichen Fertigkeiten, Kenntnisse und Fähigkeiten (berufliche Handlungsfähigkeit) in einem geordneten Ausbildungsgang zu vermitteln. Sie hat ferner den Erwerb der erforderlichen Berufserfahrungen zu ermöglichen.

(4) Die berufliche Fortbildung soll es ermöglichen, die berufliche Handlungsfähigkeit zu erhalten und anzupassen oder zu erweitern und beruflich aufzusteigen.

(5) Die berufliche Umschulung soll zu einer anderen beruflichen Tätigkeit befähigen.

§ 2 (Lernorte der Berufsbildung)

(1) Berufsbildung wird durchgeführt

  1. in Betrieben der Wirtschaft, in vergleichbaren Einrichtungen außerhalb der Wirtschaft, insbesondere des öffentlichen Dienstes, der Angehörigen freier Berufe und in Haushalten (betriebliche Berufsbildung),

  2. in berufsbildenden Schulen (schulische Berufsausbildung) und

  3. in sonstigen Berufsbildungseinrichtungen außerhalb der schulischen und betrieblichen Berufsbildung (außerbetriebliche Berufsbildung).

(2) Die Lernorte nach Abs. 1 wirken bei der Durchführung der Berufsbildung zusammen (Lernortkooperation).

(3) Teile der Berufsausbildung können im Ausland durchgeführt werden, wenn dies dem Ausbildungsziel dient. Ihre Gesamtdauer soll ein Viertel der in der Ausbildungsordnung festgelegten Ausbildungsdauer nicht überschreiten.

§ 3 (Anwendungsbereich)

(1) Dieses Gesetz gilt für die Berufsbildung, soweit sie nicht in berufsbildenden Schulen durchgeführt wird, die den Schulgesetzen der Länder unterstehen.

(2) Dieses Gesetz gilt nicht für

  1. die Berufsbildung, die in berufsqualifizierenden oder vergleichbaren Studiengängen an Hochschulen auf der Grundlage des Hochschulrahmengesetzes und der Hochschulgesetze der Länder durchgeführt wird,

  2. die Berufsbildung in einem öffentlich-rechtlichen Dienstverhältnis,

  3. …

§ 4 (Anerkennung von Ausbildungsberufen)

(1) Als Grundlage für eine geordnete und einheitliche Berufsausbildung kann das Bundesministerium für Wirtschaft und Arbeit … durch Rechtsverordnung, die nicht der Zustimmung des Bundesrates bedarf, Ausbildungsberufe staatlich anerkennen und hierfür Ausbildungsordnungen nach § 5 erlassen.

(2) Für einen anerkannten Ausbildungsberuf darf nur nach der Ausbildungsordnung ausgebildet werden.

(3) In anderen als anerkannten Ausbildungsberufen dürfen Jugendliche unter 18 Jahren nicht ausgebildet werden, soweit die Berufsausbildung nicht auf den Besuch weiterführender Bildungsgänge vorbereitet.

§ 5 (Ausbildungsordnung)

(1) Die Ausbildungsordnung hat festzulegen

  1. die Bezeichnung des Ausbildungsberufes, der anerkannt wird,

  2. die Ausbildungsdauer; sie soll nicht mehr als drei und nicht weniger als zwei Jahre betragen,

  3. die beruflichen Fertigkeiten, Kenntnisse und Fähigkeiten, die mindestens Gegenstand der Berufsausbildung sind (Ausbildungsberufsbild),

  4. eine Anleitung zur sachlichen und zeitlichen Gliederung der Vermittlung der beruflichen Fertigkeiten, Kenntnisse und Fähigkeiten (Ausbildungsrahmenplan),

  5. die Prüfungsanforderungen.

(2) Die Ausbildungsordnung kann vorsehen,

  1. dass die Berufsausbildung in sachlich und zeitlich besonders gegliederten, aufeinander aufbauenden Stufen erfolgt; nach den einzelnen Stufen soll ein Ausbildungsabschluss vorgesehen werden, der sowohl zu einer qualifizierten beruflichen Tätigkeit im Sinne des § 1 Abs. 3 befähigt als auch die Fortsetzung der Berufsausbildung in weiteren Stufen ermöglicht (Stufenausbildung),

© Springer Fachmedien Wiesbaden GmbH, ein Teil von Springer Nature 2022
W. Grundmann et al., *Wirtschafts- und Sozialkunde Teil 1*, Prüfungstraining für Bankkaufleute,
https://doi.org/10.1007/978-3-658-38087-8

2. dass die Abschlussprüfung in zwei zeitlich auseinander fallenden Teilen durchgeführt wird,

3. ...

4. dass auf die durch die Ausbildungsordnung geregelte Berufsausbildung eine andere, einschlägige Berufsausbildung unter Berücksichtigung der hierbei erworbenen beruflichen Fertigkeiten, Kenntnisse und Fähigkeiten angerechnet werden kann,

5. ...

6. dass Teile der Berufsausbildung in geeigneten Einrichtungen außerhalb der Ausbildungsstätte durchgeführt werden, wenn und soweit es die Berufsausbildung erfordert (überbetriebliche Berufsausbildung),

7. dass Auszubildende einen schriftlichen Ausbildungsnachweis zu führen haben.

Im Rahmen der Ordnungsverfahren soll stets geprüft werden, ob Regelungen nach Nr. 1, 2 und 4 sinnvoll und möglich sind.

§ 6 (Erprobung neuer Ausbildungsberufe, Ausbildungs- und Prüfungsformen)

Zur Entwicklung und Erprobung neuer Ausbildungsberufe sowie Ausbildungs- und Prüfungsformen kann das Bundesministerium für Wirtschaft und Arbeit ... nach Anhörung des Hauptausschusses des Bundesinstituts für Berufsbildung durch Rechtsverordnung, die nicht der Zustimmung des Bundesrates bedarf, Ausnahmen von § 4 Abs. 2 und 3 sowie den §§ 5, 37 und 48 zulassen, die auch auf eine bestimmte Art und Zahl von Ausbildungsstätten beschränkt werden können.

§ 7 (Anrechnung beruflicher Vorbildung auf die Ausbildungsdauer)

(1) Die Landesregierungen können nach Anhörung des Landesausschusses für Berufsbildung durch Rechtsverordnung bestimmen, dass der Besuch eines Bildungsganges berufsbildender Schulen oder die Berufsausbildung in einer sonstigen Einrichtung ganz oder teilweise auf die Ausbildungszeit angerechnet wird. Die Ermächtigung kann durch Rechtsverordnung auf oberste Landesbehörden weiter übertragen werden. Die Rechtsordnung kann vorsehen, dass die Anrechnung eines gemeinsamen Antrags der Auszubildenden und Ausbildenden bedarf.

§ 8 (Verkürzung und Verlängerung der Ausbildungsdauer)

(1) Auf gemeinsamen Antrag der Auszubildenden und Ausbildenden hat die zuständige Stelle die Ausbildungsdauer zu kürzen, wenn zu erwarten ist, dass das Ausbildungsziel in der gekürzten Zeit erreicht wird. Bei berechtigtem Interesse kann sich der Antrag auch auf die Verkürzung der täglichen oder wöchentlichen Ausbildungszeit richten (Teilzeitberufsausbildung).

(2) In Ausnahmefällen kann die zuständige Stelle auf Antrag Auszubildender die Ausbildungsdauer verlängern, wenn die Verlängerung erforderlich ist, um das Ausbildungsziel zu erreichen. Vor der Entscheidung nach Satz 1 sind die Ausbildenden zu hören.

(3) Für die Entscheidung über die Verkürzung oder Verlängerung der Ausbildungsdauer kann der Hauptausschuss des Bundesinstituts für Berufsbildung Richtlinien erlassen.

§ 9 (Regelungsbefugnis)

Soweit Vorschriften nicht bestehen, regelt die zuständige Stelle die Durchführung der Berufsausbildung im Rahmen dieses Gesetzes.

§ 10 (Vertrag)

(1) Wer einen anderen zur Berufsausbildung einstellt (Ausbildende), hat mit den Auszubildenden einen Berufsausbildungsvertrag zu schließen.

(2) Auf den Berufsausbildungsvertrag sind, soweit sich aus seinem Wesen und Zweck und aus diesem Gesetz nichts anderes ergibt, die für den Arbeitsvertrag geltenden Rechtsvorschriften und Rechtsgrundsätze anzuwenden.

(3) Schließen die gesetzlichen Vertreter oder Vertreterinnen mit ihrem Kind einen Berufsausbildungsvertrag, so sind sie von dem Verbot des § 181 BGB befreit.

(4) Ein Mangel in der Berechtigung, Auszubildende einzustellen oder auszubilden, berührt die Wirksamkeit des Berufsausbildungsvertrages nicht.

(5) Zur Erfüllung der vertraglichen Verpflichtungen der Ausbildenden können mehrere natürliche oder juristische Personen in einem Ausbildungsverbund zusammenwirken, soweit die Verantwortlichkeit für die einzelnen Ausbildungsabschnitte sowie für die Ausbildungszeit insgesamt sichergestellt ist (Verbundausbildung).

§ 11 (Vertragsniederschrift)

(1) Ausbildende haben unverzüglich nach Abschluss des Berufsausbildungsvertrages, spätestens vor Beginn der Berufsausbildung, den wesentlichen Inhalt des Vertrages gemäß Satz 2 schriftlich niederzulegen; die elektronische Form ist ausgeschlossen. In die Niederschrift sind mindestens aufzunehmen

1. Art, sachliche und zeitliche Gliederung sowie Ziel der Berufsausbildung, insbesondere die Berufstätigkeit, für die ausgebildet werden soll,

2. Beginn und Dauer der Berufsausbildung,

3. Ausbildungsmaßnahmen außerhalb der Ausbildungsstätte,

4. Dauer der regelmäßigen täglichen Ausbildungszeit,

5. Dauer der Probezeit,

6. Zahlung und Höhe der Vergütung,

7. Dauer des Urlaubs,

8. Voraussetzungen, unter denen der Berufsausbildungsvertrag gekündigt werden kann,

9. ein in allgemeiner Form gehaltener Hinweis auf die Tarifverträge, Betriebs- oder Dienstvereinbarungen, die auf das Berufsausbildungsverhältnis anzuwenden sind.

(2) Die Niederschrift ist von den Ausbildenden, den Auszubildenden und deren gesetzlichen Vertretern und Vertreterinnen zu unterzeichnen.

(3) Ausbildende haben den Auszubildenden und deren gesetzlichen Vertretern und Vertreterinnen eine Ausfertigung der unterzeichneten Niederschrift unverzüglich auszuhändigen.

(4) Bei Änderungen des Berufsausbildungsvertrages gelten die Absätze 1 bis 3 entsprechend.

§ 12 (Nichtige Vereinbarungen)

(1) Eine Vereinbarung, die Auszubildende für die Zeit nach Beendigung des Berufsausbildungsverhältnisses in der Ausübung ihrer beruflichen Tätigkeit beschränkt, ist nichtig. Dies gilt nicht, wenn sich Auszubildende innerhalb der letzten sechs Monate des Berufsausbildungsverhältnisses dazu verpflichten, nach dessen Beendigung mit den Ausbildenden ein Arbeitsverhältnis einzugehen.

(2) Nichtig ist eine Vereinbarung über

1. die Verpflichtung Auszubildender, für die Berufsausbildung eine Entschädigung zu zahlen,

2. Vertragsstrafen,

3. den Ausschluss oder die Beschränkung von Schadensersatzansprüchen,

4 die Festsetzung der Höhe eines Schadensersatzes in Pauschbeträgen.

§ 13 (Verhalten während der Berufsausbildung)

Auszubildende haben sich zu bemühen, die berufliche Handlungsfähigkeit zu erwerben, die zum Erreichen des Ausbildungsziels erforderlich ist. Sie sind insbesondere verpflichtet,

1. die ihnen im Rahmen ihrer Berufsausbildung aufgetragenen Aufgaben sorgfältig auszuführen,

2. an Ausbildungsmaßnahmen teilzunehmen, für die sie nach § 15 freigestellt werden,

3. den Weisungen zu folgen, die ihnen im Rahmen der Berufsausbildung von Ausbildenden, von Ausbildern oder Ausbilderinnen oder von anderen weisungsberechtigten Personen erteilt werden,

4. die für die Ausbildungsstätte geltende Ordnung zu beachten,

5. Werkzeug, Maschinen und sonstige Einrichtungen pfleglich zu behandeln,

6. über Betriebs- und Geschäftsgeheimnisse Stillschweigen zu wahren.

7. einen schriftlichen oder elektronischen Ausbildungsnachweis zu führen.

§ 14 (Berufsausbildung)

(1) Ausbildende haben

1. dafür zu sorgen, dass den Auszubildenden die berufliche Handlungsfähigkeit vermittelt wird, die zum Erreichen des Ausbildungszieles erforderlich ist, und die Berufsausbildung in einer durch ihren Zweck gebotenen Form planmäßig, zeitlich und sachlich gegliedert so durchzuführen, dass das Ausbildungsziel in der vorgesehenen Ausbildungszeit erreicht werden kann,

2. selbst auszubilden oder einen Ausbilder oder eine Ausbilderin ausdrücklich damit zu beauftragen,

3. Auszubildenden kostenlos die Ausbildungsmittel, insbesondere Werkzeuge und Werkstoffe zur Verfügung zu stellen, die zur Berufsausbildung und zum Ablegen von Zwischen- und Abschlussprüfungen, auch soweit solche nach Beendigung des Berufsausbildungsverhältnisses stattfinden, erforderlich sind,

4. Auszubildende zum Besuch der Berufsschule anzuhalten,

5. dafür zu sorgen, dass Auszubildende charakterlich gefördert sowie sittlich und körperlich nicht gefährdet werden.

(2) Auszubildenden haben Auszubildende zum Führen der Ausbildungsnachweise nach § 13 ... anzuhalten und diese regelmäßig durchzusehen. Dem Auszubildenden ist Gelegenheit zu geben, den Ausbildungnachweis am Arbeitsplatz zu führen.

§ 15 (Freistellung, Anrechnung)

Ausbildende dürfen Auszubildende vor einem vor 9 Uhr beginnenden Berufsschulunterricht nicht beschäftigen. Sie haben Auszubildende freizustellen

1. für die Teilnahme am Berufsschulunterricht,

2. an einem Berufsschultag mit mehr als fünf Unterrichtsstunden von mindestens je 45 Minuten, einmal in der Woche,

3. in Berufsschulwochen mit einem planmäßigen Blockunterricht von mindestens 25 Stunden an mindestens fünf Tagen,

4. für die Teilnahme an Prüfungen und Ausbildungmaßnahmen, die auf Grund öffentlich-

rechtlicher oder vertraglicher Bestimmungen außerhalb der Ausbildungsstätte durchzuführen sind, und

5. an dem Arbeitstag, der der schriftlichen Abschlussprüfung unmittelbar vorangeht.

Im Fall von Satz 2 Nr. 3 sind zusätzliche betriebliche Ausbildungsveranstaltungen bis zu zwei Stunden wöchentlich zulässig.

§ 16 (Zeugnis)

(1) Ausbildende haben den Auszubildenden bei Beendigung des Berufsausbildungsverhältnisses ein Zeugnis auszustellen. Haben Ausbildende die Berufsausbildung nicht selbst durchgeführt, so soll auch der Ausbilder oder die Ausbilderin das Zeugnis unterschreiben.

(2) Das Zeugnis muss Angaben enthalten über Art, Dauer und Ziel der Berufsausbildung sowie über die erworbenen beruflichen Fertigkeiten, Kenntnisse und Fähigkeiten der Auszubildenden. Auf Verlangen Auszubildender sind auch Angaben über Verhalten und Leistung aufzunehmen.

§ 17 (Vergütungsanspruch und Mindestvergütung)

(1) Ausbildende haben Auszubildenden eine angemessene Vergütung zu gewähren. Die Vergütung steigt mit fortschreitender Berufsausbildung, mindestens jährlich, an.

(2) Die Angemessenheit der Vergütung ist ausgeschlossen, wenn sie folgende Monate Mindestvergütung unterschreitet:

1. im ersten Jahr einer Berufsausbildung

a) 515,00 EUR, wenn die Berufsausbildung im Zeitraum vom 1. Januar 2020 bis zum 31. Dezember 2020 begonnen wird,

b) ....

(6) Sachleistungen können in Höhe der ... festgesetzten Sachbezugswerte angerechnet werden, jedoch nicht über 75 Prozent der Bruttovergütung hinaus.

(7) Eine über die vereinbarte regelmäßige tägliche Ausbildungszeit hinausgehende Beschäftigung ist besonders zu vergüten oder durch entsprechende Freizeit auszugleichen.

§ 18 (Bemessung und Fälligkeit der Vergütung)

(1) Die Vergütung bemisst sich nach Monaten. Bei Berechnung der Vergütung für einzelne Tage wird der Monat zu 30 Tagen gerechnet.

(2) Die Vergütung für den laufenden Kalendermonat ist spätestens am letzten Arbeitstag des Monats zu zahlen.

§ 19 (Fortzahlung der Vergütung)

(1) Auszubildenden ist die Vergütung auch zu zahlen

1. für die Zeit der Freistellung (§ 15),

2. bis zur Dauer von sechs Wochen, wenn sie

   a) sich für die Berufsausbildung bereithalten, diese aber ausfällt, oder

   b) sich aus einem sonstigen, in ihrer Person liegenden Grund unverschuldet verhindert sind, ihre Pflichten aus dem Berufsausbildungsverhältnis zu erfüllen.

(2) Können Auszubildende während der Zeit, für welche die Vergütung fortzuzahlen ist, aus berechtigtem Grund Sachleistungen nicht abnehmen, so sind diese nach den Sachbezugswerten (§ 17 Abs. 2) abzugelten.

§ 20 (Probezeit)

Das Berufsausbildungsverhältnis beginnt mit der Probezeit. Sie muss **mindestens einen Monat** und darf **höchstens vier Monate** betragen.

§ 21 (Beendigung)

(1) Das Berufsausbildungsverhältnis endet mit dem Ablauf der Ausbildungszeit. Im Falle der Stufenausbildung endet es mit Ablauf der letzten Stufe.

(2) Bestehen Auszubildende vor Ablauf der Ausbildungszeit die Abschlussprüfung, so endet das Berufsausbildungsverhältnis mit Bekanntgabe des Ergebnisses durch den Prüfungsausschuss.

(3) Besteht Auszubildende die Abschlussprüfung nicht, so verlängert sich das Berufsausbildungsverhältnis auf ihr Verlangen bis zur nächstmöglichen Wiederholungsprüfung, höchstens um ein Jahr.

§ 22 (Kündigung)

(1) Während der Probezeit kann das Berufsausbildungsverhältnis jederzeit ohne Einhalten einer Kündigungsfrist gekündigt werden.

(2) Nach der Probezeit kann das Berufsausbildungsverhältnis nur gekündigt werden

1. aus einem wichtigen Grund ohne Einhalten einer Kündigungsfrist,

2. von Auszubildenden mit einer Kündigungsfrist von **vier Wochen**, wenn sie die Berufsausbildung aufgeben oder sich für eine andere Berufstätigkeit ausbilden lassen wollen.

(3) Die Kündigung muss schriftlich und in den Fällen des Absatzes 2 unter Angabe der Kündigungsgründe erfolgen.

(4) Eine Kündigung aus einem wichtigen Grund ist unwirksam, wenn die ihr zugrunde liegenden Tatsachen dem zur Kündigung Berechtigten länger als zwei Wochen bekannt sind. Ist ein vorgesehenes Güteverfahren von einer außergerichtlichen

Stelle eingeleitet, so wird bis zu dessen Beendigung der Lauf dieser Frist gehemmt.

§ 23 (Schadensersatz bei vorzeitiger Beendigung)

(1) Wird das Berufsausbildungsverhältnis nach der Probezeit vorzeitig gelöst, so können Ausbildende oder Auszubildende Ersatz des Schadens verlangen, wenn die andere Person den Grund für die Auflösung zu vertreten hat. Dies gilt nicht im Falle des § 22 Abs. 2 Nr. 2.

(2) Der Anspruch erlischt, wenn er nicht innerhalb von 3 Monaten nach Beendigung des Berufsausbildungsverhältnisses geltend gemacht wird.

§ 24 (Weiterarbeit)

Werden Auszubildende im Anschluss an das Berufsausbildungsverhältnis beschäftigt, ohne dass hierüber ausdrücklich etwas vereinbart worden ist, so gilt ein Arbeitsverhältnis auf unbestimmte Zeit als begründet.

§ 25 (Unabdingbarkeit)

Eine Vereinbarung, die zu Ungunsten Auszubildenden von den Vorschriften dieses Teils des Gesetzes abweicht, ist nichtig.

§ 26 (Andere Vertragsverhältnisse)

Soweit nicht ein Arbeitsverhältnis vereinbart ist, gelten für Personen, die eingestellt werden, um berufliche Fertigkeiten, Kenntnisse, Fähigkeiten oder berufliche Erfahrungen zu erwerben, ohne dass es sich um eine Berufsausbildung im Sinne dieses Gesetzes handelt, die §§ 10 bis 23 und 25 mit der Maßgabe, dass die gesetzliche Probezeit abgekürzt, auf die Vertragsniederschrift verzichtet und bei vorzeitiger Lösung des Vertragsverhältnisses nach Ablauf er Probezeit abweichend von § 23 Abs. 1 Satz 1 Schadensersatz nicht verlangt werden kann.

§ 37 (Abschlussprüfung)

(1) In den anerkannten Ausbildungsberufen sind Abschlussprüfungen durchzuführen. Die Abschlussprüfung kann im Falle des Nichtbestehens zweimal wiederholt werden. Sofern die Abschlussprüfung in zwei zeitlich auseinander fallenden Teilen durchgeführt wird, ist der erste Teil der Abschlussprüfung nicht eigenständig wiederholbar.

(2) Dem Prüfling ist ein Zeugnis auszustellen. Ausbildenden werden auf deren Verlangen die Ergebnisse der Abschlussprüfung der Auszubildenden übermittelt. Sofern die Abschlussprüfung in zwei zeitlich auseinander fallenden Teilen durchgeführt wird, ist das Ergebnis der Prüfungsleistungen im ersten Teil der Abschlussprüfung dem Prüfling schriftlich mitzuteilen.

(3) Dem Zeugnis ist auf Antrag der Auszubildenden eine englischsprachige und eine französischsprachige Übersetzung beizufügen. Auf Antrag der Auszubildenden kann das Ergebnis berufsschulischer Leistungsfeststellungen auf dem Zeugnis ausgewiesen werden.

(4) Die Abschlussprüfung ist für den Auszubildenden gebührenfrei.

§ 38 (Prüfungsgegenstand)

Durch die Abschlussprüfung ist festzustellen, ob der Prüfling die berufliche Handlungsfähigkeit erworben hat. In ihr soll der Prüfling nachweisen, dass er die erforderlichen beruflichen Fertigkeiten beherrscht, die notwendigen beruflichen Kenntnisse und Fähigkeiten besitzt und dem ihm im Berufsschulunterricht zu vermittelnden, für die Berufsausbildung wesentlichen Lehrstoff vertraut ist. Die Ausbildungsordnung ist zugrunde zu legen.

§ 42 (Beschlussfassung, Bewertung der Abschlussprüfung)

(1) Der Prüfungsausschuss fasst die Beschlüsse über

1. die Noten zur Bewertung einzelner Prüfungsleistungen, die er selbst abgenommen hat,

2. die Noten zur Bewertung der Prüfung insgesamt sowie

3. das Bestehen oder Nichtbestehen der Abschlussprüfung.

(2) Die zuständige Stelle kann im Einvernehmen mit den Mitgliedern des Prüfungsausschusses die Abnahme und abschließende Bewertung von Prüfungsleistungen auf Prüferdelegationen übertragen. Für die Zusammensetzung von Prüferdelegationen und für die Abstimmungen in der Prüferdelegation sind § 40 Absatz 1 und 2 sowie § 41 Absatz 2 entsprechend anzuwenden. Mitglieder vor Prüferdelegationen können die Mitglieder des Prüfungsausschusses, deren Stellvertreter und Stellvertreterinnen sowie weitere Prüfende sein, die durch die zuständige Stelle nach § 40 Absatz 4 berufen worden sind.

(3) Die zuständige Stelle hat vor Beginn der Prüfung über die Bildung von Prüferdelegationen, über deren Mitglieder sowie über deren Stellvertreter und Stellvertreterinnen zu entscheiden. Prüfende können Mitglieder mehrerer Prüferdelegationen sein. Sind verschiedene Prüfungsleistungen derart aufeinander bezogen, dass deren Beurteilung nu einheitlich erfolgen kann, so müssen diese Prüfungsleistungen von denselben Prüfenden abgenommen werden.

(4) Nach § 47 Absatz 2 Satz 2 erstellte oder ausgewählte Antwort-Wahl-Aufgaben können automatisiert ausgewertet werden, wenn das Aufgabenerstellungs- oder Aufgabenauswahlgremium festge-

legt hat, welche Antworten als zutreffend anerkannt werden. Die Ergebnisse sind vom Prüfungsausschuss zu übernehmen.

(5) Der Prüfungsausschuss oder die Prüferdelegation kann einvernehmlich die Abnahme und Bewertung einzelner schriftlicher oder sonstiger Prüfungsleistungen, deren Bewertung unabhängig von der Anwesenheit bei der Erbringung erfolgen kann, so vornehmen, dass zwei seiner oder ihrer Mitglieder die Prüfungsleistungen selbstständig und unabhängig bewerten. Weichen die auf der Grundlage des in der Prüfungsordnung vorgesehenen Bewertungsschlüssels erfolgten Bewertungen der beiden Prüfenden um nicht mehr als 10 Prozent der erreichbaren Punkte voneinander ab, so errechnet sich die endgültige Bewertung aus dem Durchschnitt der beiden Bewertungen. Bei einer größeren Abweichung erfolgt die endgültige Bewertung durch ein vorab bestimmtes weiteres Mitglied des Prüfungsausschusses oder der Prüferdelegation.

(6) Sieht die Ausbildungsordnung vor, dass Auszubildende bei erfolgreichem Abschluss eines zweijährigen Ausbildungsberufs vom ersten Teil der Abschlussprüfung eines darauf aufbauenden drei- oder dreieinhalbjährigen Ausbildungsberufs befreit sind, so ist das Ergebnis der Abschlussprüfung des zweijährigen Ausbildungsberufs vom Prüfungsausschuss als das Ergebnis des ersten Teils der Abschlussprüfung des auf dem zweijährigen Ausbildungsberuf aufbauenden drei- oder dreieinhalbjährigen Ausbildungsberufs zu übernehmen.

§ 43 (Zulassung zur Abschlussprüfung)

(1) Zur Abschlussprüfung ist zugelassen,

1. wer die Ausbildungszeit zurückgelegt hat oder wessen Ausbildungszeit nicht später als zwei Monate nach dem Prüfungstermin endet,

2. wer an vorgeschriebenen Zwischenprüfungen teilgenommen sowie vorgeschriebene schriftliche Ausbildungsnachweise geführt hat und

3. wessen Berufsausbildungsverhältnis in das Verzeichnis der Berufsausbildungsverhältnisse eingetragen oder aus einem Grund nicht eingetragen ist, den weder die Auszubildenden noch deren gesetzliche Vertreter oder Vertreterinnen zu vertreten haben.

(2) Zur Abschlussprüfung ist ferner zuzulassen, wer in einer berufsbildenden Schule oder einer sonstigen Berufsbildungseinrichtung ausgebildet worden ist, wenn dieser Bildungsgang der Berufsausbildung in einem anerkannten Ausbildungsberuf entspricht. Ein Bildungsgang entspricht der Berufsausbildung in einem anerkannten Ausbildungsberuf, wenn er

1. nach Inhalt, Anforderung und zeitlichem Umfang der jeweiligen Ausbildungsordnung gleichwertig ist,

2. systematisch, insbesondere im Rahmen einer sachlichen und zeitlichen Gliederung, durchgeführt wird und

3. durch Lernortkooperation einen angemessenen Anteil an fachpraktischer Ausbildung gewährleistet.

...

§ 44 (Zulassung zur Abschlussprüfung bei zeitlich auseinander fallenden Teilen)

(1) Sofern die Abschlussprüfung in zwei zeitlich auseinander fallenden Teilen durchgeführt wird, ist über die Zulassung jeweils gesondert zu entscheiden.

(2) Zum ersten Teil der Abschlussprüfung ist zuzulassen, wer die in der Ausbildungsordnung vorgeschriebene, erforderliche Ausbildungszeit zurückgelegt hat und die Voraussetzungen des § 43 Abs. 1 Nr. 2 und 3 erfüllt.

(3) Zum zweiten Teil der Abschlussprüfung ist zugelassen, wer über die Voraussetzungen in § 43 Abs. 1 hinaus am ersten Teil der Abschlussprüfung teilgenommen hat. Dies gilt nicht, wenn Auszubildende aus Gründen, die sie nicht zu vertreten haben, am ersten Teil der Abschlussprüfung nicht teilgenommen haben. In diesem Fall ist der erste Teil der Abschlussprüfung zusammen mit dem zweiten Teil abzulegen.

§ 45 (Zulassung in besonderen Fällen)

(1) Auszubildende können nach Anhörung der Ausbildenden und der Berufsschule vor Ablauf ihrer Ausbildungszeit zur Abschlussprüfung zugelassen werden, wenn ihre Leistungen dies rechtfertigen.

(2) Zur Abschlussprüfung ist auch zuzulassen, wer nachweist, dass er mindestens das Eineinhalbfache der Zeit, die als Ausbildungszeit vorgeschrieben ist, in dem Beruf tätig gewesen ist, in dem die Prüfung abgelegt werden soll. Als Zeiten der Berufstätigkeit gelten auch Ausbildungszeiten in einem anderen, einschlägigen Ausbildungsberuf. Vom Nachweis der Mindestzeit nach Satz 1 kann ganz oder teilweise abgesehen werden, wenn durch Vorlage von Zeugnissen oder auf andere Weise glaubhaft gemacht wird, dass der Bewerber oder die Bewerberin die berufliche Handlungsfähigkeit erworben hat, die die Zulassung zur Prüfung rechtfertigt. Ausländische Bildungsabschlüsse und Zeiten der Berufstätigkeit im Ausland sind dabei zu berücksichtigen.

(3) Soldaten oder Soldatinnen auf Zeit und ehemalige Soldaten oder Soldatinnen sind nach Abs. 2 Satz 3 zur Abschlussprüfung zuzulassen, wenn das Bundesministerium der Verteidigung oder die von ihm bestimmte Stelle bescheinigt, dass der Bewerber oder die Bewerberin berufliche Fertigkeiten, Kenntnisse und Fähigkeiten erworben hat, welche die Zulassung zur Prüfung rechtfertigen.

§ 46 (Entscheidung über die Zulassung)

(1) Über die Zulassung zur Abschlussprüfung entscheidet die zuständige Stelle. Hält sie die Zulassungsvoraussetzungen für nicht gegeben, so entscheidet der Prüfungsausschuss.

(2) Auszubildenden, die Elternzeit in Anspruch genommen haben, darf bei der Entscheidung über die Zulassung hieraus kein Nachteil erwachsen.

§ 47 (Prüfungsordnung)

(1) Die zuständige Stelle hat eine Prüfungsordnung für die Abschlussprüfung zu erlassen. Die Prüfungsordnung bedarf der Genehmigung der zuständigen obersten Landesbehörde.

(2) Die Prüfungsordnung muss die Zulassung, die Gliederung der Prüfung, die Bewertungsmaßstäbe, die Erteilung der Prüfungszeugnisse, die Folgen von Verstößen gegen die Prüfungsordnung und die Wiederholungsprüfung regeln. Sie kann vorsehen, dass Prüfungsaufgaben, die überregional oder von einem Aufgabenerstellungsausschuss bei der zuständigen Stelle erstellt oder ausgewählt werden, zu übernehmen sind, sofern diese Aufgaben von Gremien erstellt oder ausgewählt werden, die entsprechend § 40 Abs. 2 zusammengesetzt sind.

(6) Der Hauptausschuss des Bundesinstituts für Berufsbildung erlässt für die Prüfungsordnung Richtlinien.

§ 48 (Zwischenprüfungen)

(1) Während der Berufsausbildung ist zur Ermittlung des Ausbildungsstandes eine Zwischenprüfung entsprechend der Ausbildungsordnung durchzuführen. Die §§ 37 bis 39 gelten entsprechend.

(2) Die Zwischenprüfung entfällt, sofern

1. die Ausbildungsordnung vorsieht, dass die Abschlussprüfung in zwei zeitlich auseinander fallenden Teilen durchgeführt wird, oder

2. die Ausbildungsordnung vorsieht, dass auf die Dauer der durch die Ausbildungsordnung geregelten Berufsausbildung die Dauer einer anderen abgeschlossenen Berufsausbildung im Umfang von mindestens zwei Jahren anzurechnen ist, und die Vertragsparteien die Anrechnung mit mindestens dieser Dauer vereinbart haben.

(3) Umzuschulende sind auf ihren Antrag zur Zwischenprüfung zuzulassen.

§ 49 (Zusatzqualifikationen)

(1) Zusätzliche berufliche Fertigkeiten, Kenntnisse und Fähigkeiten nach § 5 Abs. 2 Nr. 5 werden gesondert geprüft und bescheinigt. Das Ergebnis der Prüfung nach § 37 bleibt unberührt.

(2) § 37 Abs. 3 und 4 sowie die §§ 39 bis 42 und 47 gelten entsprechend.

Betriebsverfassungsgesetz

§ 1 (Errichtung von Betriebsräten)

In Betrieben mit in der Regel mindestens fünf ständigen wahlberechtigten Arbeitnehmern, von denen drei wählbar sind, werden Betriebsräte gewählt. ...

§ 2 (Stellung der Gewerkschaften und Vereinigungen der Arbeitgeber)

(1) Arbeitgeber und Betriebsrat arbeiten unter Beachtung der geltenden Tarifverträge vertrauensvoll und im Zusammenwirken mit den im Betrieb vertretenen Gewerkschaften und Arbeitgebervereinigungen zum Wohl der Arbeitnehmer und des Betriebs zusammen.

(2) Zur Wahrnehmung der in diesem Gesetz genannten Aufgaben und Befugnisse der im Betrieb vertretenen Gewerkschaften ist deren Beauftragten nach Unterrichtung des Arbeitgebers oder seines Vertreters Zugang zum Betrieb zu gewähren, soweit dem nicht unumgängliche Notwendigkeiten des Betriebsablaufs, zwingende Sicherheitsvorschriften oder der Schutz von Betriebsgeheimnissen entgegenstehen.

§ 5 (Arbeitnehmer)

(1) Arbeitnehmer ... im Sinne dieses Gesetzes sind Arbeiter und Angestellte einschl. der zu ihrer Berufsausbildung Beschäftigten ...

(2) Als Arbeitnehmer im Sinne dieses Gesetzes gelten nicht

   1. in Betrieben einer juristischen Person die Mitglieder des Organs, das zur gesetzlichen Vertretung der juristischen Person berufen ist;

   2. die Gesellschafter einer offenen Handelsgesellschaft oder die Mitglieder einer anderen Personengesamtheit ... in deren Betrieben;

(3) Dieses Gesetz findet ... keine Anwendung auf leitende Angestellte. Leitender Angestellter ist, wer nach Arbeitsvertrag und Stellung im Unternehmen oder im Betrieb

   1. zur selbständigen Einstellung und Entlassung von im Betrieb oder in der Betriebsabteilung beschäftigten Arbeitnehmern berechtigt ist oder

   2. Generalvollmacht oder Prokura hat ... oder

   3. regelmäßig sonstige Aufgaben wahrnimmt, die für den Bestand und die Entwicklung des Unternehmens oder eines Betriebes von Bedeutung sind ...

Zusammensetzung und Wahl des Betriebsrates

§ 7 (Wahlberechtigung)

Wahlberechtigt sind alle Arbeitnehmer des Betriebs, die das 18. Lebensjahr vollendet haben. Werden Arbeitnehmer eines anderen Arbeitgebers zur Arbeitsleistung überlassen, so sind diese wahlberechtigt, wenn sie länger als drei Monate im Betrieb eingesetzt werden.

§ 8 (Wählbarkeit)

(1) Wählbar sind alle Wahlberechtigten, die sechs Monate dem Betrieb angehören ...

§ 9 (Zahl der Betriebsratsmitglieder)

Der Betriebsrat besteht in Betrieben mit in der Regel

- 5 bis 20 wahlberechtigten Arbeitnehmern aus einer Person,
- 21 bis 50 wahlberechtigten Arbeitnehmern aus 3 Mitgliedern,
- 51 wahlberechtigten Arbeitnehmern bis 100 Arbeitnehmern aus 5 Mitgliedern,
- 101 bis 200 Arbeitnehmern aus 7 Mitgliedern,
- 201 bis 400 Arbeitnehmern aus 9 Mitgliedern,
- 401 bis 700 Arbeitnehmern aus 11 Mitgliedern,
- 701 bis 1000 Arbeitnehmern aus 13 Mitgliedern,
- 1001 bis 1500 Arbeitnehmer aus 15 Mitgliedern,
- 1501 bis 2000 Arbeitnehmern aus 17 Mitgliedern,
- 2001 bis 2500 Arbeitnehmern aus 19 Mitgliedern,
- 2501 bis 3000 Arbeitnehmer aus 21 Mitgliedern ...

§ 11 (Ermäßigte Zahl der Betriebsratsmitglieder)

Hat ein Betrieb nicht die ausreichende Zahl von wählbaren Arbeitnehmern, so ist die Zahl der Betriebsratsmitglieder der nächst niedrigeren Betriebsgröße zugrunde zu legen.

§ 13 (Zeitpunkt der Betriebsratswahlen)

(1) Die regelmäßigen Betriebsratswahlen finden alle 4 Jahre in der Zeit vom 1. März bis 31. Mai statt. ...

(2) Außerhalb dieser Zeit ist der Betriebsrat zu wählen, wenn

   1. mit Ablauf von 24 Monaten, vom Tage der Wahl an gerechnet, die Zahl der regelmäßig beschäftigten Arbeitnehmer um die Hälfte, mindestens aber um 50, gestiegen oder gesunken ist,

   2. ...

   3. der Betriebsrat mit der Mehrheit seiner Mitglieder seinen Rücktritt beschlossen hat,

   4. die Betriebsratswahl mit Erfolg angefochten worden ist,

   5. ...

   6. im Betrieb ein Betriebsrat nicht besteht.

(3) Hat außerhalb des für die regelmäßigen Betriebsratswahlen festgelegten Zeitraums eine Betriebsratswahl stattgefunden, so ist der Betriebsrat in dem auf die Wahl folgenden nächsten Zeitraum der regelmäßigen Betriebsratswahlen neu zu wählen. Hat die

© Springer Fachmedien Wiesbaden GmbH, ein Teil von Springer Nature 2022
W. Grundmann et al., *Wirtschafts- und Sozialkunde Teil 1*, Prüfungstraining für Bankkaufleute,
https://doi.org/10.1007/978-3-658-38087-8

Amtszeit des Betriebsrats zu Beginn des für die regelmäßigen Betriebsratswahlen festgelegten Zeitraums noch nicht ein Jahr betragen, so ist der Betriebsrat in dem übernächsten Zeitraum der regelmäßigen Betriebsratswahlen neu zu wählen.

§ 14 (Wahlvorschriften)

(1) Der Betriebsrat wird in geheimer und unmittelbarer Wahl gewählt.

(2) Die Wahl erfolgt nach den Grundsätzen der Verhältniswahl. Sie erfolgt nach den Grundsätzen der Mehrheitswahl, wenn nur ein Wahlvorschlag eingereicht wird oder wenn der Betriebsrat im vereinfachten Wahlverfahren nach § 14 a zu wählen ist.

(3) Zur Wahl des Betriebsrats können die wahlberechtigten Arbeitnehmer und die im Betrieb vertretenen Gewerkschaften Wahlvorschläge machen.

(4) Jeder Wahlvorschlag der Arbeitnehmer muss von mindestens einem Zwanzigstel der wahlberechtigten Arbeitnehmer, mindestens jedoch von drei Wahlberechtigten unterzeichnet sein ...

§ 15 (Zusammensetzung nach Beschäftigungsarten und Geschlechtern)

(1) Der Betriebsrat soll sich möglichst aus Arbeitnehmern der einzelnen Organisationsbereiche und der verschiedenen Beschäftigungsarten der im Betrieb tätigen Arbeitnehmer zusammensetzen.

(2) Das Geschlecht, das in der Belegschaft in der Minderheit ist, muss mindestens entsprechend seinem zahlenmäßigen Verhältnis im Betriebsrat vertreten sein, wenn dieser aus mindestens drei Mitgliedern besteht.

§ 17 (Bestellung des Wahlvorstands in Betrieben ohne Betriebsrat)

(1) ...

(2) Besteht weder ein Gesamtbetriebsrat noch ein Konzernbetriebsrat, so wird in einer Betriebsversammlung von der Mehrheit der anwesenden Arbeitnehmer ein Wahlvorstand gewählt. ...

§ 18 (Vorbereitung und Durchführung der Wahl)

(1) Der Wahlvorstand hat die Wahl unverzüglich einzuleiten, sie durchzuführen und das Wahlergebnis festzustellen. ...

§ 20 (Wahlschutz und Wahlkosten)

(1) Niemand darf die Wahl des Betriebsrats behindern. Insbesondere darf kein Arbeitnehmer in der Ausübung des aktiven und passiven Wahlrechts beschränkt werden.

(2) Niemand darf die Wahl des Betriebsrats durch Zufügung oder Androhung von Nachteilen oder durch Gewährung oder Versprechen von Vorteilen beeinflussen.

(3) Die Kosten der Wahl trägt der Arbeitgeber. Versäumnis von Arbeitszeit, die zur Ausübung des Wahlrechts,

zur Betätigung im Wahlvorstand ... erforderlich ist, berechtigt den Arbeitgeber nicht zur Minderung des Arbeitsentgelts.

Amtszeit des Betriebsrates

§ 21 (Amtszeit)

Die regelmäßige Amtszeit des Betriebsrats beträgt vier Jahre. Die Amtszeit beginnt mit der Bekanntgabe des Wahlergebnisses oder, wenn zu diesem Zeitpunkt noch ein Betriebsrat besteht, mit Ablauf von dessen Amtszeit. Die Amtszeit endet spätestens am 31. Mai des Jahres, in dem nach § 13 Abs. 1 die regelmäßigen Betriebsratswahlen stattfinden. ...

§ 24 (Erlöschen der Mitgliedschaft)

(1) Die Mitgliedschaft im Betriebsrat erlischt durch

  1. Ablauf der Amtszeit,

  2. Niederlegung des Betriebsratsamtes,

  3. Beendigung des Arbeitsverhältnisses,

  4. Verlust der Wählbarkeit,

  ...

Geschäftsführung des Betriebsrates

§ 26 (Vorsitzender)

(1) Der Betriebsrat wählt aus seiner Mitte den Vorsitzenden und dessen Stellvertreter.

§ 29 (Einberufung der Sitzungen)

(1) Die weiteren Sitzungen beruft der Vorsitzende des Betriebsrats ein. Er setzt die Tagesordnung fest und leitet die Verhandlung. Der Vorsitzende hat die Mitglieder des Betriebsrats zu den Sitzungen rechtzeitig unter Mitteilung der Tagesordnung zu laden. Dies gilt auch für die Schwerbehindertenvertretung sowie für die Jugend- und Auszubildendenvertreter, soweit sie ein Recht auf Teilnahme an der Betriebsratssitzung haben. Kann ein Mitglied des Betriebsrats oder der Jugend- und Auszubildendenvertretung an der Sitzung nicht teilnehmen, so soll es dies unter Angabe der Gründe unverzüglich dem Vorsitzenden mitteilen. Der Vorsitzende hat für ein verhindertes Betriebsratsmitglied oder für einen verhinderten Jugend- und Auszubildendenvertreter das Ersatzmitglied zu laden.

(2) Der Vorsitzende hat eine Sitzung einzuberufen und den Gegenstand, dessen Beratung beantragt ist, auf die Tagesordnung zu setzen, wenn dies ein Viertel der Mitglieder des Betriebsrats oder der Arbeitgeber beantragt.

(3) Der Arbeitgeber nimmt an den Sitzungen, die auf sein Verlangen anberaumt sind, und an den Sitzungen, zu denen er ausdrücklich eingeladen ist, teil. Er kann einen Vertreter der Vereinigung der Arbeitgeber, der er angehört, hinzuziehen.

§ 30 (Betriebsratssitzungen)

Die Sitzungen des Betriebsrats finden in der Regel während der Arbeitszeit statt. Der Betriebsrat hat bei der

Ansetzung von Betriebsratssitzungen auf die betrieblichen Notwendigkeiten Rücksicht zu nehmen. Der Arbeitgeber ist vom Zeitpunkt der Sitzung vorher zu verständigen. Die Sitzungen des Betriebsrats sind nicht öffentlich.

§ 31 (Teilnahme der Gewerkschaften)

Auf Antrag von einem Viertel der Mitglieder oder der Mehrheit einer Gruppe des Betriebsrats kann ein Beauftragter einer im Betriebsrat vertretenen Gewerkschaft an den Sitzungen beratend teilnehmen; ...

§ 32 (Teilnahme der Schwerbehindertenvertretung)

Die Schwerbehindertenvertretung ... kann an allen Sitzungen des Betriebsrats beratend teilnehmen.

§ 33 (Beschlüsse des Betriebsrats)

(1) Die Beschlüsse des Betriebsrats werden ... mit der Mehrheit der Stimmen der anwesenden Mitglieder gefasst. Bei Stimmengleichheit ist ein Antrag abgelehnt.

(2) Der Betriebsrat ist nur beschlussfähig, wenn mindestens die Hälfte der Betriebsratsmitglieder an der Beschlussfassung teilnimmt ...

(3) Nimmt die Jugend- und Auszubildendenvertretung an der Beschlussfassung teil, so werden die Stimmen der Jugend- und Auszubildendenvertreter bei der Feststellung der Stimmenmehrheit mitgezählt.

§ 37 (Ehrenamtliche Tätigkeit, Arbeitsversäumnis)

(1) Die Mitglieder des Betriebsrats führen ihr Amt unentgeltlich als Ehrenamt.

(2) Mitglieder des Betriebsrats sind von ihrer beruflichen Tätigkeit ohne Minderung des Arbeitsentgelts zu befreien, wenn und soweit es nach Umfang und Art des Betriebs zur ordnungsgemäßen Durchführung ihrer Aufgaben erforderlich ist.

(3) ...

(4) Das Arbeitsentgelt von Mitgliedern des Betriebsrats darf einschließlich eines Zeitraums von einem Jahr nach Beendigung der Amtszeit nicht geringer bemessen werden als das Arbeitsentgelt vergleichbarer Arbeitnehmer mit betriebsüblicher beruflicher Entwicklung. Dies gilt auch für allgemeine Zuwendungen des Arbeitgebers.

(5) Soweit nicht zwingende betriebliche Notwendigkeiten entgegenstehen, dürfen Mitglieder des Betriebsrats einschließlich eines Zeitraums von einem Jahr nach Beendigung der Amtszeit nur mit Tätigkeiten beschäftigt werden, die den Tätigkeiten der in Abs. 4 genannten Arbeitnehmer gleichwertig sind.

§ 38 (Freistellungen)

(1) Von ihrer beruflichen Tätigkeit sind mindestens freizustellen in Betrieben mit in der Regel
- 200 bis 500 Arbeitnehmer 1 Betriebsratsmitglied,
- 501 bis 900 Arbeitnehmer 2 Betriebsratsmitglieder,
- 901 bis 1500 Arbeitnehmern 3 Betriebsratsmitglieder,
- 1501 bis 2000 Arbeitnehmern 4 Betriebsratsmitglieder,
- 2001 bis 3000 Arbeitnehmer 5 Betriebsratsmitglieder,
- 3001 bis 4000 Arbeitnehmer 6 Betriebsratsmitglieder,
- 4001 bis 5000 Arbeitnehmer 7 Betriebsratsmitglieder,
- 5001 bis 6000 Arbeitnehmer 8 Betriebsratsmitglieder,
- 6001 bis 7000 Arbeitnehmer 9 Betriebsratsmitglieder,
- 7001 bis 8000 Arbeitnehmer 10 Betriebsratsmitglieder,
- 8001 bis 9000 Arbeitnehmer 11 Betriebsratsmitglieder,
- 9001 bis 10000 Arbeitnehmer 12 Betriebsratsmitglieder.

In Betrieben mit über 10000 Arbeitnehmern ist für je angefangene weitere 2000 Arbeitnehmer ein weiteres Betriebsratsmitglied freizustellen. Freistellungen können auch in Form von Teilfreistellungen erfolgen. Diese dürfen zusammen genommen nicht den Umfang der Freistellungen nach den Sätzen 1 und 2 überschreiten. ...

§ 39 (Sprechstunden)

(1) Der Betriebsrat kann während der Arbeitszeit Sprechstunden einrichten. Zeit und Ort sind mit dem Arbeitgeber zu vereinbaren. Kommt eine Einigung nicht zustande, so entscheidet die Einigungsstelle. Der Spruch der Einigungsstelle ersetzt die Einigung zwischen Arbeitgeber und Betriebsrat.

(2) Führt die Jugend- und Auszubildendenvertretung keine eigenen Sprechstunden durch, so kann an den Sprechstunden des Betriebsrats ein Mitglied der Jugend- und Auszubildendenvertretung zur Beratung der in § 60 Abs. 1 genannten Arbeitnehmer teilnehmen.

(3) Versäumnis von Arbeitszeit, die zum Besuch der Sprechstunden oder durch sonstige Inanspruchnahme des Betriebsrats erforderlich ist, berechtigt den Arbeitgeber nicht zur Minderung des Arbeitsentgelts des Arbeitnehmers.

§ 40 (Kosten und Sachaufwand des Betriebsrats)

(1) Die durch die Tätigkeit des Betriebsrats entstehenden Kosten trägt der Arbeitgeber.

(2) Für die Sitzungen, die Sprechstunden und die laufende Geschäftsführung hat der Arbeitgeber in erforderlichem Umfang Räume, sachliche Mittel, Informations- und Kommunikationstechnik sowie Büropersonal zur Verfügung zu stellen.

Betriebsversammlung

§ 42 (Zusammensetzung ...)

(1) Die Betriebsversammlung besteht aus den Arbeitnehmern des Betriebs; sie wird von dem Vorsitzenden des Betriebsrats geleitet. Sie ist nicht öffentlich.
...

§ 43 (Regelmäßige Betriebs- und Abteilungsversammlungen)

(1) Der Betriebsrat hat einmal im jedem Kalendervierteljahr eine Betriebsversammlung einzuberufen und in ihr einen Tätigkeitsbericht zu erstatten. ...

(2) Der Arbeitgeber ist zu den Betriebs- und Abteilungsversammlungen unter Mitteilung der Tagesordnung einzuladen. Er ist berechtigt, in den Versammlungen zu sprechen. Der Arbeitgeber ... hat mindestens einmal in jedem Kalenderjahr in einer Betriebsversammlung über das Personal- und Sozialwesen einschließlich des Stands der Gleichstellung von Frauen und Männern im Betrieb sowie der Integration der im Betrieb beschäftigten ausländischen Arbeitnehmer, über die wirtschaftliche Lage und Entwicklung des Betriebs sowie über den betrieblichen Umweltschutz zu berichten, soweit dadurch nicht Betriebs- oder Geschäftsgeheimnisse gefährdet werden.

§ 44 (Zeitpunkt und Verdienstausfall)

(1) Die ... Versammlungen finden während der Arbeitszeit statt ... Die Zeit der Teilnahme an diesen Versammlungen ... ist den Arbeitnehmern wie Arbeitszeit zu vergüten. ...

§ 45 (Themen der Betriebs- und Abteilungsversammlungen)

Die Betriebs- und Abteilungsversammlungen können Angelegenheiten einschl. solcher tarifpolitischer, sozialpolitischer, umweltpolitischer und wirtschaftlicher Art sowie Fragen der Förderung der Gleichstellung von Frauen und Männern und der Vereinbarkeit von Familie und Erwerbstätigkeit sowie der Integration der im Betrieb beschäftigten ausländischen Arbeitnehmer behandeln, die den Betrieb oder seine Arbeitnehmer unmittelbar betreffen. ...

§ 46 (Beauftragte der Verbände)

(1) An den Betriebs- oder Abteilungsversammlungen können Beauftragte der im Betrieb vertretenen Gewerkschaften beratend teilnehmen. Nimmt der Arbeitgeber an Betriebs- oder Abteilungsversammlungen teil, so kann er einen Beauftragten der Vereinigung der Arbeitgeber, der er angehört, hinzuziehen.

Betriebliche Jugend- und Auszubildendenvertretung

§ 60 (Errichtung und Aufgaben)

(1) In Betrieben mit in der Regel mindestens 5 Arbeitnehmern, die das 18. Lebensjahr noch nicht vollendet haben (jugendliche Arbeitnehmer) oder die zu ihrer Berufsausbildung beschäftigt sind und das 25. Lebensjahr noch nicht vollendet haben, werden Jugend- und Auszubildendenvertretungen gewählt.

§ 61 (Wahlberechtigung und Wählbarkeit)

(1) Wahlberechtigt sind alle in § 60 Abs. 1 genannten Arbeitnehmer des Betriebs.

(2) Wählbar sind alle Arbeitnehmer des Betriebs, die das 25. Lebensjahr noch nicht vollendet haben; ... Mitglieder des Betriebsrats können nicht zur Jugend- und Auszubildendenvertretern gewählt werden.

§ 62 (Zahl der Jugend- und Auszubildendenvertreter, Zusammensetzung der Jugend- und Auszubildendenvertretung)

(1) Die Jugend- und Auszubildendenvertretung besteht in Betrieben mit in der Regel

5 bis 20 der in § 60 Abs. 1 genannten Arbeitnehmer aus einer Person,

21 bis 50 ... 3 Mitgliedern,

51 bis 150 ... aus 5 Mitgliedern,

151 bis 300 … aus 7 Mitgliedern,

301 bis 500 ... aus 9 Mitgliedern ...

(2) Die Jugend- und Auszubildendenvertretung soll sich möglichst aus Vertretern der verschiedenen Beschäftigungsarten und Ausbildungsberufe der im Betrieb tätigen in § 60 Abs. 1 genannten Arbeitnehmer zusammensetzen.

(3) Das Geschlecht, dass unter den ihn § 60 Abs. 1 genannten Arbeitnehmern in der Minderheit ist, muss mindestens entsprechend seinem zahlenmäßigen Verhältnis in der Jugend- und Auszubildendenvertretung vertreten sein, wenn diese aus mindestens 3 Mitgliedern besteht.

§ 63 (Wahlvorschriften)

(1) Die Jugend- und Auszubildendenvertretung wird in geheimer, unmittelbarer und gemeinsamer Wahl gewählt.

§ 64 (Zeitpunkt der Wahlen und Amtszeit)

(1) Die regelmäßigen Wahlen der Jugend- und Auszubildendenvertretung findet alle zwei Jahre in der Zeit vom 1. Oktober bis 30. November statt. Für die Wahl der Jugend- und Auszubildendenvertretung außerhalb dieser Zeit gilt § 13 Abs. 2 Nr. 2 bis 6 und Abs. 3 entsprechend.

(2) Die regelmäßige Amtszeit der Jugend- und Auszubildendenvertretung beträgt 2 Jahre. ...

§ 65 (Geschäftsführung)

(2) Die Jugend- und Auszubildendenvertretung kann nach Verständigung des Betriebsrats Sitzungen abhalten ... An diesen Sitzungen kann der Betriebsratsvorsitzende oder ein beauftragtes Betriebsratsmitglied teilnehmen.

§ 67 (Teilnahme an Betriebsratssitzungen)

(1) Die Jugend- und Auszubildendenvertretung kann zu allen Betriebsratssitzungen einen Vertreter entsenden. Werden Angelegenheiten behandelt, die beson-

ders die in § 60 Abs. 1 genannten Arbeitnehmer betreffen, so hat zu diesen Tagesordnungspunkten die gesamte Jugend- und Auszubildendenvertretung ein Teilnahmerecht.

(2) Die Jugend- und Auszubildendenvertreter haben Stimmrecht, soweit die zu fassenden Beschlüsse des Betriebsrats überwiegend die in § 60 Abs. 1 genannten Arbeitnehmer betreffen.

(3) Die Jugend- und Auszubildendenvertretung kann beim Betriebsrat beantragen, Angelegenheiten, die besonders die in § 60 Abs. 1 genannten Arbeitnehmer betreffen und über die sie beraten hat, auf die nächste Tagesordnung zu setzen. Der Betriebsrat soll Angelegenheiten, die besonders die in § 60 Abs. 1 genannten Arbeitnehmer betreffen, der Jugend- und Auszubildendenvertretung zur Beratung zuleiten.

§ 68 (Teilnahme an gemeinsamen Besprechungen)

Der Betriebsrat hat die Jugend- und Auszubildendenvertretung zu Besprechungen zwischen Arbeitgeber und Betriebsrat beizuziehen, wenn Angelegenheiten behandelt werden, die besonders die in § 60 Abs. 1 genannten Arbeitnehmer betreffen.

§ 69 (Sprechstunden)

In Betrieben, die in der Regel mehr als 50 der in § 60 Abs. 1 genannten Arbeitnehmer beschäftigen, kann die Jugend- und Auszubildendenvertretung Sprechstunden während der Arbeitszeit einrichten. Zeit und Ort sind mit Betriebsrat und Arbeitgeber zu vereinbaren. ... An den Sprechstunden der Jugend- und Auszubildendenvertretung kann der Betriebsratsvorsitzende .... beratend teilnehmen.

§ 70 (Allgemeine Aufgaben)

(1) Die Jugend- und Auszubildendenvertretung hat folgende allgemeine Aufgaben:

1. Maßnahmen, die den in § 60 Abs. 1 genannten Arbeitnehmern dienen, insbesondere in Fragen der Berufsbildung und der Übernahme der zu ihrer Berufsausbildung Beschäftigten in ein Arbeitsverhältnis, beim Betriebsrat zu beantragen;

1a. Maßnahmen zur Durchsetzung der tatsächlichen Gleichstellung der in § 60 Abs. 1 genannten Arbeitnehmer ... beim Betriebsrat zu beantragen;

2. Darüber zu wachen, dass die zu Gunsten der in § 60 Abs. 1 genannten Arbeitnehmer geltenden Gesetze, Verordnungen, Unfallverhütungsvorschriften, Tarifverträge und Betriebsvereinbarungen durchgeführt werden;

3. Anregungen ... insbesondere in Fragen der Berufsbildung, entgegenzunehmen und, falls sie berechtigt erscheinen, beim Betriebsrat auf eine Erledigung hinzuwirken. Die Jugend- und Auszubildendenvertretung hat die betroffen ... Arbeitnehmer über den Stand und das Ergebnis der Verhandlungen zu informieren.

(2) Zur Durchführung ihrer Aufgaben ist die Jugend- und Auszubildendenvertretung durch den Betriebsrat rechtzeitig und umfassend zu unterrichten. Die Jugend- und Auszubildendenvertretung kann verlangen, dass ihr der Betriebsrat die zur Durchführung ihrer Aufgaben erforderlichen Unterlagen zur Verfügung stellt.

§ 71 (Jugend- und Auszubildendenversammlung)

Die Jugend- und Auszubildendenvertretung kann vor oder nach jeder Betriebsversammlung im Einvernehmen mit dem Betriebsrat eine betriebliche Jugend- und Auszubildendenversammlung einberufen. ...

Mitwirkung und Mitbestimmung der Arbeitnehmer

§ 74 (Grundsätze für die Zusammenarbeit)

(1) Arbeitgeber und Betriebsrat sollen mindestens einmal im Monat zu einer Besprechung zusammentreten. Sie haben über strittige Fragen mit dem ernsten Willen zur Einigung zu verhandeln und Vorschläge für die Beilegung von Meinungsverschiedenheiten zu machen.

(2) Maßnahmen des Arbeitskampfes zwischen Arbeitgeber und Betriebsrats sind unzulässig. ... Arbeitgeber und Betriebsrats haben Betätigungen zu unterlassen, durch die der Arbeitsablauf oder der Frieden des Betriebs beeinträchtigt werden. Sie haben jede parteipolitische Betätigung im Betrieb zu unterlassen; ...

§ 76 (Einigungsstelle)

(1) Zur Beilegung von Meinungsverschiedenheiten zwischen Arbeitgeber und Betriebsrats ... ist bei Bedarf eine Einigungsstelle zu bilden. Durch Betriebsvereinbarungen kann eine ständige Einigungsstelle errichtet werden.

(2) Die Einigungsstelle besteht aus einer gleichen Anzahl von Beisitzern, die vom Arbeitgeber und Betriebsrat bestellt werden, und einem unparteiischen Vorsitzenden, über dessen Person sich beide Seiten einigen müssen. Kommt eine Einigung über die Person des Vorsitzenden nicht zustande, so bestellt ihn das Arbeitsgericht. ...

(3) Die Einigungsstelle fasst ihre Beschlüsse nach mündlicher Beratung mit Stimmenmehrheit. Bei der Beschlussfassung hat sich der Vorsitzende zunächst der Stimme zu enthalten. Kommt eine Stimmenmehrheit nicht zustande, so nimmt der Vorsitzende nach weiterer Beratung an der erneuten Beschlussfassung teil. Die Beschlüsse der Einigungsstelle sind schriftlich niederzulegen, vom Vorsitzenden zu unterschreiben und Arbeitgeber und Betriebsrat zuzuleiten.

§ 77 (Betriebsvereinbarungen)

(2) Betriebsvereinbarungen sind vom Betriebsrat und Arbeitgeber gemeinsam zu beschließen und schriftlich niederzulegen. Sie sind von beiden Seiten zu unterzeichnen. ... Der Arbeitgeber hat die Betriebsvereinbarungen an geeigneter Stelle im Betrieb auszulegen.

(3) Arbeitsentgelte und sonstige Arbeitsbedingungen, die durch Tarifvertrag geregelt ... sind, können nicht Gegenstand einer Betriebsvereinbarung sein. Dies gilt nicht, wenn ein Tarifvertrag den Abschluss ergänzender Betriebsvereinbarungen ausdrücklich zulässt.

(4) Betriebsvereinbarungen gelten unmittelbar und zwingend. ...

(5) Betriebsvereinbarungen können ... mit einer Frist von drei Monaten gekündigt werden.

§ 78 (Schutzbestimmungen)

Die Mitglieder des Betriebsrats, ... der Jugend- und Auszubildendenvertretung ... dürfen in der Ausübung ihrer Tätigkeit nicht gestört oder behindert werden. Sie dürfen wegen ihrer Tätigkeit nicht benachteiligt oder begünstigt werden; dies gilt auch für ihre berufliche Entwicklung.

§ 78 a (Schutz Auszubildender in besonderen Fällen)

(1) Beabsichtigt der Arbeitgeber, einen Auszubildenden, der Mitglied der Jugend- und Auszubildendenvertretung, des Betriebsrats ... nach Beendigung des Berufsausbildungsverhältnisses nicht in ein Arbeitsverhältnis auf unbestimmte Zeit zu übernehmen, so hat er drei Monate vor Beendigung des Berufsausbildungsverhältnisses dem Auszubildenden schriftlich mitzuteilen.

(2) Verlangt ein in Absatz 1 genannter Auszubildender innerhalb der letzten drei Monate vor Beendigung des Berufsausbildungsverhältnisses schriftlich vom Arbeitgeber die Weiterbeschäftigung, so gilt zwischen Auszubildendem und Arbeitgeber im Anschluss an das Berufsausbildungsverhältnis ein Arbeitsverhältnis auf unbestimmte Zeit als begründet. Auf dieses Arbeitsverhältnis ist insbesondere § 37 Absatz 4 und 5 entsprechend anzuwenden.

(3) Die Absätze 1 und 2 gelten auch, wenn das Berufsausbildungsverhältnis vor Ablauf eines Jahres nach Beendigung der Amtszeit der Jugend- und Auszubildendenvertretung, des Betriebsrats ... endet.

(4) Der Arbeitgeber kann spätestens bis zum Ablauf von zwei Wochen nach Beendigung des Berufsausbildungsverhältnisses beim Arbeitsgericht beantragen,

1. festzustellen, dass ein Arbeitsverhältnis nach Absatz 2 oder 3 nicht begründet wird, oder

2. das bereits nach Absatz 2 oder 3 begründete Arbeitsverhältnis aufzulösen,

wenn Tatsachen vorliegen, auf Grund derer dem Arbeitgeber unter Berücksichtigung aller Umstände die Weiterbeschäftigung nicht zugemutet werden kann. In dem Verfahren vor dem Arbeitsgericht sind der Betriebsrat, ... bei Mitgliedern der Jugend- und Auszubildendenvertretung auch diese beteiligt.

§ 79 (Geheimhaltungspflicht)

(1) Die Mitglieder ... des Betriebsrats sind verpflichtet, Betriebs- oder Geschäftsgeheimnisse, die ihnen wegen ihrer Zugehörigkeit zum Betriebsrat bekannt geworden und vom Arbeitgeber ausdrücklich als geheimhaltungsbedürftig bezeichnet worden sind, nicht zu offenbaren und nicht zu verwerten. Dies gilt auch nach dem Ausscheiden aus dem Betriebsrat. ...

(2) Abs. 1 gilt sinngemäß für die Mitglieder ... der Jugend- und Auszubildendenvertretung ...

§ 80 (Allgemeine Aufgaben)

(1) Der Betriebsrat hat folgende allgemeine Aufgaben:

1. darüber zu wachen, dass die zugunsten der Arbeitnehmer geltenden Gesetze, Verordnungen, Unfallverhütungsvorschriften, Tarifverträge und Betriebsvereinbarungen durchgeführt werden;

2. Maßnahmen, die dem Betrieb und der Belegschaft dienen, beim Arbeitgeber zu beantragen;

2a. die Durchsetzung der tatsächlichen Gleichstellung von Frauen und Männern, insbesondere bei der Einstellung, Beschäftigung, Aus-, Fort- und Weiterbildung und dem beruflichen Aufstieg, zu fördern;

2b. die Vereinbarkeit von Familie und Erwerbstätigkeit zu fördern;

3. Anregungen von Arbeitnehmern und der Jugend- und Auszubildendenvertretung entgegenzunehmen und ... durch Verhandlungen mit dem Arbeitgeber auf eine Erledigung hinzuwirken; ...

4. die Eingliederung Schwerbehinderter ... zu fördern;

5. die Wahl einer Jugend- und Auszubildendenvertretung vorzubereiten und durchzuführen ...; er kann von der Jugend- und Auszubildendenvertretung Vorschläge und Stellungnahmen anfordern;

6. die Beschäftigung älterer Arbeitnehmer im Betrieb zu fördern;

7. die Integration ausländischer Arbeitnehmer im Betrieb ... zu fördern, sowie Maßnahmen zur Bekämpfung von Rassismus und Fremdenfeindlichkeit im Betrieb zu beantragen;

8. die Beschäftigung im Betrieb zu fördern und zu sichern;

9. Maßnahmen des Arbeitsschutzes und des betrieblichen Umweltschutzes zu fördern.

(2) Zur Durchführung seiner Aufgaben nach diesem Gesetz ist der Betriebsrat rechtzeitig und umfassend vom Arbeitgeber zu unterrichten ...

Mitwirkungs- und Beschwerderecht des Arbeitnehmers

§ 81 (Unterrichtungs- und Erörterungspflicht des Arbeitgebers)

(1) Der Arbeitgeber hat den Arbeitnehmer über dessen Aufgaben und Verantwortung sowie über die Art seiner Tätigkeit und ihre Einordnung in den Arbeitsablauf des Betriebs zu unterrichten. Er hat den Arbeitnehmer vor Beginn der Beschäftigung über die Unfall- und

Gesundheitsgefahren, denen dieser bei der Beschäftigung ausgesetzt ist, sowie über die Maßnahmen und Einrichtungen zur Abwendung dieser Gefahren ... zu belehren.

(2) Über Veränderungen in seinem Arbeitsbereich ist der Arbeitnehmer rechtzeitig zu unterrichten. ...

§82 (Anhörungs- und Erörterungsrecht des Arbeitnehmers)

(1) Der Arbeitnehmer hat das Recht, in betrieblichen Angelegenheiten, die seine Person betreffen, ... gehört zu werden. Er ist berechtigt, zu Maßnahmen des Arbeitgebers, die ihn betreffen, Stellung zu nehmen sowie Vorschläge für die Gestaltung des Arbeitsplatzes und des Arbeitsablaufs zu machen.

(2) Der Arbeitnehmer kann verlangen, dass ihm die Berechnung und Zusammensetzung seines Arbeitsentgelts erläutert und dass mit ihm die Beurteilung seiner Leistungen sowie die Möglichkeiten seiner beruflichen Entwicklung im Betrieb erörtert werden. Er kann ein Mitglied des Betriebsrats hinzuziehen. ...

§ 83 (Einsicht in die Personalakten)

(1) Der Arbeitnehmer hat das Recht, in die über ihn geführten Personalakten Einsicht zu nehmen. Er kann hierzu ein Mitglied des Betriebsrats hinzuziehen. Das Mitglied des Betriebsrats hat über den Inhalt der Personalakte Stillschweigen zu bewahren, soweit es vom Arbeitnehmer im Einzelfall nicht von dieser Verpflichtung entbunden wird.

(2) Erklärungen des Arbeitnehmers zum Inhalt der Personalakte sind dieser auf sein Verlangen beizufügen.

§ 84 (Beschwerderecht)

(1) Jeder Arbeitnehmer hat das Recht, sich bei den zuständigen Stellen des Betriebs zu beschweren, wenn er sich vom Arbeitgeber oder von Arbeitnehmern des Betriebs benachteiligt oder ungerecht behandelt ... fühlt. Er kann ein Mitglied des Betriebsrats zur Unterstützung ... hinzuziehen.

§ 85 (Behandlung von Beschwerden durch den Betriebsrat)

(1) Der Betriebsrat hat Beschwerden von Arbeitnehmern entgegenzunehmen und ... beim Arbeitgeber auf Abhilfe hinzuwirken. ...

Soziale Angelegenheiten
§ 87 (Mitbestimmungsrechte)

(1) Der Betriebsrat hat, soweit eine gesetzliche oder tarifliche Regelung nicht besteht, in folgenden Angelegenheiten mitzubestimmen:

1. Fragen der Ordnung des Betriebes und des Verhaltens der Arbeitnehmer im Betrieb;

2. Beginn und Ende der täglichen Arbeitszeit einschl. der Pausen sowie Verteilung der Arbeitszeit auf die einzelnen Wochentage;

3. vorübergehende Verkürzung oder Verlängerung der betriebsüblichen Arbeitszeit;

4. Zeit, Ort und Art der Auszahlung der Arbeitsentgelte;

5. Aufstellung allgemeiner Urlaubsgrundsätze und des Urlaubsplans sowie die Festsetzung der zeitlichen Lage des Urlaubs für einzelne Arbeitnehmer, wenn zwischen dem Arbeitgeber und den beteiligten Arbeitnehmern kein Einverständnis erzielt wird;

6. Einführung und Anwendung von technischen Einrichtungen, die dazu bestimmt sind, das Verhalten oder die Leistung der Arbeitnehmer zu überwachen;

7. Regelung über die Verhütung von Arbeitsunfällen und Berufskrankheiten sowie über den Gesundheitsschutz im Rahmen der gesetzlichen Vorschriften oder der Unfallverhütungsvorschriften;

8. Form, Ausgestaltung und Verwaltung von Sozialeinrichtungen, deren Wirkungsbereich auf den Betrieb, das Unternehmen oder den Konzern beschränkt ist;

9. ...

10. Fragen der betrieblichen Lohngestaltung, insbesondere die Aufstellung von Entlohnungsgrundsätzen und die Einführung und Anwendung von neuen Entlohnungsmethoden sowie deren Änderung;

11. Festsetzung der Akkord- und Prämiensätze und vergleichbarer leistungsbezogener Entgelte ...

12. Grundsätze über das betriebliche Vorschlagswesen;

13. Grundsätze über die Durchführung von Gruppenarbeit; Gruppenarbeit im Sinne dieser Vorschrift liegt vor, wenn im Rahmen des betrieblichen Arbeitsablaufs eine Gruppe von Arbeitnehmern eine ihr übertragene Gesamtaufgabe im Wesentlichen eigenverantwortlich erledigt.

(2) Kommt eine Einigung über eine Angelegenheit nach Absatz 1 nicht zustande, so entscheidet die Einigungsstelle. Der Spruch der Einigungsstelle ersetzt die Einigung zwischen Arbeitgeber und Betriebsrat.

§ 88 (Freiwillige Betriebsvereinbarungen)

Durch Betriebsvereinbarung können insbesondere geregelt werden

1. zusätzliche Maßnahmen zur Verhütung von Arbeitsunfällen und Gesundheitsschädigungen; ...

2. die Errichtung von Sozialeinrichtungen ...

3. Maßnahmen zur Förderung der Vermögensbildung

§ 89 (Arbeits- und betrieblicher Umweltschutz)

(1) Der Betriebsrat hat sich dafür einzusetzen, dass die Vorschriften über den Arbeitsschutz und die Unfallverhütung im Betrieb sowie über den betrieblichen

Umweltschutz durchgeführt werden. Er hat bei der Bekämpfung von Unfall- und Gesundheitsgefahren die für den Arbeitsschutz zuständigen Behörden, die Träger der gesetzlichen Unfallversicherung ... durch Anregung, Beratung und Auskunft zu unterstützen.

Gestaltung von Arbeitsplatz, Arbeitsablauf und Arbeitsumgebung

§ 90 (Unterrichtungs- und Beratungsrechte)

(1) Der Arbeitgeber hat den Betriebsrat über die Planung

1. von Neu-, Um- und Erweiterungsbauten von Fabrikations-, Verwaltungs- und sonstigen betrieblichen Räumen,

2. von technischen Anlagen

3. von Arbeitsverfahren und Arbeitsabläufen oder

4. der Arbeitsplätze

rechtzeitig unter Vorlage der erforderlichen Unterlagen zu unterrichten.

§ 91 (Mitbestimmungsrecht)

Werden die Arbeitnehmer durch Änderungen der Arbeitsplätze, des Arbeitsablaufs oder der Arbeitsumgebung, die den gesicherten arbeitswissenschaftlichen Erkenntnissen über die menschengerechte Gestaltung der Arbeit offensichtlich widersprechen, in besonderer Weise belastet, so kann der Betriebsrat angemessene Maßnahmen zur Abwendung ... verlangen. Kommt eine Einigung nicht zustande, so entscheidet die Einigungsstelle. ...

Personelle Angelegenheiten

§ 92 (Personalplanung)

(1) Der Arbeitgeber hat den Betriebsrat über die Personalplanung, insbesondere über den gegenwärtigen und künftigen Personalbedarf sowie über die sich daraus ergebenden personellen Maßnahmen und Maßnahmen der Berufsbildung an Hand von Unterlagen rechtzeitig und umfassend zu unterrichten. Er hat mit dem Betriebsrat über Art und Umfang der erforderlichen Maßnahmen und über die Vermeidung von Härten zu beraten.

§ 92a (Beschäftigungssicherung)

(1) Der Betriebsrat kann dem Arbeitgeber Vorschläge zur Sicherung und Förderung der Beschäftigung machen. Diese können insbesondere eine flexible Gestaltung der Arbeitszeit, die Förderung der Teilzeitarbeit und Altersteilzeit, neue Formen der Arbeitsorganisation, Änderungen der Arbeitsverfahren und Arbeitsabläufe, die Qualifizierung der Arbeitnehmer, Alternativen zur Ausgliederung der Arbeit oder ihrer Vergabe an andere Unternehmen sowie zum Produktions- und Investitionsprogramm zum Gegenstand haben.

(2) Der Arbeitgeber hat die Vorschläge mit dem Betriebsrat zu beraten. Hält der Arbeitgeber die Vorschläge des Betriebsrats für ungeeignet, hat er dies zu begründen; ... Zu den Beratungen kann der Arbeitgeber

oder der Betriebsrat einen Vertreter der Bundesagentur für Arbeit hinzuziehen.

§ 93 (Ausschreibung von Arbeitsplätzen)

Der Betriebsrat kann verlangen, dass Arbeitsplätze, die besetzt werden sollen, allgemein oder für eine bestimmte Art von Tätigkeiten vor ihrer Besetzung innerhalb des Betriebs ausgeschrieben werden.

§ 94 (Personalfragebogen, Beurteilungsgrundsätze)

(1) Personalfragebogen bedürfen der Zustimmung des Betriebsrats. Kommt eine Einigung über ihren Inhalt nicht zustande, so entscheidet die Einigungsstelle. ...

(2) Abs. 1 gilt entsprechend für persönliche Angaben in schriftlichen Arbeitsverträgen die allgemein für den Betrieb verwendet werden sollen, sowie für die Aufstellung allgemeiner Beurteilungsgrundsätze.

§ 95 (Auswahlrichtlinien)

(1) Richtlinien über die personelle Auswahl bei Einstellungen, Versetzungen, Umgruppierungen und Kündigungen bedürfen der Zustimmung des Betriebsrats. ...

Berufsbildung

§ 96 (Förderung der Berufsbildung)

(1) Arbeitgeber und Betriebsrat haben im Rahmen der betrieblichen Personalplanung und in Zusammenarbeit mit den für die Berufsbildung und den für die Förderung der Berufsbildung zuständigen Stellen die Berufsbildung der Arbeitnehmer zu fördern. Der Arbeitgeber hat auf Verlangen des Betriebsrats den Berufsbildungsbedarf zu ermitteln und mit ihm Fragen der Berufsbildung der Arbeitnehmer im Betrieb zu beraten. Hierzu kann der Betriebsrat Vorschläge machen.

(2) Arbeitgeber und Betriebsrat haben darauf zu achten, das unter Berücksichtigung der betrieblichen Notwendigkeiten den Arbeitnehmern die Teilnahme an betrieblichen oder außerbetrieblichen Maßnahmen der Berufsbildung ermöglicht wird. Sie haben dabei auch die Belange älterer Arbeitnehmer, Teilzeitbeschäftigter und von Arbeitnehmern mit Familienpflichten zu berücksichtigen.

§ 97 (Einrichtungen und Maßnahmen der Berufsbildung)

(1) Der Arbeitgeber hat mit dem Betriebsrat über die Errichtung und Ausstattung betrieblicher Einrichtungen zur Berufsbildung, die Einführung betrieblicher Berufsbildungsmaßnahmen und die Teilnahme an außerbetrieblichen Berufsbildungsmaßnahmen zu beraten.

§ 98 (Durchführung betrieblicher Bildungsmaßnahmen)

(1) Der Betriebsrat hat bei der Durchführung von Maßnahmen der betrieblichen Berufsbildung mitzubestimmen.

Personelle Einzelmaßnahmen

§ 99 (Mitbestimmung bei personellen Einzelmaßnahmen)

(1) In Betrieben mit in der Regel mehr als zwanzig wahlberechtigten Arbeitnehmern hat der Arbeitgeber den Betriebsrat vor jeder Einstellung, Eingruppierung, Umgruppierung und Versetzung zu unterrichten, ihm die erforderlichen Bewerbungsunterlagen vorzulegen und Auskunft über die Person der Beteiligten zu geben; er hat dem Betriebsrat unter Vorlage der erforderlichen Unterlagen Auskunft über die Auswirkungen der geplanten Maßnahme zu geben und die Zustimmung des Betriebsrats bei der geplanten Maßnahme einzuholen. Bei Einstellungen und Versetzungen hat der Arbeitgeber insbesondere den in Aussicht genommenen Arbeitsplatz und die vorgesehene Eingruppierung mitzuteilen. Die Mitglieder des Betriebsrats sind verpflichtet, über die ihnen im Rahmen der personellen Maßnahmen nach den Sätzen 1 und 2 bekannt gewordenen persönlichen Verhältnisse und Angelegenheiten der Arbeitnehmer, die ihrer Bedeutung oder ihrem Inhalt nach einer vertraulichen Behandlung bedürfen, Stillschweigen zu bewahren…

(2) Der Betriebsrat kann die Zustimmung verweigern, wenn

1. die personelle Maßnahme gegen ein Gesetz … oder gegen eine Bestimmung in einem Tarifvertrag oder in einer Betriebsvereinbarung oder gegen eine gerichtliche Entscheidung … verstoßen würde,

2. …

3. die durch Tatsachen begründete Besorgnis besteht, dass infolge der personellen Maßnahme im Betrieb beschäftigte Arbeitnehmer gekündigt werden …, ohne dass dies aus betrieblichen oder persönlichen Gründen gerechtfertigt ist; …

4. …

5. eine nach § 93 erforderliche Ausschreibung im Betrieb unterblieben ist …

(3) Verweigert der Betriebsrat seine Zustimmung, so hat er dies unter Angabe von Gründen innerhalb einer Woche nach Unterrichtung durch den Arbeitgeber diesem schriftlich mitzuteilen. …

§ 102 (Mitbestimmung bei Kündigungen)

(1) Der Betriebsrat ist vor jeder Kündigung zu hören. Der Arbeitgeber hat ihm die Gründe für die Kündigung mitzuteilen. Eine ohne Anhörung des Betriebsrats ausgesprochene Kündigung ist unwirksam.

(2) Hat der Betriebsrat gegen eine ordentliche Kündigung Bedenken, so hat er diese unter Angabe der Gründe dem Arbeitgeber spätestens innerhalb einer Woche schriftlich mitzuteilen. Äußert er sich innerhalb dieser Frist nicht, gilt seine Zustimmung zur Kündigung als erteilt. Hat der Betriebsrat gegen eine außerordentliche Kündigung Bedenken, so hat er diese unter Angabe der Gründe dem Arbeitgeber unverzüglich, spätestens jedoch innerhalb von drei Tagen, schriftlich mitzuteilen. …

(3) Der Betriebsrat kann innerhalb der Frist des Abs. 2 Satz 1 der ordentlichen Kündigung widersprechen, wenn

1. der Arbeitgeber bei der Auswahl des zu kündigenden Arbeitnehmers soziale Gesichtspunkte nicht oder nicht ausreichend berücksichtigt hat,

2. …

3. der zu kündigende Arbeitnehmer an einen anderen Arbeitsplatz im selben Betrieb oder in einem anderen Betrieb des Unternehmens weiterbeschäftigt werden kann,

4. die Weiterbeschäftigung des Arbeitnehmers nach zumutbaren Umschulungs- oder Fortbildungsmaßnahmen möglich ist oder

5. eine Weiterbeschäftigung des Arbeitnehmers unter geänderten Vertragsbedingungen möglich ist und der Arbeitnehmer sein Einverständnis hiermit erklärt hat.

(4) Kündigt der Arbeitgeber, obwohl der Betriebsrat nach Abs. 3 der Kündigung widersprochen hat, so hat er dem Arbeitnehmer mit der Kündigung eine Abschrift der Stellungnahme des Betriebsrats zuzuleiten.

(5) Hat der Betriebsrat einer ordentlichen Kündigung frist- und ordnungsgemäß widersprochen und hat der Arbeitnehmer nach dem Kündigungsschutzgesetz Klage auf Feststellung erhoben, dass das Arbeitsverhältnis durch die Kündigung nicht aufgelöst ist, so muss der Arbeitgeber auf Verlangen des Arbeitnehmers diesen nach Ablauf der Kündigungsfrist bis zum rechtskräftigen Abschluss des Rechtsstreits bei unveränderten Arbeitsbedingungen weiterbeschäftigen. Auf Antrag des Arbeitgebers kann das Gericht ihn durch einstweilige Verfügung von der Verpflichtung zur Weiterbeschäftigung nach Satz 1 entbinden, wenn

1. die Klage des Arbeitnehmers keine hinreichende Aussicht auf Erfolg bietet oder mutwillig erscheint oder

2. die Weiterbeschäftigung des Arbeitnehmers zu einer unzumutbaren wirtschaftlichen Belastung des Arbeitgebers führen würde oder

3. der Widerspruch des Betriebsrats offensichtlich unbegründet war.

(6) Arbeitgeber und Betriebsrat können vereinbaren, dass Kündigungen der Zustimmung des Betriebsrats bedürfen und dass bei Meinungsverschiedenheiten über die Berechtigung der Nichterteilung der Zustimmung die Einigungsstelle entscheidet.

(7) Die Vorschriften über die Beteiligung des Betriebsrats nach dem Kündigungsschutzgesetz bleiben unberührt.

§ 105 (Leitende Angestellte)

Eine beabsichtigte Einstellung oder personelle Veränderung eines in § 5 Abs. 3 genannten leitenden Angestellten ist dem Betriebsrat rechtzeitig mitzuteilen.

Unterrichtung in wirtschaftlichen Angelegenheiten

§ 106 (Wirtschaftsausschuss)

(1) In allen Unternehmen mit in der Regel mehr als 100 ständig beschäftigten Arbeitnehmern ist ein Wirtschaftsausschuss zu bilden. Der Wirtschaftsausschuss hat die Aufgabe, wirtschaftliche Angelegenheiten mit dem Unternehmer zu beraten und den Betriebsrat zu unterrichten.

(2) Der Unternehmer hat den Wirtschaftsausschuss rechtzeitig und umfassend über die wirtschaftlichen Angelegenheiten des Unternehmens durch Vorlage der erforderlichen Unterlagen zu unterrichten, soweit dadurch nicht die Betriebs- und Geschäftsgeheimnisse des Unternehmens gefährdet werden, sowie die sich daraus ergebenden Auswirkungen auf die Personalplanung darzustellen.

(3) Zu den wirtschaftlichen Angelegenheiten im Sinne dieser Vorschrift gehören insbesondere

1. die wirtschaftliche und finanzielle Lage des Unternehmens;

2. die Produktions- und Absatzlage;

3. das Produktions- und Investitionsprogramm;

4. Rationalisierungsvorhaben;

5. Fabrikations- und Arbeitsmethoden, insbesondere die Einführung neuer Arbeitsmethoden;

5a. Fragen des betrieblichen Umweltschutzes;

6. die Einschränkung oder Stilllegung von Betrieben oder von Betriebsteilen;

7. die Verlegung von Betrieben oder Betriebsteilen;

8. der Zusammenschluss oder die Spaltung von Unternehmen oder Betrieben;

9. die Veränderung der Betriebsorganisation oder des Betriebszwecks sowie

10. sonstige Vorgänge und Vorhaben, welche die Interessen der Arbeitnehmer des Unternehmens wesentlich berühren können.

§ 107 (Bestellung und Zusammensetzung des Wirtschaftsausschusses)

(1) Der Wirtschaftsausschuss besteht aus mindestens 3 und höchstens 7 Mitgliedern, die dem Unternehmen angehören müssen, darunter mindestens einem Betriebsratsmitglied. Zu Mitgliedern des Wirtschaftsausschusses können auch die in § 5 Abs. 3 genannten Angestellten bestimmt werden. Die Mitglieder sollen die zur Erfüllung ihrer Aufgaben erforderliche fachliche und persönliche Eignung besitzen.

(2) Die Mitglieder des Wirtschaftsausschusses werden vom Betriebsrat für die Dauer seiner Amtszeit bestimmt. ...

§ 108 (Sitzungen)

(1) Der Wirtschaftsausschuss soll monatlich einmal zusammentreten.

(2) An den Sitzungen des Wirtschaftsausschusses hat der Unternehmer oder sein Vertreter teilzunehmen. ...

§ 109 (Beilegung von Meinungsverschiedenheiten)

Wird eine Auskunft über wirtschaftliche Angelegenheiten des Unternehmens im Sinne des § 106 entgegen dem Verlangen des Wirtschaftsausschusses nicht, nicht rechtzeitig oder nur ungenügend erteilt und kommt hierüber zwischen Unternehmer und Betriebsrat eine Einigung nicht zustande, so entscheidet die Einigungsstelle. Der Spruch der Einigungsstelle ersetzt die Einigung zwischen Arbeitgeber und Betriebsrat. ...

§ 110 (Unterrichtung der Arbeitnehmer)

(1) In Unternehmen mit in der Regel mehr als 1000 ständig beschäftigten Arbeitnehmern hat der Unternehmer mindestens einmal in jedem Kalendervierteljahr nach vorheriger Abstimmung mit dem Wirtschaftsausschuss ... und dem Betriebsrat die Arbeitnehmer schriftlich über die wirtschaftliche Lage und Entwicklung des Unternehmens zu unterrichten.

§ 111 (Betriebsänderungen)

In Unternehmen mit in der Regel mehr als 20 wahlberechtigten Arbeitnehmern hat der Unternehmer den Betriebsrat über geplante Betriebsänderungen, die wesentliche Nachteile für die Belegschaft ... zur Folge haben können, rechtzeitig und umfassend zu unterrichten und die geplanten Betriebsänderungen mit dem Betriebsrat zu beraten. ... Als Betriebsänderungen ... gelten

1. Einschränkung und Stilllegung des ganzen Betriebs ...

2. Verlegung des ganzen Betriebs ...

3. Zusammenschluss mit anderen Betrieben ...

4. grundlegende Änderungen der Betriebsorganisation, des Betriebszwecks oder der Betriebsanlagen,

5. Einführung grundlegend neuer Arbeitsmethoden und Fertigungsverfahren.

§ 112 (Interessenausgleich über die Betriebsänderung, Sozialplan)

(1) Kommt zwischen Unternehmer und Betriebsrat ein Interessenausgleich über die geplante Betriebsänderung zustande, so ist dieser schriftlich niederzulegen und vom Unternehmer und Betriebsrat zu unterschreiben. Das gleiche gilt für eine Einigung über den Ausgleich oder die Milderung der wirtschaftlichen Nachteile, die den Arbeitnehmern infolge der geplanten Betriebsänderung entstehen (Sozialplan). Der Sozialplan hat die Wirkung einer Betriebsvereinbarung. ...

Bürgerliches Gesetzbuch (Auszug)

Besondere Vertriebsformen

§ 312 a Allgemeine Pflichten und Grundsätze bei Verbraucherverträgen; Grenzen der Vereinbarung von Entgelten

(1) Ruft der Unternehmer oder eine Person, die in seinem Namen oder Auftrag handelt, den Verbraucher an, um mit diesem einen Vertrag zu schließen, hat der Anrufer zu Beginn des Gesprächs seine Identität und gegebenenfalls die Identität der Person, für die er anruft, sowie den geschäftlichen Zweck des Anrufs offenzulegen.

(2) Der Unternehmer ist verpflichtet, den Verbraucher nach Maßgabe des Artikels 246 des Einführungsgesetzes zum Bürgerlichen Gesetzbuche zu informieren. Der Unternehmer kann von dem Verbraucher Fracht-, Liefer- oder Versandkosten und sonstige Kosten nur verlangen, soweit er den Verbraucher über diese Kosten entsprechend den Anforderungen aus Artikel 246 Absatz 1 Nummer 3 des Einführungsgesetzes zum Bürgerlichen Gesetzbuche informiert hat. Die Sätze 1 und 2 sind weder auf außerhalb von Geschäftsräumen geschlossene Verträge noch auf Fernabsatzverträge noch auf Verträge über Finanzdienstleistungen anzuwenden.

(3) Eine Vereinbarung, die auf eine über das vereinbarte Entgelt für die Hauptleistung hinausgehende Zahlung des Verbrauchers gerichtet ist, kann ein Unternehmer mit einem Verbraucher nur ausdrücklich treffen. Schließen der Unternehmer und der Verbraucher einen Vertrag im elektronischen Geschäftsverkehr, wird eine solche Vereinbarung nur Vertragsbestandteil, wenn der Unternehmer die Vereinbarung nicht durch eine Voreinstellung herbeiführt.

(4) Eine Vereinbarung, durch die ein Verbraucher verpflichtet wird, ein Entgelt dafür zu zahlen, dass er für die Erfüllung seiner vertraglichen Pflichten ein bestimmtes Zahlungsmittel nutzt, ist unwirksam, wenn

1. für den Verbraucher keine gängige und zumutbare unentgeltliche Zahlungsmöglichkeit besteht oder

2. das vereinbarte Entgelt über die Kosten hinausgeht, die dem Unternehmer durch die Nutzung des Zahlungsmittels entstehen.

(5) Eine Vereinbarung, durch die ein Verbraucher verpflichtet wird, ein Entgelt dafür zu zahlen, dass der Verbraucher den Unternehmer wegen Fragen oder Erklärungen zu einem zwischen ihnen geschlossenen Vertrag über eine Rufnummer anruft, die der Unternehmer für solche Zwecke bereithält, ist unwirksam, wenn das vereinbarte Entgelt das Entgelt für die bloße Nutzung des Telekommunikationsdienstes übersteigt. Ist eine Vereinbarung nach Satz 1 unwirksam, ist der Verbraucher auch gegenüber dem Anbieter des Telekommunikationsdienstes nicht verpflichtet, ein Entgelt für den Anruf zu zahlen. Der Anbieter des Telekommunikationsdienstes ist berechtigt, das Entgelt für die bloße Nutzung des Telekommunikationsdienstes von dem Unternehmer zu verlangen, der die unwirksame Vereinbarung mit dem Verbraucher geschlossen hat.

(6) Ist eine Vereinbarung nach den Absätzen 3 bis 5 nicht Vertragsbestandteil geworden oder ist sie unwirksam, bleibt der Vertrag im Übrigen wirksam.

§ 312 b Außerhalb von Geschäftsräumen geschlossene Verträge

(1) Außerhalb von Geschäftsräumen geschlossene Verträge sind Verträge,

1. die bei gleichzeitiger körperlicher Anwesenheit des Verbrauchers und des Unternehmers an einem Ort geschlossen werden, der kein Geschäftsraum des Unternehmers ist,

2. für die der Verbraucher unter den in Nummer 1 genannten Umständen ein Angebot abgegeben hat,

3. die in den Geschäftsräumen des Unternehmers oder durch Fernkommunikationsmittel geschlossen werden, bei denen der Verbraucher jedoch unmittelbar zuvor außerhalb der Geschäftsräume des Unternehmers bei gleichzeitiger körperlicher Anwesenheit des Verbrauchers und des Unternehmers persönlich und individuell angesprochen wurde, oder

4. die auf einem Ausflug geschlossen werden, der von dem Unternehmer oder mit seiner Hilfe organisiert wurde, um beim Verbraucher für den Verkauf von Waren oder die Erbringung von Dienstleistungen zu werben und mit ihm entsprechende Verträge abzuschließen.

Dem Unternehmer stehen Personen gleich, die in seinem Namen oder Auftrag handeln.

(2) Geschäftsräume im Sinne des Absatzes 1 sind unbewegliche Gewerberäume, in denen der Unternehmer seine Tätigkeit dauerhaft ausübt, und bewegliche Gewerberäume, in denen der Unternehmer seine Tätigkeit für gewöhnlich ausübt. Gewerberäume, in denen die Person, die im Namen oder Auftrag des Unternehmers handelt, ihre Tätigkeit dauerhaft oder für gewöhnlich ausübt, stehen Räumen des Unternehmers gleich.

§ 312 c Fernabsatzverträge

(1) Fernabsatzverträge sind Verträge, bei denen der Unternehmer oder eine in seinem Namen oder Auftrag handelnde Person und der Verbraucher für die Vertragsverhandlungen und den Vertragsschluss ausschließlich Fernkommunikationsmittel verwenden, es sei denn, dass der Vertragsschluss nicht im Rahmen eines für den Fernabsatz organisierten Vertriebs- oder Dienstleistungssystems erfolgt.

(2) Fernkommunikationsmittel im Sinne dieses Gesetzes sind alle Kommunikationsmittel, die zur Anbahnung oder zum Abschluss eines Vertrags eingesetzt werden können, ohne dass die Vertragsparteien gleich-

© Springer Fachmedien Wiesbaden GmbH, ein Teil von Springer Nature 2022
W. Grundmann et al., *Wirtschafts- und Sozialkunde Teil 1*, Prüfungstraining für Bankkaufleute,
https://doi.org/10.1007/978-3-658-38087-8

zeitig körperlich anwesend sind, wie Briefe, Kataloge, Telefonanrufe, Telekopien, E-Mails, über den Mobilfunkdienst versendete Nachrichten (SMS) sowie Rundfunk und Telemedien.

§ 312 d Informationspflichten
(1) Bei außerhalb von Geschäftsräumen geschlossenen Verträgen und bei Fernabsatzverträgen ist der Unternehmer verpflichtet, den Verbraucher nach Maßgabe des Artikels 246a des Einführungsgesetzes zum Bürgerlichen Gesetzbuche zu informieren. Die in Erfüllung dieser Pflicht gemachten Angaben des Unternehmers werden Inhalt des Vertrags, es sei denn, die Vertragsparteien haben ausdrücklich etwas anderes vereinbart.
(2) Bei außerhalb von Geschäftsräumen geschlossenen Verträgen und bei Fernabsatzverträgen über Finanzdienstleistungen ist der Unternehmer abweichend von Absatz 1 verpflichtet, den Verbraucher nach Maßgabe des Artikels 246b des Einführungsgesetzes zum Bürgerlichen Gesetzbuche zu informieren.

§ 312 e Verletzung von Informationspflichten über Kosten
Der Unternehmer kann von dem Verbraucher Fracht-, Liefer- oder Versandkosten und sonstige Kosten nur verlangen, soweit er den Verbraucher über diese Kosten entsprechend den Anforderungen aus § 312d Absatz 1 in Verbindung mit Artikel 246a § 1 Absatz 1 Satz 1 Nummer 4 des Einführungsgesetzes zum Bürgerlichen Gesetzbuche informiert hat.

§ 312f Abschriften und Bestätigungen
(1) Bei außerhalb von Geschäftsräumen geschlossenen Verträgen ist der Unternehmer verpflichtet, dem Verbraucher alsbald auf Papier zur Verfügung zu stellen
1. eine Abschrift eines Vertragsdokuments, das von den Vertragsschließenden so unterzeichnet wurde, dass ihre Identität erkennbar ist, oder
2. eine Bestätigung des Vertrags, in der der Vertragsinhalt wiedergegeben ist.
Wenn der Verbraucher zustimmt, kann für die Abschrift oder die Bestätigung des Vertrags auch ein anderer dauerhafter Datenträger verwendet werden. Die Bestätigung nach Satz 1 muss die in Artikel 246a des Einführungsgesetzes zum Bürgerlichen Gesetzbuche genannten Angaben nur enthalten, wenn der Unternehmer dem Verbraucher diese Informationen nicht bereits vor Vertragsschluss in Erfüllung seiner Informationspflichten nach § 312d Absatz 1 auf einem dauerhaften Datenträger zur Verfügung gestellt hat.
(2) Bei Fernabsatzverträgen ist der Unternehmer verpflichtet, dem Verbraucher eine Bestätigung des Vertrags, in der der Vertragsinhalt wiedergegeben ist, innerhalb einer angemessenen Frist nach Vertragsschluss, spätestens jedoch bei der Lieferung der Ware oder bevor mit der Ausführung der Dienstleistung begonnen wird, auf einem dauerhaften Datenträger zur Verfügung zu stellen. Die Bestätigung nach Satz 1 muss die in Artikel 246a des Einführungsgesetzes zum Bürgerlichen Gesetzbuche genannten Angaben

enthalten, es sei denn, der Unternehmer hat dem Verbraucher diese Informationen bereits vor Vertragsschluss in Erfüllung seiner Informationspflichten nach § 312d Absatz 1 auf einem dauerhaften Datenträger zur Verfügung gestellt.
(3) Bei Verträgen über digitale Inhalte (§ 327 Absatz 2 Satz 1), die nicht auf einem körperlichen Datenträger bereitgestellt werden, ist auf der Abschrift oder in der Bestätigung des Vertrags nach den Absätzen 1 und 2 gegebenenfalls auch festzuhalten, dass der Verbraucher vor Ausführung des Vertrags
1. ausdrücklich zugestimmt hat, dass der Unternehmer mit der Ausführung des Vertrags vor Ablauf der Widerrufsfrist beginnt, und
2. seine Kenntnis davon bestätigt hat, dass er durch seine Zustimmung mit Beginn der Ausführung des Vertrags sein Widerrufsrecht verliert.
(4) Diese Vorschrift ist nicht anwendbar auf Verträge über Finanzdienstleistungen.

§ 312 g Widerrufsrecht
(1) Dem Verbraucher steht bei außerhalb von Geschäftsräumen geschlossenen Verträgen und bei Fernabsatzverträgen ein Widerrufsrecht gemäß § 355 zu.
(2) Das Widerrufsrecht besteht, soweit die Parteien nichts anderes vereinbart haben, nicht bei folgenden Verträgen:
1. Verträge zur Lieferung von Waren, die nicht vorgefertigt sind und für deren Herstellung eine individuelle Auswahl oder Bestimmung durch den Verbraucher maßgeblich ist oder die eindeutig auf die persönlichen Bedürfnisse des Verbrauchers zugeschnitten sind,
2. Verträge zur Lieferung von Waren, die schnell verderben können oder deren Verfallsdatum schnell überschritten würde,
3. Verträge zur Lieferung versiegelter Waren, die aus Gründen des Gesundheitsschutzes oder der Hygiene nicht zur Rückgabe geeignet sind, wenn ihre Versiegelung nach der Lieferung entfernt wurde,
4. Verträge zur Lieferung von Waren, wenn diese nach der Lieferung auf Grund ihrer Beschaffenheit untrennbar mit anderen Gütern vermischt wurden,
5. Verträge zur Lieferung alkoholischer Getränke, deren Preis bei Vertragsschluss vereinbart wurde, die aber frühestens 30 Tage nach Vertragsschluss geliefert werden können und deren aktueller Wert von Schwankungen auf dem Markt abhängt, auf die der Unternehmer keinen Einfluss hat,
6. Verträge zur Lieferung von Ton- oder Videoaufnahmen oder Computersoftware in einer versiegelten Packung, wenn die Versiegelung nach der Lieferung entfernt wurde,
7. Verträge zur Lieferung von Zeitungen, Zeitschriften oder Illustrierten mit Ausnahme von Abonnement-Verträgen,
8. Verträge zur Lieferung von Waren oder zur Erbringung von Dienstleistungen, einschließlich Fi-

nanzdienstleistungen, deren Preis von Schwankungen auf dem Finanzmarkt abhängt, auf die der
Unternehmer keinen Einfluss hat und die innerhalb der Widerrufsfrist auftreten können, insbesondere Dienstleistungen im Zusammenhang mit
Aktien, mit Anteilen an offenen Investmentvermögen im Sinne von § 1 Absatz 4 des Kapitalanlagegesetzbuchs und mit anderen handelbaren
Wertpapieren, Devisen, Derivaten oder Geldmarktinstrumenten,

9. Verträge zur Erbringung von Dienstleistungen in
den Bereichen Beherbergung zu anderen Zwecken als zu Wohnzwecken, Beförderung von Waren, Kraftfahrzeugvermietung, Lieferung von
Speisen und Getränken sowie zur Erbringung
weiterer Dienstleistungen im Zusammenhang mit
Freizeitbetätigungen, wenn der Vertrag für die
Erbringung einen spezifischen Termin oder Zeitraum vorsieht,

10. Verträge, die im Rahmen einer Vermarktungsform
geschlossen werden, bei der der Unternehmer
Verbrauchern, die persönlich anwesend sind oder
denen diese Möglichkeit gewährt wird, Waren o-
der Dienstleistungen anbietet, und zwar in einem
vom Versteigerer durchgeführten, auf konkurrierenden Geboten basierenden transparenten Verfahren, bei dem der Bieter, der den Zuschlag erhalten hat, zum Erwerb der Waren oder Dienstleistungen verpflichtet ist (öffentlich zugängliche
Versteigerung),

11. Verträge, bei denen der Verbraucher den Unternehmer ausdrücklich aufgefordert hat, ihn aufzusuchen, um dringende Reparatur- oder Instandhaltungsarbeiten vorzunehmen; dies gilt nicht
hinsichtlich weiterer bei dem Besuch erbrachter
Dienstleistungen, die der Verbraucher nicht ausdrücklich verlangt hat, oder hinsichtlich solcher
bei dem Besuch gelieferter Waren, die bei der Instandhaltung oder Reparatur nicht unbedingt als
Ersatzteile benötigt werden,

12. Verträge zur Erbringung von Wett- und Lotteriedienstleistungen, es sei denn, dass der Verbraucher seine Vertragserklärung telefonisch abgegeben hat oder der Vertrag außerhalb von Geschäftsräumen geschlossen wurde, und

13. notariell beurkundete Verträge; dies gilt für Fernabsatzverträge über Finanzdienstleistungen nur,
wenn der Notar bestätigt, dass die Rechte des
Verbrauchers aus § 312d Absatz 2 gewahrt sind.

(3) Das Widerrufsrecht besteht ferner nicht bei Verträgen, bei denen dem Verbraucher bereits auf Grund
der §§ 495, 506 bis 513 ein Widerrufsrecht nach §
355 zusteht, und nicht bei außerhalb von Geschäftsräumen geschlossenen Verträgen, bei denen dem
Verbraucher bereits nach § 305 Absatz 1 bis 6 des
Kapitalanlagegesetzbuchs ein Widerrufsrecht zusteht.

Aktuelle Eurobeträge, Freigrenzen und Freibeträge

Meldung an die Erbschaft-steuerstelle im Todesfall eines Kontoinhabers	Kontoguthaben über 5.000,00 EUR
Pfändungsschutz auf dem P-Konto	1.252,64 EUR im Kalendermonat pro Person ab 01.07.2021
Identifizierungspflicht des Kunden nach dem GwG	bei der Annahme oder Abgabe von Bargeld, Wertpapieren oder Edelmetallen im Wert von 15.000,00 EUR oder mehr
Verfügung über Spareinlagen ohne vorherige Kündigungsfrist nach der Rechnungslegungsverordnung	2.000,00 EUR
Haftungshöchstgrenze bei Bankkarten und Kreditkarten für Kunden vor der Verlustmitteilung	50,00 EUR
Einlagenschutz nach dem Entschädigungsgesetz	100.000,00 EUR pro Anleger
Einlagensicherung des Bundes-verbandes deutscher Banken	15 % des haftenden Eigenkapitals pro Gläubiger
Sparen nach dem Vermögensbildungsgesetz	
Vermögenswirksames Sparen	
Sparhöchstbetrag	470,00 EUR jährlich pro Arbeitnehmer
Arbeitnehmersparzulage für Arbeitnehmer in % pro Jahr	9 % höchstens 43,00 EUR
Einkommensgrenzen	17.900,00 EUR / 35.800,00 EUR jährlich für Ledige / Verheiratete
Mindestsparleistung	13,00 EUR monatlich regelmäßig bzw. 39,00 EUR im Kalenderjahr
Sperrfrist	7 Jahre ab Vertragsschluss
Beteiligungssparen	
Arbeitnehmersparzulage für Beteiligungssparen pro Jahr	20 %
Sparhöchstbetrag für Beteiligungssparen u. ä.	400,00 EUR jährlich je Arbeitnehmer
Einkommensgrenzen	20.000,00 EUR / 40.000,00 EUR jährlich für Ledige / Verheiratete
Sperrfrist	Ansparzeit 6 Jahre, 7 Jahre ab 01.01. des Jahres der ersten Einzahlung
Mindestsparleistung	13,00 EUR monatlich bzw.39,00 EUR im Kalenderjahr

© Springer Fachmedien Wiesbaden GmbH, ein Teil von Springer Nature 2022
W. Grundmann et al., *Wirtschafts- und Sozialkunde Teil 1*, Prüfungstraining für Bankkaufleute,
https://doi.org/10.1007/978-3-658-38087-8

Sparen nach dem Wohnungsbauprämiengesetz

Jährlicher Sparhöchstbetrag	700,00 EUR p.P.
Wohnungsbauprämie	10 % jährlich
Einkommensgrenzen	35.000,00 EUR / 70.000,00 EUR jährlich für Ledige / Verheiratete
Sperrfristen	Bei Bausparverträgen: 7 Jahre beginnend mit dem Tag des Vertragsabschlusses Bei Wertpapiersparverträgen: 7 Jahre beginnend mit dem 01.01. des Jahres der ersten Einzahlung
Mindestsparleistung	50,00 EUR je Person

Zulagen nach dem Altersvorsorgegesetz (Riesterrente)

Gesamtbeitrag pro Jahr in % des sozialversicherungspflichtigen Vorjahreseinkommens	4 %, maximal 2.100,00 EUR
Jährliche Grundzulage	Maximal 175,00 EUR
Maximale jährliche Kinderzulage je Kind	185,00 EUR Kinder, die nach dem 01.01.2008 geboren sind, erhalten eine Kinderzulage von 300,00 EUR.
Zulage für Berufseinsteiger unter 25 Jahre	Einmalige zusätzliche Grundzulage von 200,00 EUR
Sockelbetrag	60,00 EUR pro Jahr

Freibeträge bei Einkünften aus Kapitalerträgen nach dem EStG

Sparer-Pauschbetrag für Ledige/Verheiratete pro Jahr	801,00 EUR / 1.602,00 EUR
Werbungskostenpauschbetrag	ab 2022: 1.200,00 EUR jährlich pro Arbeitnehmer
Sonderausgaben-Pauschbetrag Kinderfreibetrag (nur alternativ zum Kindergeld) Entlastungsbeitrag für Alleinerziehende, für jedes weitere Kind zusätzlich Ausbildungsfreibetrag (auswärtige Unterbringung)	36,00 EUR / 72,00 EUR Ledige/Verheiratete 8.388,00 EUR Verheiratete 1.908,00 EUR 240,00 EUR 924,00 EUR
Eingangssteuersatz Spitzensteuersatz	14 % 45 %
Abgeltungsteuer Körperschaftsteuer	25 % 15 %
Grundfreibetrag	2022: 10.347,00 / 20.694,00 EUR Ledige / Verheiratete
Offenlegungspflicht nach § 18 KWG	ab 750.000,00 EUR

Internationaler Zahlungsverkehr	
EU-Überweisung	Gemäß der EU-Preisverordnung darf ein Kreditinstitut für grenzüberschreitende Überweisungen in EUR bis zu einem Betrag von 50.000 EUR, die mit S.W.I.F.T.-BIC und IBAN und Kontonummer versehen sind, keine höheren Entgelte erheben, als für entsprechende Inlandsüberweisungen.
Meldepflichten im Außenwirtschaftsverkehr: Geleistete und empfangene Zahlungen aus Transithandel, sonstigem Warenverkehr, Dienstleistungen, Übertragungen, Kapitalverkehr	ab 12.500,00 EUR

Beitragsbemessungsgrenzen der Sozialversicherungen für 2022 pro Monat / Jahr	
Ges. Krankenversicherung und Ges. Pflegeversicherung	4.837,50 EUR / 58.050,00 EUR (Ost und West)
Rentenversicherung und Arbeitslosenversicherung	7.050,00 EUR / 84.600,00 EUR (West) 6.750,00 EUR / 81.000,00 EUR (Ost)
Versicherungspflichtgrenze in der gesetzlichen Krankenkasse und Pflegeversicherung pro Monat	5.362,50 EUR / 64.0350,00 EUR (Ost und West)

Beitragssätze der Sozialversicherungen für 2022	
Krankenversicherung	14,6 % + Zuschlag je nach Krankenkasse
Ges. Pflegeversicherung	3,05 % + 0,35 % für Arbeitnehmer über 23 Jahre und kinderlos, Arbeitnehmeranteil 1,525 % oder 1,875 %
Rentenversicherung	18,6 %
Arbeitslosenversicherung	2,4 %

Weitere wichtige Beträge	
Mindestgrundkapital bei der Rechtsform der AG	50.000,00 EUR
Mindeststammkapital bei der Rechtsform der GmbH	25.000,00 EUR

CPSIA information can be obtained
at www.ICGtesting.com
Printed in the USA
LVHW021303140822
725906LV00006B/423